金陵全書

乙編·史料類

南京大理寺志

（明）林希元　撰

南京太常寺志

（明）汪宗元　撰

南京太僕寺志

（明）雷禮　撰

南京出版傳媒集團
南京出版社

圖書在版編目（CIP）數據

南京大理寺志 /（明）林希元撰. 南京太常寺志 /（明）汪宗元撰. 南京太僕寺志 /（明）雷禮撰. -- 南京：南京出版社，2016.6

（金陵全書）

ISBN 978-7-5533-1287-3

Ⅰ. ①南… ②南… ③南… Ⅱ. ①林… ②汪… ③雷… Ⅲ. ①司法制度－法制史－中國－明代②祭禮－文化史－中國－明代 ③官制－政治制度史－中國－明代 Ⅳ. ①D929.48 ②K892.98 ③D691.42

中國版本圖書館CIP數據核字（2016）第071045號

書　　名　【金陵全書】（乙編・史料類）

南京大理寺志　南京太常寺志　南京太僕寺志

編 著 者　（明）林希元 撰　（明）汪宗元 撰　（明）雷禮 撰

出版發行　南京出版傳媒集團

南　京　出　版　社

社址：南京市太平門街53號　　郵編：210016

網址：http://www.njcbs.cn　　電子信箱：njcbs1988@163.com

淘寶網店：http://njpress.taobao.com　　天猫網店：http://njcbcmjtts.tmall.com

聯系電話：025-83283871、83283864（營銷）　025-83112257（編務）

出 版 人　朱同芳

出 品 人　盧海鳴

責任編輯　楊傳兵

裝幀設計　楊曉崗

責任印制　楊福彬

製　　版　南京新華豐製版有限公司

印　　刷　南京凱德印刷有限公司

開　　本　889毫米×1194毫米　1/16

印　　張　58.75

版　　次　2016年6月第1版

印　　次　2016年6月第1次印刷

書　　號　ISBN 978-7-5533-1287-3

定　　價　1300.00 元

淘寶網店　　天猫網店

總序

南京，俗稱金陵，中國著名的四大古都之一，是國務院首批公佈的國家歷史文化名城。

南京有着六十萬年的人類活動史，近二千五百年的建城史，約四百五十年的建都史，享有『六朝古都』『十朝都會』的美譽。南京歷史的興衰起伏在某種程度上可以説是中國歷史的一個縮影。在中華民族光輝燦爛的歷史長河中，古聖先賢在南京創造了舉世矚目、富有特色的六朝文化、南唐文化、明文化和民國文化，爲中華民族文化的傳承和發展作出了不朽貢獻。然而，由於時代的遞遷、戰爭的破壞以及自然的損毁等原因，歷史上南京的輝煌成就以物質文化形態留存下來的相對較少，見諸文獻典籍的則相對較多。南京文獻内涵廣博，卷帙浩繁，版本複雜。截至一九四九年中華人民共和國成立，南京文獻留存下來的有近萬種，在全國歷史文化名城中名列前茅。以六朝《世説新語》《文心雕龍》《昭明文選》，唐朝《建康實録》，宋朝《景定建康志》《六朝事迹編類》，元朝《至正金陵新志》，明朝《洪武京城圖志》《金陵古今圖考》《客座贅語》，清朝《康熙江寧府志》《白下瑣言》，民國《首都計劃》《首都志》《金陵古蹟圖考》等爲代表的南京地方文獻，不僅是南京文化的集中體現，也是中華民族優秀傳統文化的重要組成部分。這些南京文獻，積澱貯存了歷代南京人民的經驗和智慧，翔實地反映了南京地區的社會變遷，是研究南京乃至全國政治、經濟、軍事、文化、外交和民風民俗的重要資料。

歷史上的南京文化輝煌燦爛，各類圖書典籍琳琅滿目。迄今爲止，南京文獻曾經有過三次不同程度的整理。

第一次是距今六百多年前的明朝永樂年間，明朝中央政府在南京組織整理出版了《永樂大典》。《永樂大典》正文二萬二千八百七十七卷，凡例和目録六十卷，分裝成一萬一千零九十五册，總字數約三億七千萬字。書中保存了中國上自先秦、下迄明初的各種典籍資料達七八千種，是中國古代最大的類書。

第二次是民國年間，南京通志館編印了一套《南京文獻》。《南京文獻》每月一期，從一九四七年元月至一九四九年二月共刊行了二十六期，收入南京地方文獻六十七種，包括元明清到民國各個時期的著作，其中收録的部分民國文獻今天已經成爲絶版。

第三次是二〇〇六年以來，南京出版社選取部分南京珍貴文獻，整理出版了一套《南京稀見文獻叢刊》點校本，到二〇一三年初，已經出版了三十六册七十一種，時代上起六朝，下迄民國，在學術普及方面作出了一定的貢獻。

新中國成立六十年來，尤其是改革開放三十年來，南京的政治、經濟、文化建設飛速發展，但南京文獻的全面系統整理出版工作一直没有得到應有的重視，這與南京這座國家歷史文化名城的地位頗不相稱。據調查，目前有關南京的各類文獻主要保存在南京圖書館、南京市檔案館，以及全國各地的高等院校、科研院所、圖書館、檔案館、博物館，少數流散於民間和國外。一方面，廣大讀者要查閱這些收藏在全國各地的南京文獻殊爲不便；另一方面，許多珍貴的南京文獻隨着歲月的流逝而瀕臨損毁和失傳。南京文獻的存史、資治、教化、育人功能没有得到應有的發揮。

盛世修史（志）。在中華民族和平崛起和大力弘揚民族傳統文化、全力發展民族文化事業的大背景下，在建設『文化南京』的發展思路下，中共南京市委、南京市人民政府於二〇〇九年十二月作出决定，將南京有史以來的地方文獻進行全面系統的匯集、整理和影印出版，輯爲《金陵全書》（以下簡稱《全書》），以更好地搶救和保護鄉邦文獻，傳承民族文化，推動學術研究，促進南京文化建設；同時，也更爲有効地增加南京文獻存世途徑，提昇南京文獻地位，凸顯南京文獻價值。

爲編纂出能够代表當代最高學術水平和科技成就，又經得起時間檢驗的《全書》，我們將編纂工作分成三個階段進行。第一個階段爲調研階段，主要對南京現存文獻的種類、數量、保存現狀以及收藏地點等進行深入細緻的調研，召集專家學者多次進行學術論證和可操作性論證，撰寫出可行性調查報告，爲科學決策提供依據，此項工作主要由中共南京市委宣傳部和南京出版社組織完成。第二個階段爲啓動階段，以二〇〇九年十二月二十四日召開的『《金陵全書》編纂啓動工作會』爲標志，市委主要領導親自到會動員講話，市委宣傳部對《全書》的編纂出版工作作了明確部署。在廣泛徵求專家學者意見的基礎上，確定了《全書》的總體框架設計，確定了將《全書》列爲市委宣傳部每年要實施的重大文化工程，確定了主要參編責任單位和責任人，並分解了任務。第三個階段爲編纂出版階段，主要在全國範圍内進行資料的徵集、遴選和圖書的版式設計、複製、排版及印製工作。

爲了確保《全書》編纂出版工作的順利進行，中共南京市委、南京市人民政府成立了專門的編纂出版組織機構。其中編輯工作領導小組，由中共南京市委、市政府領導以及相關成員單位主要負責人組成；《全書》的編纂出版工作由市委宣傳部總牽頭；學術指導委員會，由蔣贊初、茅家琦、梁白泉等一批全國著名的專家學者組成，負責《全書》的學術審核和把關。

《全書》分爲方志、史料和檔案三大類。自二〇一〇年起，計劃每年出版四十册左右。鑒於《全書》的整理出版工作難度較大，周期較長，在具體操作中，我們採取了分工協作的方式。市委宣傳部和南京出版社負責《全書》的總體策劃，其中方志部分，主要由南京市地方志編纂委員會辦公室和南京出版傳媒集團·南京出版社共同承擔；史料部分，主要由南京圖書館承擔；檔案部分，主要由南京市檔案局（館）承擔。《全書》的編輯出版，得到了江蘇省文化廳、江蘇省新聞出版局、江蘇省檔案局（館）、南京大學、南京圖書館、南京市文廣新局、南京市社科聯（社科院）、南京市文聯、金陵圖書館以及各區委宣傳部和地方志辦公室等單位及社會各界的熱情鼓勵和大力支持，尤其是得到了中國國家圖書館和全國各地（包括港臺地區）高等院校、科研院所、圖書館、檔案館、博物館等藏書單位的鼎力相助，在此表示深深的謝意！

我們相信，在中共南京市委、南京市人民政府的長期不懈支持下，在各部門、各單位的積極配合和衆多專家學者的共同努力下，這項功在當代、利在千秋的傳世工程一定能够圓滿完成。

《金陵全書》編輯出版委員會

凡例

一、《金陵全書》（以下簡稱《全書》）收録的南京文獻，依内容分爲方志、史料和檔案三大類。

二、《全書》按上述三大類分爲甲、乙、丙三編，以不同的封面顔色加以區分；每編酌分細類，原則上以成書時代爲序分爲若幹册，依次編列序號。

三、《全書》收録南京文獻的範圍，以二〇一三年南京市所轄十一區，即玄武、秦淮、建鄴、鼓樓、浦口、六合、棲霞、雨花臺、江寧、溧水和高淳爲限。

四、《全書》收録的南京文獻，其成書年代的下限爲一九四九年。

五、《全書》收録方志和史料，盡量選用善本爲底本。《全書》收録的檔案以學術價值和實用價值較高爲原則，一般選用延續時間較長、相對比較完整的檔案全宗。

六、《全書》收録的南京文獻底本如有殘缺、漫漶不清等情況，必要時予以配補、抽换或修描，以保證全書完整清晰；稿本、鈔本、批校本的修改、批注文字等均保留原貌。

七、《全書》收録的南京文獻，每種均撰寫提要，置於該文獻前，以便讀者了解其作者生平、主要内容、學術文化價值、編纂過程、版本源流、底本採用等情況。

八、《全書》所收文獻篇幅較大時，分爲序號相連的若幹册；篇幅較小的文獻，則將數種合編爲一册。

九、《全書》統一版式設計，大部分文獻原大影印；對於少數原版面過大或過小的文獻，適當進行縮小或放大處理，並加以説明。

十、《全書》各册除保留文獻原有頁碼外，均新編頁碼，每册頁碼自爲起訖。

總目録

金陵全書

乙編·史料類

南京大理寺志

（明）林希元　撰

南京出版傳媒集團
南京出版社

提要

《南京大理寺志》七卷，明林希元撰。

林希元（一四八一—一五六五），字茂貞，號次崖，别號武夷散人，福建同安人。正德丙子（一五一六）以儒士中福建鄉試，丁丑（一五一七）舉進士，授南京大理寺評事。嘉靖初以議獄事被論，棄官歸。後起為寺正。因遼東兵變謫欽州，後又擢為兵備海道，因與督臣異議不合，罢歸。日以讀書解經為事，著述講學，理學造詣極高，時與陳琛、張岳并稱泉州『理學三狂』。卒年八十五。平生著述甚豐，有《四書易經存疑》《更定大學經傳定本》《讀史疑斷》《荒政叢言》《欽州志》《太極圖解》《考古異聞》《古文類抄》《林次崖集》等。事蹟附載于《明史·蔡清傳》。

《明史·職官志》載：『初，吳元年置大理司卿。』洪武十四年（一三八一）始複置大理寺，永樂北遷，因留都故署加『南京』二字。關于《南京大理寺志》編纂緣起，林希元《林次崖集》有是書序，对成書過程、篇目内容做了詳細介紹，茲錄其文于下：『大理寺舊有志，抄本，載國初制度畧具。作者之胸襟識見要不凡，其搜羅良亦勤矣。考其時，當在成化末造。惜姓名不傳，使後之人無從考德而論世。篤其實而逃其名，其人亦高矣哉。余昔備位廷評，服官之暇，時取檢閱，將與張石嶺先生所續志編輯成書。無何謫去，承乏重來，爰尋舊事。寺正鄭子伯震、汪子汝玉暨諸僚屬，咸勇予贊，乃即舊志，詳加磨校，舍其短、用其長，伐其蕪，訂其誤，補其遺，續其新，分門從類，共七卷。篇目即其舊，而稍更張；凡例創自今，參之古義。建置志寺之創立本末也；寺必有官，故志官制；官必有養，故志禄制；有禄必有居，故志官署；志職守，官之所事也，格式以垂則，制令以宣德，條例以輔法，皆職守之屬也，故志：，志宦蹟，志辭翰，存文獻、示景行也。夫志也者，史也，古惟天文、與（疑為輿字）地、職官、人物、食貨、禮樂、刑法有志。志官府，未或前聞也。然備一官之事，以垂一代典常，亦典之不可缺也。南京諸司咸無志，獨寺則有，亦前輩多君子爾。前輩道德如薛文清、章楓山，功業如馬端肅，氣節文章如胡公潤、鄒公瑾、黄公鞏，皆命世之英，寺之光也。夫得一人如文清公已為盛矣，况弗止乎！然則斯志也得六君子，亦可以傳矣。』

上引林序中可知，成化末大理寺已有志，撰者無從考証。（雍正）《陝西通志》卷七十四載『《後大理寺志》六卷，明大理少卿乾州宋欽撰』；而據《明憲宗實錄》載，成化十四年至二十二年間（一四七八—一四八六），宋欽任南京大理寺卿。可知《陝西通志》誤。成化舊志與宋欽任職時間吻合，當即宋志。以『後』命名，蓋指遷都後之南京大理寺志。序中提及林希元初任南京大理寺評事，于公務之暇，時取宋志檢閱，將與張石嶺先生所續志編輯成書。張石嶺，名芝，字廷毓，别號石嶺，徽州歙縣人，弘治丙辰（一四九六）進士，戊午（一四九八）授南京大理寺左評事。惜嘉靖二年（一五二三）林希元被謫為泗州判官，至嘉靖九年『陪推南京大理寺寺丞』，方重拾舊事。又據林希元傳載其『満三載留北』，可推測此書成于嘉靖九年前後。從序中可知，此志以舊志為基礎，拾遺補闕，内容共有七卷，分為卷一建置、卷二官制、卷三禄制、卷四官署、卷五職守、卷六宦蹟、卷七辭翰，詳記南京大理寺建置沿革、設官分識、典章制度、俸禄官署、基本職掌、前賢事蹟、藝文等。序末論及修志原因，一備本官署之掌故，以史為鉴，便與本署行事；二備任職本官署前賢事蹟，垂範後世。

《南京大理寺志》在《千頃堂書目》《明史》皆有著錄，《澹生堂藏書目》

著錄為七卷四册。清范邦甸《天一閣書目》載：『《大理寺志》七卷，嘉靖同安林希元撰。』光緒十五年（一八八九）薛福成重編《天一閣見存書目》，時是志前五卷已缺失，僅存卷六、卷七。檢《中国古籍善本書目》，是志未見有其他傳本，現以孤帙存世，藏天一閣博物館。除缺前五卷外，所存两卷間有缺頁，卷六『宦蹟』缺首頁，中缺第十九頁；卷七『詞翰诗作』後部分殘缺。『宦蹟』所載有薛瑄、馬文昇、鄒瑾、黄鞏、張芝、章懋六人事蹟，每篇傳記末各附以小贊，可補《明史》《明會典》等書之缺。『詞翰』卷前有小引，按箴、記、序、奏疏、祭文、詩六類，彙集了薛瑄《大理箴》、楊廉《南京大理寺題名記》、周用《左寺題名記》、林希元《右寺題名記》、鍾雲瑞《送林寺副茂貞考績序》、廖莊《災異陳言疏》、黄鞏《陳言圖治疏》、林希元《應詔陳言疏》《祭寺丞黄後峯先生文》以及薛瑄、張琦詩等諸詩文。取校薛瑄《敬軒文集》，其《大理箴》與林本文字稍異，如林本『薇垣有星』作『惟左執法』，林本『卒歸廷平』作『則歸廷平』，林本『勿徇貨來』作『勿徇貨利』，林本『譬火燒膏』作『譬火銷膏』，林本『曰民不冤』作『曰民不冗』等。《金陵全書》收錄的《南京大理寺志》據天一閣藏明嘉靖本為底本原大影印出版。

王英姿

用事權傾朝野與公同里閈雅重公亟加禮欲見
焉公不可人或謂公公正色曰焉有王朝之臣納
交私門耶已而遇諸途衆皆下禮公獨不屈振茲
不悦會有獄夫病死且三年妾私於人欲嫁妻弗
聽因誣妻魘魅夫死獄具公辯其冤都御史王文
希旨誣公出入人罪繫獄當死人皆危之公怡然
曰理冤獲咎死復何恨手持周易誦讀不輟臨刑
以家人祈代死得免歸家居六年杜門寡出充養
益深已已之變以給事中程信薦起爲大理丞會虜
騎薄都城公分守北門都師共事者初疑其迂及

接言論大驚服因就問計公曰吾以天時人事度之虜必宵遁無容慮也已而果然景泰初遷南京大理寺卿正身率下僚屬敬憚寺故有公田堂屬均之公曰古人拔園葵去織婦吾輩叨

朝廷厚祿顧取此耶悉散於其屬之祿薄不能自給者在廷論讞多所平反有富室殺人以賄亂眞獄久不決執法者欲貸之公曰若爾則死者何辜竟抵于法刑部尚書楊寧都御史張純初以能力相尚及與共事歎曰如薛公者當於古人中求之中官金英奉使道出金陵公卿餞於江上公獨不往

英至京言於衆曰南京好官惟薛卿爾壬申秋徵
爲大理卿草場火
朝廷欲重典守者罪公爲辯得從輕典蘇松饑民乞
粟富室弗獲火其居蹈海避罪太子太保王文往
廉之論以謀叛衆莫敢異公抗章辯之遂獲免
英廟復辟聞公名遷禮部右侍郎兼翰林院學士召入
内閣知制誥尋主考會試轉左侍郎居數月
朝廷議遣使西番求獅子公持不可不聽又見將臣
石亨等專權驕恣歎曰君子見幾而作豈俟終日
乎遂謝事歸四方從學者甚衆越八年一日忽遘

疾彌留衣冠就正寢危坐精神不亂悠然而逝時
風雨大作有白氣上升年七十三有司以聞賜葬
祭謚文清公立志以聖賢自期待其學以關閩濂
洛爲宗六經子史以及周程張朱性理諸書靡不
熟讀而精研之以究極夫天地萬物之蘊而必反
諸身隨其所在真體實踐程功計過若恐不及尤
以變化氣質爲急纔覺有偏力極矯克必底于道
晚年玩心高明全志形脫有不言而悟者故其語
道明白直截無含糊割藤之態其見諸行事方正
縝密無一不在於道辭受取予一毫不苟出處進

退光明峻潔如烈日秋霜至於死生險夷得喪視之漠如也教人拳拳以復性爲先嘗曰此程朱㓗緊爲人處也歐陽公言性非所先誤矣又曰學者讀書窮理在身體而力行之不然無異於買櫝而還珠也其教人類如此故聞其言者無不感發興起隨其大小咸各有造爲文必根於理辭旨條暢不爲艱深險僻之語所著有讀書錄行於世河汾集藏于家孫祺登天順甲申進士

贊曰余讀孟子見其論湯文王孔子皆謂聞而知之及覩有宋諸儒以至先生乃知斯道在天地間數

百載寥寥之後心領神會者果必有人孟子之言爲不誣也先生生當考亭絕響之後得聖人之學於遺編精思力踐邁往直前若面揖紫陽而親承指授非聞而知之者與噫可謂命世之豪傑矣故尚論其世立志之高則文王我師之器度也窮理之精則繭絲牛毛之家法也至道之勇則一撤皐皮之力量也用功之密則暗室屋漏之不愧也抗志權臣有蒸豚不汙之清負木談經有羑里演易之達治獄平反有皐陶淑問之仁感時乞身有大易見幾之智如此謂非有得於道者能之乎眞可

繼軌紫陽丕振濂洛而有功鄒魯矣
文達李公銘公墓曰昔有王氏鳴道河汾流風餘
韻以啓後聞相彼薛公不以自足濂洛關閩意向
猶篤學優而仕實始爲親仕日以進學日以新學
匪辭華實欲聞道身體力行遂以深造惟公之心
勝巳之私惟公之迹不慍不知富不倖求難不苟
免隨寓而安名亦丕顯成彼後學篤是先賢在古
爲難公無間然嗟今之人無公所好公今巳矣誰
臻其奥我銘其隧以詔鄉人千載而下庶得其真
名臣錄贊曰力行好古進趨有程寤寐河洛以究

春陵敡歷外憲大棘之卿縲絏非罪復起而丞貳卿掌制以弼以季豈寶遠物而志可行乞年以退

維道之禎

卿馬公諱文升字負圖別號約齋世爲河南鈞州人三世祖伯川伯川生志剛志剛生榮榮生公母王氏公在娠母嘗感異夢已而生公幼讀書即了大義中正統丁卯鄉舉登景泰辛未進士第授監察御史巡按山西湖廣所至有聲天順癸未陞福建按察使鎮守中官横恣擾民公繩以法閩民戴焉成化乙酉遷南京大理寺卿未幾以憂去圖原

土夷作亂邊陲告急奪情起公右副都御史與都
御史項忠會兵討之生擒滿四俘獲男婦二千六
百人斬首七千六百餘級以功陞左副都御史時
所在盜賊蠭起漢中李胡子潼關火蝎兒滿城王
虎各聚衆摽掠殺敵官軍其鋒甚銳公悉討平之
壬辰虜寇臨鞏公督兵追至黑水口生擒平章鐵
烈孫斬首數十顆遂陳時政十五事禦邊三策尋
命節制三邊秋九月北虜寇韋州深入固原好水川公
檄召諸路兵按伏湯羊嶺虜至遇伏驚遁盡棄輜
重擒斬二百餘顆捷聞賞以白金文綺因改其嶺

爲得勝坡勒石紀功又剿平岷州叛番乙未
召爲兵部右侍郎遼東有警
上命公往備之公制五花營八陣圖以訓士卒復上禦
邊十五事皆切時宜虜患遂息陞左侍郎食二品
祿戊戌建州女直復叛巡撫都御史陳鉞欲誘殺
進貢夷人以掩已過夷懼爲亂
上命公與中官汪直往視之直恃寵倖功陰主鉞議公
弗聽先至其地撫散黑鎮戍等二百餘人直至無
所獲深啣之巳亥言官劾鉞激變逮繫至京厚賂
直傾公謫戍重慶日與蜀士考德問業若未嘗貴

顯者直敗
詔以舊官致仕甲辰起爲左副都御史巡撫遼東乙巳
陞右都御史督理漕運兼巡撫鳳陽等處未期陞
兵部尚書貴州都勻黑苗弗靖守臣請發雲南四
川湖廣兵討之公持不可奏差郎中御史往勘處
果無他虞尋改南京兵部參贊機務
孝皇在東宮時已稔公名及即位
召爲左都御史掌院事二月
上耕籍田教坊司以雜劇承應或出狎語於
上前公厲色曰

新天子當知稼穡艱難豈宜以此瀆亂
宸聽即斥去二御史以糾儀下獄公謂
即位之初不宜輙罪言官於是得釋時 之上言十
五事悉見施行未幾改兵部尚書 景營軍務
七月京畿大雨爲患公疏時政得 事以彌災
變上古城國爲安南所侵遣使請救 未決公請
會禮部拘朝貢使臣諭以禍福俾 地遂通好
如故辛亥二月丁繼母憂
上以邊方多故奪情起公公懇乞終喪 乃視事甚
州夷伏當加誅叛𢧵蟹至京廷訊 不服公徐

以數語發其姦狀始惶懼請罪遂竄海南貴州苗
叛公議遣鎮遠侯顧溥統兵擊之授以方畧克五
十餘寨俘獲男婦數千而還自是蠻夷震懾
皇太子出閣公謂
皇太子國之儲貳天下根本宜擇老成純謹之士以資
啓沃不宜雜以俘薄之流恐虧損
盛德
上欣納焉十一月
清寧宮災
勅兵工二部議處公言天下軍民疲弊乞發

內帑銀及停四川採木之役
上從其議落成賞以蟒衣白金官其次子琇爲錦衣衛
百戶虜酋火篩擁衆寇大同威遠勢甚猖獗京師
戒嚴
上召公至便殿問備禦之策公因舉保國公朱暉等整
搠官軍以待且令各邊謹斥堠修戰具虜知有備
遁去土魯番鎖擅阿力虜奪哈密忠順王母金印
國人驚散公訪求陝巴立爲王復爲阿黑麻所虜
并據其城公請降
勅切責繼命二大臣往經畧之安置來貢夷使四十餘

入於黄西阿黑麻大懼始歸陝巴金印西域遂靖
壬戌轉吏部尚書正德改元中官王瑞以
大婚禮欲用儒士七人篆刻畨字公方杜倖門堅執不
從瑞懟憤誣公抗違賴諸大臣力辯其事始白會
兩廣鉷都御史總制軍務被薦者不樂于外嗾御
史劾公公遂求去位公歸足跡不至城府屏居三
峯山董村之別墅扁其堂曰樂農公立朝五十餘
年以身殉國不避險艱屢蹶屢起其志不爲少變
朝廷有大議衆莫敢決必待公而後定其於無名之
請非分之求則痛加裁抑是以權倖多不樂之既

謝事逆瑾專横有譖公者竟以他事誣公除名子
琇亦調守禦鈞州瑾敗公復舊官琇亦復原衛公
素善調攝生平少疾及退居林下每聞時事有不
可意或
祖宗之法有所改變輒憂形于色竟鬱鬱不起卒年八
十五公性介特寡言笑不尚華侈舉止嚴重修髯
偉貌望之知爲異人居官重名節礪廉隅義不當
取一毫不苟爲兵侍時部隸官柴薪支餘咸共
爲侵漁侍郎歲得五百金公欲顯卻恐彰同官之
過第令貯之公帑及爲尚書並出入稽檢之法以革

其弊歲餘銀以萬計其廉潔類如此性尤謙下雖位極
人臣名聞夷夏退然若不敢自居至於值事變臨
利害屹然如山不可搖奪危言正色遇事即發無
所顧避或見人之彼險必面斥之不少假借好學
讀書春秋雖高手不釋卷凡子史及性理諸書皆
能熟記爲文尚理趣詩亦典重有約齊集及奏議
若干卷藏于家子長璁六安州知州琇官至錦衣
衛指揮僉事
贊曰自古名臣碩輔樹勳庸於宇宙皆必有光明
俊偉不可及者以爲之本余觀端肅公正氣直道

巍然卓絶平生功業所以名當時而垂後世者豈
偶然哉氣數曰衰人才益落當今之世不知尚有
斯人否也余傳公之事未嘗不望風擊節仰高山
於千載之上

司徒韓公文銘公墓曰侃侃端肅中州之傑歷事
五廟典司喉舌既平内叛復靖西夷風聲赫赫威震邊
陲擢貳司馬撫綏遼左氈裘聽命悉就安妥宦豎
中傷公罹奇禍

十聖明旋復賜環既仆而興望重丘山
嗣辟舊臣是賴曰茲本兵虚席汝待嚮用方切乃

陟元宰再進公孤百揆是宅功成身退始終全節
丞鄒公諱瑾江西永豐縣人爲大理寺丞靖難師
駐金川門時有約開門迎納者公與同鄉御史魏
冕率同官十八人即殿前毆之幾死其日輟朝公
與冕大呼曰請速加誅臣等義不與同生不聽次
日宮中自焚走或曰宜急迎附公曰使吾二人改
其臣節明君必不用
文廟繼統俱自殺同時死難者右少卿胡公潤事實無
傳
贊曰生人之所欲死人之所惡也自古忠臣義士

往往欲死而不欲生豈好惡與人殊哉其中必有
大欲惡不容已者存焉鄒公當
文皇靖難之際義不欲生卒與魏公俱自殺豈非其中
有大欲惡者哉孔子曰志士仁人無求生以害仁
有殺身以成仁孟子曰生我所欲也所欲有甚於
生二公之謂也昔西漢之祚易於外家獻符命者
成群我
文皇入靖内難則吾君之子也一時死難者四十八人豈
國家方隆人才應運而生耶抑
高皇培養數十年士氣盡發於斯時耶吁盛矣

丞黄公諱鞏字伯固别號後峯福建莆田人也曰
世祖師憲師憲生文嘉文嘉生德玠德玠生公母
鄭氏公少名天佐年二十讀易之革有感因改今
名登弘治乙丑進士第初授湖廣德安府推官迎
母就養在官有能聲人稱黄片時假孝感邑與民
興利除弊尤以教化風俗為先當道交以賢能薦
秩滿去郡人為立去思碑擢刑部主事詳刑之外
惟以講學為事司寇劉公璟張公子麟張公泰前
後遣子從學司馬何公鑑以練達薦改兵部武庫
司專司奏牘何公去陸公完代見其具稿驚曰吾

意于一文士爾史事之精乃爾嘖嘖嘆賞甲戌春
進員外郎同考會試所拔多名士秋陸公以劉東
山例表薦添註車駕司郎中經理馬政明年春改
職方司夏四月以內艱去服除將赴部聞
武廟北巡慷慨就道題其書室曰茅屋石田爲生已拙
鴟夷馬革自許何愚蓋有志於許國也至京補武
選司郎中己卯春三月有
旨南巡是時邊將江彬用事口含生殺
車駕巡遊皆其誘致衆怨咸歸但無敢攻之者公獨發
憤曰此吾報國之秋也遂疏崇正學闢言路正名

號戒遊幸去小人建儲貳公輩心憤激發有舉
朝所不敢言者內詆斥江彬語切車駕司員外
陸震亦欲言見其稿切遂與共疏入自意必死
作書別知己林見素馬伯循鄭繼之諸公與布肇
二弟託以後事
上見其疏大怒下之
詔獄備諸刑楚臂無完膚伏蒲奄奄殆瀕於死方與陸
從容賦詩又自贊其像云此內何有節義文章此
外何有太古冠裳略無幾微見顏面公三絕而甦
陸竟不起是時言路久塞自公一倡朝士爭和

天子方盛怒峻法以待而犯者如歸益衆同時被繫者百餘人斃梃下除名左遷罰俸各如千人部寺爲空諸臣既以言得罪

上南巡之志亦沮公不死除名江彬猶欲甘心焉乃裹瘡間道走千里至濟寧始問舟以詩別其弟池河驛丞肇有不用汝謀方至此須知我道固當然之句二子道亡一葬姑蘇一葬錢塘立石誌之而去時人尤傷之過蘭谿吳陸員外爲文祭之辭極悲慘聞者皆流涕至家杜門不出惟講學著書日與聖賢爲徒侶鄉人無智愚賢不肖咸相敬愛當道過

莆必禮於其廬巡按御史沈灼爲建立誠書院嘉
靖改元以南京大理寺丞起公具疏謝
恩勸
上稽古正學敬天勤民必爲堯舜必法
祖宗且謂君子或有過誤所當愛惜而保全小人豈無
才能要須深惡而痛絕凡數百餘言皆藥石語在官
勤以蒞事持心公正法所當加雖鄉曲故舊不少
假借事涉權貴無所回避遇有難獄或法律未明
必平心易氣與屬官反覆辯論務得其當而後已
未嘗偏執己見故屬僚咸得輸其情罪人亦允服

至官不數月廷中稱平寺有堂隷䙡錢相傳皆爲
私用公獨不取盡以供公費八月
萬壽節捧表入
賀適疾初起道感暑氣至京疲於應接疾復作歿于
西長安之朝房舉朝公卿大夫聞訃傷悼奔弔爭
捐俸金致賻下至走卒負販亦奔相告嘖嘖嗟嘆
曰黃忠臣士黃忠臣士忠義感人近世所未有也
歿後言官交上其節
贈大理寺少卿公天資過人能甘淡薄世味紛華一
無所好自知爲學即以古聖賢自期待其必爲善

也猶饑之欲食渴之欲飲而忠孝大節實出於天之所特授有人所不能及者蚤喪父事毋孝疾病嘗糞甜苦及死哀毀過情喪葬一如禮友愛二弟肇丞池河驛布不仕父所分業盡以與之姊適鄭氏俱没既葬之復撫其遺孤如已子賣女之金盡以周宗族之貧者葬諸叔之喪凡若干立心處已必欲置於道義聞一善言善行即劄記而服行之人或告以已過則欣然改蚤夜精修省察克治未嘗一日怠也辭受取予一無所苟居官清白始終一節權貴之門禮貌不輕假借在人有善則扶持

必欲成就之尤喜引薦人物至人之奔競則深嫉之平生所爲多不徇流俗故人或目之以矯然公方卓然自信莫恤也嘗謂人生百歲仕宦至卿相中間不過三四十年爾以三四十年易過之富貴而易千載不朽之事是所謂養其一指失其肩背而不知也惟所見既大故世間利害得喪舉不足以惑之身長而小清臞鶴立退然若不勝衣遇事當爲雖萬夫不可奪挺然自樹若負崖岸飾邊幅不可近接人無大小謙抑和易有人所不能及者所志惟在天下國家毋聞

朝廷事當痛快處則喜動顏色一不當意如芒刺在
身其才具之優無施不利故自爲節推爲刑部爲
兵部至大理所至皆有能聲尋常手不釋卷雖居
官猶劬書種學如儒生六經子史百氏之書靡不
涉獵多有自得處詩文氣清有理致當其意到獨
得要亦自成一家言平生所著有後峯居士文集
若干卷又有讀書錄山居筆記諸作皆未成書卒
年四十三無子以布之子耜孺爲後
贊曰自逆瑾用事以峻法肅天下被戮辱死亡斥
逐者相望士大夫剛氣直道消磨摧折積而至錢

寧江彬之日亦既無餘一變而爲風靡雷同當是時衣冠之流日與共事而忘其爲小人也間有激中反目亦付之頻顣長嘆而已爾敢有正色直言攻之者哉人心斵喪已非一日自八伏

闕一疏舉朝之士爭起而和之杖血未乾後繫踵至挺身待斃乃有連疏空名以赴惟恐弗及者雖二十八人之死若焦要不是過忠義在人何嘗泯滅哉然則激人心發天理振頹風開世道廉頑立懦挽既倒之狂瀾而回之公之功其大矣哉昔孟子稱伯夷曰聖人百世之師也奮乎百世之上百世之

下聞者莫不興起也故聞伯夷之風者頑夫廉懦
夫有立志公於伯夷豈多讓哉豈多讓哉
見素林公俊銘公墓曰九峯昂昂其下有鄉有發
厥靈爲龍爲光星精岳祥粵古誰似遂德壯猷式
有文武貞方失位弱水在東孰是不回振其剛風
烈膽健氣山移海立醜類蛇蟠旗焉以赤大物載奠
眞于龍興汛滌叢菀基理太平首拔忠賢清我王路臣
軌伊存物焉以故天日昏黑世短心長轄紛發晨
式者斯傷

寺正張公諱芝字廷毓別號石嶺世家徽州府歙

縣令爲大理坊人三世祖德明德明生原壽原壽生礽礽生公毋胡氏公生有異稟五歲不言兒時嬉戲嘗取瓦礫爲俎豆以習禮容識者已知其非常人矣及入書塾課業之外星命卜筮九章之類靡不遍觀父聞欲訓導海陽周成潛心正學遣從受業始聞古人爲學大端而從事焉同游有好嬉狎者輒肅容正色以道之咸動容相戒呼張益友年二十二登弘治丙辰進士第試政刑部同事者多以詩酒博奕爲娛君獨究心於刑名法律遂至精鍊戊午授南京大理寺左評事庚申上固本安

邊五事一曰用人望二曰復舊制三曰集衆思四
曰足軍旅五曰節財用多見採用壬戌七月應
詔上修政弭災疏論進退賢否當自
內閣始或以出位招尤爲戒君曰一職所效有限言
而見聽所及者廣禍福不暇計也九月陞左寺副
十二月上申明條例疏事干中官法曹寢不議覆
癸亥南京科道以言事罰俸上責言官以來忠讜
疏弗聽八月因南畿災傷上救災省刑以靖地方
疏俱見納甲子武職有犯法者御史按問因訐問
官有

旨命南京刑部會同大理寺勘問公謂非例上疏諍之
法司竟執有成命不改六月應
詔上陳言革弊疏凡五事一涵養
聖心二論律三論例四議勾軍之法五定宦者之制乙
丑六年考績上講明律例以便職守疏凡六條見
律例志三法司參詳多如議三月陞右寺正四月
上陳言治體疏
孝廟升遐不及見矣五月應
詔上陳言繼述大孝疏六月上修明職業以贊維新
聖政疏十月上正體統以收感福疏言俱剴切十一月

廣西郡縣學職缺減就軍中上選益師儒以隆教
本疏辛未四月以鄉飲乃
朝廷大禮覆僎設位與古不合上考正禮儀疏禮部
以遵行已久未可擅議而罷八月齎
徽號表如京師壬午正月再上陳情乞
恩休致疏不允不得已之任甫至廣西陞湖廣副使同
官扳留旬月疾復作醫云此暑歲瘴癘所伏而發
爾竟不療遂卒年四十有一無子以長兄完之次
子便爲後公平生恬靜寡言無所嗜好飲食服御
甘於澹泊無疾言遽色事親敬長接人待物必盡

其誠家雖貧居官甚廉湖廣奔喪凡有司所供中
用雜物在前人例取以去者皆附諸卷籍以待後
官俾不重費居常恂恂若訥至於遇事感發沛然
莫禦其爲學主於居敬窮理以修其身其居官在
於明體適用以行其學平生手不釋卷所著有宗
祠考擬聲音經緯書易講章經世續封以至族譜
年譜及大理廣西志書其奏疏詩文皆集成帙
贊曰昔孔子惜顏淵曰苗而不秀者有矣夫秀而
不實者有矣夫今觀石嶺何以異於是也公天資
穎粹器宇夙成方在童稚即有志聖賢弱冠筮仕

便以天下國家爲己任自爲大理爲提學所在盡心要皆聖賢作用遺風緒論至今猶在乃若偲偲論天下事則貫生之通達宣公之仁義又何過焉平生著述惜不盡傳然即其宗祀考擬一書窮理考古之精獨到之妙其學術因可槩見年僅四十而所立已如此使天假之年所至安可量哉天不憖遺哲人其萎斯文不幸茲予所以反覆長嘆而不能已也

月湖楊公廉銘公墓曰嗚呼庭無淵懿誠篤賦畀自天惟性之臧道學自修遡流尋源惟力之彊潛

和弘容恭己與物惟行之良引經摘疵昌言于
朝惟氣之剛我思古人庶幾見之今也則亡
評事章公諱懋字德懋號闇然翁晚號穀濱遺老
蘭谿純孝鄉人也上世遷自建之浦城入
國朝有叔良者以人才徵不就公之曾祖也叔良生
邦和邦和生申甫申甫生公母吳氏公生而岐嶷
資性頴異書數過輒成誦不忘年十五補博士弟
子嗜學如渴治易務深入或為進取憂公曰當有
巨眼者自信不惑天順壬午魁鄉試丙戌中會試
首卷劉學士定之主考果物色焉登

殿試二甲改庶吉士入讀中秘書成化丁亥冬除編
修月餘會元夕
内府張燈命館局分題賦詩公謂燈火非昭德之器
詩賦非論思之業與編修黄仲昭檢討莊杲上疏
諍之忤
旨命杖于闕下俱謫官直聲震朝野時稱三君子先是
修撰羅倫亦以論元宰奪情謫又稱翰林四諫公
知臨武以言者論救與黄仲昭俱改南京大理評
事既至留心職業日取刑書故牘詳閱之遂至精
練庶獄評讞老吏自謂不及法所當執雖貴卿莫

奪也南俸入視北爲縮例益以堂隸雇直之羸公獨無益三年考績遷福建按察僉事閩有番舶銀鑛屢爲患公至建議許民與番互市夷商兩便弛銀鑛禁聽民採取不復盜患遂息浮稅病民令以海田抵之泰寧寇作梗託清戎擒捕悉就擒沙尤饑盜起開倉賑濟即時解散善政種種都御史張瑄分陝福建雅重公每事必咨廵察有不相得者加之蠲癘成疾因有去志考績至京遂疏致政吏部尚書尹公旻固留不可三請而終不變乃可之時年四十一至家即杜門足不至府城奉親之外

日惟讀書講學爲事甘貧守道若將終身學士有志者不修請誨無間遠近常往來楓木庵中學者稱曰楓山先生廷臣交薦

孝廟初政圖任儒宿北以謝公鐸爲祭酒南以屬公公方在制添設司業虛缺以待及就官開示近裏南士意若無奇久之先德化整規條勤咨問師道頓改六舘之士始帖然心服恨得之晚姑蘇尤檝母病劇莫歸省日夜悲泣公令歸或言公曰吾寧以此獲罪不忍絕其母子之情也人益歎服兩疏學政時政宿弊不報凡再乞休不允正德改元陳勤

聖學隆繼述謹大婚重詔令敬天戒五事先後五疏乞
休又不允居無何引年以請凡三疏始允尋轉南
京太常寺卿辭進南京禮部侍郎又辭
詔許致仕公既退而逆瑾之難作縉紳相繼蒙禍人尤
服其先見當道咸疏公耆儒宿德
詔有司歲時存問以風天下嘉靖改元陞南京禮部尚
書致仕辭弗允辛巳歲且暮忽搆疾親朋子姪更
迭問候至屬纊語不亂衛守林有年至疾已劇卧
榻上與論古今天下事甚悉次夕與姪贄論君大
夫保國保天下之道因及春秋列國名卿惟許士

會父子庚幾歲除令親友各歸守歲嚮晦遂殁年八十六是日未旦有星墜所居之前山有司以聞與葬祭贈太子太保謚文懿公會懷夷坦不修城府度量汪汪不見涯涘與人言輒露肝膽人與之言則信與之交則親或詐亦不逆億也見人有善不啻在己汲引後進惟恐不及居常無甚異同至臨大事決大議是非可否確乎不拔性寡嗜慾衣服飲食宮室器用隨寓而安薄田僅自給不求增益辭受取予皆必以道出處去就尤不放過一毫不慊萬鍾弗顧故自翰編以至八座立朝僅四十日

官不過三考乞休凡二十餘疏難進易退非特令世古亦難之其心常在天下每聞進一善人行一善政喜動顏色否則愀然不樂夜必露天焚香默以親賢遠姦康國庇民爲禱民生利害輒爲上官言之其學以關閩濂洛爲宗本之自得非有傳授亦間氣所鍾宇宙有數也於書無所不讀於天下事無不理會要在精究而力行之不落口耳不涉支離故能眞見獨到洞貫道妙其發之議論精實切當多有前賢所未發者嘗謂人心有小大大以窮理小以愼獨謂學術去程朱已久又大壞必須

眞聖賢出方能救得謂文廟祀典須進周子兩程子張子朱子於配享之位方允當謂天地元氣剥後來亦衰弱生出人來都厭厭不振謂政體始於格君心收人才固民心格言至論不一而足皆其所獨得者一時同志若羅一峯胡敬齋謝方石莊定山諸公皆極推許諸公皆希世惟公年踰大耄巋然獨存殆天壽之以壽斯道也文章不甚求工達意而止或以相諷曰小技爾于弗暇或勸以著述曰儒先之言至矣盡矣又何加焉第删其繁蕪可也嘗欲摘選程朱後諸儒經書粹語爲集説及

刊宋史之繆患力不足而止平生所著惟蘭谿金華鄉賢祠志及遺文數卷而已子孫眘天歿孫誥不彗少接晚始生公歿方五歲

贊曰余觀楓山先生翰林一疏立朝大節表表在人歷官所至雖未盡見其設施要皆不與俗同參以平生議論其胷中所存與經濟大畧因可槩見使得盡見之行功業當未易量而志卒弗酬是則世道之不幸也要其心拳拳任天下豈果於忘世者其所以難進易退必有其故矣然鵷羽鳳毛聳當時而風後世且使今世仕者猶知聖賢出處大

就之義古道不至於淪喪其功比之兼善豈可以多寡論哉考其學問淵源殆可以接四先生之席而爲朱門之游夏甚拳拳以道術分裂程朱去遠爲慮又謂發有三巨擔棄道左無人擔則其憂道之心與其所以自任之意隱然見於言外矣

二泉邵公記先生祠堂曰先生自壯歲以文章魁天下以忠諫著翰林以經濟稱於海内自史館左遷涉歷中外未克展布晚始起爲司成天下莫不賀得師焉及請老歸棲遲林壑隱然繫天下之望者幾二十年

上之初政有意用之間使在途而先生卒矣論者於先生猶若未滿焉然以予觀先生其共謹康靖之節平暢醇雅之文簡康朴直之風在朝在野遐邇承嚮蓋不動聲色而耿耿廻瀾老益惇篤君子之論焉可誣也若是而謂先生之道未光于世則豈可哉夫天下之道德烏乎定定于一而已矣大哉孔子萬世之師也孟子去孔子未遠也闢邪放淫衛斯道以為己任大閑立矣後數百年而有董子欲黜百家於漢又數百年而有韓子欲去二氏於唐然其識與力皆不逮乎其志故汎然莫之能定也

南京大理寺志卷之七

詞翰

史志藝文禮徵文獻文者語事成章所以載道是故不可已也理官職在詳刑文學掌故雖非其任感事操觚豈容無作苟於道不外皆足錄也茲庸採輯附於終篇作詞翰志

箴

大理箴

薛瑄本寺卿山西河津縣人

薇垣有星廷尉象焉稽古之職士師庭堅官曰大理歷茲有年其名不一其事則然蓋天之公陽開

陰騭立法憲天仁柔義過不率典彝或過或惡天
討以施低昂斟酌乃有準臬職斯常刑讞厥當否
卒歸廷平廷平攸執時惟鑑衡鑑灼隱伏衡持重
輕持照兩得克允克明罰當民服氣協休徵惟刑
弼教聖所欽恤死者弗生絕者弗屬而居而官宜
何儆肅勿徇貨來勿任憎欲勿偏縱釋勿好刻酷
有一于茲靡平靡燭斁紀瘝官齎痛飲毒譬火燒
膏萃亦已速邈哉千載乃有良臣釋之定國持公
體仁曰民不冤曰無冤民功光簡冊慶及子孫高
山宜仰景行宜遵小子述誡敬勗我人

記

南京大理寺題名記　　楊廉（南京禮部尚書 江西豐城縣人）

作史者備書其人之行事或善或惡將以爲勸戒焉耳近代公署類有題名雖僅著人之鄉貫出身歷任歲月然名雖存而實亦不泯焉其所以爲之勸戒者固昭如也豈非史家之遺意乎由是觀之則公署之不可無題名猶國之不可無史也審矣

南京大理寺自

國初建都之後以至今爲留都以來題名之闕蓋百五十餘年于茲矣邇者任公宗海來爲卿周公伯

明來爲丞相與廣搜博訪於卿得趙公勉以下二十八人於少卿左得唐公盛以下八人右得趙公和以下十一人於丞左得陳公晟以下九人右得曹公銘以下二十六人將大書深刻於石而後此者復爲之虚以待焉一日以所疏若干人者示廉謬屬爲記廉受而閲之若卿二十八人之中文清薛公德温在焉文清嘗爲大理箴曰稽古之職士師庭堅又曰皋臣釋之定國大庭堅皋陶字也或謂爲號考之虞書皋陶之明于五刑以弼五教期於無刑民協於中此大賢以上聖人作用也考之

漢書張釋之之無冤民于定國之民自以不冤此一代碩輔所設施也宜文清之有取於此也雖然文清爲

本朝理學倡天下之士仰之爲今濂洛關閩臯陶不可尚矣釋之定國文清豈多讓之後之視今亦猶今之視昔又何必遠求于張而近捨文清也哉此外可企可慕者尚多官于是者退食委蛇摩挲片石則所以爲勸戒者自有餘矣至於臯陶固萬世法官之師也任周二公皆爲窮理之學志文清之志者試以請教并以爲記以塞責云

左寺題名記　　周用　左寺副廣東饒平縣人

君子有三名名字也名位也名實也名字成於父師名位成於朝廷名實成於自己名字藉名位而傳名位藉名實而稱三者相須故聖人曰君子疾没世而名不稱焉古人勒其名於鍾鼎後人鐫其名於木石其敬名之義一也

國朝南京大理寺百有六十餘年矣而題名之石不立左寺正韓君應和乃白於太卿任檉菴先生右丞周貞菴先生而成堂上題名之石又與用等相議而成左寺題名之石自洪武永樂迄正德而列

其名字自寺正寺副評事而列其名位月其科甲陞遷稽其案牘殿最習其聞見行事而名實存焉噫我輩由父師之教荷

朝廷之恩而聲譽事功未加於上下雖存題名之敬猶有玷名之懼後之君子幸毋以我輩爲好名也

謹虗左以俟

右寺題名記

林希元 右寺正福建同安縣人

癸未之夏予既正大理之右寺以題名之缺謀諸君若理副天慶廷評嗚朝子吉時瑞僉予同乃召工琢石稽誌載凡官於寺者之名氏若正若副若

評咸書焉諸君長乎因以記屬惟理官之設舊矣
歷代沿革制度雖不同其職一而已矣今兩京並
置南北事權雖不同其職一而已矣我
朝之置理官也秩卑於兩法曹權則輕於御史也乃
使之執憲度以權衡其重輕而繩糾其衍遺我
祖宗之法之意不其深與故爲理官有三德焉曰知曰
仁曰勇辯物悉情存乎知盡公推恕存乎仁强立
不反存乎勇三者缺一不可今夫宇宙數千年爲
此官者不少矣漢稱張于唐稱徐杜餘無幾焉垂
聲宇宙何其希也非以三德之難與嗟夫士生天

地當以稷契皋陶自期待爲理官而知有四子已
末矣況猶有不逮焉可乎今吾列名茲石者與古
之人均之爲理官也前乎此有能懋三德稱厥官
追配古人已乎想必有之觀于石可考也後乎此
將有能懋三德稱厥官追配古人已乎想未必無
之觀于石不可不勉也噫比類以觀德存形以著
教題名之謂與是故君子重之

序

送林寺副茂貞考績序　鍾雲瑞名許事廣東東莞縣人

元年冬十月次崖林子考大理績將之京鍾生雲

瑞當有贈言乃拜手曰咨惟君入官三載弘厥聞
譽行矣其有休君曰何如願有嗣言曰志激於時
言激於志犯難而言衆人愕焉天下至于今誦之
君之奏議偉矣忠誠著矣於考績也何有君曰惡
臣子之義也雖難勿難也況未見其難也曰訟獄
盈庭情暧未明探之如求執之如雠矜之如嬰兒
民卒以不冤君之憲辟審矣賢勞懋矣於考績也
何有君曰惡職事之常也雖勞勿勞也況未見其
勞也曰學博而精擇養深而識明約文會理卒範
聖軌而實之淸修持之定守是非善惡辨而嚴焉

君之德學優矣藝實徵矣於考績也何有君曰儒者之分也雖優勿優也况未見其優也曰然則君之志瑞乃罔克知若瑞也者則願君之勿相遠也瑞斂屋而居且四十年延頸出門覩乎蒼蒼聆乎茫茫然後知措躬之無所也稽之古今聖祖神伏日居月諸數千百年有臯夔稷契焉扣之則無言汲汲乎行其志也數千百年有顔曾思孟焉扣之則無言汲汲乎傳其道也數千百年有周程張朱焉扣之則無言汲汲乎明其學也不知其所以爲心者何如也若瑞也者則願君之勿相遠也君於是

欣然曰斯可已矣獲我心矣上天下地曰宇往古來今曰宙會而通之曰儒日進無疆曰益虛而不盈曰謙知幾而固守曰智順理而安行曰賢好高之弊道之蠹也近名之弊實之蠹也自是之弊學之蔀也是故宇宙無窮也宇宙內事無窮也子前之言畫子者也子後之言起子者也戒其所畫勵其所起庶矣哉乃聲詩永言浩歌而別

奏疏

災異陳言疏

廖莊 左少卿江西吉水縣人

景泰五年七月以災異下詔求言公上疏留中不出明年閏六月以母喪關勘合赴京朝見有

旨這厮在南京十分無禮錦衣衛拿去着實打八十棍
遂降定羌驛丞 天順元年詔復其官

仰惟
太上皇帝被留虜庭
皇上撫有萬方屢降
詔書以
大兄皇帝鑾輿未復虜讎未報爲意臣有以知
皇上之心即帝堯以親九族帝舜愼徽五典之心也賴
天地祖宗之靈
皇上神謨聖算迎歸
太上皇帝於南宮臣爲遠臣未知

皇上於萬機之暇曾時時朝見以敘天倫之樂以敦友
愛之情否也臣自爲翰林庶吉士刑科給事中大
理寺丞之時伏覩
太上皇帝即位之初遣太師英國公張輔吏部尚書郭
進爲正副使冊封
皇帝於藩邸每遇正旦冬至令群臣朝
皇上於東廡臣下咸謂
皇上兄弟友愛如此天下其有不治乎今幸
太上皇帝得以迎歸伏望
皇上篤親親之恩萬機之暇時時朝見

太上皇帝于南宮或講明家法或商確治道仍於時節
令群臣亦得朝見以慰
太上皇帝之心如此則
祖宗在天之神安而
天地之心亦正災可弭而祥可召豈必求之他道歟然
所繫之重不特此也夫
太子者天下之本臣愚竊以爲
太上皇帝諸子
皇上之猶子也宜令親近儒臣誦讀經書以待
皇嗣之生使天下臣民曉然知

皇上有公天下之心而無私天下之意也盖天下者
太祖高皇帝
太宗文皇帝之天下
仁宗昭皇帝
宣宗章皇帝之繼體守成者此天下也
太上皇帝之北征亦爲此天下也今
皇上撫而有之必能念
祖宗創業之艱難思所以繫屬天下之人心矣伏望
皇上寛斧鉞之誅採蒭蕘之言斷自
宸衷舉而行之于以篤親親之恩于以待

皇嗣之生于以保
祖宗之天下於萬年之永矣然近年以來日食星變地
震且陷山崩水溢災異疊見非止霜雪不時而已
臣切憂心以爲弭災召祥之道莫過於此故冒瀆
天威不勝戰慄待罪之至

陳言圖治疏 事見本傳

黃鞏 右寺丞福建莆田縣人

臣等嘗聞人臣之事君也以盡其心爲忠夫苟有
所見而不以言言之不盡其心皆非忠也臣等叨
登科目承事
陛下以至于今徒冒寵榮曾未能少有分寸之報常恐

一旦猝填溝壑以負此心今者時事如此若復隱
默不言更待何時是終無以為報是為負恩誤國
天下不忠之臣也
陛下將焉用之洪惟
陛下臨馭以來
祖宗之綱紀法度一壞於逆豎再壞於佞倖又再壞於
邊帥之手至是將蕩然無餘矣天下知有權臣而
不知有
陛下言者寧忤
陛下而不敢忤權臣

陛下弗知也亂本已生禍變將起竊恐
陛下知之晚矣試舉圖治六事於今爲最急者爲
陛下陳之其一曰崇聖學嘗聞先儒周敦頤有言曰聖
人定之以中正仁義而主靜立人極焉又曰吉凶
悔吝生乎動吉一而已動可不慎乎蓋人本心之
善其體甚微而利欲之攻不勝其衆是以靜常吉
而動常凶也故惟聖人爲能主靜惟君子爲能慎
動仰惟
陛下聰明天縱有古帝王之資然其所以盤遊無度流
連忘返者無乃動之過乎論思勸講之臣職在格

心於是乎不能辭其責矣伏望
陛下高拱
九重凝神定慮屏紛華闢異端遠佞人招延故老諮訪
忠良則可以涵養氣質薰陶德性而
聖學惟新
聖政日舉矣迂闊之論世所厭聞惟
明主擇焉其二曰通言路嘗聞言路者國家之命脉也言
路之通塞國家之治亂係焉切見近時臣僚奏牘
間或言及時政往往匿不以聞其或事關權臣則
又留中不出而中傷以他事夫古之明主導人以

言用其言而顯其身後世則不然不用其言而反罪焉今則又不然不使其以言獲罪而以他事傳罪由是雖有安民長策謀國至計無因以達於九重之前雖有必亂之事不軌之臣
陛下無由而知之矣天下烏得而不亂哉伏望
陛下以從諫爲心以聞過爲明廣開言路以作士氣諒直者褒之訐祀者義之愚淺者恕之狂誕者容之過計者諒之不責以出位不加以好名如此則忠言日進聰明日廣雖亂臣賊子亦將有所畏而不敢肆矣天下幸甚

祖宗幸甚其三曰正名號嘗聞孔子有言曰名不正則
言不順言不順則事不成事不成則禮樂不興禮
樂不興則刑罰不中刑罰不中則民無所措手足
夫民至於手足無所措者凡以名不正之故也厥
係重哉
陛下近日以來忽然無故自稱爲威武大將軍太師鎮
國公遠近傳聞莫不驚疑竊嘆以爲恠事
陛下聰明智勇上嘉唐虞下樂商周何所不至顧乃自
輕如此柰
宗廟

社稷何夫
陛下自稱爲公誰則爲
陛下者天下不以
陛下事
陛下而以公事
陛下是天下皆公之臣而非
陛下之臣也昔魯仲連有言則連有蹈東海而死胡銓
所謂寧肯處小朝廷求活者臣等切實恥之伏望
陛下俯垂采納謂戲無益謂臣等之言有理即日削去
鎮國公等項名號以昭上下之分以明示天下之

人庶幾體統以正而
朝廷自尊矣不然古之天子亦有號爲獨夫與欲爲
匹夫而不可得者切爲
陛下懼焉其四曰戒遊幸嘗聞大禹曰罔遊于佚罔淫
于樂周公告成王毋淫于觀于佚于遊于田春秋
譏觀魚終綱目書巡者二十九皆譏也
陛下始時遊戲不出
大廷馳逐止於
南内論者猶謂不可既而幸宣府幸大同幸太原幸
陝西榆林諸處所至費財動衆寓縣騷然至使民

聞一夫一婦不能相保
陛下爲民父母何忍使民至此虧損
盛德貽譏萬世
陛下自視以爲何如主也近者復有南行巡狩之命南方之民爭先挈妻子以避去者流離奔踣敢怨而不敢言即令江淮之饑父子兄弟相食天時人事如此加以休息愛養尤恐不支況又重以騷之其何不流而爲盜賊速而爲死亡也哉或姦雄窺伺待時而發變生在内則欲歸無路變生在外則欲救無及

陛下斯時悔之晚矣彼居位大臣用事中官親昵群小

皆欲

陛下遠出而後得以擅權自恣乘機爲利也其不然則

亦袖手傍觀如秦人視越人休戚之不相涉也夫

豈有一毫愛

陛下之心哉彼誠愛

陛下者獨忍使

陛下馳逐蒙塵而莫之救止也伏望

陛下深惟往事之非翻然悔悟下哀痛罪己之詔與民

更新罷南巡撤宣府行宫示不復出發內帑以賑江

淮之饑散邊軍以歸卒伍斥不馭之女以各還其家害既往之謬舉收既失之人心如是則猶尚可爲也惟

聖明念之其五曰去小人嘗聞開國承家小人勿用自古小人用事未有不亡其國而喪其身者也近被今之小人竊弄威權貪圖富貴者寔繁有徒至於首開邊事以兵爲戲使

陛下勞天下之力竭四海之財傷百姓之心至今紛紛未已者則江彬之爲也彬本行伍庸流兇很傲誕無人臣禮臣等但見其有可誅之罪不見其有可

賞之功今乃賜以國姓封以伯爵托以腹心付以
提督京營之寄此養亂之道也於是外招邊卒內羅
兵權騎虎之勢不亂不止天下之人切齒唾罵皆
欲食彬之肉彬不誅則天下之亂必自彬始
陛下亦何惜一彬而不以謝天下哉伏望
陛下大奮
乾綱乞將彬下諸廷議明正典刑以爲姦邪小人之戒
但如彬者
陛下信之舉朝臣工噤不敢言臣等亦知言出而身危
矣然使臣等不言則

陛下不知
陛下危矣臣等危則
陛下安臣等亦何惜以一身報
陛下哉激切之情惟
聖明察焉其六曰建儲貳嘗聞漢人有言曰太子天下
本本一搖則天下震動夫有本而搖天下猶震況
於無本其何以安洪惟
陛下春秋漸高前星未耀
祖宗
社稷之託懸懸乎無所於寄方且遠事觀遊屢犯不測

之區此必危之道也
陛下徒知收置義子布滿左右獨不能豫建親賢以承
大業臣等以爲
陛下殆倒置也伏望
陛下早及是時上告
宗廟之靈兼請
母后之命將近時群臣建儲章疏通行檢出宣付皇親
勛舊及在廷文武大臣幷翰林春坊科道等官共
圖大議即於宗室遴擇親賢一人養於宮中使視
皇子以係四海之望待他日誕生

皇子之後俾其出就外藩如此則繼體有人國本以

固實惟

宗社無疆之休惟

聖明其留意焉以上六事皆爲臣等一得之愚以爲方今急務莫有出於此者然此六事之中而崇聖學又其要也臣等芹曝愚忠螻蟻微命死生進退不足顧惜伏惟天下安危治亂之機誠不忍使

陛下自取覆亡爲後世笑此臣等二人所以相對痛哭流涕臨楮嗚咽不知所裁者也

應　詔陳言疏　林希元左評事福建同安縣人

臣聞冬寒之極必有陽春大亂之後必有大治天下事壞於權姦之手至正德十五年極矣
陛下以親藩入承大統一舉而更之使十七年天翻地覆之世道一旦轉而爲乾清坤寧之治此湯武以後所未見而年方出幼德已夙成則湯武之所未有也即位以來日新厥德施張舉錯動合輿情而尊禮大臣從諫弗咈又古帝王之盛節至於退處深宮終日靜坐觀覽章奏之外即看書史聲色慢遊無所嗜侍御僕從之人無敢褻狎
天語漁獵左右承聽以爲雷霆臣又知

陛下端莊靜一於人所不見之地非但恭己以正南面
而已也今中外臣民萬口一詞謂
陛下天生聖人此非面諛又謂
陛下血氣方升形神未固不宜過勞恐有所損又謂
聖躬宜加慎重飲食起居皆不可苟恐姦人有所不利
蓋其愛之也深故其慮之也至爾臣甫登仕路幸
際
明時愛
君徒有心致
君愧無術兹因

進香來京接
清光讀
明詔不容自默然
陛下以言責諸人固將取其有益身心天下也臣有所
見而不言或言有所畏避而不敢盡非臣所以忠
於
陛下也臣之言類多觸犯忌諱然臣但知忠於
陛下得與失非所計也
陛下亮臣之心而稍加採擇臣雖退處衡茅亦無所恨
臣觀自古人君莫不下詔以求言人臣亦莫不進

言以忠君然求言者毋不能用進言者多不見售良由君以求諫爲美名而不務其實臣多過深以求君而不量其勢如漢文帝天資近道至於禮樂則謙讓未遑漢武帝嘉唐虞樂商周不免多欲之累皆好名無實者賈誼董仲舒不量其勢而深求之其不售也固宜臣之才不及賈董

陛下之聖遠過二帝臣所以敢越分而深求者誠量

陛下務實而非好名必能用臣之言不若漢二帝之於賈董二生也

陛下誠用臣之言則二帝可三三王可四不用臣言則

帝王之治終不可得臣恐後之悲今猶今之悲昔
也所有敷陳爲君道急務者六曰務正學以隆治
道曰親正人以資輔導曰用舊臣以輔新政曰清
言路以定國是曰急交修以圖實效曰持久大以
終盛美爲朝廷大政者二一曰內臣機務以拔禍根
曰罷內臣鎮守以厚邦本條列于左總名新政八
要具本親齎謹具奏
聞

君道急務六

一曰務正學以隆治道臣惟天下之治本於道道

本於學二帝三王之治本於學故其治不可及
漢唐宋之治不本於學故其治不古若漢武帝
表章六經唐太宗游心翰墨宋太祖手不釋卷
不可謂不學但不可謂帝王之學精一執中之
傳建中建極之旨此二帝三王之學所以致時
雍風動之本也彼有是乎
陛下萬機之暇不離經籍中外皆知
陛下留心於學但未知所學者二帝三王之學抑止漢
唐宋之學也二帝三王之學何嘗遠於人哉只
在日用所常行者爾求之六經子史以寓目於

公私邪正得失興亡之鑑求之儒臣講論臣民
獻納以究極夫是非得失之歸求之平旦之氣
以驗好惡與人相近之實求之一日二日之萬
機以籌度撫世酬物之宜求之中夜以思以計
一日之間云爲得失之多寡所求不同其要歸
於精之一之以求此中此極而已
陛下又當優游以休之毋用神太勞懼其疲敝而難久
也灑落以開之毋拘束太嚴懼其困苦而難堪
也敬愼以本之毋用意太易懼其粗疎而難入
也操之必有要進之必以序積之欲其久養之

欲其深必便靜與天俱動與天游則帝王之道在我而吾之治可接武堯舜並駕商周回視漢唐宋之粗治小康俱不足言矣然臣觀後世人主莫不知學爲美事人臣亦莫不以學勸其君而自學有緝熙于光明以後未有學問見稱如成王者何哉一則天資不美一則立志不堅故心雖知好之而力不足以副之也

陛下有冠古絕倫之資雖成王有所不及但未知

聖志之堅否何如爾有

陛下之天資而又堅其志由是勉勉循循而致堯舜禹

湯也不難茍其志不堅臣恐優游歲月皓首無成徒負千古難得之天資眞可惜也臣於

陛下不勝願望

二曰親正人以資輔導臣惟昔周穆王命伯冏爲太僕曰昔在文武聰明齊聖大小之臣咸懷忠良其侍御僕從罔匪正人以旦夕承弼厥辟出入起居罔有不欽發號施令罔有不臧終之曰爾惟愼簡乃僚毋以巧言令色便僻側媚其惟吉士蓋人君之心惟在所養君子養之以善則善小人養之以惡則惡必左右前後皆君子而

無小人然後可以養君心於善今
陛下以冲年嗣位如旭日初升點雲未翳又當愛護保
養之時也書曰若生子罔不在厥初生自貽哲
命意正如此臣觀後世人主初年多有可觀向
後漸以不美皆由左右前後不得其人逢迎引
誘納之於邪其初甚微其終至不可收拾蓋由
不能養之於初也今在外大小之臣孰可孰否
陛下當自知之臣不待言在內侍御僕從之臣尚聞循
謹臣未有可言然臣不免有憂者蓋
藩王與

天子相去遠甚有初鮮終人情通患
陛下旣爲
天子而操威福之柄則今日承奉之臣非復前日承奉之臣也天下之所鑽研而攻取之者豈少彼亦豈能保其終不變哉萬一有此亦可慮也臣願
陛下細觀冏命之篇凡在外大小之臣咸擇其忠良者置之左右在內侍御僕從之臣非循謹者更之素稱循謹者亦深察而預防之果有如臣所慮即便斥去必皆端謹循良之士朝夕與居則內外交修薰陶漸養其致

聖心於堯舜也不難然君子難親而易疏小人難疏而易親蓋人情承順之則喜違拂之則難小人巧於承順君子多於違拂以喜承順之情投之巧承順之人一事之承順未必爲之動事事而承順不覺爲之動矣以難違拂之情投之多違拂之人一事之違拂或勉强受之事事而違拂必不能堪而繼以怒矣由是君子不期疏而自疏小人不期親而自親臣又願

陛下深察乎此見人之承順則曰醇醪甘口伐人性也斟酌于中必求所以遠之見人之違拂則曰良

藥苦口利人病也斟酌于中必求所以近之則
君子日親小人日疎
陛下之前後左右皆正人所以輔導
聖德者無所慮矣臣於
陛下不勝願望
三曰用舊臣以輔新政臣惟有堯舜之君必得皐
陶稷契之臣以輔之有其君而無其臣固不足
以致盛治有其臣而不得所以用之亦不足以
致盛治

陛下堯舜之君也即位之初悉起

先朝遺棄大臣與圖新政固以皋陶稷契望諸臣諸
臣想亦有可以副
陛下之望者但
陛下果能得所以用之與否則臣未敢知也何者當撥
亂反正之秋正求賢如饑渴之際天下大事又
非常時謹厚無過者所能辦必得德業才望冠
絕一時者與圖之方今大姦雖去其根未除宿
弊雖革新絃未張君子之道雖長而其勢猶孤
陛下所與謀議天下事者二三大臣而已當此之際宜
不遑寢食以求賢人遣使星馳四出聘諸元老

仍令有司催促即時上道務使衆賢畢集于
朝以重吾君子之勢而共執天下之大機然後可以
撥亂世而反之正今
陛下之於諸臣但遇缺則補似在可有無之間且不見
隨才器使之意又只行取來京未見隆何禮以
致之如此用人臣恐賢者未必遽至天下之機
會一失天下之亂終不可撥徒使人扼腕嘆息
致恨於今日也今之遇缺則補者豈不以此間
有人彼來無處乎不知今日用人如醫用藥只
求對病不拘常用苟有對病之藥則必去常用

之藥而決意用之不決意用對病之藥而牽拘
於常用其病終不可已昔我
孝宗皇帝初年三聘尚書王恕于家虛吏部之缺以待
之眞可謂能用人者也惟
陛下取法
孝宗決意以用對病之藥隆之以異禮處之以重任使
皐陶稷契之臣悉布有位則吾君子之勢屹然
有如山之重天下之大機在吾操持把握之中
於以撥亂而反之正特易易爾臣於
陛下不勝願望

四曰清言路以定國是臣惟
陛下即位首開言路謂給事中御史言路之官
朝廷闕失軍民利病使之直言文武官員貪暴姦邪
使之彈劾
陛下又言無不聽一時諫臣發憤感激以效忠赤此萬
世一時也而臣獨不能無議者則以今之言官
既不能盡職於前必不能盡職於後欲
陛下通行沙汰使言路一清庶可以裨今日維新之治
何者今之給事中御史即前日之諫官也今所
彈劾錢寧江彬張銳張忠輩即前日之權姦也

方且播美威福勢不爲不横前後幾二十年時不爲不久天下幾爲敗壞禍不爲不深未見有揚一聲者今始歷數其罪攖猛虎於負嵎之秋衆皆奇之搏縛虎於圈圍之内三尺童子皆知笑其無勇今日之言既不爲功前日之不言豈得無罪孔子曰陳力就列不能者止危而不持顛而不扶則將焉用彼相矣居位之人不能言舉朝之人不居其位憤激而言之至其得禍又坐視而不救亦何顔稱厥官居厥位哉且王守仁親夷大難厥功不細張永張忠亟空掩而取

之又妄獲平民以邀功于時紀功科道埋身藏
舌不見其影令始甄別功過以明公論不遇
今日臣知功過終不甄別公論終不明也當言者不言
不當言者則言鴟鴞不搏而搏鳳凰豺狼不問
而問犬豕毁譽任情是非失眞無兄者至有盜
嫂之謗未娶者或被撾婦翁之惡使淸議化爲
濁議言路轉爲冤門抑又可恨今者
陛下廣開言路臣謂此輩宜先自劾前日之不職待
上旨慰諭再三然後退而與同官議論斟酌首發群姦
未盡之惡次列利害所當與革者連名條具以

進少答
聖天子求言之美意遂決求退以其位讓能者而不敢
久妨賢路以自責罰如此猶可見其有是非羞
惡之心庶可解天下後世之議不務出此反欲
乘時要譽取功
詔書一出嘵嘵爭先不顧前後不量緩急不問已行未
行各逞己見紛紜重復由前不言不爲忠由後
之言不爲勇不明進退之義不爲智自
陛下即位以來臣見諸人論列類多無關大體又且自
相矛盾臧否人物往往不得其實洗垢索瘢者

者有之以愛憎爲毁譽者不無議論愈多愈覺
煩瀆他人見之已厭觀使
人主將何折衷而取信乎如以其所薦遺棄諸臣爲賢
則諸臣德業聞望舉天下能言之不待彼也臣
思往時言路之官特立者皆以忠獲罪去位有
識者知不可爲亦先引去今所存者皆苟且富
貴之人也
陛下堯舜之君將興至治言路之官宜得如虞廷納言
者充之今雖不追罪其前日不言顧諸人才具
誠不足以當

陛下之用今外議紛紛咸謂
聖天子御極內自禁近外徹京堂俱從一新惟是言官
未見清理但未有爲
陛下言者今考察在邇臣願
陛下勑吏部都察院將見在給事中御史通行查考凡
在
先朝不能盡職者俱照內外官才力不及事例隨其
輕重分爲等第量爲去留更求能者以充其位
仍將臣黜退以謝言官則言路清國是定可以
弼

聖聰而亨治道矣臣於

陛下不勝願望

五曰急交修以圖實效臣惟天下之治常壞於名勝而實不足蓋天下無治之名則以天下爲未治汲汲於自修尚有望治之日惟名勝而實不足則玩愒歲月坐失事機天下卒無望治之日矣臣觀今日之事有似於名勝而實不足何者

聖上中興一新化理嘗進君子矣而名望才德之士未盡布有位嘗退小人矣而權姦欺罔之徒未盡空其黨曰去宿弊而積年之弊未盡消曰行新

政而維新之政未盡舉曰出內帑以充國儲而國計未盡充曰蠲租稅以蘇民困而民力猶未裕此特其大者今將以爲亂耶則不亂以爲治耶則未治然則今日亦徒有治之名而未有其實爾今中外臣民動色相賀咸謂太平之業在是而臣獨有憂者蓋恐曰治不治而亂或生其間也何者正邪相勝之機間不容髮天下之治不進則退而已故今日之事在上下交相儆戒以修職業交修之實在於勇往直前怠緩者害之也在於果斷剛決狐疑者誤之也臣觀今日

有似於怠緩而欠勇往狐疑而欠果決故舉事
遷延正猶割藤不斷天下有轉亂爲治之機而
未見轉亂爲治之效此臣所以日夜憂危恐不
足以致治而反生亂也惟
陛下督率臣下交修職業凡所以進退人才與
詔旨所更革群臣建議舉行者猛勇果決期在必行毋
入於讒言毋惑於浮論毋優游而不斷毋怠惰
而因循務求目前可計之功而不徒爲紙上之
空言則正邪治亂之機判天下之亂一轉而爲
治矣臣於

陛下不勝願望
六曰持久大以終盛美臣惟人主必有久大之規
然後可終盛美之業昔者唐太宗身致太平美
矣貞觀之治漸不克終此立心之弗久也漢文帝
始終恭儉賢矣然溺於黃老而不進於堯舜三
代之道此立心之弗大也今
陛下有更化善治之美或立心之弗久則前功盡棄人
將惜之如唐太宗或立心之弗大則小康自足
人將惜之如漢文帝
聖心弗久臣雖未覩未免為

陛下憂之

聖心弗大臣頗窺見一二請敢爲

陛下勸之自古有志之君必以堯舜三代自期待決不

作漢唐事業必以祖宗爲法決不行後世因循

之政我

太祖高皇帝酌百王而立法真可謂齊德堯舜比休三

王者也後世不無漸失其舊全賴

中興之君整頓修復之今臣見

明詔所更革者只是正德以後之事以前初未之及至

於言者請革東廠諸事

陛下又委之舊規謂之更化之初事須有漸可也若止於是則我
太祖之法終無可復之日殆非
陛下所以自期於遠大也且我
太宗皇帝亦創業垂統之君豈有開亂政之端於後世臣恐左右懼失權者假此以欺
陛下若果是舊規則
祖宗之法固有萬世所當遵者亦有不可盡循者今於所當遵者有旣失遂不肯復至於不可盡循者乃欲守之而不變是豈善守

祖宗之法者哉且當其設此之時未必知後世之爲害
至是後世知其爲害則當速改之令一切委之
舊規明知其爲害而不改是豈
祖宗意哉大抵近時舊規之説多是誤人使
人主不法三代者未必不緣此亦猶紹聖小人以紹述
而誤哲宗不可盡聽也臣願
陛下乾乾不息恒久此心勿以承平自肆勿以晚節或
移又推而大之必爲堯舜必法
祖宗勿盡泥舊規以妨大事凡自宣德正統以來隨時
更置間有不利於國不便於民者俱照更革正

德年間事例盡與除去以復我
太祖之舊則
陛下之治將與堯舜匹休與三代比隆
今日之盛德美業爲能有以終之不至使人惜之如漢
文帝唐太宗矣臣於
陛下不勝願望
朝廷大政二
一日息内臣機務以杜禍根臣惟我
太祖高皇帝既定天下日親萬機自決章奏至我
太宗文皇帝爲萬世慮始命儒臣入閣參預機務令司

禮監得預機務非我
祖宗之制也昔晉侯以趙衰守原謀之寺人勃鞮唐郗
宗元深議其非漢元帝以弘恭石顯主中書貫其
臣蕭望之亦論其失今以機務之重委之奄寺
之官後世以爲何如臣聞其端乃起於學士楊
士奇以憂去位謀欲奪情恐權歸同列以所掌
絲綸簿寄司禮監一去遂不可復反自後
人主不自決章奏則事由本監內閣僉書承命而已
人主自決章奏雖與大臣謀議本監亦得預聞以絲綸
簿在其手故也夫內臣一預機務則天下事皆

其掌握專權僭竊靡所不至由是王振曹吉祥
劉瑾因之相繼謀逆搢紳被禍生靈荼毒京城
流血
宗社幾覆寧不可恨可怒可畏而可戒哉故宦者之禍
起於典機務宦者典機務起於變亂舊章欲息
其禍在息其機務欲息其機務在復
祖宗之舊而已臣觀自古宦官禍人國者其始皆由人
主輕變祖宗成法假之以權其後乃至自欲收
之而不可得世亦未嘗不知之往往相尋於覆
轍臣不知何說也漢亡於宦官唐可鑑矣而乃

蹈其轍漢唐亡於宦官哉

朝可鑑矣至三履其危夫漢唐亡於宦官一失遂不

可復悔哉

朝危於宦官則屢免屢犯而不悔是猶人食烏喙幸

其毒解謂不殺人而玩食之也臣恐有時爲之

誤爾今

陛下誅斥宦官空其黨類哉

朝一百五十年宦者之氣始一沮一百五十年神人

之憤始一伸但未知

陛下曾有志息其機務否也若不息其機務則禍根猶存

陛下雖能制之於今必不能制之於後譬猶穢草惡木雖剪其枝葉然深根在地當其時至能禦其發生乎惟陛下真知灼見猛勇果決拔去其根令絲綸簿於內閣息其機務以收其權則宦官之禍無自而發矣昔我孝宗皇帝晚年深悟累朝假借宦官者之失嘗與大臣劉健等謀議欲盡革之厥志未諧遂有後日之禍天下至今惜之有今日之事機而不乘此以拔禍根臣恐後日之禍復將如前又使後人追惜於今也臣於

陛下不勝願望

二曰罷内臣鎮守以厚邦本臣惟我
朝疆理天下分土於郡縣衛所而統之以三司歲有巡按以臨之重地又兼設重臣以鎮之小大相維亦足以為治矣後來始有内臣鎮守之事夫寺人之職宮庭是司疆場守禦非其所務以疆場之重委之宮庭執役之官豈我
太祖
太宗之法哉昔漢季以宦者封侯唐季以宦者監軍皆因事間見初非常設且為後世所譏我

朝以宦者鎮守則與文武官並置因襲爲常又漢唐所無者不知後世以爲何如且内臣出鎮豈眞欲藩衛保障以忠於
社稷哉不過欲魚肉吾民爾臣聞一人求鎮必重賂於
朝廷之權幸然後得東塗西抹至以萬計隨地豐約以爲多寡如廣東必須十五萬銀浙江則十萬臣福建亦不下八九萬此臣所知也就鎮之後金帛寶玩之類隨地產以供歲例者復無紀極至所以自飽其溪壑者又不知凡幾此何從得之皆剋剝諸民也夫民惟邦本本固邦寧縱鷹犬

以魚肉吾民伐邦本以自傷臣知
陛下不忍爲也今雖使有司爲之約束彼未必便斂手
以受約束雖禁其不得奏帶多人其禁終有時
而弛與其慮爲害而禁之而卒不可禁孰若去
之使不得爲害而不用吾慮哉臣伏讀
詔書見自正德以來額外添設各處守備非我
列聖之舊者悉皆取回臣敢因此以廣
聖意請自宣德以來法外所設各處鎮守非我
祖宗之舊者皆可取回信如是則生民之患十去八九
陛下邦本永固於磐石矣此亦我

孝宗皇帝末年之志而未遂者

陛下行之是亦繼志述事之大也臣於

陛下不勝願望

祭文

祭寺丞黃後峯先生文　林希元

嗚呼先生身若不勝衣心雄萬夫一心許國於身若無學必窮經明道不規規於文辭行不離于規矩繩墨斷乎以聖賢爲可師所立必爲千載不朽之計不爲一時功利富貴之圖若先生者其卓然一世而振古之豪與昔權姦柄國烈焰如爐傾朝

震懾莫敢號呼先生獨毅然率衆伏
闕上疏願借劍於上方以斷其頭受杖
朝堂三絕復甦就獄處分精詳舒徐蓋自分以必死直
欲追逢干而與遊逮夫削職編戶欣然就途城市
不入杜門著書甘心窮餓畧無恨辭鄉人高其行
義學者仰其楷模而先生將為終焉之計豈有一
毫分外之謀哉
今天子更新化絃首舉先生於廢黜而廷尉是司先生
既以身而許國遂盡力以馳驅一私不入秋月水
壺靡冤不釋靡姦克逋蓋法春生與秋殺豈屑屑

乎繼迹於張于
朝廷方倚以大用天下方望其有爲云何馳
表入賀遂以一疾而歿京師嗚呼有德者必得其壽先
生之德而壽弗長仁者必有後先生之仁而後事
凄凉豈造化之無良固難于君子邪抑天地無心
而成化長短厚薄聽人之自取耶而吾固疑夫氣
化之漸以薄生人漸以不完故孔子之聖終於不
遇顔回之賢短命以死先生無乃坐於此雖天地
亦莫得而張主耶然先生雖弗壽而名留千古雖
弗嗣必將廟食千祀是先生之所有者又世人之

所無而造物者之厚先生又非人之所得與者矣
吾想先生含笑入地雖不得盡施所蘊輔翼當世
其神必升天調元贊化以助
上帝是先生蓋無入而不自得豈以生死而介意也耶
所恨者
廟堂失一柱石當世失一正人蒼生不得蒙惠後學無
所宗師半載論交徒初知心之語子期不起自憐
吾道之孤欲呼天以長哭天高而不我聽對西風
以隕淚猶恐近兒女子之唏噓也嗚呼覩壷山之
昂崇與木蘭之浩湯懷先生兮不可復見想平生

之義氣與敎音庶幾挹精神於夢寐見形像於宫

牆也尚

饗

詩

理寺走筆簡三法司同寮　薛瑄凡八首

棘寺秋官接憲臺山光水色畫圖開青林雲氣當

牕見翠浪風煙入座來楊柳影中冠蓋過芰荷香

外吏人回好生正仰吾

皇德共播仁恩遍九垓

再用前韻三首

鍾山南望鳳凰臺山下平湖一鏡開近岸紫騮牽
柳去綠堤畫舫采菱來山禽將子飛還止水鳥啣
魚去復回無限太平門外景神遊何必舫仙垓

廷尉刑曹與柏臺高門俱對碧湖開天涵波影閑
雲度雨雜泉聲爽氣來此日官僚聯轡入往時鵷
鷺候

朝回近來執法循宣朗應佐陽光燭九垓

刑曹理寺近烏臺坐對湖山畫障開芳草有情還
漸長好風無物自頻來移文漫想高人去聯騎頻
同上客回爲戀

明時歸未得思親空復誦南陔

送少卿廖安止之京二首

龍江五月發扁舟大理名卿上帝州千里好山開
翠嶂兩垓楊栁映清流鳴鑣紫陌思前度簪筆黄
門憶舊遊若見
中朝知己問丹心不改雪盈頭

理寺明卿得後寮六年又從
紫宸朝石城解纜江風細淮浦揚舲海霧消入覲
九天瞻
日月聯班五夜聽蕭韶吾人久抱蒼生念淸問深思答

聖堯

大理後庭竹林山色可愛二絕遺興

鍾山雨過翠成堆竹裏清風作障來愛竹看山有
眞樂高人遠矣憶追陪

閑愛修篁靜愛山清光秀色座中看老來漸得悠
然趣天際浮雲任往還

初至右寺　張琦　凡十七首

試脚先從法署行百年初至幾時成長檠衙衙書
無味細雨侵堦草有情閒向公庭成小坐晴朋兒
輩託餘生花過簷蔔黃鸝靜敢與東風巧舌

金陵全書

乙編·史料類

南京太常寺志

（明）汪宗元　撰

南京出版傳媒集團
南京出版社

提要

《南京太常寺志》十三卷，明汪宗元撰。

汪宗元（一五〇三—一五七〇），字子允，號春谷，湖北崇陽人。嘉靖八年（一五二九）進士，授行人，歷南京太僕卿，屢遷右副都御史，總理河道。以不附嚴嵩，出為福建參政，仕終通政史。著有《馬政考》《經濟考》《南京太常寺志》《春谷集》《皇明文選》等，其事蹟見《國朝獻徵錄》。

太常所掌天地、宗廟、社稷、陵寢、孔廟等祠祀，皆為禮之所重。太常寺修志肇始于天順朝，時太常寺少卿陳贊修《太常志》，卷數未詳。成化四年至五年（一四六八—一四六九）前後，夏時正『官奉常時修《太常志》十卷』，今未知存佚。

《南京太常寺志》乃汪宗元官南京太常寺卿時所作，據卷前屠楷序稱：『嘉靖歲戊申，太卿春谷汪公來掌寺事，深懼禮樂多缺、文獻鮮徵，謂太常之不可無志也。乃暨少卿景山錢公協志同寅相與議修焉，政事之餘，搜閱故典，悉為葺錄，兼採輿論，備所未備，釐為十三卷。』序中『嘉靖歲戊申』為嘉靖二十七年（一五四八），序末所題『庚戌』為嘉靖二十九年。據《國朝列卿紀》載，汪宗元任南京太常寺卿在嘉靖二十七至二十九年間，據此可知書當成于此時。又汪氏自識云：『予自履寺，問禮志樂，稽典懷賢，取遺文而閱之，見聖祖之彝訓焉，仰而歎曰，聖謨洋洋湮而不傳，臣子之責也。乃志以紀之。』述其纂修此志之缘由。又云『寺卿九栢吕君有《容臺纂例》，博士李子玄錫有《沿革志》，因而增損之。禾(疑為『釆』)之故牘，徵之傳聞，編纂集衆見之長，紀載存遺文之舊。書甫就，而貳卿景山錢君適至，亟責其成，乃屬典簿錢子元善校而梓之，以昭一代之典云』，這表明《南京太常寺志》非一人之見，編纂过程中对吕九栢《容臺纂例》、李玄錫《沿革志》两書内容有所增損；搜故實于羣籍，網羅巨細，又有錢景山、錢元善相協採輯并為之校錄刻行。最終書成，可謂集數人之功。

全書凡十三卷，卷一謨训紀，備書聖諭勑文，以見本寺建置之始；卷二規制書，志本寺所司，而繪之以圖像，分羣祀為上篇，官署為下篇；卷三職官書，志本寺官屬，法史紀年表，備載品級、姓名、履歷，其有載于列傳者，乃特書法；卷四、卷五禮書，志本寺所司之禮，分陵祀、羣祀為上篇，香帛、牲牢為下篇；

卷六樂書，志本寺所司之樂；卷七舊制書，志郊廟大典，今不行而猶志之者，存乎舊耳；卷八薦獻書，志本寺所供兩京鮮品，而撥夫役等項皆附；卷九祭告書，志不時祭告；卷十祭器書，志各壇廟所藏之器，雖已損壞亦書之，且附以經籍以備文獻，使後人得有所考；卷十一禄食書，志本寺官員禄制及樂舞生供，屢年增損皆具；卷十二夫役書，志本寺厨役、署户、廟户、陵户；卷十三列傳，以年次先後附以行實，采人之所長彙而成之，使前賢之績垂之不朽，其有聞見未真者則闕之，歷年事例俱載于各書項下以備查考。按其編例，全書首列謨訓，從古今沿革之始，凡南京太常寺專掌之屬悉以括之，分類叙述，其記載則巨細無遺，内容最為完贍。《四庫全書總目提要》谓其『所記各祀祝文陳設及樂章樂器，皆較《明會典》《集禮》諸書為備。至于薦獻品物、應祀宫觀及署中藏經字號、存貯什器，皆條列不遺焉』，充分肯定了其文獻價值。

《南京太常寺志》在《明史》《千頃堂書目》《澹生堂書目》俱有著録，清范邦甸《天一閣書目》卷二史部載《南京太常寺志》十三卷，未注存佚。今檢《中国古籍善本書目》，存卷一至二，卷三至十三已佚。此本雖殘缺，猶存序例目録，前有嘉靖庚戌桂林屠楷序、纂修太常志凡例、目録等，目録末有汪宗元自識。卷一以聖諭、勑文為謨訓記，始于洪武初，迄于嘉靖中，聖旨中常以白話行文。卷二規制書，上篇郊壇廟宇，有天地壇、山川壇、帝王廟、故功臣廟、都城隍廟、蔣忠烈武順王廟、關王廟、晉成陽卞忠貞公廟、宋曹武惠王廟、南唐劉忠肅王廟、元衛國忠肅公廟、真武廟、祠山廟、五顯靈順廟、鷄鳴寺、天妃宫、龍江壇等，詳细介紹了各廟的祭祀事務并俱繪以圖，俾後世能知所祠祀何人；下篇官署，為太常寺及所屬衙門等，附太常寺、神樂觀、犠牲所、玄真觀、黄鹿觀圖各一，後附《事例》。書中所保留的大量史料成為研究明代太常寺及明代禮儀的重要資料。

《南京太常寺志》有初刻本，後無重刻，已為僅存孤帙。雖殘篇，亦珍貴。今藏寧波天一閣博物館。《金陵全書》收錄的《南京太常寺志》據天一閣藏明嘉靖本為底本原大影印出版。

王英姿

事以行而沿革本末則未之有稽也嘉靖歲戊申太卿春谷汪公來掌寺事深懼禮樂多缺文獻鮮徵謂太常之不可無志也乃曁少卿景山錢公協志同寅相與議修焉政事之餘搜閲故

 三

典悉爲葺録兼採輿論備所未備釐爲十三卷卷有引各附其下首録

綸命爲謨訓紀重

聖製也次自規制以下曰職官曰禮曰樂曰舊制曰薦獻曰祭告曰

祭器曰祿食曰夫役凡有關於職掌者雖殺且廢亦書而先後著有官績則又採摭遺事而附之以列傳其所以章往考來而備

昭代之制亦六典所不廢也昔者

孔子觀於蜡而曰仁之至義之
盡論郊社之禮禘嘗之義而曰
治國其猶視諸掌乎吳季札觀
簫韶之舞而知帝舜之德之大
韓宣子見易象春秋而知周公
之德周之所以王由是觀之百

世之後見其禮聞其樂而知我
皇祖聖政聖德之至者舍是志何以
哉且禮有五經莫重於祭矧在
故都有
先廟焉則又永繫繹思矣敦崇仁孝
之本豈其微耶記曰德產之致

也精微貴以其内心也心怵而奉之以禮斯祭之所尊也而義觀其深矣失義陳數祝史之事也祝史治之矣豈所望於仁人孝子之際哉然則斯志之成以崇制也亦匪直以其制已也後

之覽者尚將有感於是志焉
嘉靖庚戌夏六月吉旦
賜進士第資善大夫南京吏部尚
書前提督武
誥滕黄通政使司右通政桂林屠
楷謹敘

南京太常志凡例

一首之以謨訓以見

聖祖所以建置之意次之爲書者十規制也職官也禮也樂也舊制也薦獻也祭告也祭器也祿食也夫役也而終之以列傳焉志者誌也在識其事也故先之以紀載而繼之以圖像庶知

聖朝崇重祀典謨訓昭然臣子所當遵守而勿墜者也

一謨訓紀備書

聖諭勑文以見本寺建置之始

一規制書志本寺所司而繪之以圖像也分群祀爲上篇官

署爲下篇

一職官書志本寺官屬也法史紀年表備載品級姓名履歷其有載于列傳者乃特書法也

一禮書志本寺所司之禮也分陵祀群祀爲上篇香帛牲牢爲下篇

一樂書志本寺所司之樂也

一舊制書志郊廟大典也今不行而猶志之者存乎舊耳

一薦獻書志本寺所供兩京鮮品也而撥夫役等項皆附焉

一祭告志不時祭告也

一祭器書志各壇廟所藏之器也雖已損壞亦書之且附以

經籍以備文獻使後人得有所考焉

一祿食書志本寺官員祿制及樂舞生供億也屢年增損皆具焉

一夫役書志本寺厨役署戶廟戶陵戶也

一列傳以年次先後附以行實采人之所長彙而成之使前賢之績垂之不朽也其有聞見未真者則闕之

一歷年事例俱載於各書項下以備查考

南京太常寺志目錄

祭器書

第十一卷

祿食書

第十二卷

夫役書

第十三卷

列傳

予自愧寺閣禮志樂稽典懷賢取遺文而闕之見

聖祖之彝訓焉仰而歎曰

聖謨洋洋湮而不傳臣子之責也乃志以紀之而以謨訓先焉

次之以規制見經費之弘次之以職官禮樂見職掌之專
曰舊制志
郊廟之始焉曰薦獻志奉
先之孝焉曰祭告志懷柔之敬焉曰祭器志綜理之周焉曰祿
食明臣子敬事而食也曰夫役明聖人悅以使民也曰列
傳所以尚友也然豈予一人一時之見哉寺卿九栢呂君
有容基纂例博士李子玄錫有沿革志因而增損之季之
故牘徵之傳聞編纂集衆見之長紀載存遺文之舊書竟
就而貳卿景山錢君適至亟贊其成乃屬典簿錢子元善
校而梓之以昭一代之典云

崇陽汪宗元識

南京太常寺志卷之一

謨訓紀

昔者聖王之治天下也以國之大事在祀祀之所重在禮樂故命官以掌之必有言以諭之書曰有能典朕三禮僉曰伯夷帝曰俞咨伯爾作秩宗夙夜惟寅直哉惟清蓋禮之大者莫大于祭祀之禮凡有三焉所謂祀天神享人鬼祭地祇是也舜命九官次及于秩宗咨之四岳而後任者以禮官所以交神明也我

朝吳元年即設太常司

朝廷大政令皆屬本司

洪武二年始專掌祭祀見于
聖祖謨訓者可考而知也永樂十二年
駕駐北都大禮悉歸于北然
高皇創制徧于群神本司祀
孝陵祭
孔子功臣等項歲尚九十餘祀且
廟祀雖北而
奉先殿薦新之禮月月有之一任之太常焉噫
王有謨訓明徵定保居是職者其可不敬也清也以毋忝厥
任哉乃首之以

聖諭勑文爲

謨訓紀

聖諭　准尚書禮部關中書省欽奉

聖旨教太常寺管陰禮禮部管陽禮休要渾雜欽此

洪武元年二月壬寅朔中書省臣李善長傅瓛學士陶安等進郊社宗廟議

上勑禮官及翰林太常諸儒臣曰昔聖帝明王之有天下莫嚴于祭祀故當有事內必致其誠敬外必備其儀文所以交神明也朕誕膺天命統一海宇首建祭祀

宗廟以崇祀事顧草創之初典禮未備其將何以交神明致靈

貺卿等奏有國大祀曰圜丘曰方丘曰宗廟曰社稷各具
沿革以進　學士陶安待讀宋升待制詹同等奏按禮古
者禴祀烝嘗四時之祭三祭皆合享於祖廟祭於各廟者
惟春爲然自漢而下廟皆同堂異室則又四時皆合祭矣
今四廟時享亦宜依近制合祭於第一廟適禮之中無煩
瀆也
洪武二年正月百官早於
奉天門欽奉
聖旨教胡太常做箇牌子漆得如法將
圜丘　方丘　社稷

宗廟 先農 風雨雷師馬祖但凡一應祭祀時月日期明白
開寫於牌上掛在這東耳房前我時常看都要知道欽此
洪武二年十月孟冬時享
太廟先于八月禮部崔尚書傅侍郎張郎中太常司陳少卿翰
林院危學士周殿中安尚寶司丞高給事中郭侍儀侍衛
李指揮等官於
奉天門奏令擬凡遇大祭祀前期七日凡陪祀官詣中書省
受誓戒曰某月某日
皇帝有事于某神爾百官其聽誓戒云祭祀必先齋戒然後可
以感神明戒者禁止其外事齋者整齊其内心凡戒是沐

浴更衣别於乾净房舍宿歇不飲酒不食葱韭薤蒜不問疾不吊喪不聽樂不理刑名不與妻妾同處此便是戒凡齋是專一其心十分謹慎不思别事才舉意時便想着合祭那箇神道模樣如在虚空如在頭上如在面上如此思想謹慎使其一心至誠此便是齋如大祭祀齋戒七日前四日戒後三日齋爾百官受誓之後各揚其職不共其事國有常刑奉

聖旨大祀

宗廟是爲我祖宗只教百官齋戒三日餘准所擬欽此

洪武二年正月辛丑命天下凡祀典神祇有司依時致祭

其不在祀典而嘗有功德于民事蹟昭著者雖不致祭其祠宇禁人拆毀乙巳命立功臣廟于鷄鳴山勑中書省臣曰元末政亂禍及生靈朕倡義臨濠以全鄉曲繼率英賢渡大江遂西取武昌東定姑蘇北下中原南平閩廣越十有六年始克混一每念諸將相從捐軀戮力開拓疆宇有共事而不覩其成建功而未食其報追思前勞痛切朕懷其命有司立功臣廟宇鷄鳴山序其封爵爲像以祀之人孰無死死而不朽乃爲可貴若諸將者生著忠勇之節死有無窮之榮身雖歿而名永不磨矣

中書省欽録簿内欽録到洪武二年二月本省等官於

謹身殿早朝欽奉
聖旨國家大事惟祭事至重凡喂養犧牲太常司專着一箇官
人提調欄圈内用磚石斜砌庻使糞穢易出將造官酒的
糟磨麵的麥麩發付與他喂養凡壇上所用的人夫恐有
司差得不均今後必要停當休要教百姓致怨合栽樹木
休科着人要必須用價買栽欽此
洪武二年庚寅尚書崔亮奏周官天子五祀曰門曰户人
之所出曰中霤人之所居曰竈曰井人之所養故杜佑曰
天子諸侯必立五祀所以報德也今擬依周官五祀止于
歲終臘享祀通祭于廟門外群臣則四品以上祀中霤門

竈二神庶合禮意
上命著爲令　尚書工部闕欽奉
聖旨鷄鳴山祭功臣壇於上多起房子也做厨房庫房宰牲
池幷房子但係祭祀去處務要整齊欽此
洪武二年正月本司官胡太常卿陳少卿任司丞夏典簿
同宿衛等官於
奉天門奏奉
聖旨鷄鳴山祭功臣於正月十二日
太廟時享同日祭祀欽此合闕尚書工部委官將帶工作前去
壇所量其地址就帶下項木料等物星夜併工成造大都督

府劄付照得近欽奉
聖旨你太常司講究先於鄱陽湖歿功臣年老病故各處歿於
王事者定奪春秋祭祀欽此
奉天門欽奉
聖旨功臣壇祭祀正殿中間用牛一豬一羊一兩邊用豬六羊
六兩廡用豬一十羊一十酒果等物欽此
洪武四年正月中書省欽錄簿內欽錄到右丞相忠勤伯
胡左丞同安侯等官於
奉天門欽奉
聖旨我想國家祭祀

太廟除特祭外其餘合祭之時正見同歆同樂之際凡有親戚
功臣皆可共享共樂今後可於
太廟内用黄布做殿子正殿還放寬大兩廊要五丈長如合祭
中間但係祭祀去處務要整齊欽此
洪武四年三月奉
聖旨各處立三皇廟前代帝王大臣都不親祭只教幾箇醫人
在裏面看着一年兩遍祭豈不是褻瀆我想來堯舜禹湯
是聖人有功於天下後世緣何不立廟祭恁中書省教禮
部多集秀才官人仔細講三皇從何代立廟祭起如今天
下多有歷代帝王陵寢每歲只好於陵寢處祭祀其各處

舊立三皇廟不必設祭免得褻瀆使衆人議得停當來奏
太常禮部翰林官參考前代聖帝賢王自唐宋以來皆於
陵寢祭祀唐玄宗嘗立三皇五帝廟於京師至前元成宗
時乃立三皇廟於府州縣春秋遇祭令醫學主之當日奏
奉
聖旨三皇廟既是歷代不曾立今後不必通祀只教有司於陵
寢去處依時致祭好生禁樵採議定歲時致祭的月日并
合用的牲帛數目每一處置一面牌雕刻完備發與各處
官司教他每常要遵守着行再考得三皇五帝三王及漢
以下或創業之英主守成之賢君合於陵寢去處一體歲

時致祭二十九日奉
聖旨古先聖帝賢王春秋祭祀其歷代帝王但曾中原安人民
的都春秋祭祀若是偏方不在中原雖是賢的也不祭祀
但是昏愚也不祭祀也不禁樵採
洪武四年七月陳太常卿陳少卿同内侍等官孟秋時享
太廟同日鷄鳴山祭祀故功臣今歲續取勘到戰歿功臣比照
上年增損數合添祭物奉
聖旨准教添兩壇豬羊欽此
洪武五年七月陳太常卿戴少卿吕司丞董司丞同俞侍
儀董指揮僉事黄指揮僉事張翊内使弁侍衛等官於

皇宫門奏
准大都督府劄付取勘到洪武五年正月二十三日以後戰歿
病故等項功臣一百二十四員名於鷄鳴山致祭欽此
洪武五年十一月
奉天門東板房奏
御筆
聖旨今後祀
天地日期齋戒依前十日太廟社稷依前七日山川百神五日
先農三日其所用洗牲木桶凡用一日納工部別用臨期
務用整齊太常司官數數去點視養牲所官軍及牲口毋

得令人盗用欽此

洪武四年十月十九日本司陳少卿等官於

奉天門西奏一項陪祭官擬武官自指揮僉事以上文官自

在京五品以上陪拜奉

聖旨除宿衛千百戶不陪拜其餘出征回還千百戶俱各陪拜

欽此

洪武五年正月本司陳少卿等官於

太廟欽奉

聖旨今後祭祀功臣用全體牲祭每一位神用帛一段位牌用

紅青字牌祭畢收於庫內廊房用幕遮護的好着欽此

洪武七年六月中書省胡丞相丁右丞侯參政同御史臺
陳大夫於
奉天門甬道上欽奉
聖旨亡歿的功臣做幾箇簿子寫了姓名但遇祭祀時照勘簿
上姓名用紙牌寫了設供祭祀了時就焚了如今見有的
牌子我想不是禮揀過日子將來化了欽此
洪武五年十二月禮部陶尚書於
奉天門東板房前欽奉
聖旨我聽得孟子辯異端闢邪說發明先聖孔子之道今後依
還祭祀欽此

洪武六年巳卯翰林院奏進回鑾樂歌先是
上以祭祀還宫宜用樂舞生前道命翰林儒臣撰樂章以致敬
慎鑒戒之意諭之曰古人詩歌樂曲皆寓諷諫之意後世
樂章惟聞頌美無復古意矣常聞諷諫則使人惕然有警
若頌美之辭使人聞之意怠而自恃之心生葢自恃者日
驕自警者日强朕意如此卿等其撰述毋有所避至是上
所撰神降祥神祝酣酒色荒禽荒諸曲凡三十九章曰回
鑾樂歌舞其辭皆存規諫其樂舞分爲八隊隊皆八人禮
部因其制以上命樂工肄習之先是命選道士俊秀者充
樂舞生至是始集

上御戟門召學士朱升及范觀領舞生入見設雅樂閲試之
上親擊石磬命陞殿識五音聲不能審以宫音爲徵
上曰升每言能審音至辨石音何乃以宫作徵耶起居注熊鼎
對曰八音之中石最難和書曰於予擊石百獸率舞
上曰石音固難和然以人心爲主神人悦和即八音諧和也因
命樂舞生歌一曲
上復曰古者作樂以和民者神人而與天地同其和近樂鮮知
音律知學俗樂鼎復曰樂音不在外求實在人君一心君
心和則天地之氣和則樂亦無不和矣
上深然之

洪武六年八月文武百官於
山川壇侍夕月禮畢本部牛尚書欽奉
聖旨可去考究方心曲領製度如常平整和絲結綬帶俱不用
白色都要帶得齊整不要搯破了欽此工部計議移關工
部成造到平整樣式一付九月牛尚書劉尚書王侍郎張
員外郎孟王事奉
召至
奉天門御道上同詹承旨宋侍講將工部造到方心曲領并
絲綬結樣式
進呈奉

聖旨且依這樣做常要帶得平整着欽此

洪武五年九月

奉天門御道上晚朝禮部尚書欽奉

御筆

聖旨爲祭各衛出征陣亡病故餓死官軍人等節該九月初六日於教場内元撥軍的衛分染紅紙做大旗上寫何衛分以竹竿撑起每十丈地内做一衛旗每旗下紙錢一萬張寘衣蒸餅四五千箇粥飯羹湯香爐一箇燭一對欽此

社稷

洪武六年六月監察御史荅禄與權等言

宗廟　山川之神皆得享其祭而躬祀三皇之禮獨闕焉宜於
春秋躬行祀事
上納其言命禮官參考歷代帝王開基創業之有功於民生者
立廟祀之於是禮部尚書牛諒奏三皇開天立極大有功
德于民京都有廟春秋享祀宜令太常掌之伏羲以勾芒
配神農以祝融黃帝以風后力牧配正位南面祀以太牢
配位東面祀以少牢漢高祖光武唐太宗宋太祖元世祖
令有司就各陵立廟每歲仲春以少牢致祭商中宗高宗
周成王康王漢文帝武帝宣帝明帝唐玄宗憲宗後唐明
宗周世宗宋太宗真宗仁宗亦宜令有司立陵廟三年一

祭祭以少牢

上曰五帝三皇及漢唐宋創業之君俱宜于京師立廟致祭其餘守成賢君令有司祭于陵廟皆每歲春秋祭之

洪武六年正月中書御史臺奉

聖旨今後凡遇祭祀

圜丘　方丘　社稷

宗廟祝文來說時必須着一員官捧着立地另着一員官前面跪着說要看時却放在案桌上他自往前來跪聽不要將着祝文跪着說恁省家做牌子掛在禮部并太常衙門裏教他每知道如有再將祝文跪着說的笞五十欽此

洪武六年正月本司官奏
聖旨今後祭
山川各神位前籩豆與饌相連排列三獻酒撤盞作三行密
擺以瓶盛熟酒待奠帛奠爵畢執事官用熟酒先斟一行
贊亞獻斟第二行終獻斟第三行執爵官預先執巳滌過
爵在酒罇所立俟候酌酒欽此又奏
聖旨焚帛只贊禮畢不用可燎二字欽此
洪武六年八月詹承旨禮部牛尚書等官
武樓下欽奉
聖旨凡祭祀受胙不要神前祭肉上旋割取便從明日祭

社稷爲始別用一犢先割一胙安在酒罇左右候賜胙時捧
上來與受胙者欽此
洪武六年八月呂太常卿同胡丞相詹學士樂學士宋學
士於
金水橋奉
聖旨于
圜丘　方丘
宗廟　社稷　山川各處壇場恁太常司家提點着那各署官
用心收拾得乾淨着
一祭祀犧牲好生喂養的十分肥腯着

一凡遇祭祀齋戒時太常司官各署都要十分至誠齋戒如臨祭時官人每并文武舞生齋郎都要穿些乾淨衣服辦事

一太常司提調賛禮郎教他每常川習賛禮儀欽此

洪武六年閏十一月阮太常丞張太常丞同宋給事中等官於

武樓下奏

聖旨如今

大祀

圜丘省牲時只在宰牲池西邊將牲放在南邊一箇箇就捧将

入去今後各處祭祀時都在宰牲池邊省牲欽此

洪武七年六月唐太常卿樂少卿李司丞同詹學士侍衛等官於

奉天門甬道上奏

聖旨各壇上做酒盞用小竹筒接着注酒入小盞内牲阜不用

輪子推轉牲匣至

神位前免致往來褻瀆恁與工部家計較成造欽此

洪武七年六月唐太常卿樂少卿與工部李尚書等官奉

聖旨造注酒的竹筒兒與宰牲的車兒都明日做將樣來回話

古人用香燔香所以辟邪氣燭所以破暗夜間祭祀也是

求神於陰的意思如今山川壇內每殿內只浇造兩枝大
燭用紅紗罩着烧鑄兩箇大香爐放在壇兩邊教烧香道
士烧香小卓上只安祝文與制帛不必上香欽此
洪武七年正月呂太常卿阮張二太常丞同禮部牛尚書
劉尚書給事王惟吉韓爕等官於
奉天殿題正月三十日降香二月初一日丁酉祭
孔子當日日食按禮記曾子問所載當祭日食牲至未殺則
止唐六典釋奠有故改用仲丁元延祐六年二月丁亥朔
日食改用十一日丁酉釋奠今擬改用二月十一日仲丁
遣官行禮仍於三十日降香奉

聖旨是欽此

洪武七年

命書鷄鳴山功臣廟附祭功臣姓名於籍每歲遇祭則製神主行三獻禮都督府官祭之堂上各衛指揮祭之兩廡永爲定式

上謂翰林學士承旨詹同曰太祀既終方令人分獻禮於理未當卿等其議之於是同與學士宋濂議以

上行初獻禮奠玉帛將畢即分獻官行初獻亞獻禮終獻禮皆如之

上從其議

洪武八年二月唐太常卿等奏

聖旨今後各壇祭祀酒尊所卓中間剜做圓孔下面用板閣着

罍洗也一般安頓放圭瓚爵盞的卓子用漆沿邊水城欽

此

洪武八年二月胡丞相大都督府沐同知吴僉都督御史

臺汪大夫起居注給事中等官奏

旨殿上設

皇考聖位東廊設

楊王幷

皇兄

徐王位牌定資次排列祭時用祝文致告西廡列功臣牌祭
祀時傳旨教大臣致祭可教工部造殿禮部講禮欽此
洪武八年二月奉
聖旨凡國家祭祀必在嚴潔各處壇塲每遇祭祀之時往往有
不當執事之人于壇上參雜行走似乎褻瀆如今教工部
禮部家講究做作牌面省家收貯遇祭祀太常司將合用
執事人員具名赴省定奪了令執事關領牌面就於牌上
書寫執事姓名祭日就身懸帶於壇供事於都督府家委
官巡視但有不行懸帶牌面入壇及有無牌人員在壇行
走或將牌面轉借者巡捉到官要問他每罪過

洪武八年二月奉
聖旨我想先農只是上古一箇種田的人今後祭先農時百官
都致齋那當祭日子教應天府官率耆老并種田的老人
去祭祭畢我率百官到那田所依前親耕欽此
本司爲鷄鳴山致祭故功臣奏聞
聖旨着軍官首領官去陪拜欽此
洪武九年五月胡丞相御史臺汪陳二大夫宋學士奏
聖旨恁太常司與禮部家将各處祭祀分管定奪将來看當日
司丞李湜同禮部員外張壽等将考究本司禮部分管祭
祀於

奉天門進奏奉
聖旨是那普濟禪師祭祀也教太常司管欽此
洪武九年八月奉
聖旨今後每月初一日十一日二十一日差御史二員往犧牲
所點視喂養洗滌是否如法具實回奏凡遇祭祀一體輪
差御史二員將幣帛器皿粢盛酒脯蔬菜等物仔細檢察
但不如法明白呈舉欽此
洪武十年七月太常少卿樂禮贊禮郎阮畯同導
駕官給事中郭振等於
太廟前御道上奏

聖旨今後祭祀時供事官并進饌齋郎直至丹陛下脫履陞殿
恁太常司家教人收管看履鞋欽此
洪武十年八月
聖旨恁太常司立一箇石牌於正道上北向放着上面鐫寫凡
遇祭祀一物不精本司官吏罰俸三箇月欽此
洪武十八年正月欽奉
聖旨恁闔司官每三日沐浴更衣同去
天地
太廟　社稷
山川壇内打掃置立一箇板牌常川掛着續奉

聖旨今後
天地
太廟　社稷
山川龍江等壇每十日打掃一遭欽此
洪武十年八月奉
聖旨欽天監太常司翰林等衙門相近
内府須要如常潔浄若𪏭視得但有穢汚本衙門官吏各杖
一百發煙瘴地面住坐欽此
洪武十年八月庚戌詔改建
圜丘于南郊初圜丘在鍾山之陽方丘在鍾山之陰以分祭

天地揆之人情有所未安至是欲舉合祀之典乃命即
圜丘舊址爲壇而以屋覆之名
大祀殿敕太師韓國公李善長等督工
洪武十一年二月奉
聖旨今後
太廟朔望祭物恁太常司送去光祿司安排
奉先殿祭祀欽此
洪武十一年七月奉
聖旨今後各處祭祀都用帛不用紙欽此
洪武十二年八月紀察司副李壽傳奉

聖旨教光禄司官做常例但祭祀時去提調領牲監宰牲煮熟牲

欽此

洪武十一年七月太常卿唐鐸少卿樂禮同侍衛指揮陳

用紀事内使張淵等官於

午門正樓上題奏初七日享

太廟籩豆内栗子未有以桃代之奉

聖旨今後凡祭祀果子不拘有的便用欽此

洪武十二年十二月太常卿樂禮少卿阮畯同紀察司副

李壽

奉天門題奏犧牲所白兎三隻洪武十三年正月十一日大

祀
天地正壇用奉
聖旨是欽此
洪武十五年十月奉
聖旨恁禮部官同太常司官說與
東宮今後祭祀果子舊損不堪的於
奉天殿前用磚砌池焚了永爲定例欽此
洪武十九年
上命製
德祖玄皇帝玄皇后

懿祖恒皇帝恒皇后
熙祖裕皇帝裕皇后衮冕冠服命
皇太子至盱眙修
祖陵壟衣冠祭告曰嗚呼昔者
列祖立命是方積德深長致天昭鑒福垂後嗣今也子孫蕃衍
宅於宇内以統黔黎深思
皇考生前歲月之艱思念
列祖音容孫常切記巳有年矣嗚呼以萬幾之冗未獲躬詣拜
掃今特遣玄孫皇太子以牲醴之奠詣
陵修繕𢿙壟衣冠以伸厚恩神其鑒之

洪武二十年十二月太常卿丘玄清典簿白堅等奏

聖旨恁太常司家置一面板牌常時在本司掛着凡時享

太廟鷄鳴山致祭功臣并蔣忠烈等五廟同時都祭他也是前

代功臣應天府分官行禮欽此

洪武二十年十一月奏

聖旨帝王廟合設從祀恁太常司同禮部翰林院國子學老秀

才每將那歷代混一天下功德兼全始終無過合入從祀

的名臣考究將來看欽此禮部尚書李原名等考究得歷

代名臣自風后力牧等三十五人奏

聖旨恁禮部考的歷代名臣內宋趙普是不忠宋太祖的人不

當入從祀元朝既有伯顔其阿木安童不必入祭如漢陳
平馮異宋潘美元木華黎等皆是節義兼美始終無過的
名臣㑹便教做神主與前風后力牧等一體入廟致祭欽
此本司爲齋戒事開到各項祭祀内凡降香遣官詣
歷代帝王先一日沐浴更衣處於外室次日降香及照常年
十二月本司官定祭祀日期奏
聖旨歷代帝王都是前王如今初祭我必是親祀一遍欽此
洪武二十一年六月本司禮部同神樂觀道士奏
聖旨今年歷代帝王廟火燒了着你每去各處陵寢祭祀歷代
帝王是列聖相繼偃兵恤民以定天下爲生民造福所以有

國家不得而泯滅恁出家人縱貧也强如世俗多到那裏
蠲潔身心志誠齋戒與我答禮去欽此
洪武二十一年正月太常卿丘玄清典簿白堅等於太庖
西奉
聖旨如今齋郎一遍祭祀打掃壇場每名賞鈔一錠鋪排也賞
他一錠厨子一遍供祀宰牲每名賞他鈔七貫今後永爲
常例不必來奏欽此
本司定擬
太廟替下舊履鞋係
神服御宜從焚化擇日太常官本署官并内使會同禮部官一

員各具法服捧詣
廟壇内位上焚化奏奉
聖旨二十日時享畢只就
太廟紙爐焚化欽此
永樂十八年五月
孝陵祭祀太常卿丘玄清等
陵前敬奉
令旨如今近陵見有風吹倒松樹恁太常寺家收拾作柴於
神厨煮牲烧用敬此
聖製

御製卽位告祭文

維我中國人民之君自宋運告終

帝命真人於沙漠入中國爲天下主其君父子及孫百有餘年今運亦終其天下土地人民豪傑分爭惟臣

帝賜英賢李善長徐達等爲臣之輔遂有戡定采石水寨蠻子海牙方山陸寨陳也先袁州歐祥江州陳友諒潭州王忠信新淦鄧明龍泉彭時中荆州姜珏濠州孫德崖廬州左君弼安豐劉福通贛州熊天瑞辰州周文貴永新周安萍鄉易華益都老保等處狂兵息民於田里今地周廻二萬里廣諸臣下皆曰恐無主必欲推尊

帝號臣不敢辭亦不敢不告
上帝
皇祇是用吳一年正月四日于鍾山之陽設壇備儀昭告
上帝
皇祇簡在
帝心尚享
洪武元年諭中書省敕
聖旨予本寒微當胡元至正壬辰春天下雲擾英雄並起紀綱
廢壞生民無主是年予亦從軍鍾離爲人調用者三載及
自得專兵遂渡大江撫太平入建業秣馬厲兵以觀天命

者久之四方皆無成者人民彷徨予欲宅建業西討群雄
詢於諸儒皆云建業六朝故地然未嘗有一天下之君蓋
載僻在東南一隅予聞其言存之於心乃征四方及江南
既平中原亦定於是乘舟抵汴目覩四境蕭條有千里絕
煙火者若都中原則洛陽關中屢經兵革人民自不聊生
更加供給京師浩繁愈致疲敝乃遣人至軍中會諸將定
議鍾離若何諸將皆曰鍾離可遂擇日闢基於鍾離之西
鳳凰山之東非取山川形勢止以四方貢賦道里適均且
近中原易於禦侮庶幾久安生靈此予之本情也豈期經
營之初雷震武樓之架心雖惶懼柰材木已集工日已興

事在兩難由是愚昧不能自息以致諸事不順予益懼焉
謹選四月十五日辰於
圜丘祭告
昊天上帝
后土皇祇告建之由
御製合祭
天地於
奉天殿祝文
曩者建國之初導依古制祀以南北之郊御名周旋九年
以來見古人之意固誠於禮未爲然也且人君者

父天
母地其仰瞻覆載無不恩也及其祀也則有南北之壇終不曾
祀以人事度之爲子之道致父母異處安爲孝乎今也大
壇鼎建未完朝堂新造已備時當冬至謹合祀於奉天殿自
今以後每歲合祀於春時永爲定禮以
皇考仁祖淳皇帝配神惟
上帝
皇祇鑒之尚享
諭中書省
立綱陳紀治世馭民斯由上古之君立至今不過相承而

法則焉凡有國者必以祀事爲先然祀事之禮嘗聞起於
聖王所以有周旋上下稽首鞠躬或進或退獻牲致帛酹
酒奉肴甚爲懇懃之至矣若以朕親行聖王之禮法依其
位之儀其於敬神之道無乃褻瀆而華餙之過乎是反不
誠也且人有不誠者有暫誠者有永誠者少若措禮設儀
餙過事生禮繁人倦而享祀之神弗安非禮也昔孔子有
云禘自既灌而往者吾不欲觀之矣斯者禮過而且繁所
以仲尼特發是言朕因周旋神所十有一年見其未當如
是更儀殊式合祀
社稷既祀

神乃歡今洪武十二年合
天地而大祀
上下悅若不勅中書下翰林令儒臣紀其事而文之何足以知
上帝
皇祇來歆來饗福洽黔黎者也
命功臣祀嶽鎮海瀆敕
朕聞天生民而立君君爲民而立命所以謹百神之祀乃
國之先務也朕與卿等當群雄角逐之時戰勝攻取非
上天
后土之眷命

嶽鎮海瀆之効靈安能如是今者新秋在邇嶽鎮海瀆之
祀理當報謝古者君守方隅諸祠而祭朕爲新造邦基民
生方始未獲親往特命卿等代朕以行奉犧牲祀帛於神
所故兹敕諭汝往欽哉

上命禮部尚書陶凱等曰經言鬼神無常享享於克誠人謹方
寸於此而能格神明於彼由至誠也然人心操舍無常必
有所警而後無所放爾乃命禮部鑄銅人高一尺有五寸
手執簡書曰齋戒三日凡致齋之期則致朕前庶朕心有
所警省而不敢放也又諭李善長曰人之一心極難點檢
朕起兵後年二十七八血氣方剛軍士心衆若不自省察

任情行事誰能禁我因思心爲身之主帥若一事不合理則百事皆廢所以常自點檢此身與心如兩敵然時時自相爭戰凡諸事爲必求至當以此號令行肇成大業每遇祭祀齋之日以爲當齊整心志對越神明而此心不能不爲事物所動檢持甚難益防閑此身使不妄動則自信已能若防閑此心使不妄動尚難能也凱頓首曰

陛下此言乃聖賢治心之道也心既治天下無難治矣

敕諭太常卿　少卿　丞同

祀神之道大所以古人於此處恭寅畏特專職以典掌之使壇塲淨牲牢潔不敢有怠備奉上下也今之設官與漢

唐同官職太常所供之事其理宜然凡達人智士居是職者自已爲萬千之幸而至斯地焉故夙夜在公必欲周旋於上下神祇之左右又必欲使神悅福及將來何故以其大祀無如國之祀至尊者惟

天地是也人於世若近之豈不萬幸者也若放而不知者將以爲泛常無夙夜在公之心以神明目無覩而爲無怠多而敬少非獨一身而不福又必將來不佳於斯之道可不慎選其人而責任之今爾某明習禮儀恪勤匪懈故命爾爲太常某官爾其懋哉

敕諭神樂觀

開基守業必勤政爲先趨事赴公非信誠必壹德不二三

國之大事在祀與戎曩古哲王謹斯二事而

上帝皇祇悅賜天下安和生民康泰朕起寒微而君宇內法古之

道依時以奉

上下神祇其於祀神之道若或不潔則非爲生民以祈福而保

已命也昔劉康公成肅公會晉侯伐秦祭於社稷之神然後興師當祭之時畢則有受脤之禮其受之時必思洋洋乎在其上而穆穆然或左而或右委心敬慎而受之則祥故敬勝怠者吉怠勝敬者滅所以成肅公受脤之時起慢神不恭之貌因伐秦而卒是以知敬者必有動作禮義威

儀之則以定命也於斯祀神之道能者養之以福不能者敗之以禍是故君子勤禮小人盡力勤禮莫如致敬盡力莫如敦篤敬在養神篤在守業朕觀古人之敬神也若是其驗禍福亦若是斯可謂無神而不信乎可謂佞神而祈福乎二者皆不可惟敬之以禮而已朕設神樂觀備樂以享

上下神祇所以撥錢糧若干以供樂舞生非傚前代帝王求長生之法而施之然長生之道世有之不過修心清淨脫離幻化速疾去來使無艱阻是其機也於戲昔殷周之父老何存漢唐之耆宿安在果長生之道乎朕設神樂觀以備

碑之於觀以示後世其觀王不潔樂生不精贍生不足以此觀之不但君不勤於祀事其朝臣觀王必也亦然若君勤於祀事朝臣觀王無一體之敬則國有常憲故茲勒石想宜知悉

洪武十二年歲次己未十二月　日建

神樂觀提點敕

朕設神樂觀備五音奉上下神祇其敕居觀者皆慕仙之士其仙之教也或云始廣成子流傳至漢曰道士凡此者多孤處雲居棲巖屋樹是則宜其脩也晨昏目心以去玄覽宵晝仰觀俯察以滌宿世

之究慾措令生之善行俄爾有知則倏然忽然躡雲衢而神遊八極往無不達交無不接如此者安得不與神通故

有飛神謁

帝直謂人詞者斯可謂修之至也今見修道士㬎雖未若此其志已處清虛特命職格神郎五音都提點正一仙官領神樂觀事爾中書吏部如敕施行諭往欽哉

神樂觀知觀敕

朕聞軒轅時崆峒有修者其教獨善其身而已效之者往往逮至漢天師張道陵致神倏忽飛符役劍轉斗移星其術旋造化人莫知其然今之道士祖而效之雖未若是人皆

清淨斯可職而奉神彼得樂於修煉者也神樂觀已命正
官掌領觀事尚缺分理者部諸樂生以聽陳舉今見修道
士某可授清淨五音知神樂觀事爾中書吏部如敕施行
使往欽哉

御製弘仁普濟天妃宮之碑

仰惟
皇考太祖高皇帝肇域四海幅員之廣際天所覆極地所載咸
入版章懷柔神人幽明循職各得其序朕承鴻基勉紹先
志罔敢或怠撫輯内外悉俾生遂夙夜兢惕惟恐弗逮恒
遣使敷宣教化於海外諸番國導以義禮變其夷習其初

使者涉海洋經浩渺颶風黑雨晦瞑暗慘雷電交作洪濤巨浪摧山倒嶽龍魚變怪詭形異狀紛雜出沒驚心駭目莫不錯愕乃有神人飄颻雲際隱顯揮霍上下左右乍有或無以妥以侑旋有紅光如日煜煜流動飛來舟中凝輝睒曜徧燭諸舟熇熇有聲已而烟消霾霽風浪帖息海波澄鏡萬里一碧龍魚遁藏百怪潛匿張帆蕩艣悠然順適倏忽千里雲駛星疾咸曰此天妃神顯示靈應默加佑相歸日以聞朕嘉乃績特加封號曰護國庇民妙靈昭應弘仁普濟天妃建廟于都城之外龍江之上祀神報貺自是以來神益顯應視前有加凡始者諸番國朝貢重譯而來

者海舶往還駕長風馭飛帆驀數萬里若履平地略無波濤憂險之虞歌吹恬嬉咸獲安濟或膠于淺冒入險阻則陵徙谷易略無關閡奇靈異效莫可殫紀今夫江湖之間以環海視之如池沼之多猛風急浪尚有傾檣破楫之患而況於臨無涯不測之巨浸也哉然則神之功於是爲大矣雖然君國子民其任在朕而衛國庇民必賴於神陰陽表裡自然之道滄溟渤澥神之攸司凡風霆雨露寒暑燥濕調變惟冥易沴爲祥奠危爲安剗險爲夷皆神之能其可無文以著其蹟爰書其事建碑于宮并系以詩曰

湄洲神人濯厥靈　朝遊玄圃暮蓬瀛

扶危濟溺俾屯亨　呼之即應禱即靈
上帝有命司滄溟　驅役百怪降魔精
囊括風雨雹雷霆　時有發泄執其衡
洪濤鉅浪帖不驚　凌空若履平地行
雕題卉服皆天民　梯航萬國悉來庭
神庇佑之功溥弘　陰翊默衛何昭明
寢宮奕奕高以閎　報祀蠲潔騰苾馨
神之來兮佩玲瓏　駕飈車兮旗霓旌
雲爲屋兮霧爲屏　靈繽紛兮倏而昇
視下土兮福蒼生　民安樂兮神攸寧

海波不興天下平　於萬世兮揚休聲

永樂十三年十二月

今皇帝中興制禮樂定祀典於本寺無行者不敢僭書惟

太廟聖諭孔子祀典恭録于后

本寺據南京禮部行准禮部咨

欽奉勑議南京太廟復建或弗建朕惟

太宗旣遷北京爲子孫萬世之業則南京太廟不必重有或謂

太祖初定之都且爲子孫者當萬世以慕功德不可廢也朕則

以爲必欲建廟以報功德必又當舍北京

太宗所立之廟矧夫

太宗既已定北都傳巳
六宗矣能爲
太祖太宗守鴻業萬世其傳無南北之分我
太宗所定之基我
太祖亦未爲不格于斯一天下作二主二廟恐不合禮與義歟
或謂承天府尚有
獻考廟是非薄祖厚親歟朕則曰承天之曰廟者昔藩邸之所
存者奉
孝宗命建府第時作者不敢去之況此卽南京
奉先殿之義可比非是茲世廟同朕惟周家雖有三都三廟之

同建彼今不同今之南京者秖存百官有司不巡幸不舉
時祀徒有廟社或曰累朝舊典遇事則遣告焉朕惟
祖宗唯於子孫是依是憑有疾一代尚若弗祭況數千里之遠
能將我之誠敬者今既以北京立萬世之業則當爲萬世
之圖使其定專於此庶幾
太祖永歆必不作廟爲歆也
勅爾諸臣議欽此查得先該南京禮部尚書湛若水等題近者
南京太廟火
列祖神主延爕臣等待罪禮官仰體
聖孝必須補造

列聖神主以為神靈之依必須重建南京
太廟以為奉安之所然又工程非歲時可就香火非日月可缺
似此數端臣等實切於心未知所措乞
勑禮部議處奏請或先
欽製告文特遣大臣前到南京祭告
列神祖靈或權將南京太廟原日朝夕香火暫併於南京
奉先殿用少伸
皇上純孝之誠惟復別有裁處奉
聖旨禮部看了來說欽此該禮部會議得近日南京
太廟既燬于火該南京禮部臣奏請欲將南京

太廟原日朝夕香火暫併於南京
奉先殿其重建
廟製造
神主干係
宗廟大禮取自
上裁欽蒙
勑下該部看詳臣下雖欲據經守禮愚賤未敢擅專欽蒙
皇上頒勑下議臣等伏讀仰思備見
皇上至德達孝論言精確貽謀高遠不獨有以正一代宗廟之
禮且足以定萬世帝王之業誠非臣下所及乃復不自滿

假務集衆思尤見虚中愛禮甚盛心也臣等凡愚何能仰
賛萬一然有君如此安敢不盡竊惟古者國無二廟廟無
二主故虞祭用桑主廟祭用栗主栗主既立乃毁桑主君
去其國則太宰取群廟之主以從明天無二日尊無二上
國無二廟神無二主也後世此義不明漢有原廟齊有僞
主褻瀆誣妄事神則難乃若有周三都三廟則又禮以義
起事有攸宜岐周則太王諸侯之廟鎬京則武王定都所
建洛邑則周公定鼎所建然鎬京廟成則岐周之主已從
洛邑雖廟成王未嘗都洛則鎬京之主自在周公雖以至
親留後諸侯不得祭天子支子不得祭太宗文王武王之

禋蓋非正祭故國有二廟自漢惠始也神有二主自齊桓
始也周之三都三廟乃遷國立廟去國載主非二廟二主
也我
太祖肇都南京卽周公都洛
太宗定都北京卽武王都鎬如武王周公之至未嘗不同則知
太祖太宗之心未始異矣況
太祖末年嘗有改都之議則知一時定鼎金陵未稱貽謀之遠
追
太宗定都燕京內制六合外控諸邊形勢遠過關中固萬世帝
王之業我

太祖在天之靈豈不居歆况
聖子神孫既親奉祀於此則
祖宗神靈自當陟降于此斯固人情亦乃神道古人立主依神
立廟依主而子孫之身又
祖宗所依今日正當定專於此使
宗廟　社稷專主於此本支百世根本於此祈天永命保民出治
罔不於此茲實億萬載無疆之休此臣等所謂不徒定一
代宗廟之禮而且定萬世帝王之業者也臣等雖愚且賤
心知其是確不可易矣然仰惟聖衷謙虚猶若有所未安
者臣等請得而賛之唯聖明斷之焉今日南京

太廟之議略有謂或可以弗建者以國無二廟神無二主也或
謂當重建者以南京根本重地
祖廟神靈久依有其舉之莫敢廢也弗建也者守禮也重建也
者以義起也愚且賤焉弗敢專也弗敢遂也今伏讀
聖諭所謂既以北京立萬世之業當爲萬世之圖使其定專于
此庶幾
太祖永歆必不以作廟爲歆云者則弗建之議可以的然而決
矣
聖諭所謂南京秖存百官有司不巡幸不舉時祀
祖宗唯子孫是依是憑云者則復建之議可以渙然而釋矣此

所謂衆言淆淆亂折諸聖也至曰
太宗定北都傳巳
六宗能爲
太祖太宗守洪業無南北之分又曰一天下作二主廟恐弗合
禮與義大哉
王言一哉
王心聖學孝道篾以加矣雖聖人復起不能易也至謂承天府
尚有
獻考廟今弗重建南京
太廟爲豐祀于昵此以小人之腹度君子之心百姓不知者耶

況事體大異比擬不倫
聖諭固已審之當矣且南京
太廟今日之廢非出於人而
祖宗廟享固在于此守
文祖遷都之慮保
高皇創業之謨則不當復建廟于南京者誠萬世不易之定論
也況南京
皇城宮殿傾圮者多累朝以來不許修飾而近日議臣往往
奏欲修理此皆不知
祖宗深意殊非所以守成法而定民志也且北京

宗廟行將復古定制久注淵衷而南京
太廟修飾方新遽懼回祿則
皇天眷德之意
聖祖啓後之靈恐不可不默會於昭昭之表者也臣等學不足
以洞達天人才不足以彌綸治道然仰奉
聖謨僉謂茲事可以質鬼神而無疑俟百世而不惑矣但南京
原有
奉先殿在其朝夕香火自當併合供奉仍乞俯從禮官所請
欽製祝文遣官祭告其
太廟址似當倣古壇墠遺意仍高築垣墻謹司啓閉不致有所

踐踏以致尊嚴之意則禮成義盡而國是定矣
宗社幸甚萬世幸甚嘉靖十三年八月奉
聖旨卿等既會議停當南京
奉先殿香火併進膳儀禮部查議了來看原廟址依擬高築圍
以護所司時加巡守併各處以後勿得整修着著爲令在
京
廟制即便着各該司先行擬辦物料來歲作急擇日興工承天
府
皇考家廟亦勿稱廟即做
奉先殿意曰隆慶亦即制扁奉安用別輕重之意遣官祭告亦

無謂待查明香火進膳一併區處各該衙門知道欽此行

准南京禮部咨該守備南京太監潘真等南京

神宫監尚膳監及南京

奉先殿司香監丞馮安等揭帖并南京太常寺光禄寺呈各開

查報南京

奉先殿每月朔望并歲時節令祭祀獻新每日進膳品物禮儀

并南京

太廟每日早司香儀節及每月洒掃抹拭𢿌修等項緣由前來

查得南京

太廟原日止是每日早該南京

神宮監官進入司香別無享祭禮儀而南京
奉先殿有每日早午膳饈有每月朔望歲時節令祭祀有獻新
品物該南京光祿寺大庖厨處造辦南京司禮監每日輪
差僉書官員長隨内使進内宿歇點視司香官員并南京
尚膳監人員造辦膳饈閱視豐潔供祭獻新品物該南京
太常寺等衙門供進一應事宜遵行已久看得南京
太廟原日與南京
奉先殿之所奉祀固即南京
太廟中
列聖神位所有南京

太廟原日香火南京
神宮監官合無每日仍赴南京
奉先殿司香用存誠敬其南京
奉先殿一應進膳祭祀獻新禮節事宜亦合照常祗肅崇奉今
照前因除查過南京
太廟原日與南京
奉先殿進膳禮儀緣由用備典禮事實合行移咨查議施行等
因咨部送司案查先該本部等衙門會題南京
太廟節奉
聖旨南京

奉先殿香火併進膳一併區處各衙門知道欽此隨該本部議
得南京
奉先殿香火并日進膳儀本部原無著令其南京
太廟中原日香火與南京
奉先殿進膳禮儀有無加損同異俱無所考合行南京禮部查
議明白回報以憑奏請定奪等因題奉
聖旨是欽此已經備行該部欽遵去後今該前因案呈到部看
得南京禮部咨稱南京
太廟原日止南京監官每日早進入司香别無祭享進膳禮儀
南京

太廟司香官合赴南京
奉先殿司香其南京
奉先殿一應進膳祭祀獻新禮節事宜亦合無照舊祗肅崇奉
一節既該南京禮部欽遵查議明白前來俱合照常供奉
難以加損但南京
太廟司香官員合無增入
奉先殿供奉香火惟復別有處分其祭告之禮仍乞俯從臣等
前次所請
御製祝文一道本部行令太常寺備辦香帛
欽遣廷臣一員齎文前去擇日祭告惟復就遣彼處官行禮伏

候
聖裁嘉靖十三年十二月奉
聖旨是遣撫寧侯朱麒行禮其餘依擬
皇上用輔臣張璁等議
御製正孔子祀典說曰朕惟孔子之道王者之道也德王者之
德也功王者之功也事王者之事也特其位也非王者之
位焉昨輔臣少傅張璁再疏請正其號稱服章等事已命
禮官集翰林諸臣議正外惟號與服章二事所關者重亦
關於朕者不得不爲言之朕惟我
聖祖高皇帝應

天作辟以繼羲農堯舜而君天下傳至我

皇兄

皇兄升遐以朕爲我

皇考至親之子

命入奉

大統繼承

宗祀以主

郊廟百神爾豈敢於義理不當爲者而率爲之茲所議祀典亦

未爲輕而號稱服章實又重焉孔子當周家衰時知其不

能行王者之道耳乃切切以王道望於魯衛二國二國之

君竟不能明孔子之道孔子既逝後世至唐玄宗乃薦諡
曰文宣加以王號至元又益其諡爲大成夫孔子之於當
時諸侯有僭王者皆筆削而心誅之故曰孔子作春秋而
亂臣賊子懼孔子生如是其死乃不體聖人之心漫加其
號雖曰尊崇其實目爲亂賊之徒是何心哉又我
聖祖當首定天下之時命天下崇祀孔子于學不許祀於釋老
宮又陰去塑像止令設王樂舞用六佾籩豆以十可謂尊
崇孔子極其至矣無以加矣特存其號豈無望於後人哉
亦或當時草創未暇歟至我

皇祖文皇帝始進北京國學因元人之舊塑像猶存蓋不忍毀

之也又至我
皇祖考用禮官之議增樂舞用八佾籩豆用十二牲用熟而上
擬乎事
天之禮也略無忌焉夫孔子設或在今肯安享之昔不觀魯僭
王之禮寧肯自僭祀
天之禮乎果能體聖人之心決當正之也至於稱王賊害聖人
之甚已有是德宜居是位堯舜是也無其德而居是位者
昏亂之君如桀紂幽厲是也若至於後世之爲君而居王
者之位者其德於孔子或二三肖之十百肖之未有能與
之齊也至我

太祖高皇帝雖道用孔子之道而
聖仁神智武功文德宜與堯舜並矣恐有非孔子所可擬也由
是觀之王者之名不宜僞稱王者之德不容僞爲僞稱者近於
僭亂僞爲者其實有未盡之也至於服章之加因其位耳
孔子昔曰名不正則言不順言不順則事不成何其不幸
身遭之哉夫既以王者之名而橫加於孔子故使顏回曾
參孔伋以子而並配於堂上顏路曾晳孔鯉以父從列於
下安有子坐堂上而父食於下乎此所謂名不正者焉皆
由綱領一紊而百目因之以隳傳至有宋而程顥以親接
道統之傳遂王英宗不可父濮王之禮誠所謂是可忍也

孰不可忍也之明驗哉今也不正兹來世之非道將見子不父其父臣不君其君内離外叛可勝言哉除待該部集議施行兹朕不得不辨亦不得不爲輔臣辨璁也爲名分也爲義理也非謏君也非濊師也若朕所正者亦如是所以防閑於萬世之下也設或有謂朕以位而凌先師實非知原心者是爲説於是釐正祀典改

大成至聖文宣王爲

至聖先師孔子神位木主高二尺三寸七分濶四寸厚七分座高四寸長七寸厚三寸四分朱地金書四配爲復聖顔子宗聖曾子述聖子思子亞聖孟子神位木主各高一尺

五寸闊三寸二分厚五分座高四寸長六寸厚二寸八分十哲以下凡及門弟子皆止稱先賢某子神位木主各高一尺四寸闊二寸六分厚五分座高二寸六分長四寸厚二寸左丘明下稱先儒某子神位木主各高一尺三寸四分闊二寸三分厚四分座高二寸六分長四寸厚三寸俱赤地墨書申黨申棖二人疑似據論語爲證乃存棖去黨而公伯寮秦冉顏何荀況戴聖劉向賈逵馬融何休王肅王弼杜預吳澄十三人俱罷從祀林放蘧瑗鄭玄鄭衆盧植服虔范寗七人令各祀於其鄉后蒼王通歐陽脩胡瑗四人增入從祀用故詹事兼翰林院學士程敏政之言也尋用行人薛侃議增陸九淵於

是東廡從祀四十六位爲澹臺滅明原憲南宫适商瞿漆雕開司馬耕有若巫馬施顏辛曹卹公孫龍秦商顏高壤駟赤石作蜀公夏首后處奚容箴顏祖句井疆秦祖公祖句茲縣成燕伋顏之僕施之常樂欬狄黑孔忠公西箴秦非申棖顏噲穀梁赤高堂生毛萇后蒼杜子春韓愈程顥邵雍司馬光胡安國張栻楊時陸九淵西廡從祀四十五位爲宓不齊公冶長公晳哀高柴樊須公西赤梁鱣冉孺伯虔冉季漆雕哆漆雕徒父商澤任不齊公良孺公肩定鄡單罕父黑榮旂左人郢鄭國原亢廉潔叔仲會邽巽公西輿如陳亢琴張步叔乘左丘明公羊高伏勝孔安國董仲舒王通周敦頤歐陽脩

張載程頤胡瑗朱熹呂祖謙蔡沉真德秀許衡凡舊封公侯伯
爵盡皆革去仍改大成殿爲先師廟大成門爲廟門
維嘉靖十年歲次辛卯六月
皇帝遣南京禮部右侍郎黃綰致祭于
至聖先師孔子曰自昔混沌之初天命羲農軒聖創世開物
以致堯舜禹湯文武周公及先師列聖相繼奉天行道立
教誨人肆我
聖祖再造區宇化行天下我
聖祖宗祀于
先師者御製有文典冊具在予惟寡昧之人近仰遵

祖憲去胡元褻慢之偶像始祖製崇禮之
聖謨號稱核實俎豆冕本以遵祖典兼體
先師至意予實不聰賴
先師照鑒良輔洪儒所賛之也爰擇令辰特令南京禮部堂
上官奉安
先師神位以及配從之位于此惟
先師鑒知永依陟降大運神化教我君臣俾予性理早開而
無負
皇天付托之眷命曁士庶學業咸正而無違
先師傳道之至情予實有望焉惟

先師覺之以
復聖顏子
宗聖曾子
述聖子思子
亞聖孟子配尚
饗

南京太常寺志卷之一

南京太常志卷之二

規制書

禮運曰先王患禮之不達于下也故祭帝于郊祀社于國所以列地利也祖廟所以本仁也山川所以儐鬼神也五祀所以本事也故曰廟也貌也所以象也況兹

大祀殿以祀天地帝王廟以祀歷代帝王功臣廟以祀功臣忠烈等廟以祀前代神祇都城隍廟正合周禮司民之祭天妃宮等祭又所謂有功于民則祀之也其規模雄偉創制周詳皆我

皇祖精神心術之運至于碑文皆出一時儒臣奉

勑所撰皆可傳者我
聖祖主典神人兼用禮樂鬼神以爲治幽明之間務受其職其
所以克相
上帝寵綏萬方者至矣故郊廟等項爲上篇官署爲下篇爲規
制書
規制上郊壇廟宇
天地壇
吳元年相地於京城之東南約一里許官用價銀六百餘
兩買到軍民田地一十六畝零五分於今壇之面稍南具
存壝崇尺許方縱横各五十尺壇不崇尺方縱横各二十

尺又立配位壇於壝內西南相距僅數尺壇亦不崇尺方
縱橫各十尺或云即洪武元年
高帝即位於南郊所也歲冬至祀
天於此曰圜丘又於鍾山之陰市地築壇歲夏至日祀
地於此曰方丘壇址堙久莫知所在洪武十一年拓圜丘地約
二三百畝改築今壇以歲春正月上旬擇日合祀
天地於大祀殿內永爲定制壇去壝約二丈許壝皆繞以女墻
約崇五六尺壇覆以屋曰大祀殿九間中三間純飾以金
左右六間施以五彩前後兩旁俱丹陛三級咸砌石爲欄
殿東西各斜廊三間轉角而俱南兩廡各十間遠接前大

祀門五間門外爲圈門三屬甬道約一里許至南天門中爲天路左御路右爲王路御路東並四瀆壇而南址與壇齊立天子具服殿外少南立石碑向北上鐫具服殿三大字與大祀殿大祀門榜署筆意皆詹希原書也殿之前丹墀内列四壇東一壇祀日大明之神西一壇祀月夜明之神東二壇西二壇共祀星辰之神殿左右環壝之外自北而南轉至圈門夕甬道而南東西對向列二十四壇五祀五嶽之神鍾山神附中嶽五祀五鎮之神四祀四海之神一祀四瀆之神一祀太歲及城隍之神一祀風雲雷雨之神一祀天下山川之神一祀歷代帝王之神一祀天下神

祇郊祀同日遣官行禮壇之北當殿之後啓一門至天庫五間藏神主服御之類歲以夏初伏日始一啓出其座褥之類一曝焉壇之東當殿之左啓一門繞廊漸降以至天厨宰井之所壇之西當殿之右啓一門降堦南通西御路每月三次登壇灑掃由是入焉甬道右直西稍南立齋宫一所坐西向東正殿五間殿之前立大和鍾樓一座前圈門三以守衛廊房外開城濠周圍深廣各二丈許內圈門三環以親軍宿衛廊房亦開城濠周圍深廣各一丈許左右各開內外圈門一門外皆石吊橋以通出入禁禦甚嚴甬道左直東稍南鑿池周圍方一里許與齋宫相對名曰

海子歲以十二月於内採取淨氷藏之内府至夏月出之
以供薦新及祭

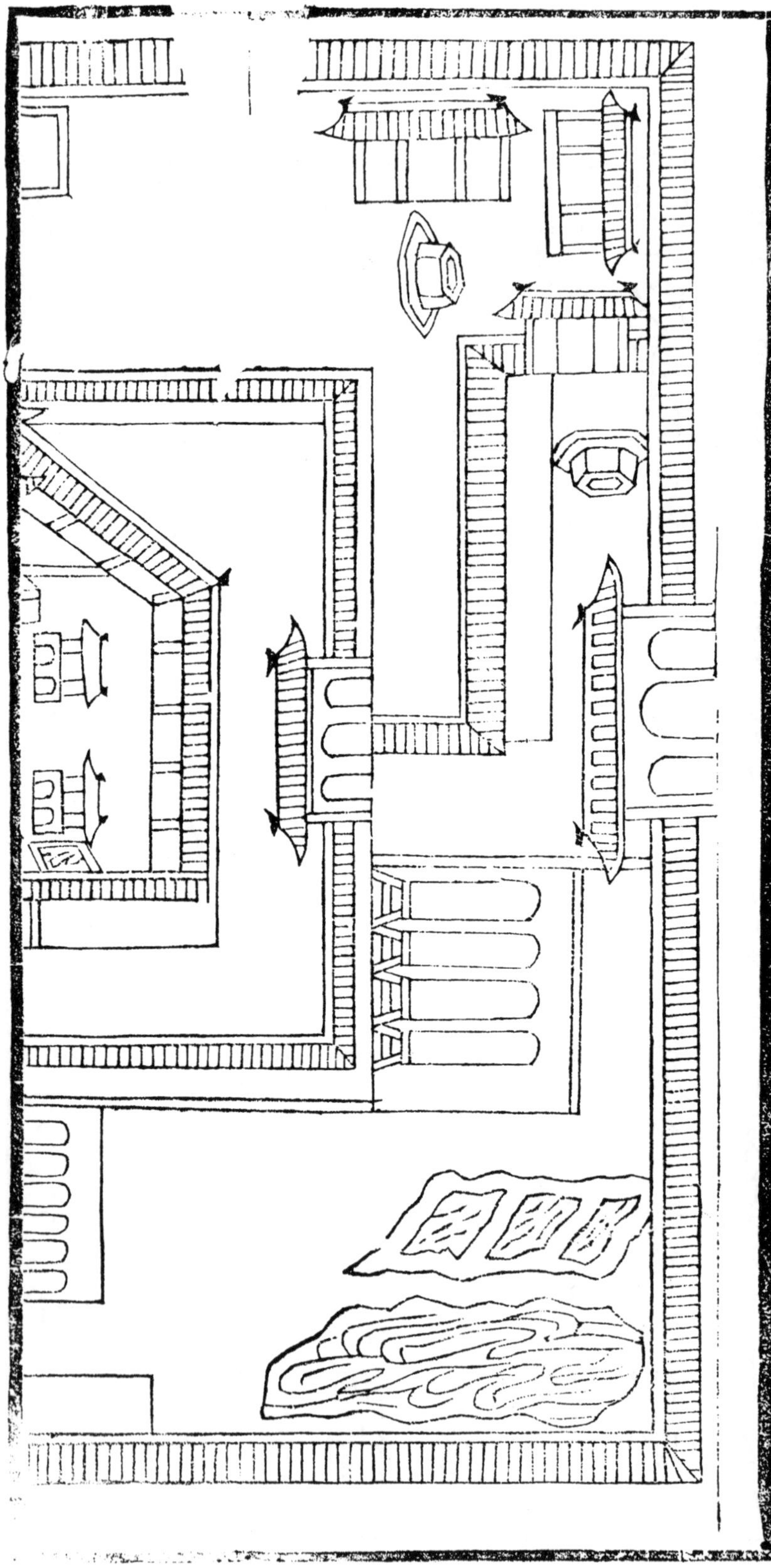

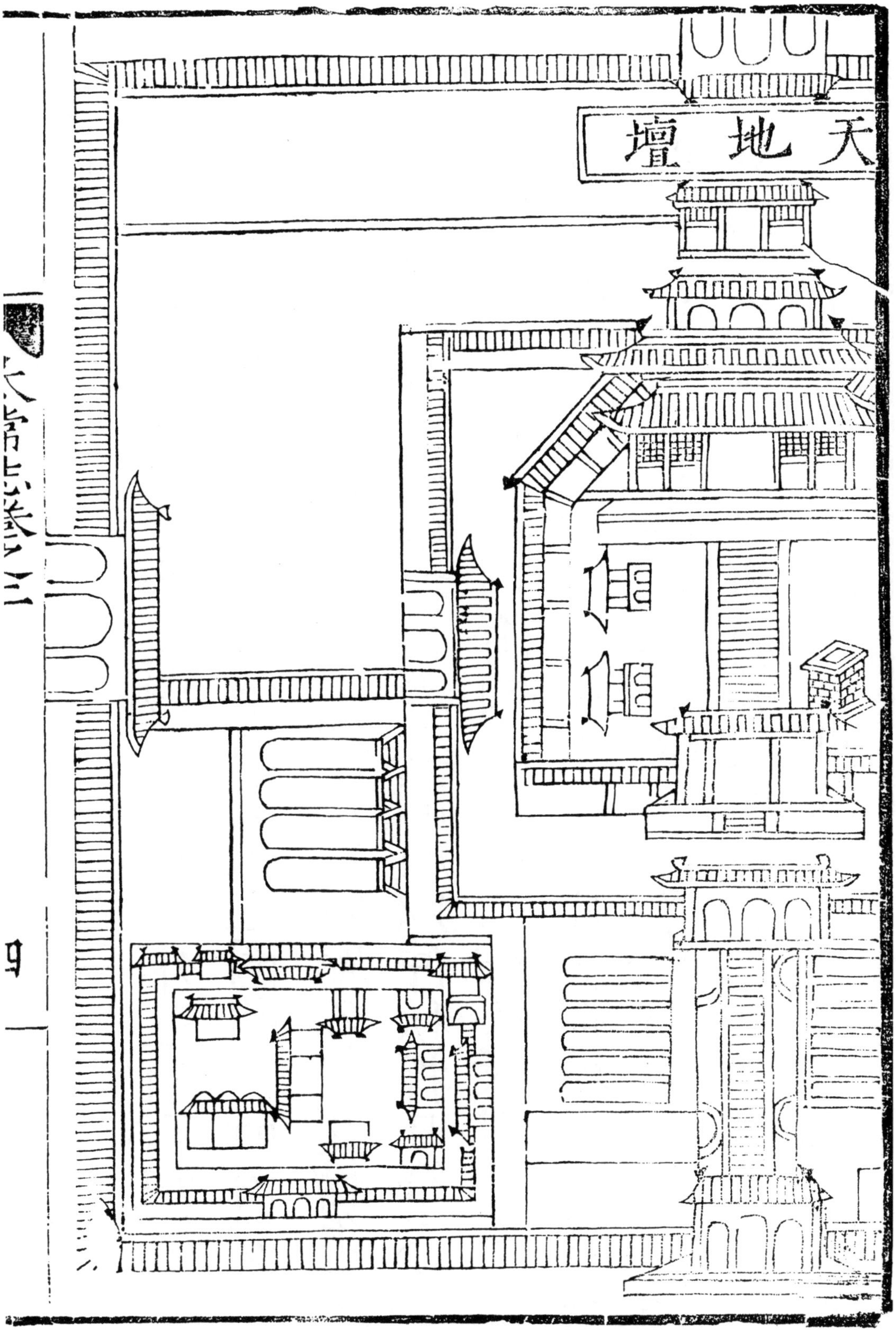
天地壇

山川壇

吳元年間壇址無可考今壇在洪武門外正南不知創自何年約地一百餘畝周圍以墻四面各立圈門一所內設壇崇三四尺許壇覆以殿屋七間左右斜廊各三間轉角俱南兩廡廡房各十間環接前殿五間歲以仲秋擇日祭太歲風雲雷雨五嶽五鎮四海四瀆鍾山之神於殿內夏冬二月附京畿山川之神於東廡春秋二月附都城隍之神於西廡前殿之左稍南立具服殿三間又東而北立旗纛殿五間壇之西北皆神庫廚井之所當壇之西壝崇尺許爲先農壇而壇之前籍田所也東圈門外又圍以墻比壇墻

縱如之横差狹直東門外東圈門一座近北向南立祠祭
署署之前皆平地時藝黍稷稻以供歲祀

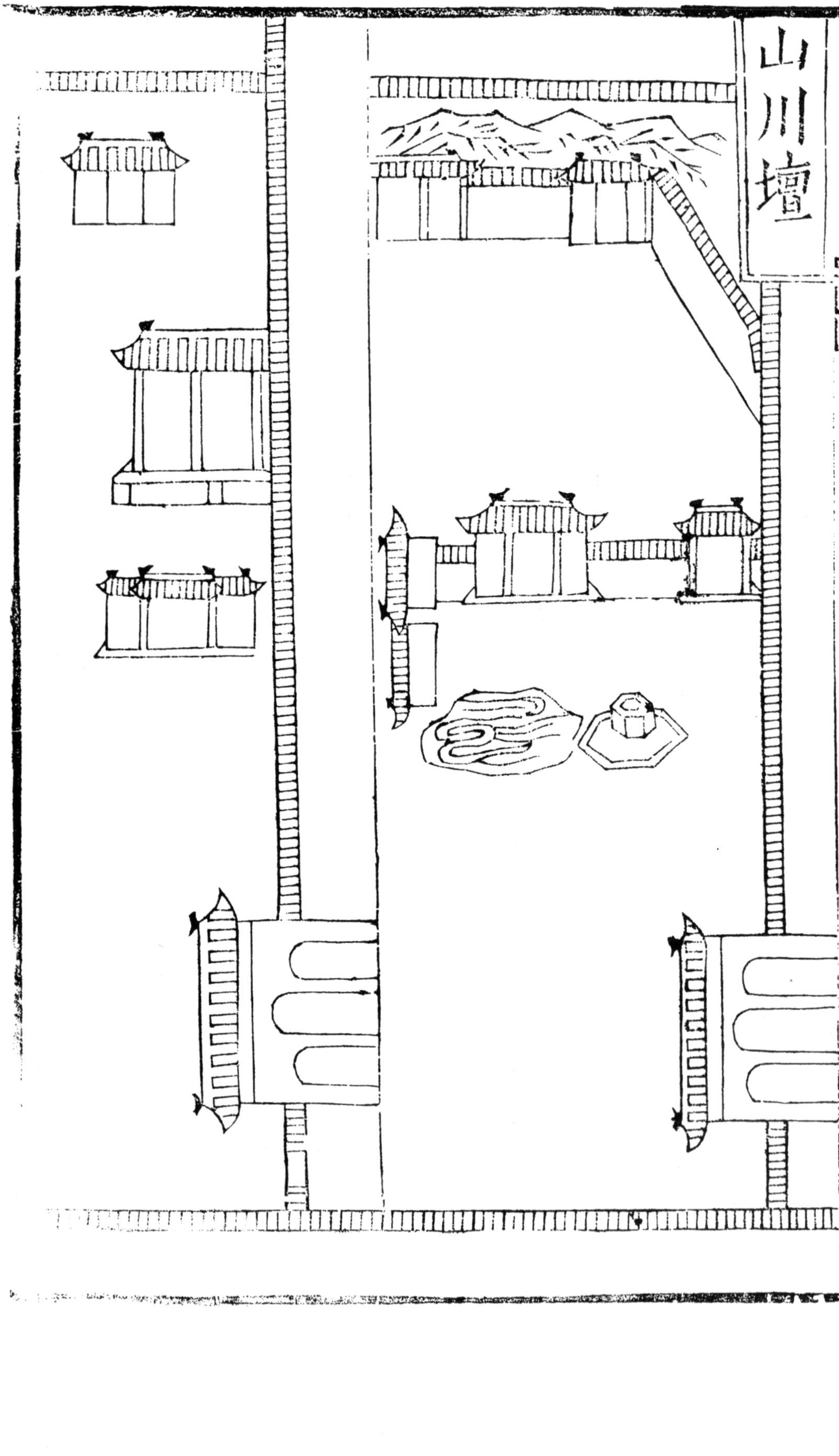
山川壇

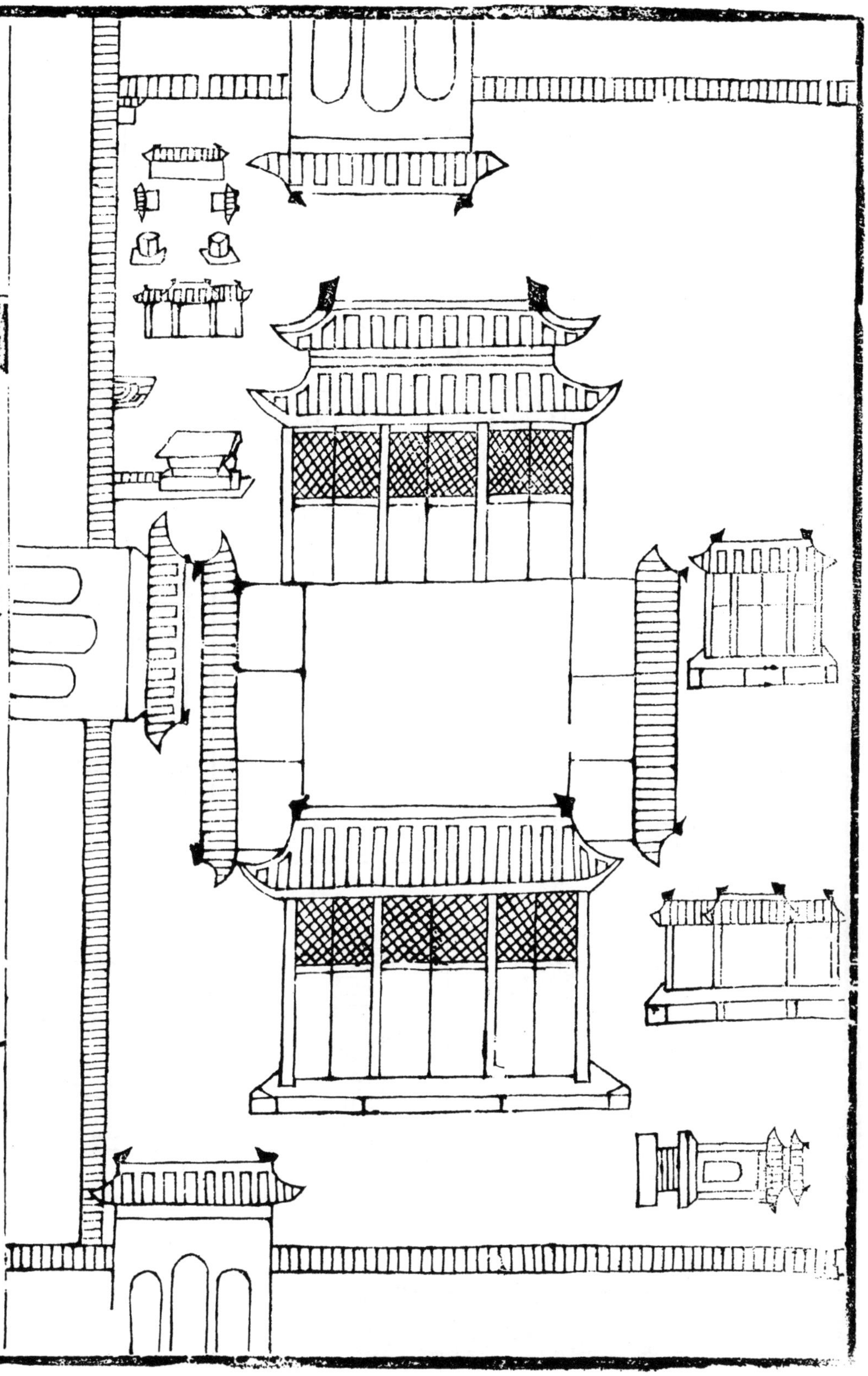

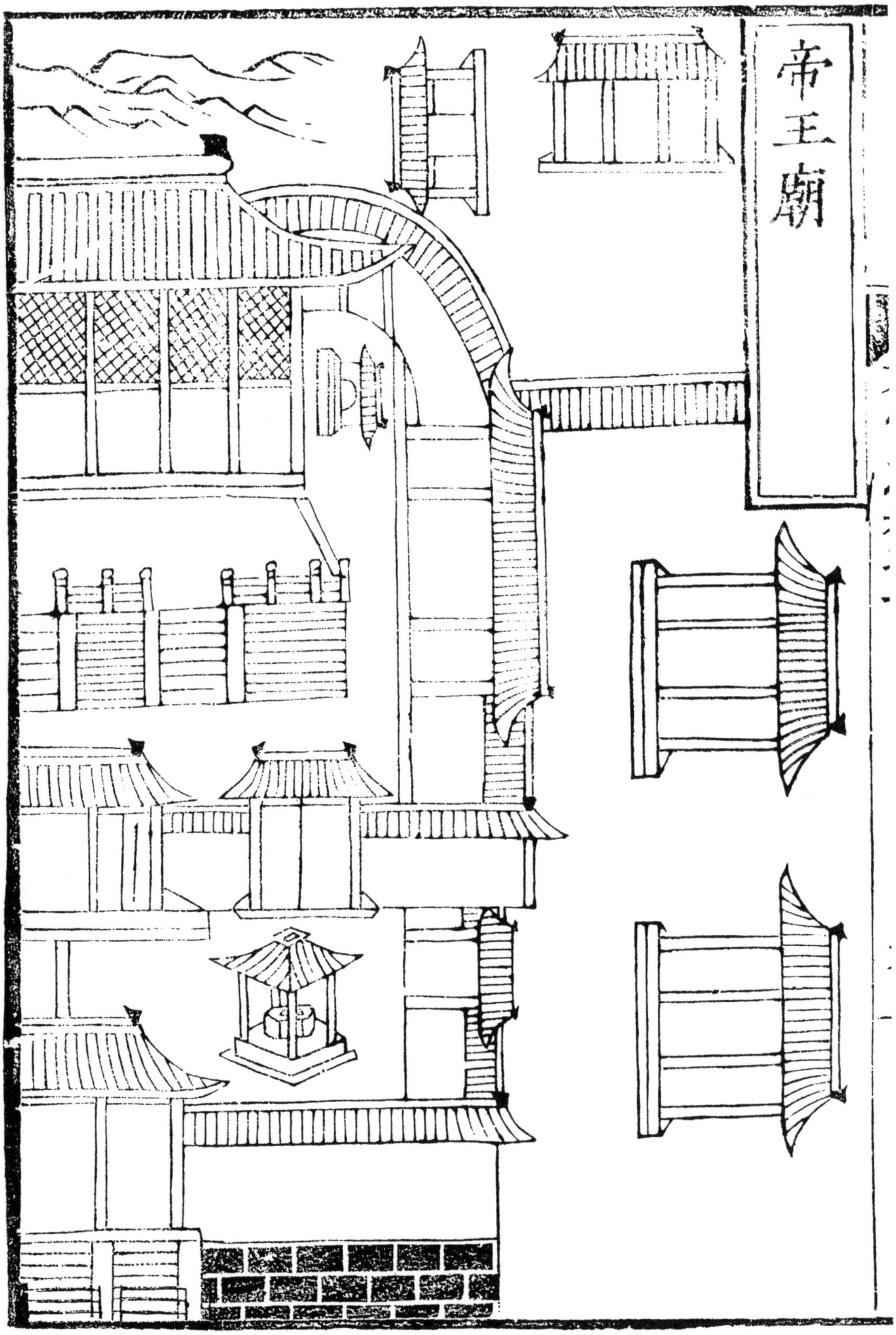
帝王廟

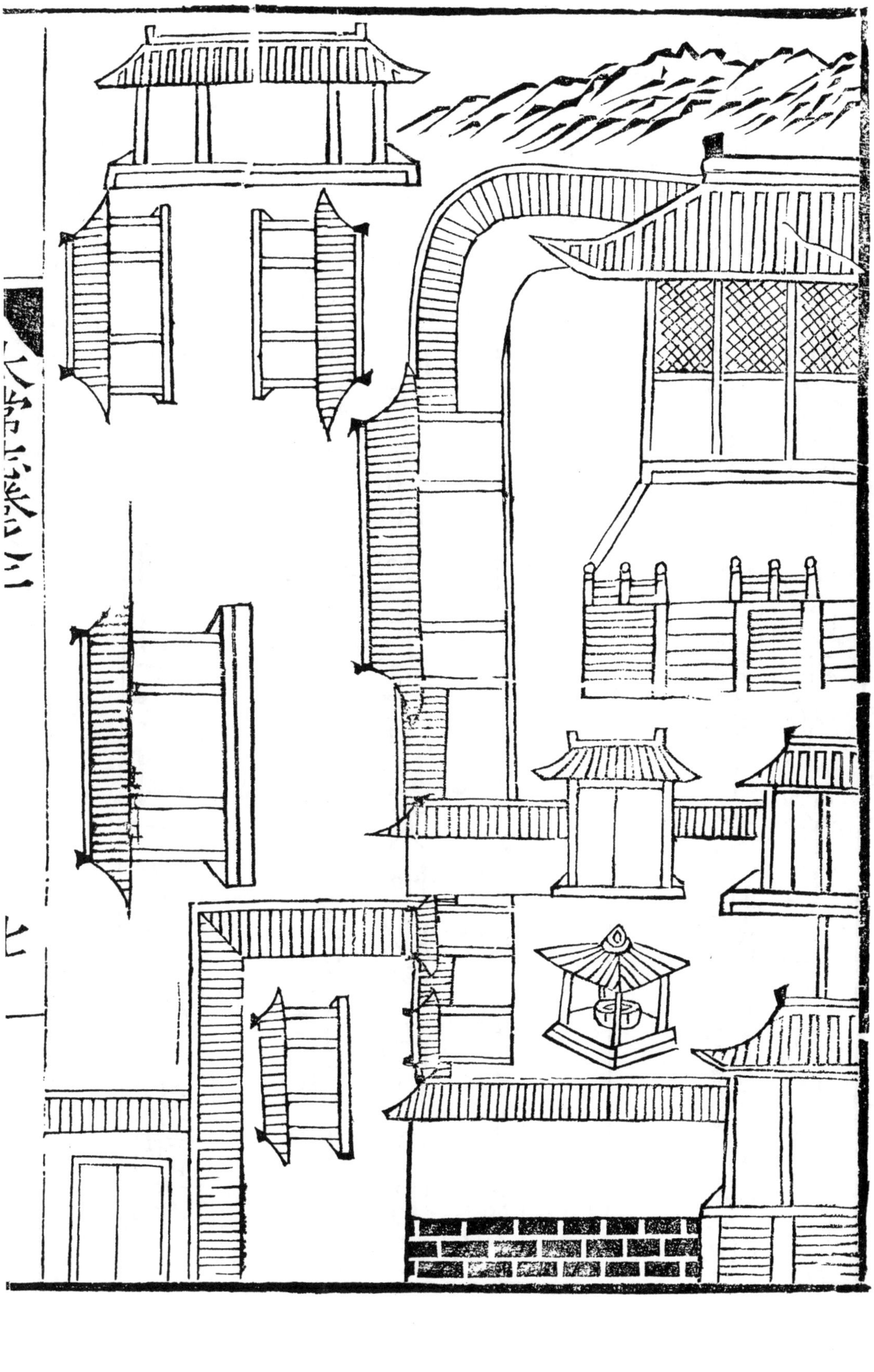

歷代帝王廟記

朝列大夫國子監祭酒臣宋訥奉

勑撰

兩儀判而人極立大統建而君道明粤自上古神聖繼作代天理物以開萬世太平之治故天地以之而位四時以之而序萬物以之而育大經大本以之而立盛德相繼傳至于今欽惟

聖天子受

天明命肇修人紀以建民極纘承帝王之正統衍億萬年之洪基稽古定制作廟京邑以祀歷代帝王垂一統世相舊廟

地介乎通衢褎弗嚴洪武二十一年秋始命改作欽天山之陽越明年己巳夏五月三日工部尚書臣秦逵奏功成請文鋟石詔臣訥爲之記臣忝職胄監懼不敢辭謹拜手稽首而言曰帝王功德於昭于天宜有清廟以宅神展敬歷世以來祀典斯缺三皇五帝發於四類僅見於周而堯舜禹湯發迹肇基及所經歷之地或有祠焉遣使致祭後世有之至於合廟京國歲修享禮古未之聞

皇上定鼎江左治功既成神人洽和禮樂明備凡廟祀之瀆禮不經諂神非法者一切去之正名定統肇自三皇繼以五帝曰三王曰兩漢曰唐曰宋曰元受命代興或禪或繼功

相比德相侔列像于庭金玉其相衮冕焜煌聚精會神咸
宅于兹每歲春秋二仲諏日誓士
上御宸極制命大臣齋明承事籩豆淨嘉粢盛豐潔告充告碩
神格洋洋所以推惟本始式昭曠典者至矣三年則
命官奉香幣詣陵寢具儀物以時致饗文以昭靈聖顯而示不
忘也嗚呼天生民而立之君所以靖亂亨屯康濟天下阜
成兆民而登之仁壽之域者皆以奉若天道而已是故前
乎三代之官天下者天也後乎三代之家天下者亦天也
皇帝王之繼作漢唐宋之迭興于以至于元皆能混一寰
宇紹正大統以承天休而爲民極佑之序之不亦宜乎秦晉

隋覩其功德不能無愧故黜而不與是可見

皇上敦名實重理道崇德報功大公至正之心真足以度越古

王垂憲來世永永無斁乃爲之銘曰

惟皇作極克配天地丕昭聖化以正大位皇道而皇帝道而帝

歷夏商周三王迭繼熈熈皞皞同底于治於赫漢祖寛而

有制光武奮興炎靈用熾唐興晋陽遂有神器太宗重光

力行仁義明明有宋其德克類既于元氏而亦用義豐功

茂德光輝有賁翼翼新宮有侐而閟貌像既嚴皇靈斯涖

享祀苾芬儀文孔備陟降在庭神之攸塈祚我

皇明以克永世

故功臣廟

國朝初立廟雞鳴山南祀開國元勳故臣功在社稷澤及生民者皆祀于此祭中山武寧王等六位于正室列祭都指揮使馮國用郢國公等七位于左西向叅政胡大海越國武莊公等八位于右東向又設從祀故功臣都督指揮千百戶衛所鎮撫等總位牌面於東西兩廡率以廟享之日及之歲凡五祀焉

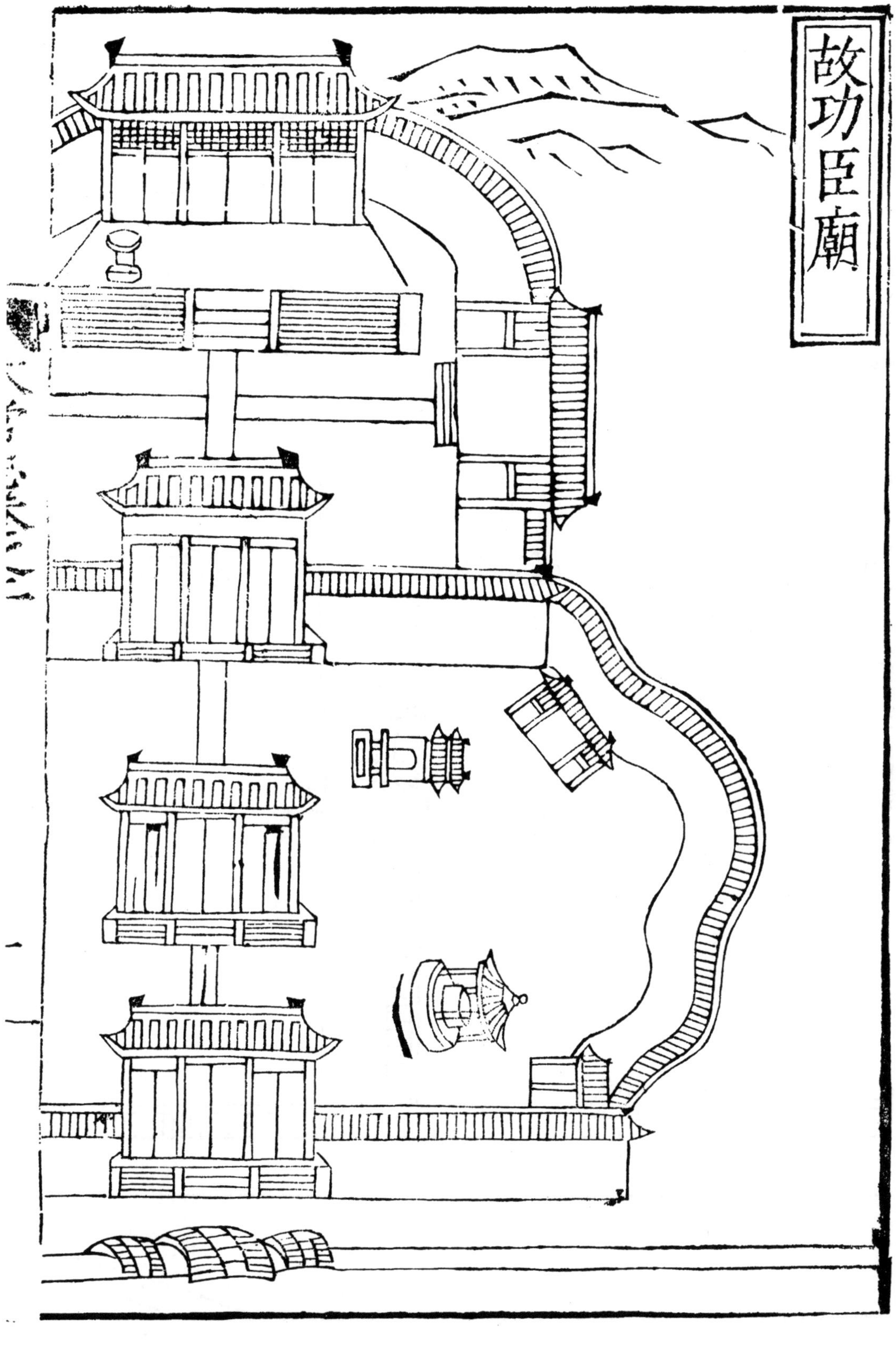
故功臣廟

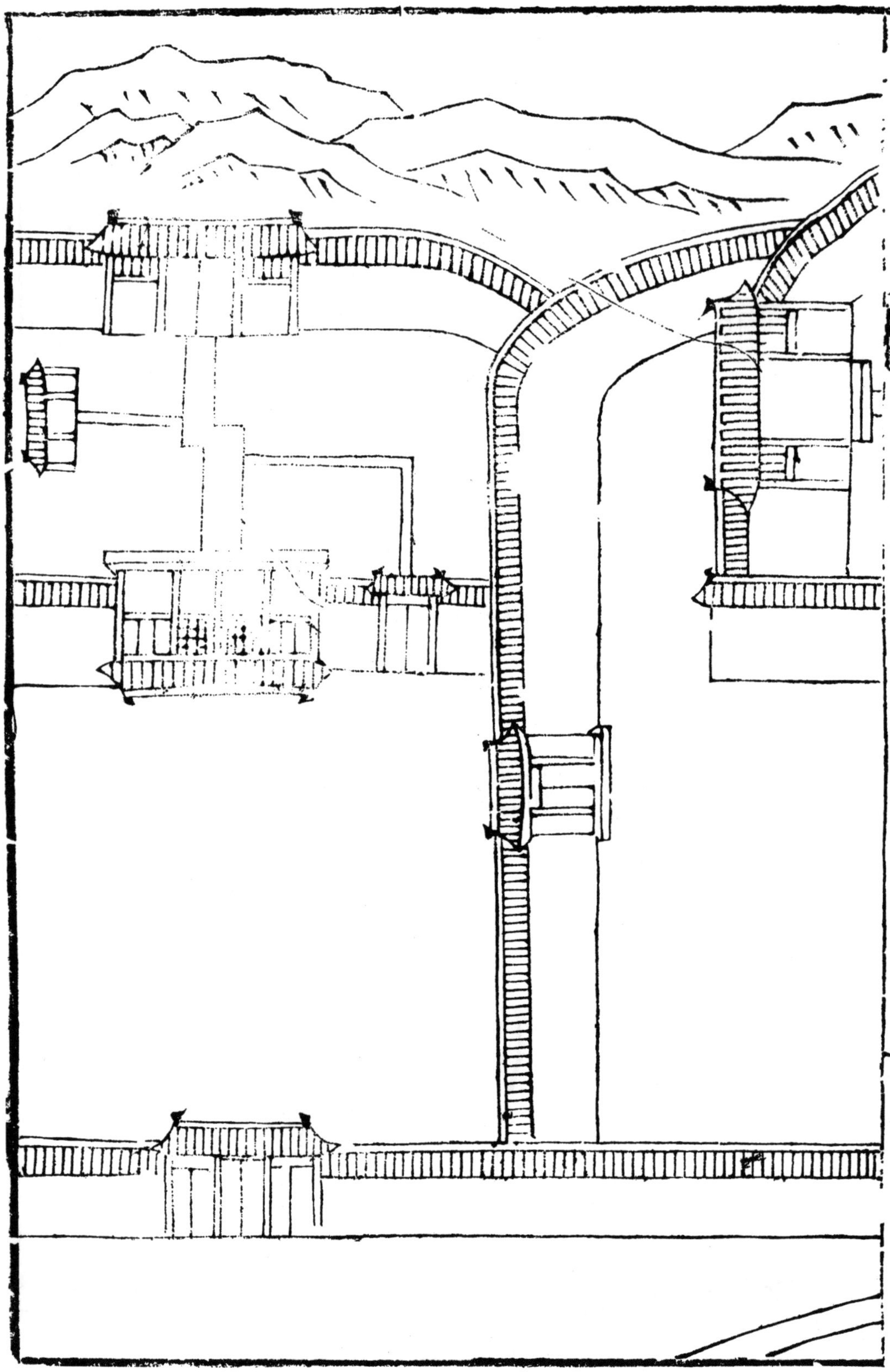

都城隍廟

廟舊在嘉瑞坊隘陋弗稱

國朝初改創斗門橋東後火災至洪武二十年移建雞鳴山

南

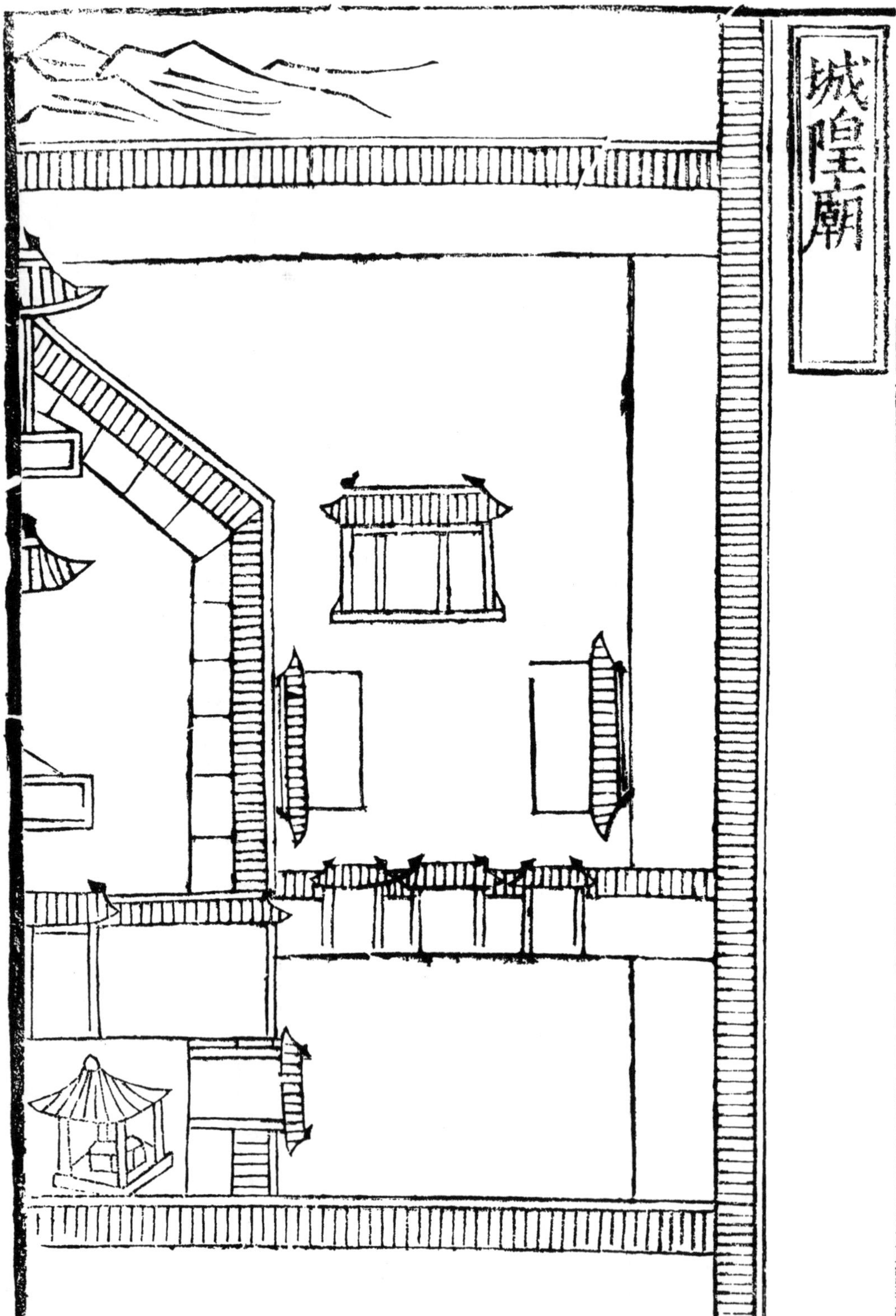
城隍廟

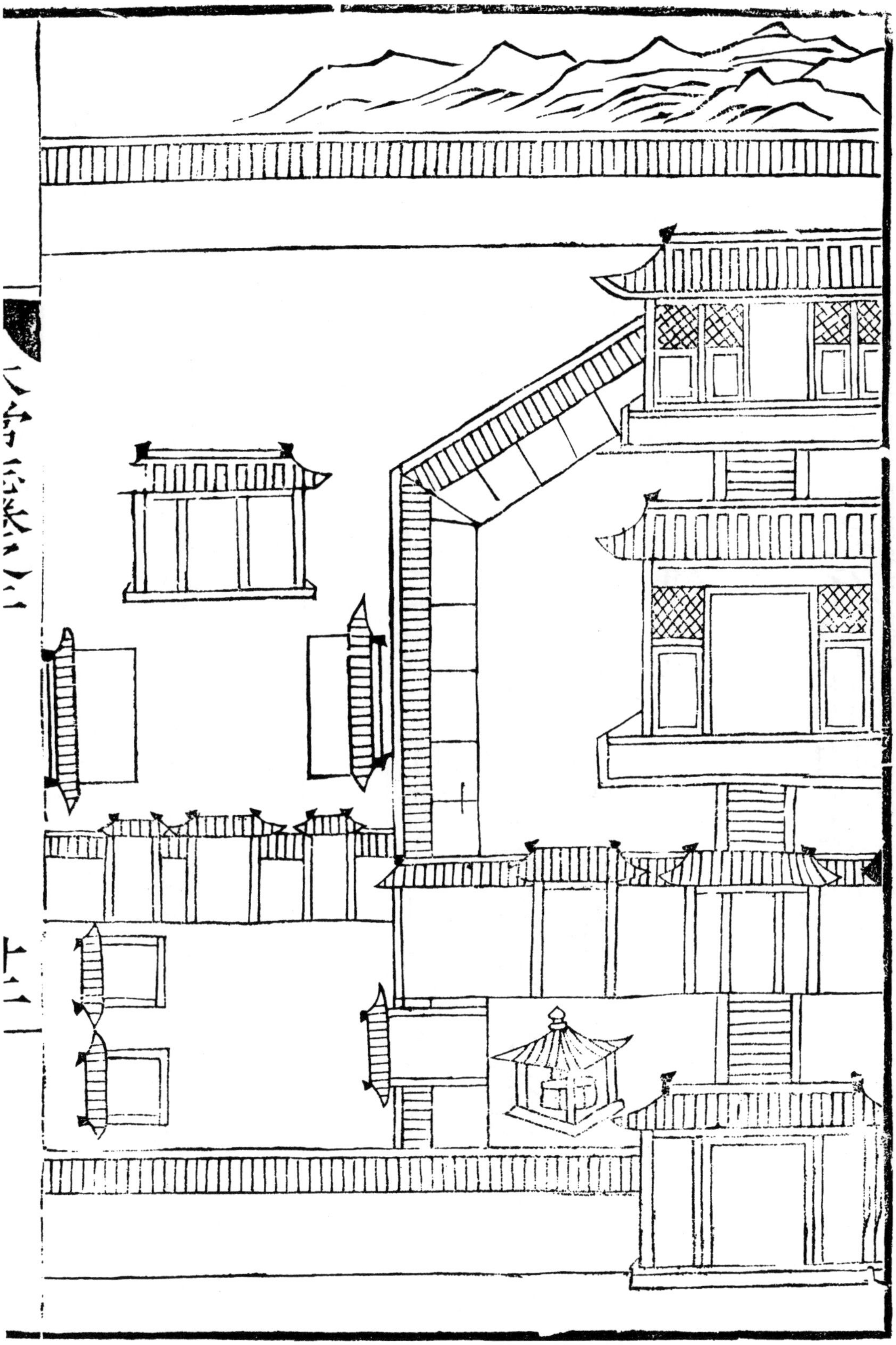

敇建都城隍廟記

翰林學士奉議大夫左春坊左贊善臣劉三吾奉

敇撰

洪武二十年夏六月

勑建都城隍廟于欽天山之陽一時諸神同廟其所者先後以次告完棟宇森列金碧煇映於是棲神有宇揭虔有所功與是山同其穹窿矣二十有二年夏五月工部尚書臣秦

逵奏碑石已具請文鐫焉

上時御奉天門詔臣三吾等

命之曰神有福善禍淫之任司其柄者簡在

[illegible]心宜符天道其果善也養之以取福果不善也敗以之取禍一與命德討罪主宰斯世者相表裏焉其字祀共人圖永遠詎小補哉朕有天下定鼎于茲即位之初既祀天地山川社稷百神即命設京都城隍祠俾專陰道統若府若州若縣之神以鑒察夫民之善惡而禍福之俾幽明之間舉不得僥倖而免豈不有以起人心之敬畏也哉惟是舊廟在嘉瑞坊隘陋弗稱改作陡門橋之東今十又八年矣念諸王侯將臣凡有出入悉禱于神而祀典諸廟散在閭巷煩囂雜遝豈惟神弗妥靈人之禱祀實亦不便欲徙令欽天山之陽久在朕東耒之發也已而城隍守者弗戒于

火一夕自焚豈神隘此弗居乎抑已潛契朕意乎緣是
命工曹鳴建今所爾職在代言其筆所由勒諸石以垂永久臣
三吾聞之記禮者曰有天下者祀百神自昔聖帝明王必
備禮群祀者以神所受職表裏爲治故城隍爲神自京都
至郡邑各有其祠而神弗專厥名必其萃山川之秀秉正
直之氣所謂簡在
帝心冥符天道者豈他祠所可比又况都城隍所統而益衆哉
神弗自靈必得其地得所憑而後其靈益著京師天下之
本五方之人之所萃日禱祀者將不下千萬計神往往隨事
應之而弗爽不然何以致歸者之衆而起

聖天子眷注之隆若此哉今世之人咸知國之有法也然不能不冒乎法者亂法也至于神雖愚夫愚婦見之敬之禮之惟恐或後何者以神通乎幽明而能福禍之故也抑豈知天子之法神式相之法固未始妄加于善良其所加者必其人之不善所福者必世之良民皆神有以使之而然嗚呼使斯民達幽明之理知神與用法相表裏之道如此則必皆化于善而尚何事於刑罰哉此

皇上命德討罪必質諸鬼神而無疑而神之福善禍淫亦必簡在

帝心而母二也然則率天下之人無一淫之可禍而咸壽域之

同躋者
皇上之心也亦神所以昭答
皇上敬事之心也乃系以詩詩曰
帝定寶鼎江之東奄有四海乘六龍戡定禍亂躋時雍肇舉祀
典嚴敍恭城隍都廟今古崇彰善癉惡秉至公森此湫隘
闤闠中至誠感神神明通假手欝攸與建功欽天之山氣
欝葱棟宇突兀摩蒼穹神此妥靈叶
帝衷帝衷所欽神罔恫民安田里犴狴空何以護助我
聖躬萬年之壽齊華嵩
建歷代忠臣廟成先是漢秣陵尉蔣忠烈侯晉成陽卞忠

貞公南唐劉忠肅王濟陽曹武惠王等皆歷代崇祀及元
衛忠肅公福壽等亦嘗立祠以祀
上以其溷處閭巷祠宇卑陋弗稱神居詔徙建于鷄鳴山之陽
至是廟成命應天府每歲以四孟月及歲除祭功臣日致
祭洪武七年三月胡丞相等官奉
聖旨功臣壇正殿右邊塑開平王像壇外立三箇牌樓正南一
箇正西一箇正東一箇路要開十丈濶牌樓上英靈坊欽
此
蔣忠烈武順昭靈嘉祐王廟
王名子文廣陵秣陵尉逐盗人本漢至鍾山被害死爲神

甚有異迹孫吳時爲立廟鍾山之陰歷代祀之
國朝初因舊廟隘而大其規模曰蔣莊武帝廟洪武五年封
爲漢秣陵尉蔣忠烈公洪武二十年并與諸神祠别建鷄
鳴山南祀以豐禮而舊廟仍在太平門外至永樂八年加
封忠烈武順昭靈嘉祐王至今凡祀故功臣同日祀之又
歲四月二十六日王之生辰則遣官特祭於太平門外舊
廟用以厚答神貺且例許四方民庶具香燭牲案諸神群
祭而弗之禁從土俗也

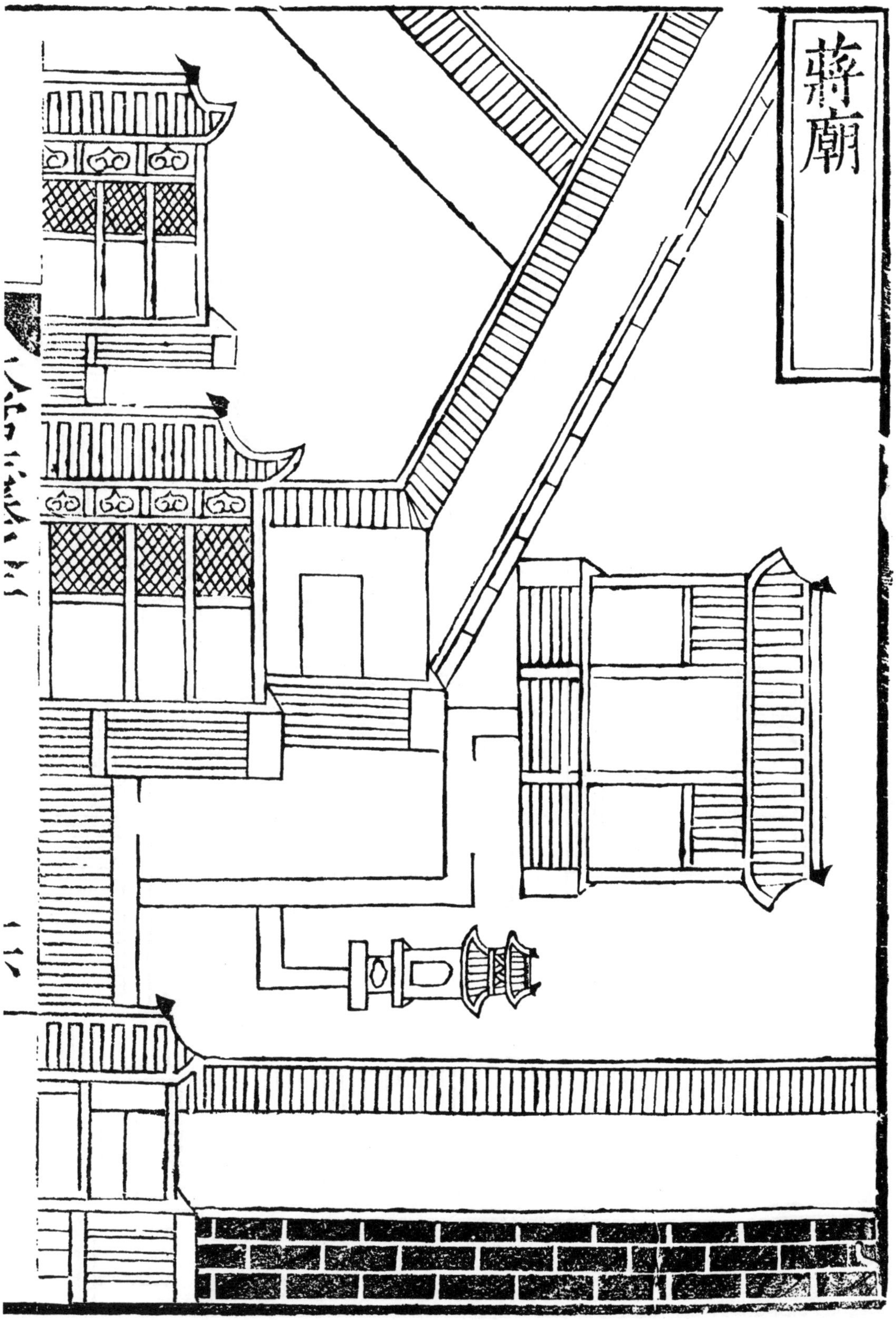
蔣廟

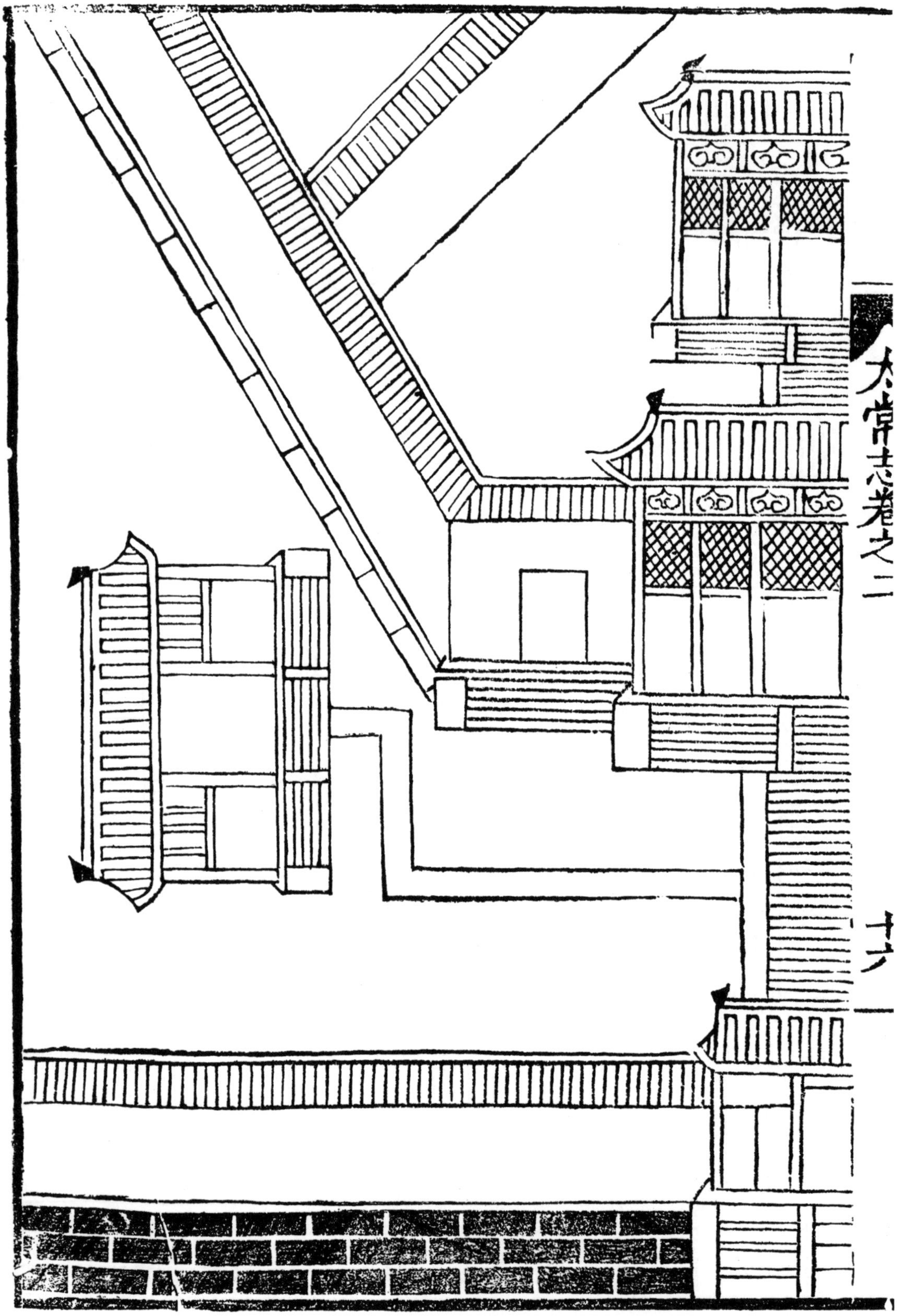
太常志卷之二
十六

勑建漢秣陵尉蔣忠烈廟記

翰林學士奉議大夫兼左春坊左賛善臣劉三吾奉

勑撰

洪武二十年夏六月

皇上御奉天門詔臣三吾謂曰漢秣陵尉蔣忠烈公朕命工曹

曁新其祠于欽天山之陽今已告成當筆由勒石以傳後

世臣三吾奉

勑謹拜手稽首爲之詞曰蔣忠烈者神所膺謚號也據搜神記所載神世廣陵人姓蔣名子文自言其骨青本神人東漢末仕至秣陵尉職在緝盜不爲恇怯顧望一日寇至奮勇

而前頷被鎗以死死後人未知其神也逮孫吳時有故吏見其介冑而騎謂吏曰我當爲神血食此土民因相率祠而祭之請禱輙應猶未敢誦言諸官也會有巫傳其言非直民當祀我官亦當祀不者蟲而民耳火而民居已乃信然事聞諸朝爲廟今蔣山祀之自是公私禱祈應如聆響或者謂事涉不經縉紳士難言之要之忠義在天地間無乂欝弗申之理凡人生而忠義死而神靈必得陽氣之多者盖陰主傳骨肉陽主行精神陰陽合而成人之形死則陽氣獨行而無陰故能爲罔像不能爲形至其抑欝弗申之甚扵是有形于形憑于聲以應之惟子文得陽氣之多

故剛健正直其所素蓄可以通天地衛國家福生民而人莫之知驚動禍福之始知而信民知矣信矣官不知信焉縱私祀其時能通祀久遠乎哉若是則子文之事亦理之恒無足怪者今代遭

聖明

皇上受命建都兹土首廓蔣廟而大其規模今其爲廟自如以

大駕行幸官民出入告祀弗便并與諸神載爲祠今所堂殿靚深門廡煥奕視舊有加焉欽惟

皇上通天下一神明之宇其萃之也以

聖心京師會通神人幽顯之所其萃之也以廟貌則夫遠在蔣

山以雜處諸闤闠者其容不萃而廟之乎臣民于此宜亦思惟有孚顒若收其放而合其離者矣矧是將山王氣攸集是氣所王神明與俱

皇上

聖子神孫萬億年永符王氣之會則神世是廟食世是翊衛者豈不與同一綿延之祚也哉乃繫以樂神之歌二闋其歌曰蔣神兮尉秣陵肉而人兮骨青竟殞賊鋒兮忿塡其膺生而忠義兮死則為神靈人不知國不諒兮欝浡浣其冥冥紫金山之秀結兮血含此廟庭孫吳遠今千餘祀兮世彌遠而德彌馨其二當代兮

聖皇嘉忠烈兮有耿光想神靈如水之在地兮寧獨滯乎一方
欽天監兮山之陽載新祠宇兮金碧焜煌雜肴蔬兮聯堂
酌桂酒兮椒漿靈繽紛其來下兮感
聖養爲民降康世廟食世靈感兮同國祚以延長
洪武二十二年　月　日立

關王廟

侯姓關名羽河東人爲漢昭烈帝前將軍死於孫吳兵難
所謂壽亭侯乃建安間曹操表封也宋慶元間爲立廟針
工坊祀之洪武二十八年始徙建雞鳴山南俾與蔣忠烈
武順昭靈嘉祐王等廟同日致祭又歲以五月十三日特

遣祭之盖侯之誕辰云

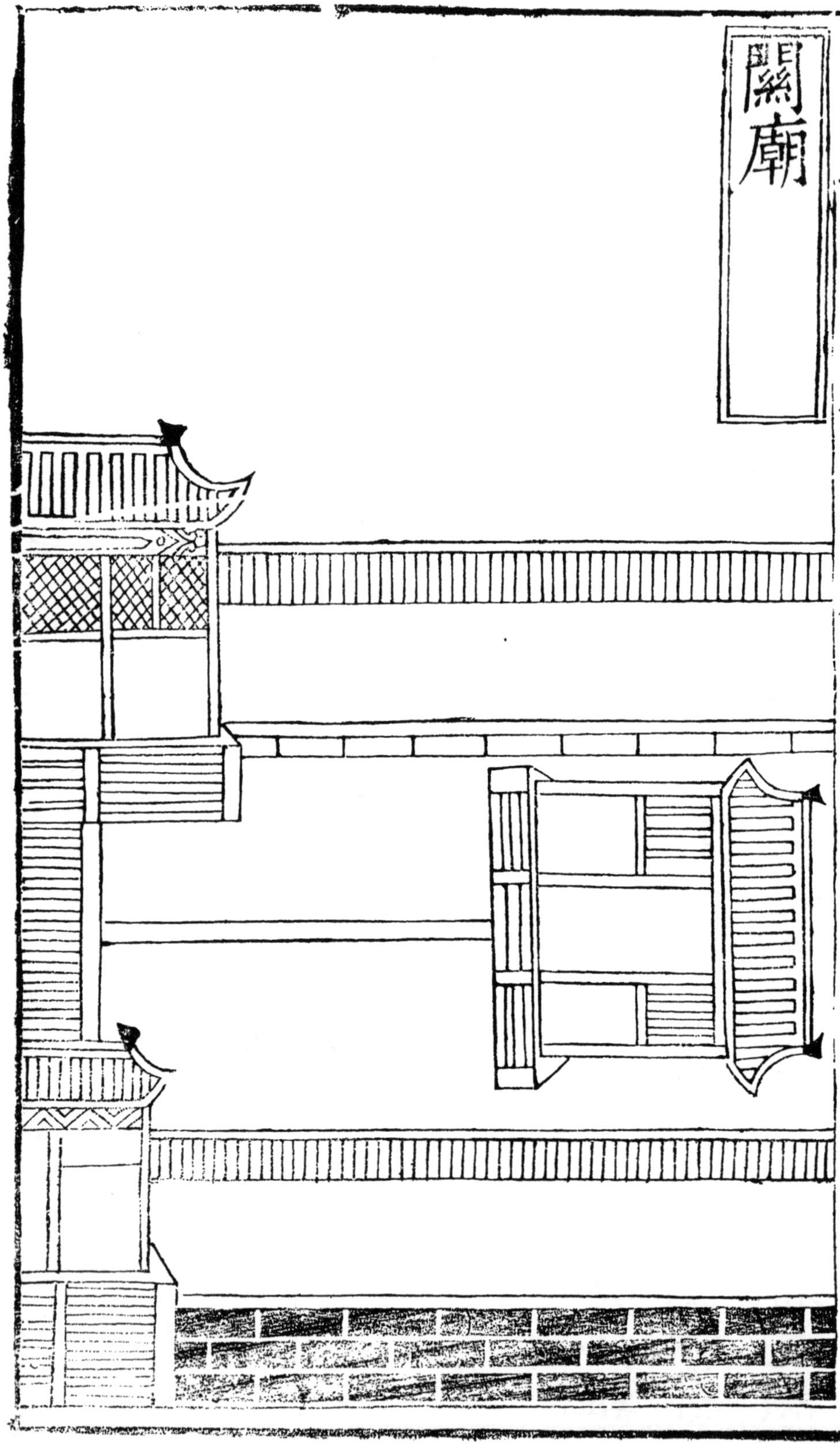

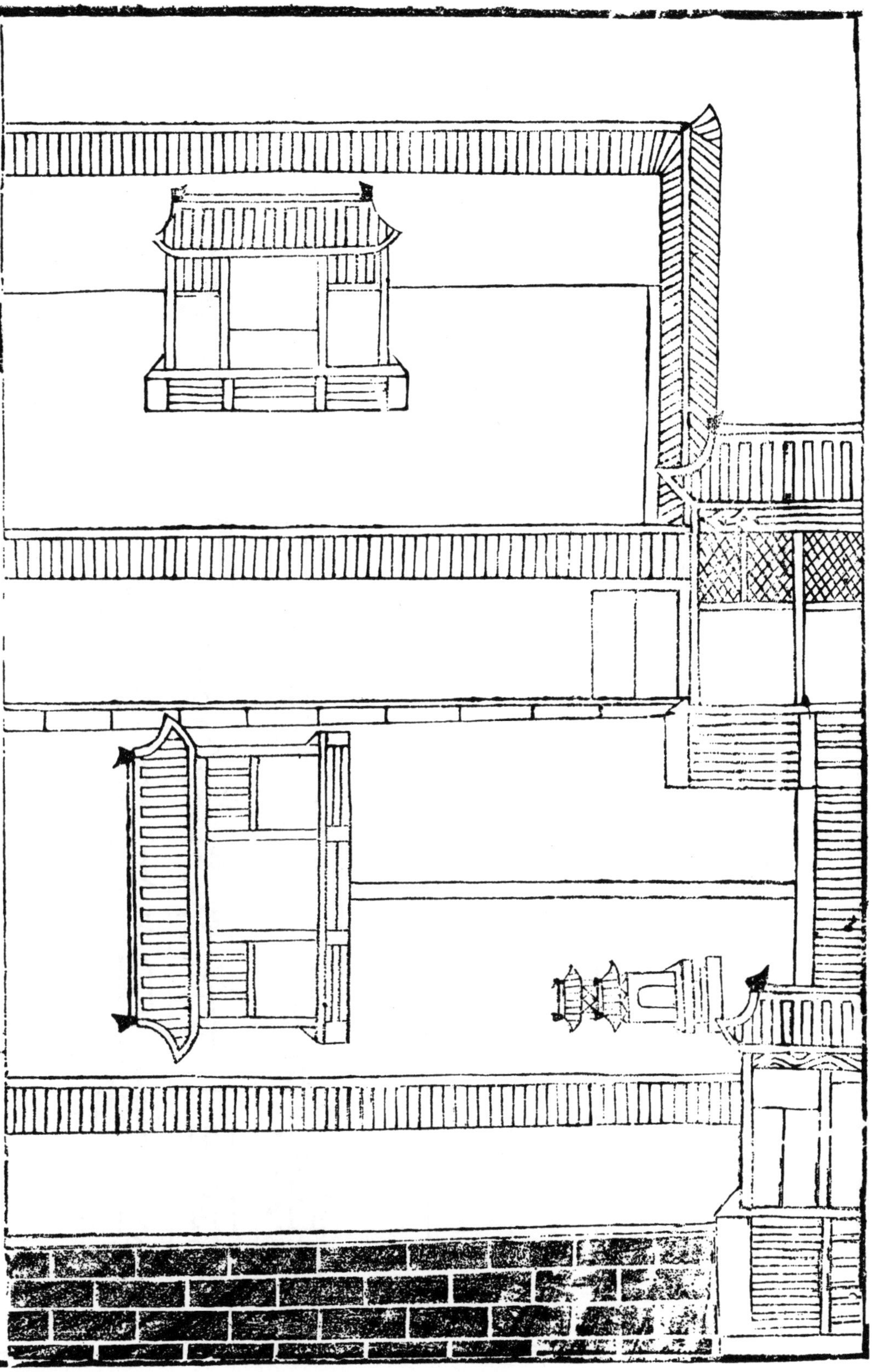

晉成陽卞忠貞公廟

即卞將軍廟也舊在朝天宮西冶城之側晉蘇峻作亂尚書令卞壼其二子盱眕死難人謂忠孝萃于一門南唐保大中始建忠貞亭於其墓北宋慶曆改曰忠孝胡詮作記至

國初建于鷄鳴山

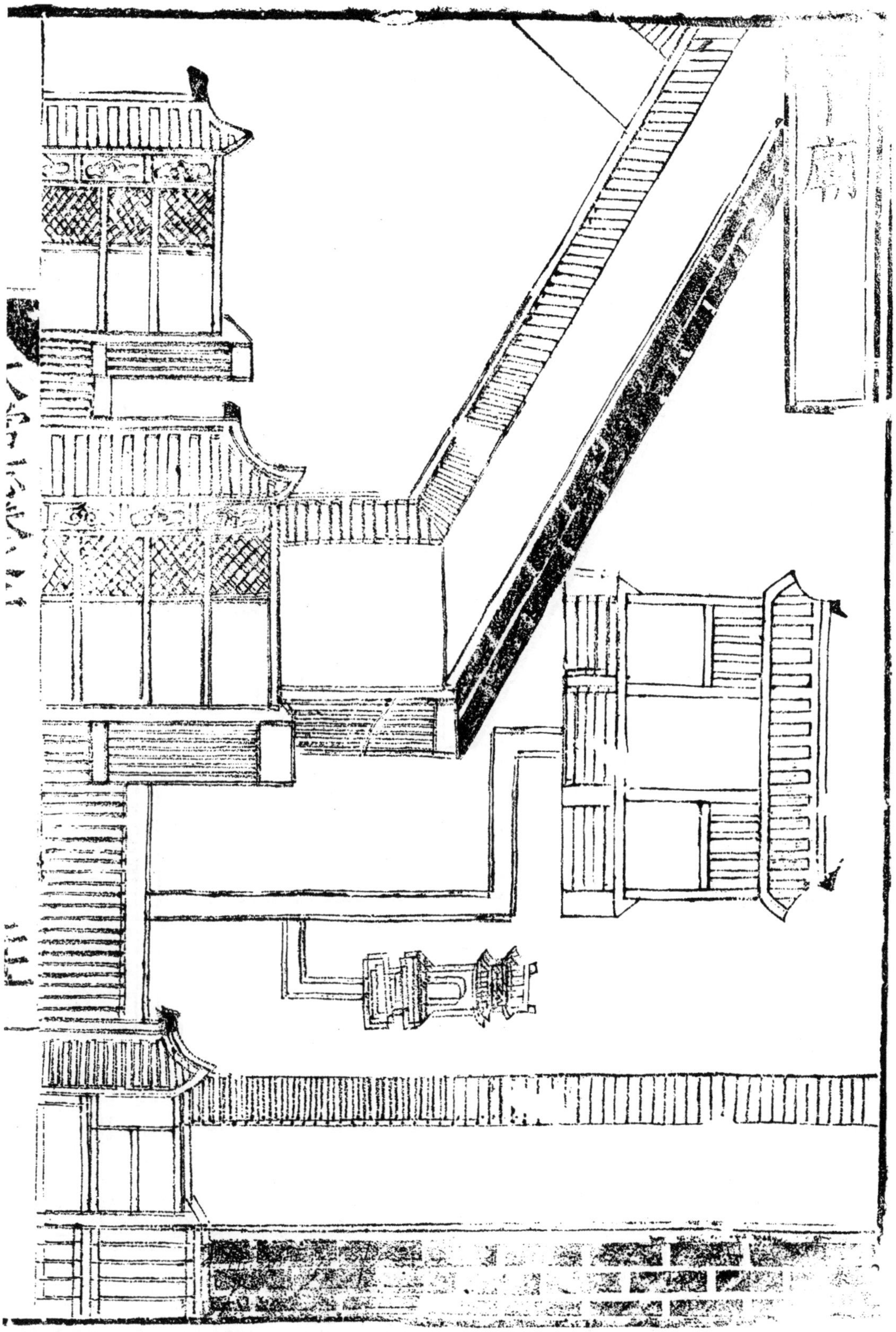
廟

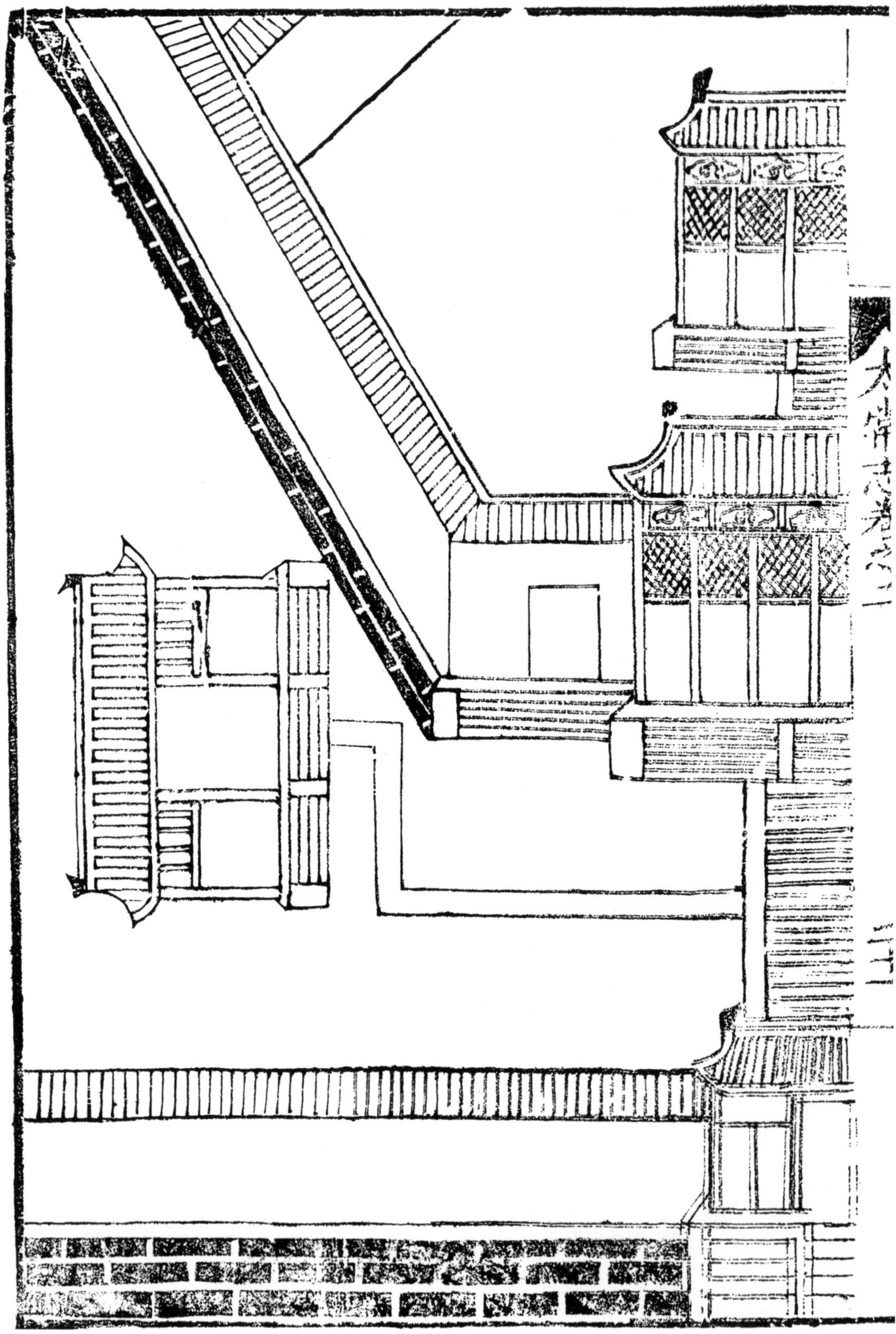

勅建晉成陽卞忠貞公廟記

翰林學士劉三吾

洪武二十年夏六月

皇帝御奉天門召臣三吾諭曰晉忠臣成陽卞忠貞公朕命工曹鼎新其祠于欽天山之陽今已告成當肇由勒石以傳後世臣三吾奉

勅謹拜首稽首而爲之詞公諱壼字望之濟陰寃句人妻裴生二子曰眕曰盱當晉室主弱國危公爲尚書令賊臣蘇峻擅兵溧陽逼近京邑詔公都督大衍東諸軍始戰西陵爲賊所敗繼擊于清溪柵又爲所敗賊勢熖愈熾公之忠烈愈奮至不顧背癰瘡口愈合以不負職苦戰而死二子見

父死亦擁兵赴敵以死母裴慟哭曰父爲忠臣子爲孝子夫何恨時成帝之咸和三年二月也既賊平贈公驃騎將軍加侍中議者以未副衆望改贈侍中驃騎將軍開府儀同三司謚曰忠貞公祀以大牢二子昣盱悉加贈謚自晉以來廟祀不絶故嘗謂士君子平居在朝無敢言之忠則倉卒臨難必無敢死之志迨夫卞忠在

朝廷知無不言其于茂弘元規曾無毫毛假借而導以疾弗朝私送郗鑒兩見廷奏尤爲切直語及王謝淸談害事至聲色俱厲此見道之明信道之篤雖刀鋸在前鼎鑊在後亦所甘心者則夫賊峻小豎抗旌犯順其容少緩天討之誅

也某日戰而敗公之不幸也負殨力疾苦戰公之所不計也誠痛夫主辱國危爲臣子肝腦塗地之日故當棄必生而不避就必死以立忠二子相繼以死妻裴哭其父子而不恨皆公一死忠義之所感發也得謚忠貞不亦宜乎推此志也與日月爭光可也蓋人心有死而不死者忠貞一念是也今代遭遇

聖明日月之所照忠貞如在定鼎于兹式禮諸廟惟是公廟與諸神廟雜處闤闠有幾乎瀆非嚴恭

神明之所

聖心有所待而未發也今年春禮令所以乃悉徙而更諸其廟

爲創前殿後堂三門兩廡總若干楹丹堊塗墍煥然一新是使公一門忠義與諸神廟貌凛乎其有生色亦乎其相輝映是神祠之聚于一方由
聖心之萃于一誠敬也臣民於此宜亦思有以顯著者矣公歷事三朝豐功偉績具在史册今謹掇其大節勒諸貞石以壽不朽載繫以詩詩曰惟
皇上帝賦公忠義晉室之東王綱解繫逆儔造凶公嬰其鋒西陵既敗猶奮武功義膽雖烈衆寡莫敵父死子前子死父側巍巍忠貞竹帛垂名聲如嵩華昭如日星禦災捍患廟食茲土遭逢

聖明復從今所祠宇靚深神明赫臨穹碑屹立亘古亘今

洪武二十二年　月　日立

宋濟陽曹武惠王廟

王諱彬謚武惠宋開寶中統兵平江南不戮一人邦人感

之立祠聚寶門外

國朝移于雞鳴山南

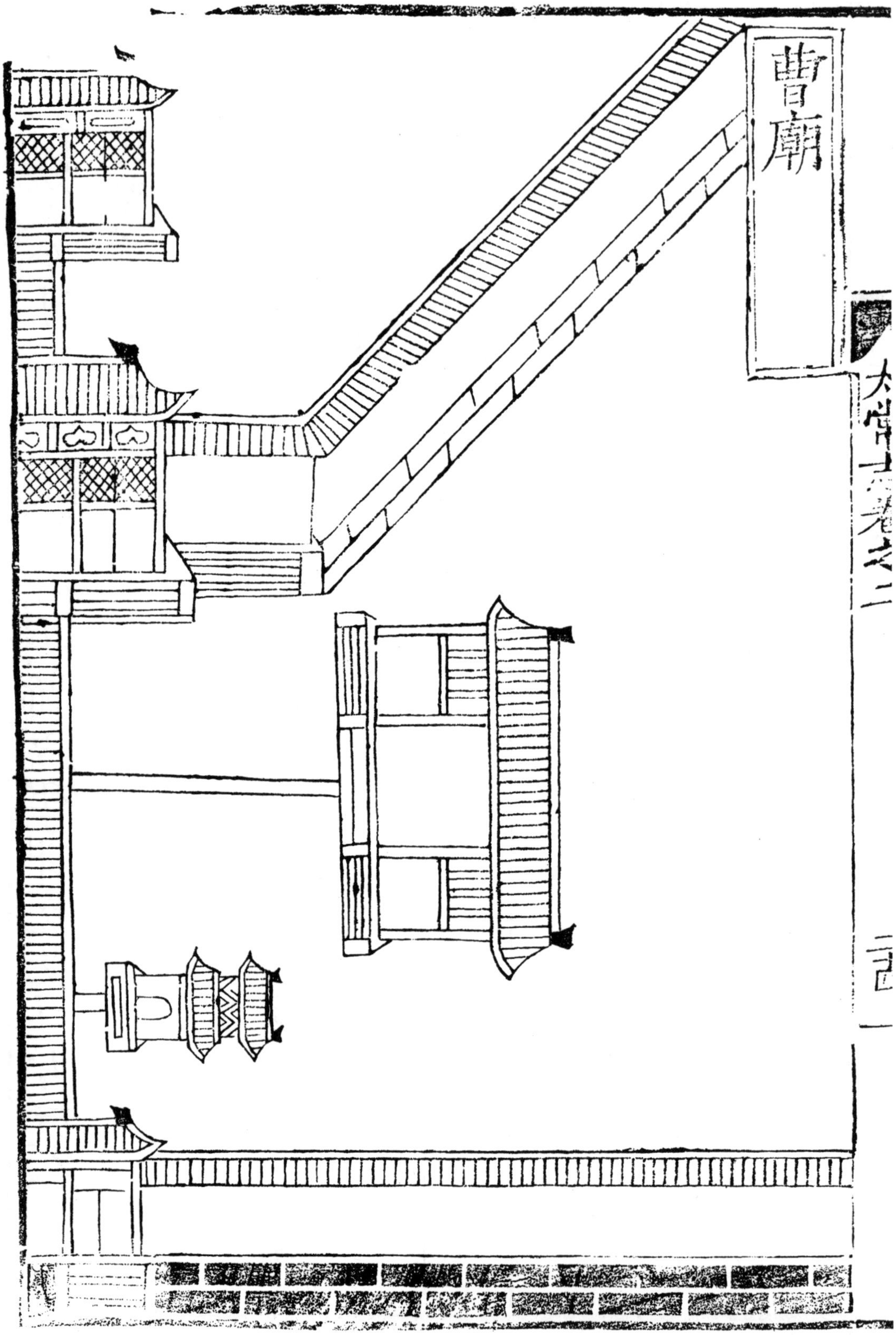
曾廟

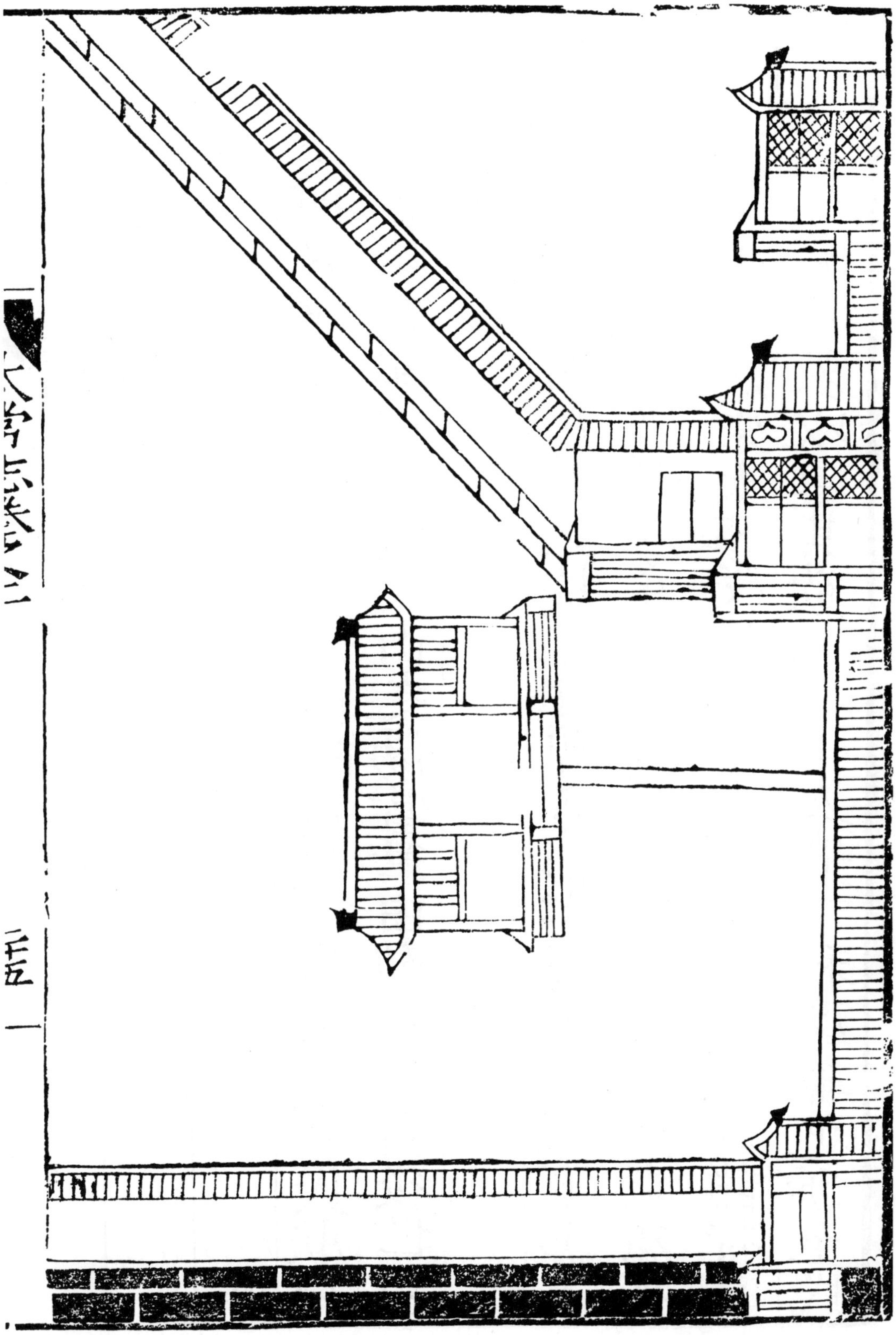

敕建宋武惠王廟記　翰林學士劉三吾

洪武二十年夏六月

皇上御

奉天門召臣三吾謂曰宋濟陽曹武惠王有遺愛在民朕命

工曹鼎新其祠于欽天山之陽當筆由勒石以傳後世臣

三吾奉

敕謹拜首稽首而爲之記按王姓曹名彬字國華眞定靈壽人

也王少而氣質淳厚及長器識遠大當五代之亂慨然有

澄清天下志宋太祖受周禪遂爲其將凡遇出師諸將莫

不屠城殺衆以逞其欲王獨申令戢下秋毫無犯所至民

皆德之及平定四海奠安人神王功居多其受命伐南唐
也圍其城三時居人困甚衆咸欲乘勢破之王心不可特
緩其師冀其自服嘗使人諭李煜曰事勢如此所惜者一
城生聚若能出降乃爲上策不然恐難獲全煜不聽王遂
稱疾不視事諸將皆來問疾王曰予疾非藥石所能愈惟
願諸公誠心自誓以克城日不妄殺一人則余疾自愈諸
將許諾共焚香爲誓明日城陷煜與其臣詣軍門請罪王
釋而禮之衆賴以全兵無血刃者此王之豐功盛德見于
史傳然也槩其爲人存心忠厚平生未嘗言人過失雖位
兼宰相謙退若書生其知滁州時有吏犯法案已具逾年

方杖之人莫知故王曰吾聞此人方娶婦若即杖之其舅姑必謂是婦不利朝夕詬詈使不能自存吾故緩之其宅心忠厚皆類此及薨聞者流涕金陵之民感恩德尤深故特立祠祀焉臣嘗觀五代之際群雄戰爭生民塗炭雖在山川鬼神亦罔獲寧及王佐宋太祖攘除禍亂妥靖海宇然後民得其所神獲其依則其勳著兩間人神共喜非泛泛之功可比者宜乎血食此土至今

皇上即位以來首嘉王之勳德式切

宸衷凡遇

大駕行幸諸王將臣師旅出入必遣使祭告緣廟在國門之外

湫隘幽僻眞獻弗便乃今遷于兹土棟宇一新廟貌斯稱
嗚呼德澤之在人心雖異世而不忘拜王之祠者寧不黙
然有感于斯乎乃作詩曰
積善餘慶天道則然粤稽古昔惟王有焉王有伊何佐宋
太祖戡定禍亂允矣神武勞爲民福燕及其私天且不爲
人敢忘之
皇帝曰吁王有遺愛聿崇時祀有敬無怠繼作新廟賁然有輝
王其居此慰我民思秉彛好德有心則同刻文在石來者
其崇
洪武二十二年　月　日立

南唐劉忠肅王廟

王諱仁贍淮陰洪澤人爲南唐清淮節度使守邊城死難不屈唐主追封衛王謚忠肅後改封越舊廟在上元縣東代祀不絶

國朝遷建雞鳴山南

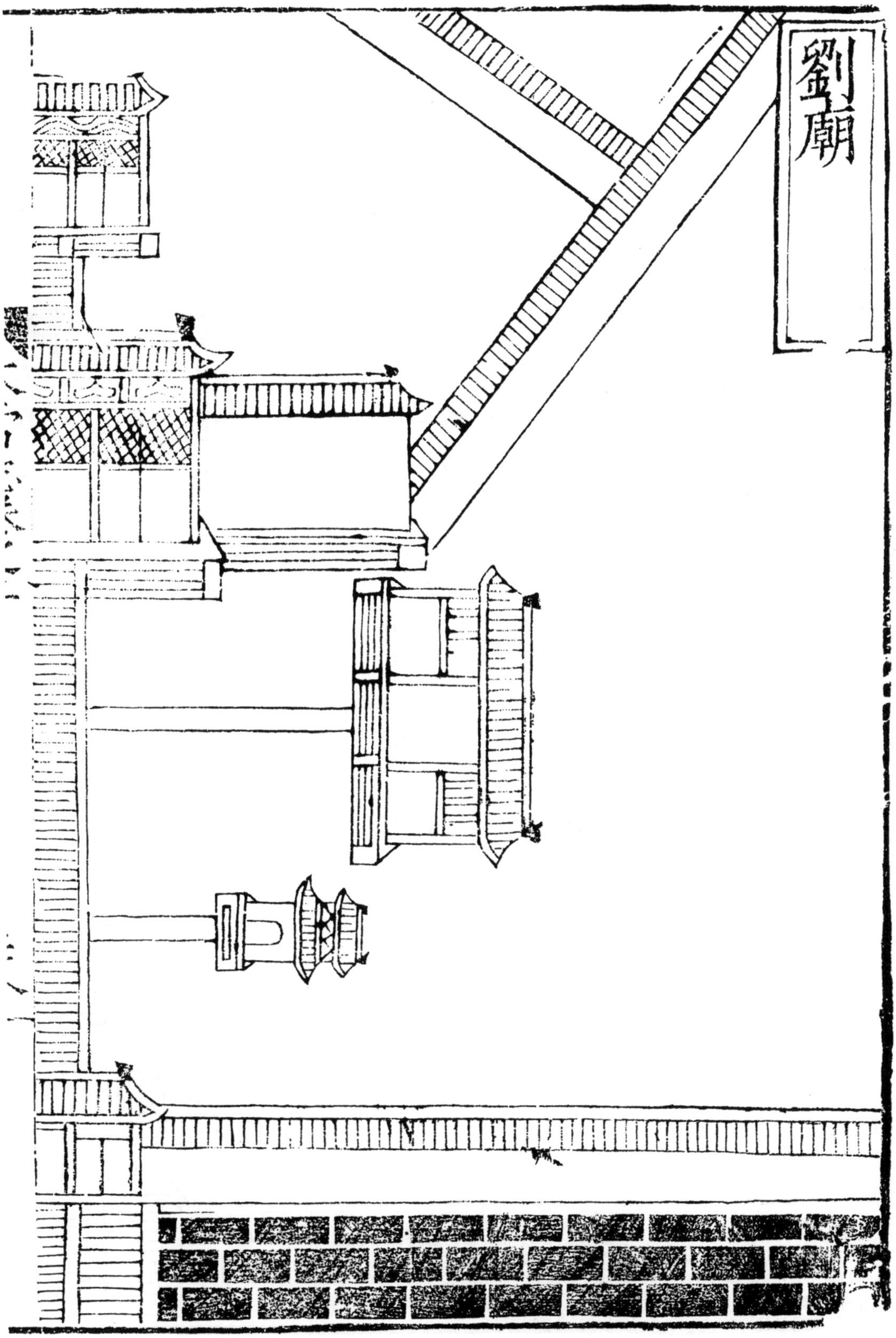
劉廟

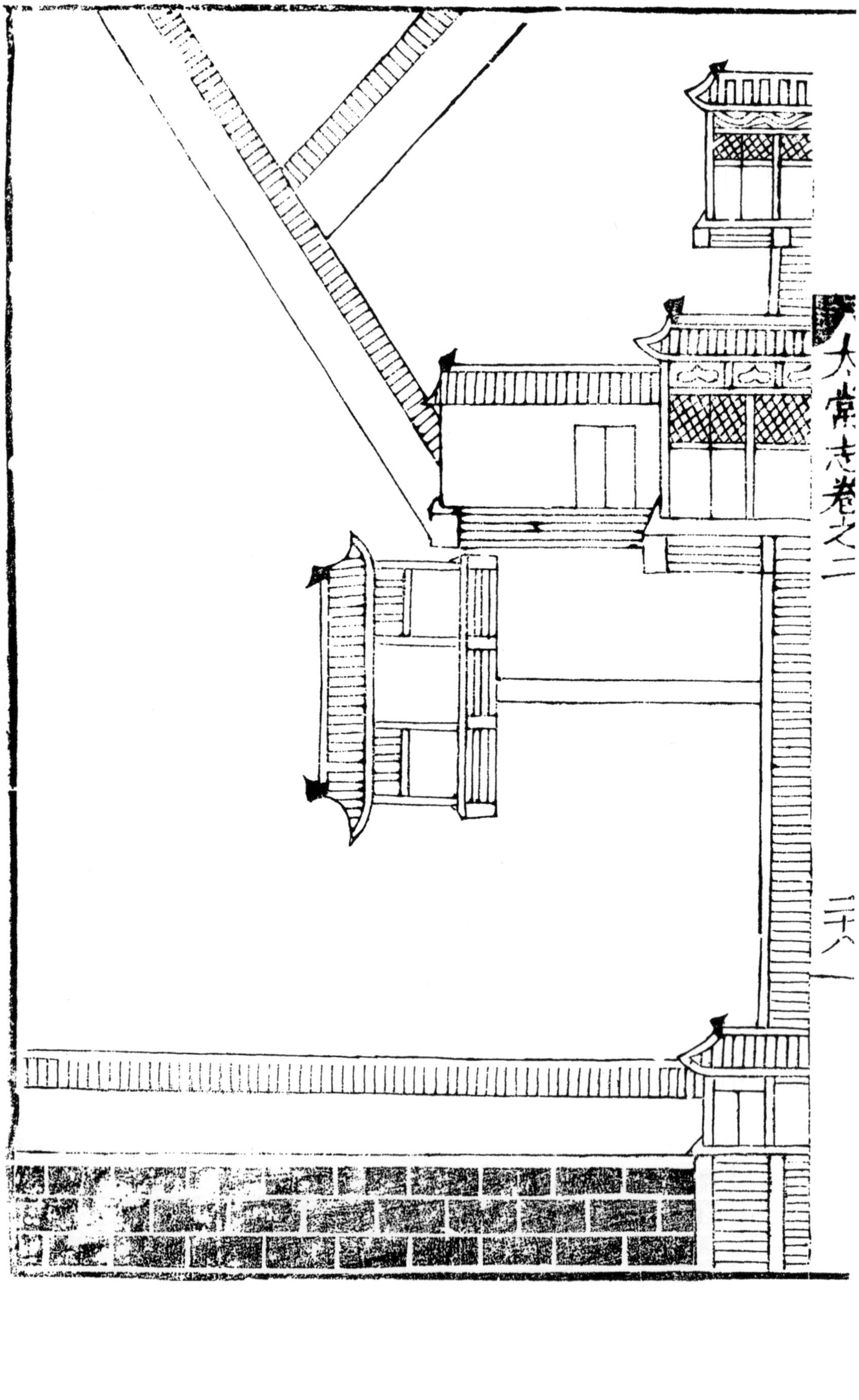
太常志卷之二
二十八

南唐劉忠肅公廟記　翰林學士臣劉三吾

敕撰

洪武二十年夏六月

皇上御奉天門乃召臣三吾謂曰南唐忠臣清淮節度使劉越

王朕命工曹鼎新其祠于欽天山之陽當筆由勒石以傳

後世臣三吾奉

敕拜首稽首而爲之記臣謹按王淮陰洪澤人也姓劉名仁贍

夫人薛氏子崇讚崇諫當華夷弗寧五代相繼而覺統中

土獨南唐據有江淮王爲其將戍邊壽春時周師暴興侵

掠戍境王撫衆以禦畧無艱難數戰克捷然周兵日益衆

以爲難王心自若俄而周兵寇城下王審機進剿而周兵北矣時江東已發援兵渡江由淮益甲士數萬與周戰比至周兵北矣援將欲追王曰不可援至而先北深追恐未全捷援將弗聽帥兵追逐未幾而敗周聞援兵既潰復合兵以攻王度其勢野戰不可嬰城固守周兵屯城下數月不拔師老糧乏周兵還王戢兵仍戍又明年周師復會城下王守甚堅終不擅攻忽王染疾時城孤援絕王子崇諫謀於部下欲以城入周王覺召其子將斬之周廷搆切懸求王弗准求於王夫人薛氏夫人曰人臣戍守於邊若此陷君之城失君之地奚爲忠臣乎於是斬其子城守益堅

周兵攻急王疾甚人無知者部下忌其守周廷搆假王之名揹表以城入周及城降昇王至周壘而卒唐主聞而哭之慟追封衞王謚忠肅後改封越嗚呼五代之亂士大夫名節掃地事君者朝稱臣於此而暮執贄於彼恬然不以爲愧王獨盡忠南唐不屈其節真可謂毅然大丈夫矣當時其居高位享重禄與王同朝者何可勝數然而身死之後泯滅無聞其事王之精忠耿耿千載不磨者豈不有輕重哉欽惟

皇上平一天下嘉王忠義載諸典章歲時祠祭其於大駕有所行幸者王將臣師旅出入莫不致告然廟居閭巷喧囂煩

維祀告弗便乃命有司遷于斯土殿堂門廡煥然一新表章忠義如此其至拜王之祠者其可不敬乎臣既書其事仍系之以詩其詩曰

五代相繼群雄戰爭君臣道喪大義弗明奉符納璽或勸或迎競競恐後孰守忠城烈烈忠肅委身南唐仗節清淮以戍邊疆周師暴興衆大且強廼肆厥威欲鄙此邦壽春之野有敵若林悉彼勇銳來伐來侵王整其旅諭衆以忱誓天指日死無二心出師嚴戰挫其鋒鏑遲迴三載保有南國昊天不弔懷憤成疾力絶莫支城陷而沒歲寒蒼松疾風勁草捐生取義登此善道事君以忠王心可考巍然

廟貌歷世所保
皇帝受命奄有禹方紹崇顯忠義無間存亡既勤祀事載新廟堂
新廟奕奕亘古有光王靈如在來享來格王忠不泯爲憲
爲則臣作歌詩勒諸堅石凡有君子敬恭斯式
洪武二十二年　月　日立

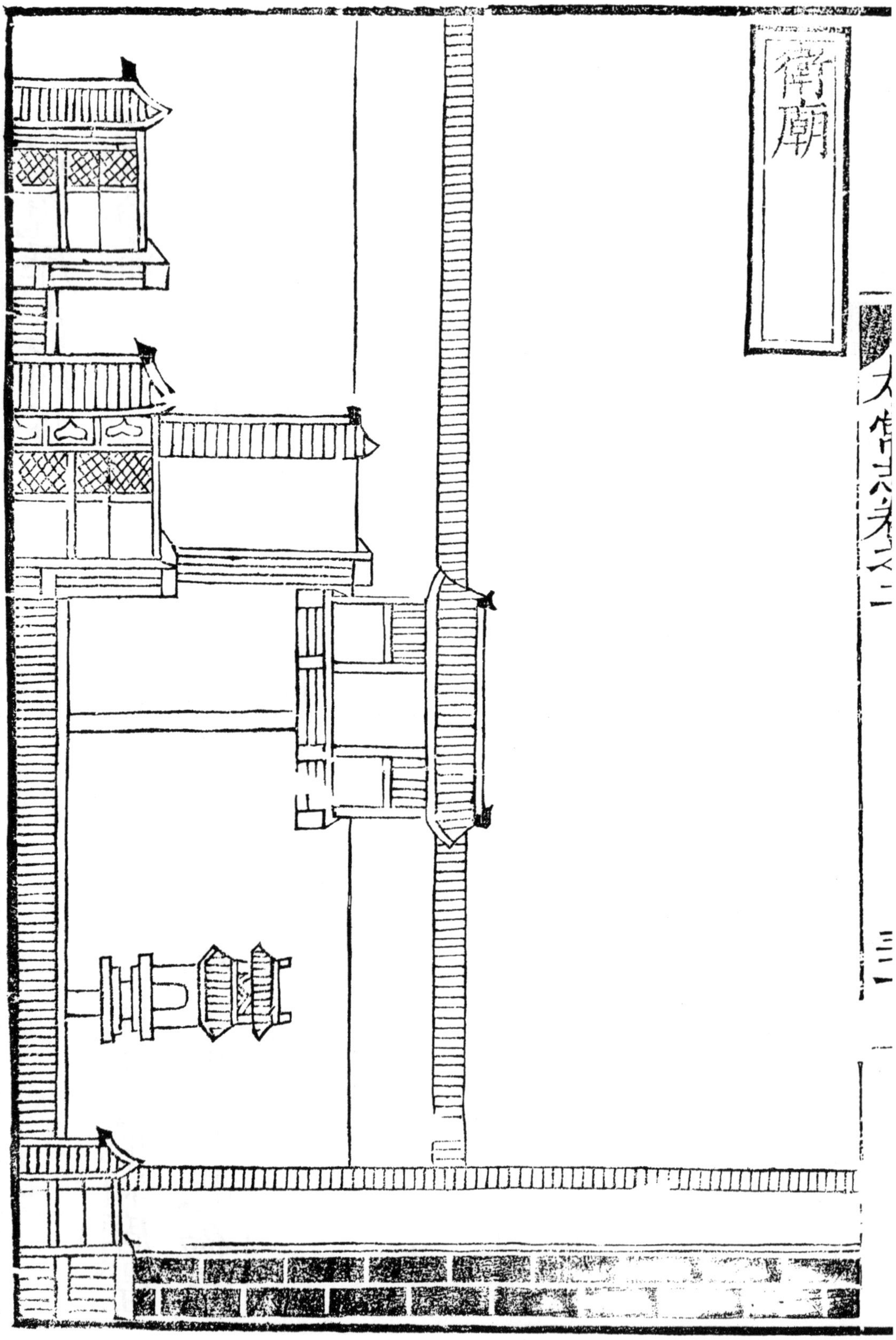
衛廟

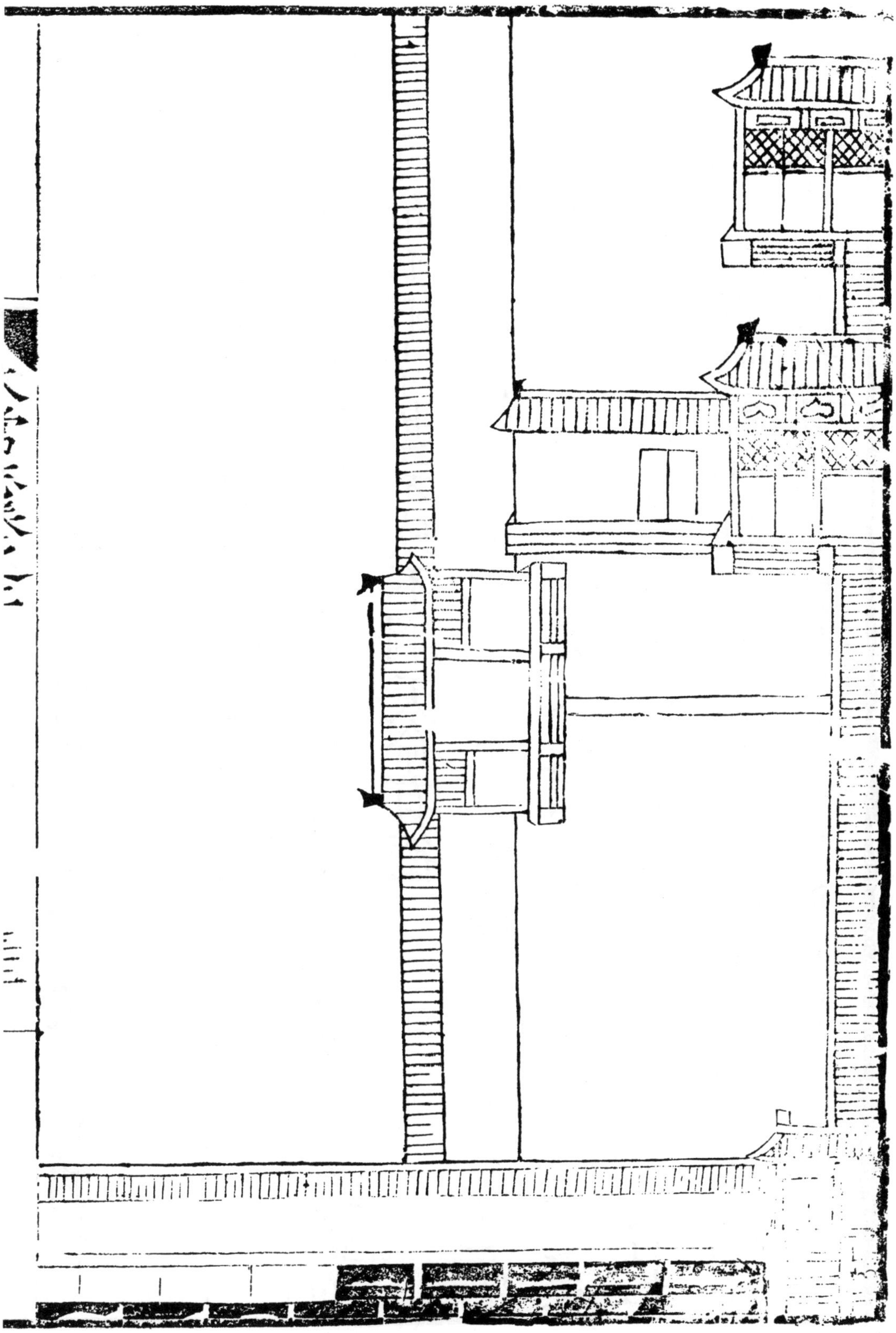

元衛國忠肅公祠記　朝列大夫國子監祭酒宋訥奉
勑撰應
天撫運時之大也徇國忘身義之正也故
聖君之興必受命而順時忠臣守節有舍生而取義其道蓋並
行而不相悖也元政不綱天命有德
聖天子興師以義得天下以仁故尤重死節之士方大兵之克
金陵也元江南行臺御史大夫福壽實死之天下既定立
廟京都顯忠揚善蓋古帝王之用心也廟始建於城南土
門岡屢市喧閧弗稱神宅洪武二十一年秋命工曹改作
於欽天山之陽明年夏告厥成功尚書臣秦逵傳

制俾臣訥文其事以刻于石臣謹按福壽唐兀人自幼知讀書
慷愷有大志既冠入備環衛兩京巡幸多著勞績始授長
寧寺少卿轉工部侍郎累官至同知樞密院事歲辛卯兵
起潁川事聞時順帝在上都當國者議欲請命然後調兵
公謂緩則失機即隨宜處置以聞尋遷也可札魯忽赤陞
淮南行省平章政事比至則濠泗已失乃日事備禦而上
游兵勢益熾於是築石頭斷江面且戰且守以固人心歲
乙未遷江南行臺御史大夫時高郵廬和相繼失守公獨
保孤城日益為急惟藉湖廣行省平章阿魯灰一軍為應
丙申始入援兵失節制反剽掠沿江之民既入城復以乏

糧見督公曰臺臣持風紀爾事轉輸給糧餉有司職也又

慮衆不可忽乃出令民丁壯者爲軍富者輸粟以助兵食

三日

天兵壓境屢戰不利阿魯灰遁去至城南杏花村麾下軍變㩁

害城破之日公據胡床坐伏龜樓前指揮左右若有所爲

或勸之遯公曰我臺憲重臣與城存亡頭可斷朝廷不可

負勸者語不止公射而叱去兵至竟死其地郡達魯花赤

達尼達思與俱死焉

皇上素聞公名賜棺衾俾葬以禮順帝在燕京知其死事加贈

金紫光禄大夫浙江行省左丞相上柱國追封衛國公謚

忠肅臣聞效忠者臣子之當爲雄表者帝王之盛德若福壽之損軀則輕報國則重從容端坐視死如歸可謂盡臣子之職矣

聖天子褒嘉其忠俾與前代名臣列廟而祀之所以明綱常勸忠義其有關於世教者豈不大哉是宜有銘以記其實銘

曰

皇明開基誕膺景命剗服群雄六合丕應定鼎建業施仁發政盛化以昭萬邦嘉靖懷柔百神祀典斯定允毅衛公氣剛以正世胄勳門才良節勁忠貞不渝本乎天性式秉憲綱載持兵柄屹守孤城勢潰力罄

天命有歸終於弗競嘉忠賜祠惟
天子聖旅楹閑閑廟享斯稱崇堂邃寢丹碧交映棲神有像過
者起敬春秋禮虔牲粢豐盛英風載揚明靈弗㦒
天子所褒奕世有慶

洪武二十二年　月　日立

北極真武廟

神之爲德備於道家之說宋太平興國二年立廟清化市
東

國朝初俾與諸神祠並建雞鳴山南歲以三月三日九月九
日二次遣官祭以素品

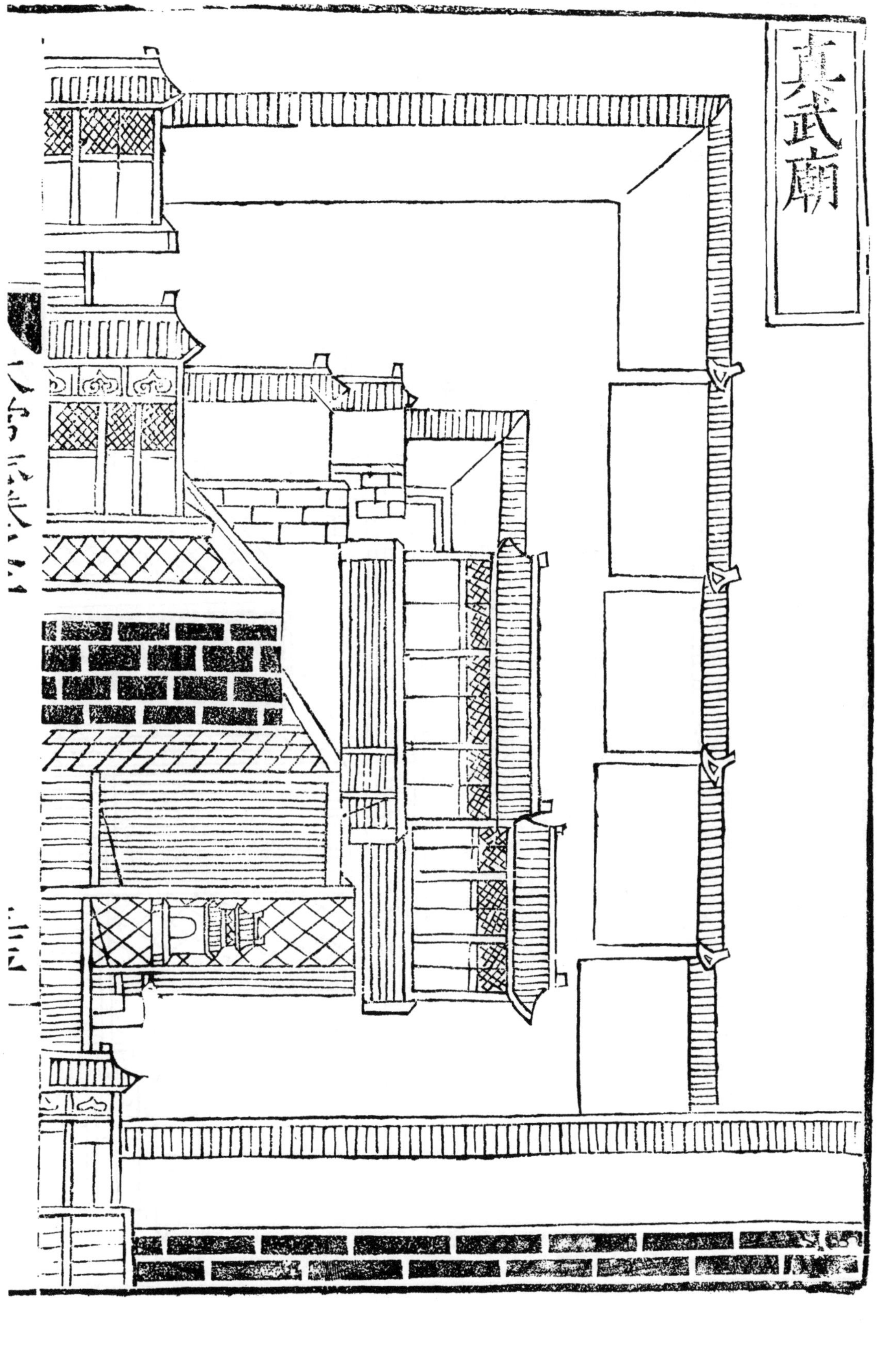
真武廟

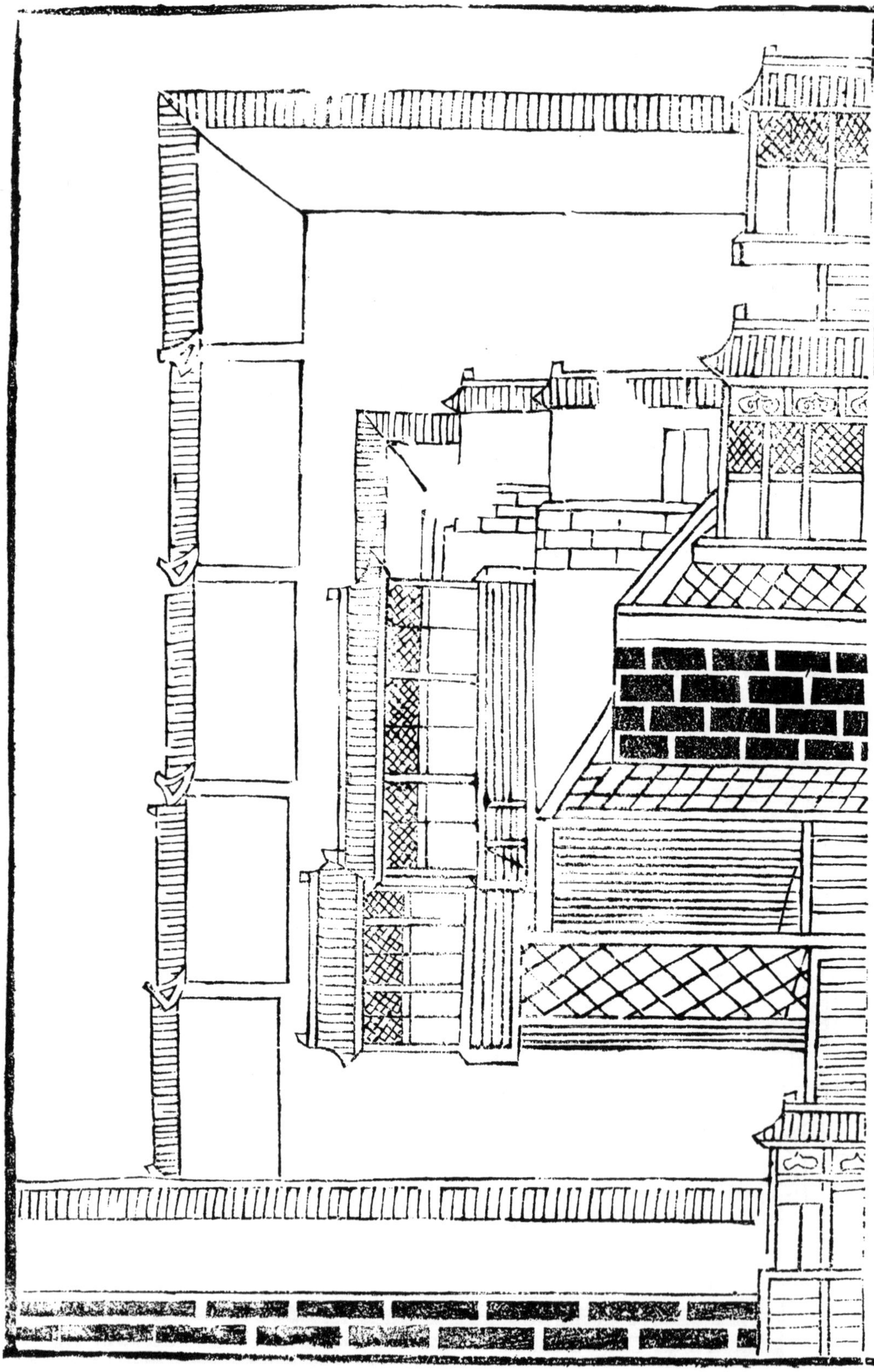

勅建北極玄天真武祠記

朝列大夫國子祭酒臣宋訥奉
勅撰

陰陽之道變化不窮周流無方不可得而測者其神矣乎日月之著明風霆之鼓舞雨露霜雪之生長肅殺無非二氣之流行其不可測之妙未易言者故曰陰陽不測之謂神神之為德其盛矣哉北極玄天真武先天始氣玄黃稙象見於道家之說然於位在北於封為坎坎水也北方之卦也故為玄武而陰陽二氣之所運則有以神變化於無竆矣翼軫之墟有山傑然神秀磅礴紫霄上摩誓居之

保養太和神劒既受群魔攝伏乃受
帝勑建皂纛玄旗還鎮于坎宫駕風鞭霆麾斥六合威靈烜爀
功加宇内澤及生民豈所謂流行變化而不可測者某洪
武戊辰都城舊廟安奚官奉
旨改造於欽天山之陽地位亢爽庭宇穆清繚以周垣松竹茂
翳神宅既安都人以悦明年己巳五月告厥成功
皇帝嘉賚命臣訥爲文以記于石臣竊惟明則有禮樂幽則有
鬼神鬼神無常享享於克誠而已
皇上受命于
天奄有萬邦建都立極以撫兆民政化通而致理神道感而翊

恭百制具舉萬靈景從迺建鴻謨爰作新廟俾有憑託以
丕昭明靈敷佑于我右衆神無往而不之來格来寧其在
茲乎微臣稽首頓頌
帝力以昭神貺辭曰赫赫
皇明應期啓運功邁禹湯德紹堯舜混一寰宇神助
天順河嶽炳靈化洽威振禮樂明備饗祀恭慎武當福地紫霄
鬱峻虛危上應玄武下鎮神德丕昭惠澤旁潤京邑有祠
奔走遹駿闤闠褻隘弗寧以燾我峩新宮其高數仞枕山
面陽外豁中蘊貌象有嚴靈風斯振載祈豐穰式屏灾疢
幽明感通斯理則信聆蠁無遺降福弗靳於萬斯年永錫

祚衛

洪武二十二年　月　日立

祠山廣惠祠

神姓張名渤龍陽人西漢以來盖已宅靈於廣德唐天保宋咸淳間屢有封號以昭厥靈洪武二十年建廟鷄鳴山南歲以二月初八日祭之

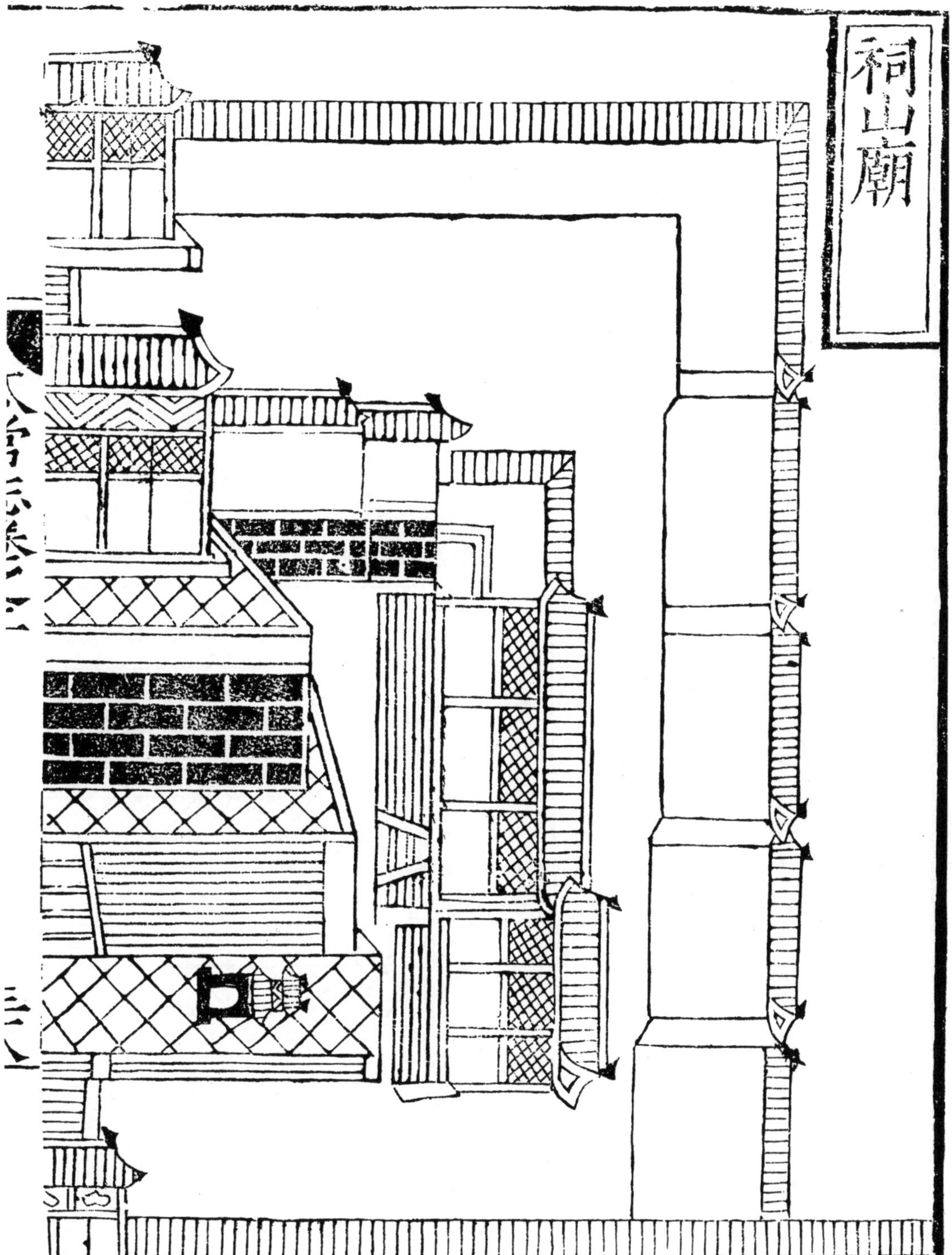
祠山廟

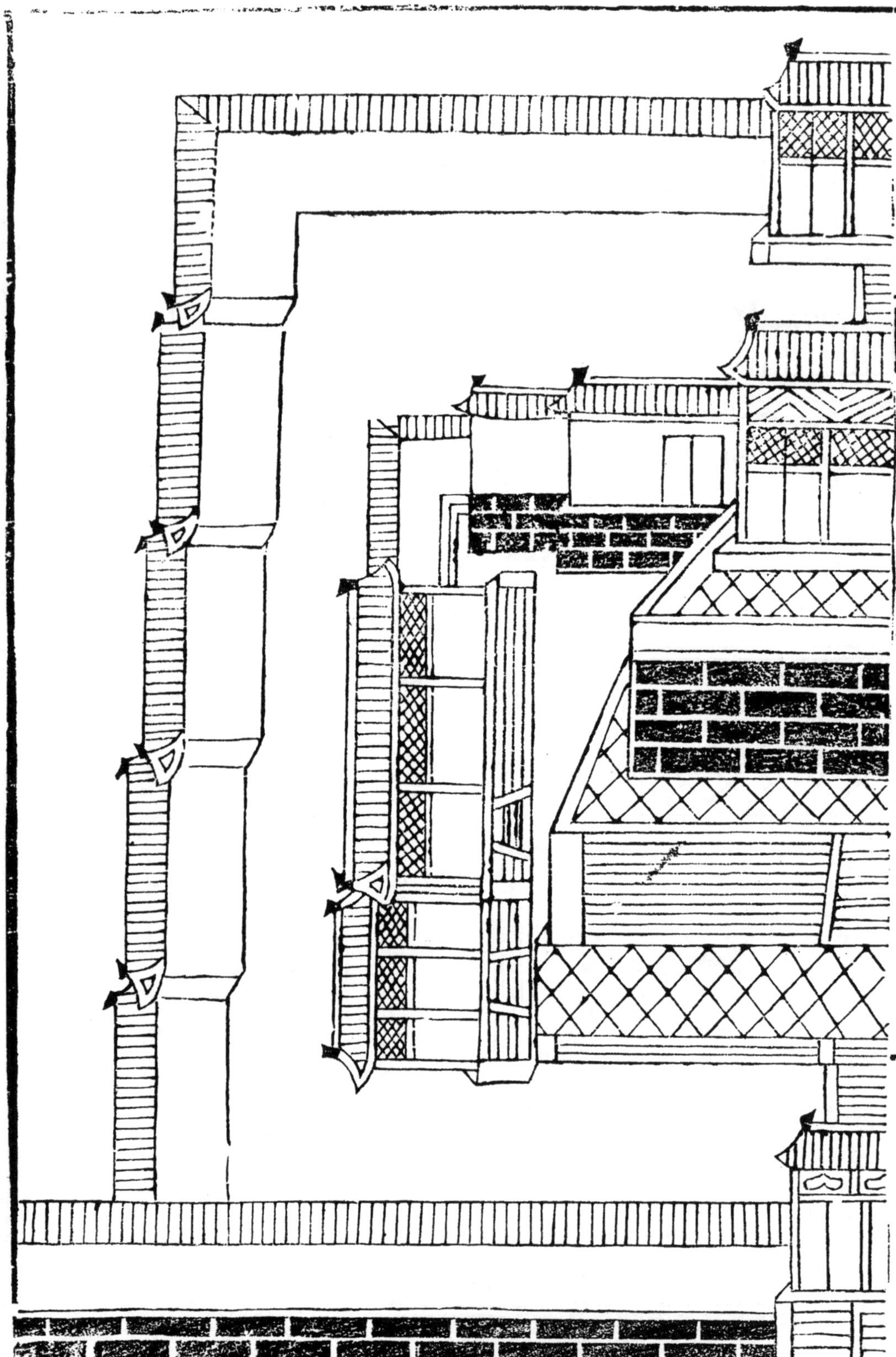

祠山廣恵祠

國子祭酒宋訥奉

勑撰

聖天子受命建邦立極仁育黎庶祇若明神百度時舉庶績用

凝乃洪武二十一年夏爰命冬官考視祠制胥宇於都城

以欽天山巖在西隅神秀磅礴高明爽塏天設地藏疑若

有伺玄應既孚淵衷默契於是

命合京都在祭法宜祀之廟凡十環建於兹山之陽以祀之示

崇敬也始事之日冬官董制經畫樹表列位取土木金石

之材訓匠飭工屬役課程明年己巳夏五月尚書臣秦逵

奏功成奉
旨俾臣訥撰碑文以進祠山其一也臣訥承詔退而修詞曰神
龍陽人姓張名渤發迹於吳興宅靈於廣德西漢以來蓋
已有之或謂即張湯之子安世而顏真卿所記則在于新
室建武之間以時考之不無牴牾至於錫封加號則始於
唐之天寶益於宋之咸淳旱澇疵癘禱之必應神之靈昭
昭也民懷信慕歲時走牲犧告虔祠下遠近雲合奔祠者
不能盡畜恐以青耕夫歲輸絹以奉祝香南唐以入於官
至宋景德間守臣崔憲請量給絹以理祠宇事聞真宗謂
祠山既登祀典葺刓補敝宜在有司遂爲恒制嗟夫神之

宣威流惠廟食廣德殆非一世而前古哲王所以紀幽明
洽人神者固有在也伏惟
皇上德被覆載歛福錫民懷柔之禮靡有弗至神之在兩間乘
風雲憑陰陽蕩變摩化出有入無何所不之惠施之博豈
專於一方一邑而不能咸哉都邑有祠以宅厥靈以佑兆民
俾年穀順成疵癘不作陰功所至鴻化以熙不甚盛歟臣
訥謹拜手稽首而獻銘曰奕奕
皇鑑四方之極地大物衆仁培義植群生咸育百神率職莪莪
靈山喦於中域是名欽天惟
帝之錫扶輿所鍾神秀攸積載經載營作廟孔碩欂櫨榼桷梃

埴甄甓材良工僃民用弗亟其墉完完其庭殖殖風馬雲車或降或陟流行變化其妙莫測有黍有稷享祀不忒於昭明靈以賛丕績薦侑有辭勸之貞石歆此大惠其施無斁

洪武二十二年　月　日立

五顯靈順祠

神有五曰顯聰顯明顯正顯直顯德總而稱之故曰五顯其始著靈婺源逮至有宋益顯神聖累加封號如今云

國朝立祠鷄鳴山南歲以四月初八日九月二十八日遣官致祭

勑建五顯靈順廟記

朝列大夫國子監祭酒臣宋訥奉
勑撰

妙萬物而宰元化者莫大乎神神之爲神一陰陽五行之氣化化生生默運於亭毒之表故其功用之大充塞宇宙流行四時澤加於生民惠施於家國有不可得而名言者祠而祀之所以神其神而報其成也惟五顯靈順之神發祥婺源聲威並靈丕著一時土人爲之立祠雨暘疾癘隨禱而應遠近翕然罔不嚮慕考之傳記五神降精特顯於唐稽其時世或謂在唐貞觀之初或謂在光啓之際雖無

定論然其害盈福謙彰信兆民者固昭昭乎可憑也逮至於宋益顯厥靈累朝加封五神同被曰顯聰曰顯明曰顯正曰顯直曰顯德以彰其德也總而稱之故謂之五顯

皇上龍興江右萬靈丕順建邦啓土立太平之弘基爰稽祀典祇奉明神若曰京畿天下之本神化之所宣也非崇高充爽無以宅靈暢威乃勑工官相地于欽天山之陽在祭法宜食于都者咸得列祠于兹以致崇報之禮五顯盖居其一焉推時戊辰十月徵工度材審方面勢夷阻爲平益卑爲高厥基既固楝宇斯立堂陛門廡燦然具備丹雘青碧煥映林麓市囂弗入神居孔嚴明年己巳工奏竣事

天衷允協詔臣訥文於石以彰厥靈顧惟淺陋無以對揚
明命謹拜手稽首黽勉而言曰禮樂刑政聖人所以爲教也風
雨霜露天地所以爲教也聖人之教修諸已達之天下而
本於日用之常故民無不從天地之教顯諸仁藏諸用而
妙於鬼神之間故民無不信欽若茲教罔不在民歐後災
疢妝召禎祥易沴爲和以豐百穀以阜兆民而丕顯
聖天子之鴻化罔不在神犧牲有碑用銘茲德以告來世辭曰
天覆地載二氣以凝五神環運大化斯成孰妙其機伊神
之靈沕沕穆穆曷求其形歛此休嘉以惠我民明明
天子克敬克誠適修曠典作廟於京奕奕靈山有覺其楹崇墉

迥合邃宇穆清神其戾止肅肅在庭春秋承祀黍稷伊馨
以假以享惟民之楨神用時若都人以寧既庶方穀𦍑祿
是膺垂貺千古貞石有銘
洪武二十二年　月　日立
普濟禪師
寺在鷄籠山之巔立於洪武二年祭祀皆由
內府至洪武九年太常寺致祭洪武十三年
欽改鷄籠山爲鷄鳴山加封師號曰道林眞覺普濟禪師
御製祭文一道歲以三月十八日遣本寺正官祭以素品

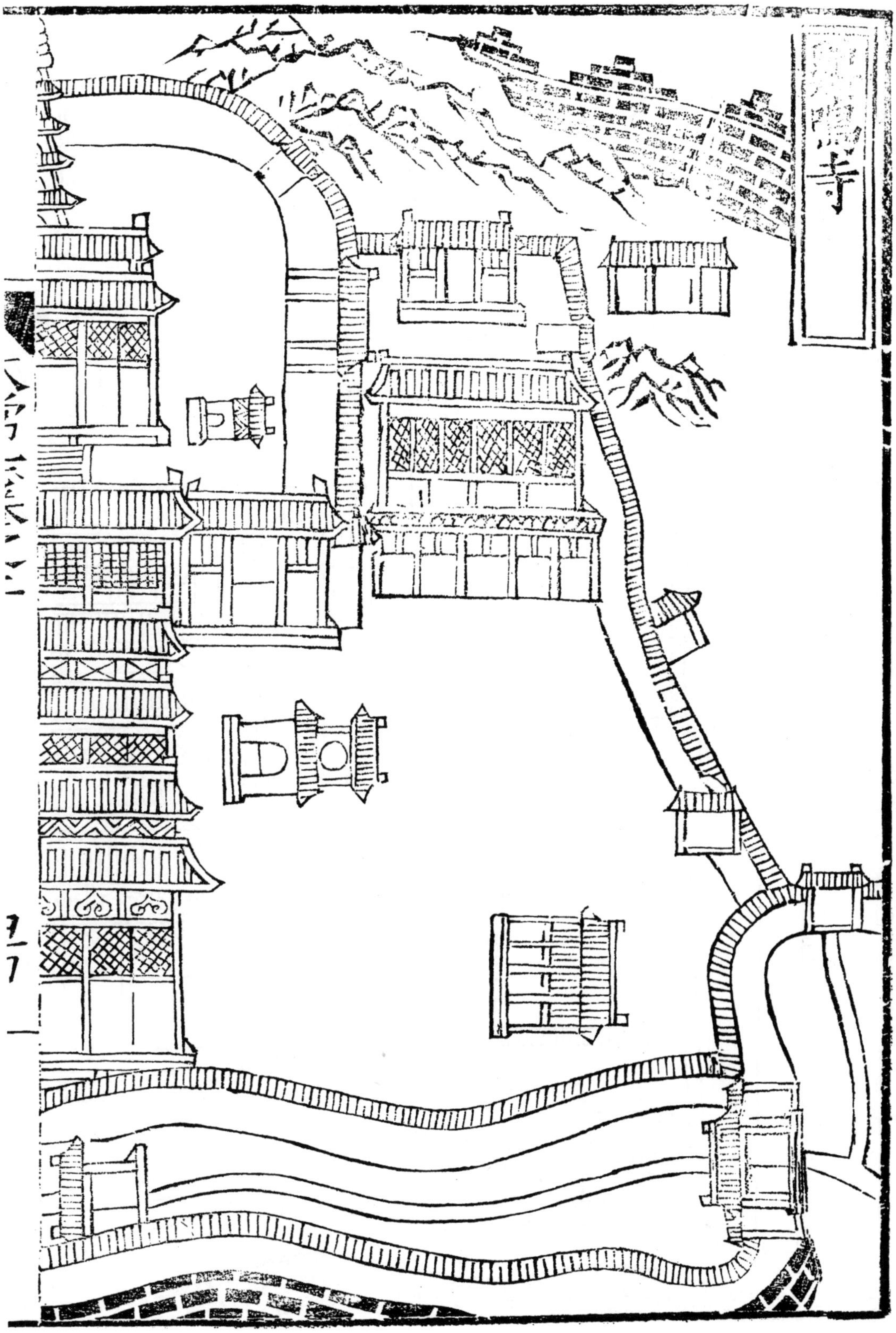
寺

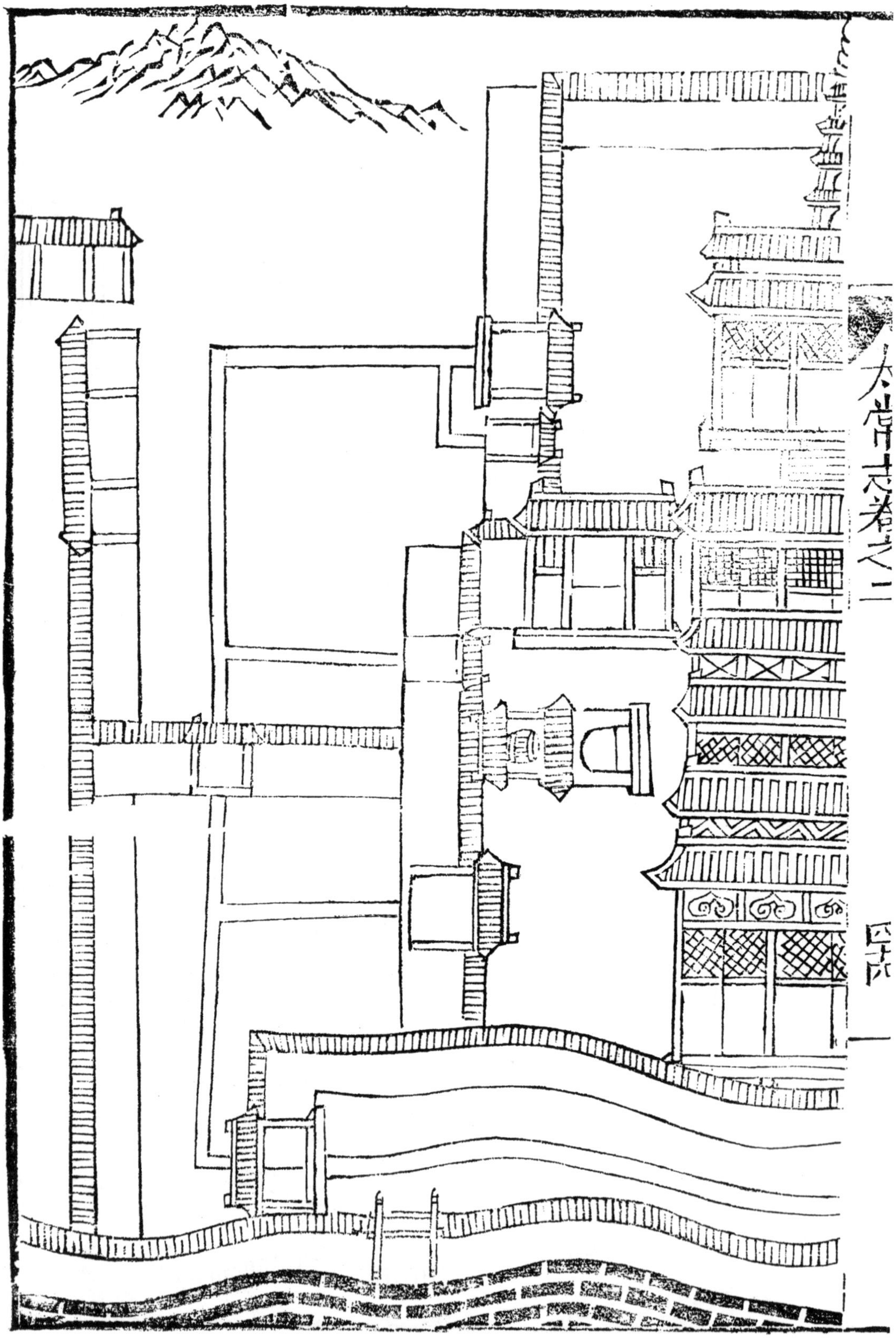
太常志卷之二

弘仁普濟天妃宫

宫在儀鳳門外龍江之上洪武二年

勑太常司博士孫子初定議封號曰弘仁普濟天妃歲以正月

十五日昇化三月二十三日生辰並遣官致祭永樂間屢

使番國神益著靈由是重建斯宫而規模視昔爲巨且封

護國庇民妙靈昭應弘仁普濟天妃及

欽賜御製碑文一通令入謨訓紀凡祭期禮物一遵舊制

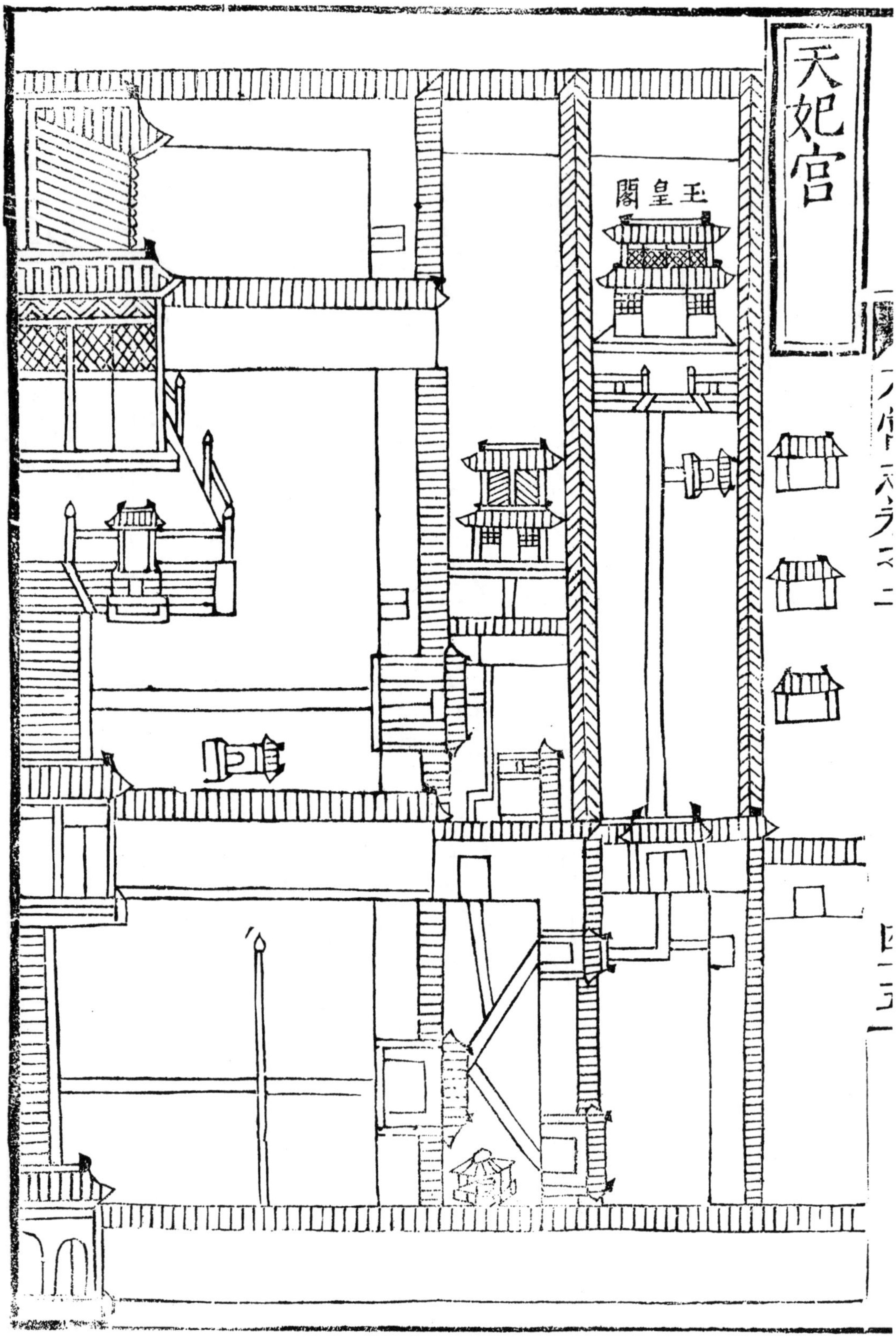
天妃宫
玉皇閣

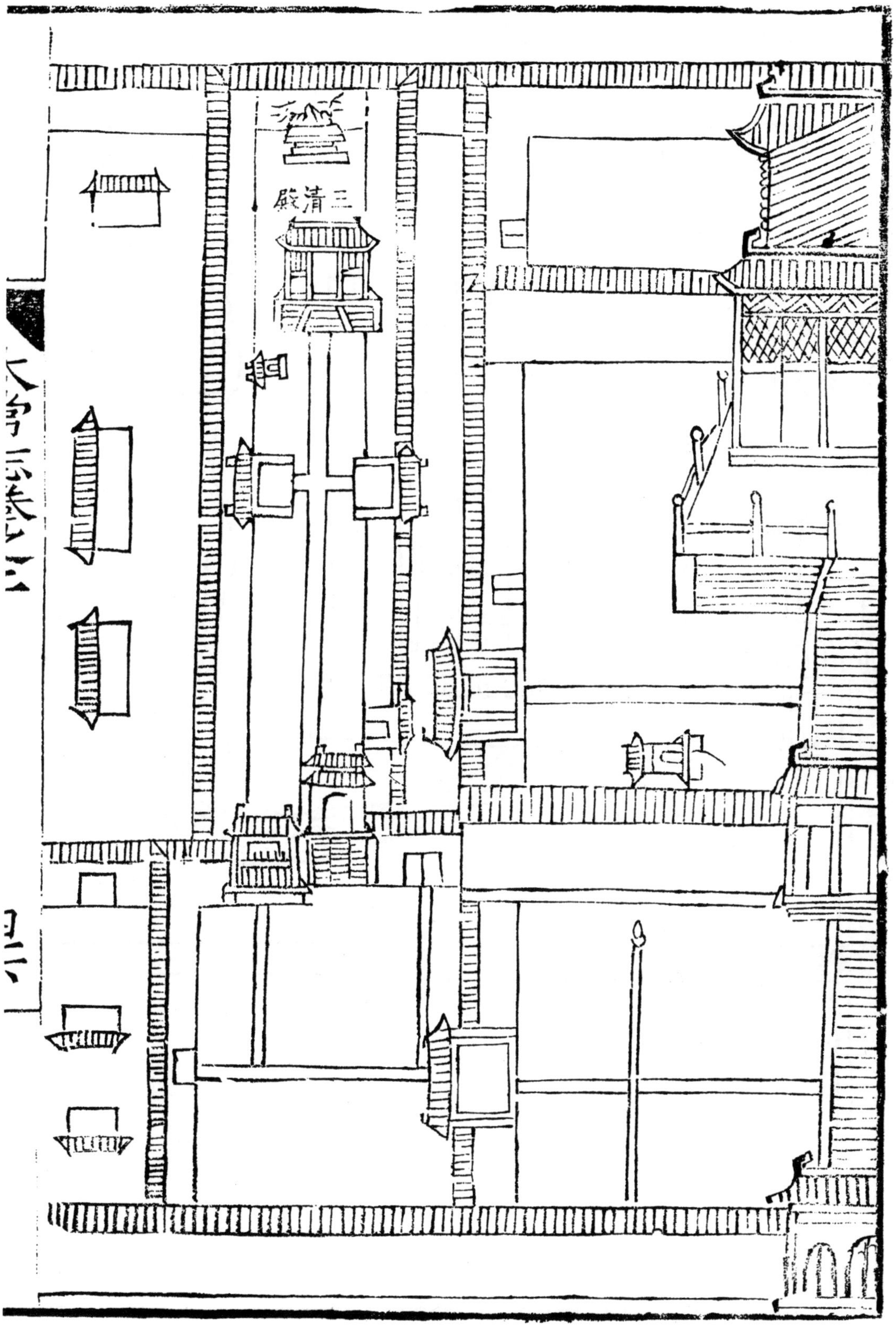
三清殿

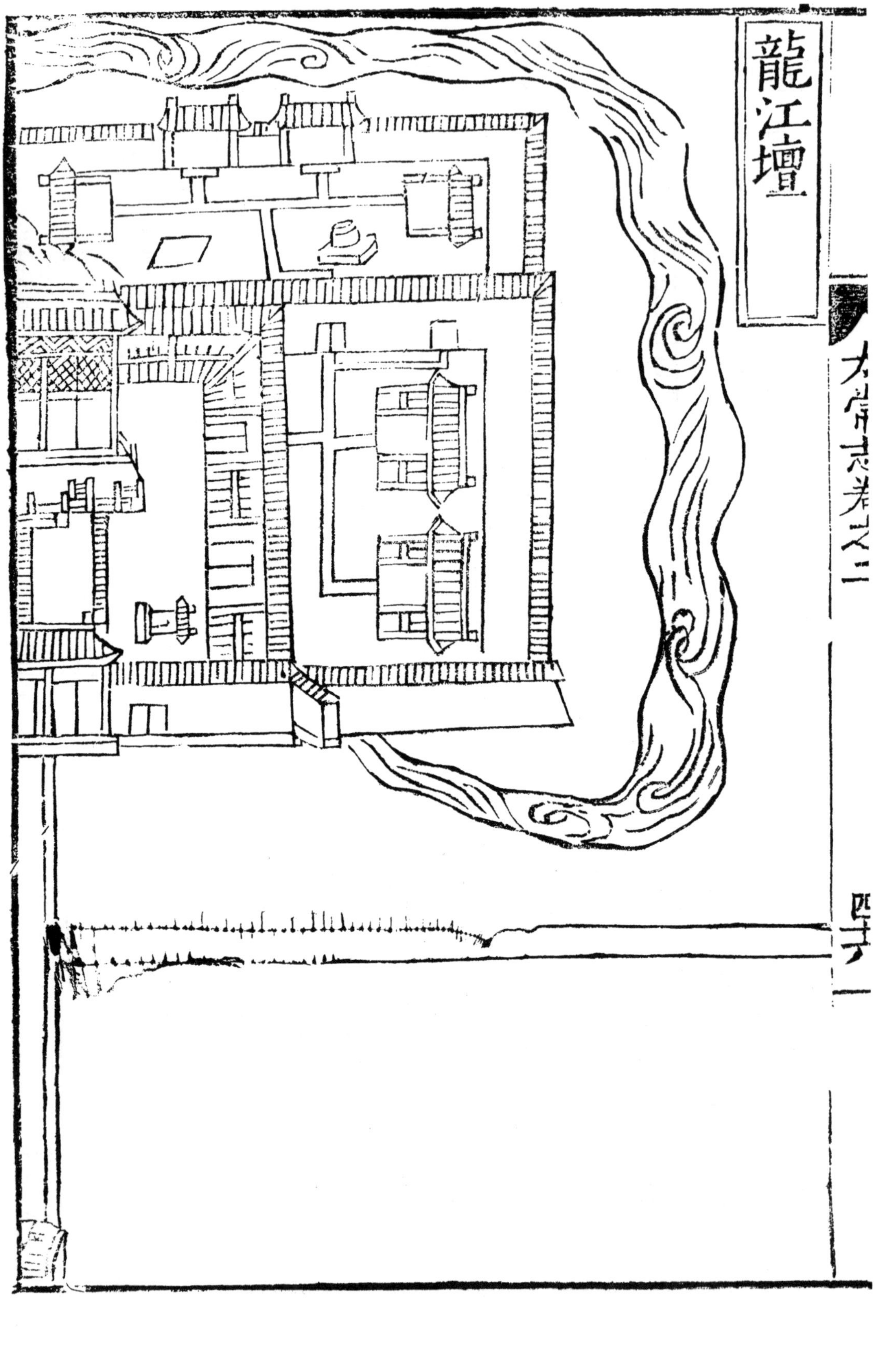
龍江壇
太常志卷之二

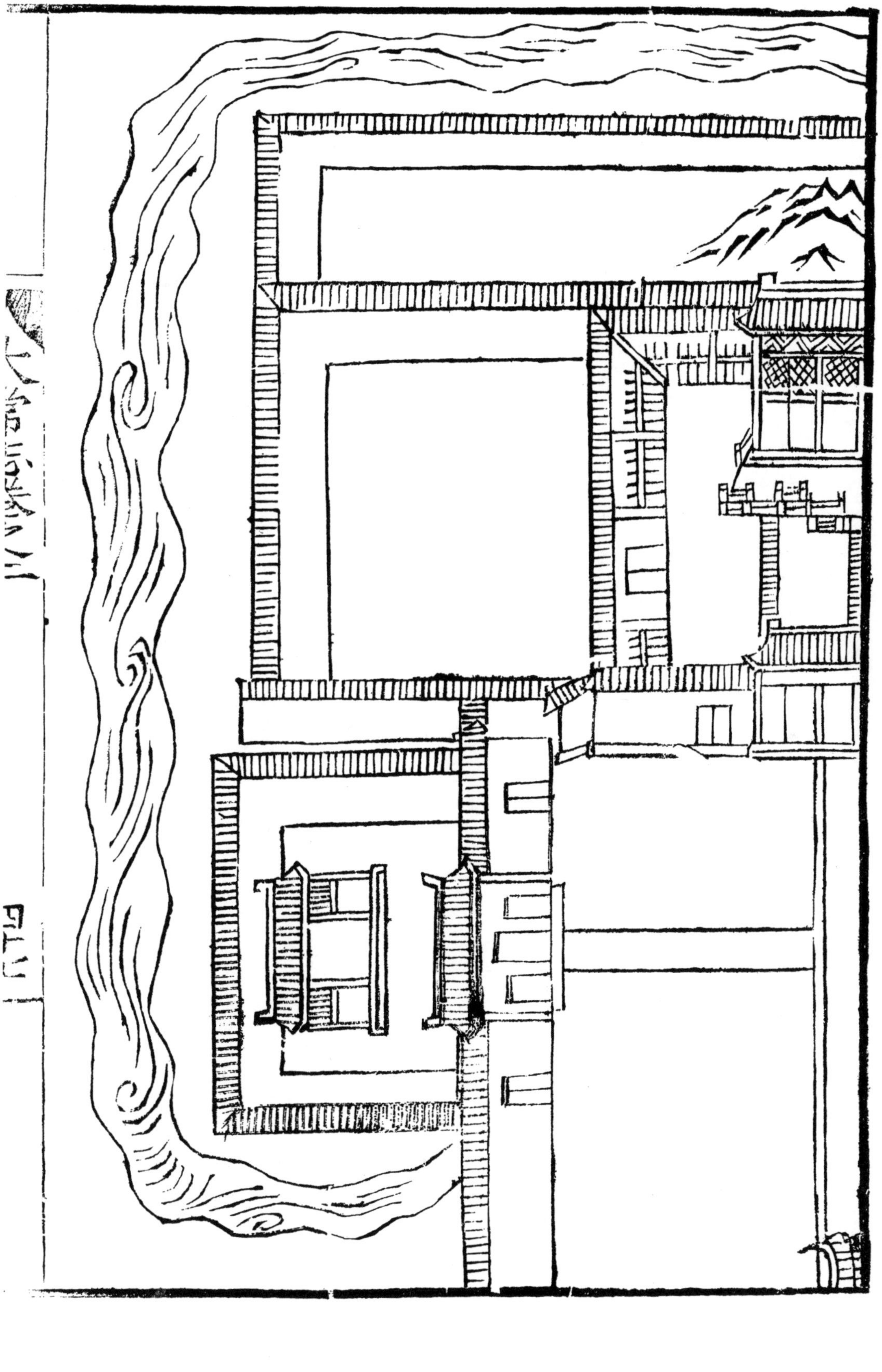

太常寺志卷之二

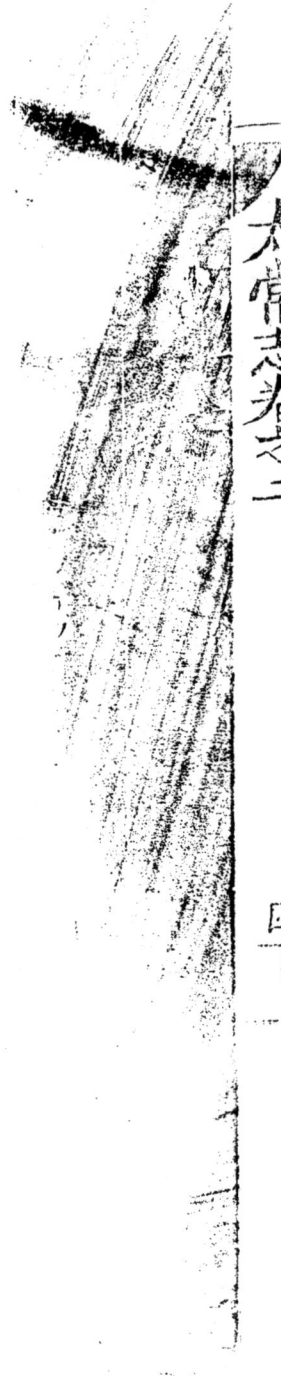

規制下

太常寺

吳元年設太常司洪武三年設立尚書六部等衙門太常司仍舊三十年改爲太常寺初公廨不知所在今在大明門西並五軍都督府東向永樂十二年火重建前門三間儀門三間左右平房各五間轉角接兩廡房各一十間正堂廳五間左博士廳三間右典簿廳三間後堂五間左右耳房各三間後庫房七間左廚房五間右柴房五間儀門外左右屬官齋宿房各七間周圍墻計二百一十六丈

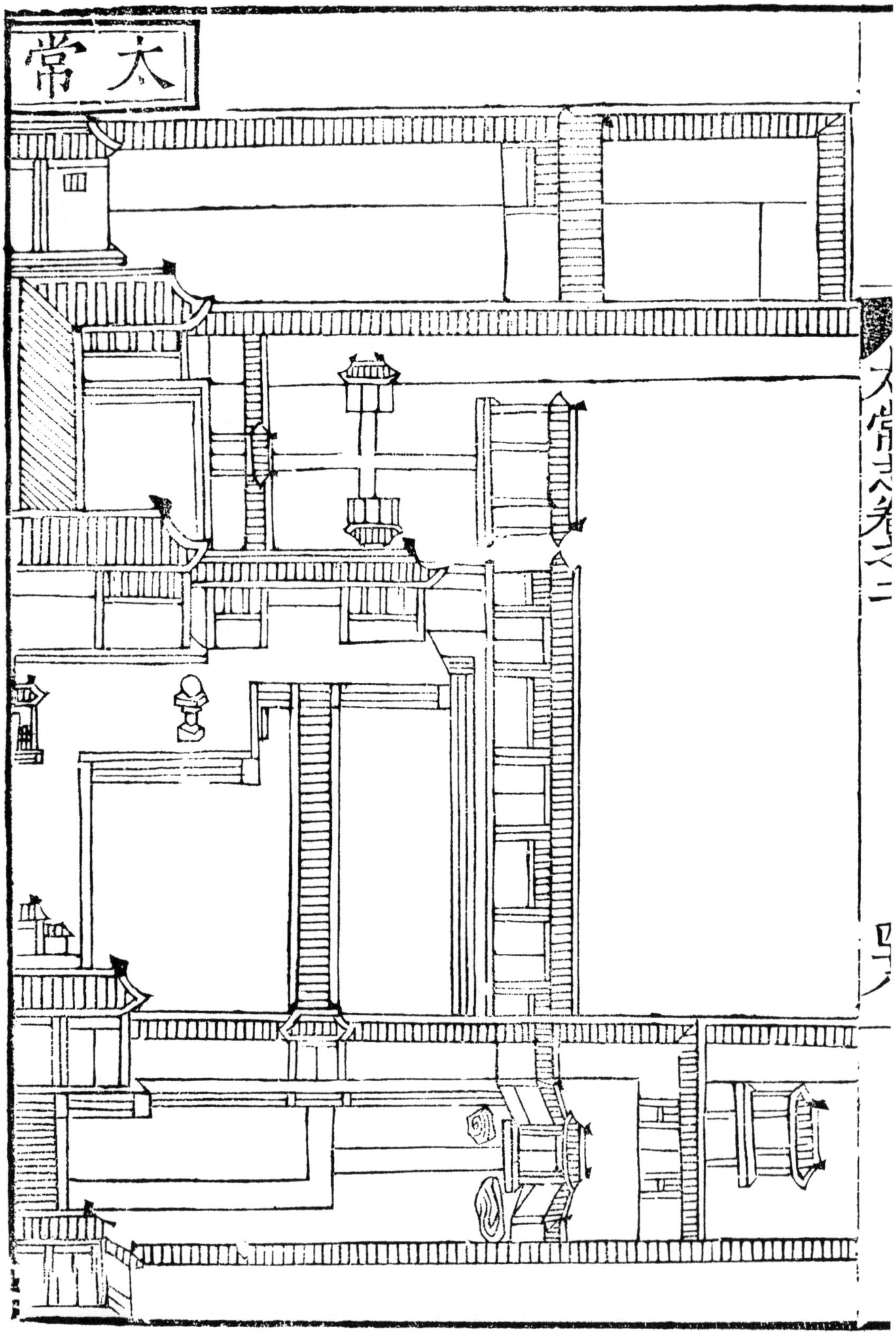
太常

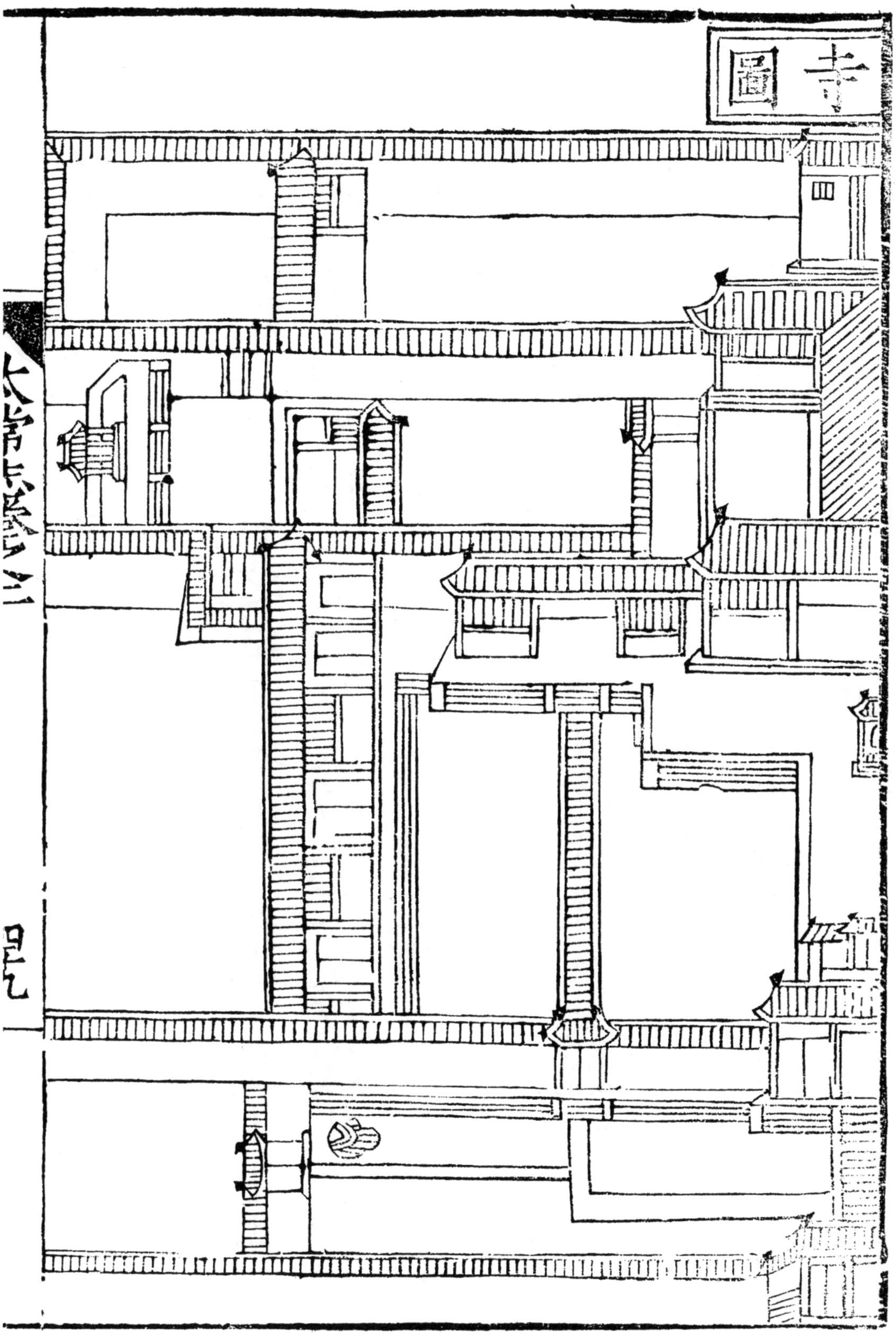
寺圖

南京太常寺題名記畧

黄芳撰

夫禮天地之經庶類之統王者參三才而一焉上下幽明莫非吾事而鬼神之至幽乃太常領之是故繹其義秩其等備其物陳其樂修其文致其實禮之所貫也郊以定天位社以列地利廟以享親群祀以報祈義也高下有定隆殺有則不違其常等也粢盛牲牢酒齊素果醯醢之具樽彝罍洗俎豆豋鉶筐篚之共物也鐘鼓笙竽琴瑟戛擊綴兆疾徐之數樂也周旋升降灌薦燔燎瘞埋之節文也而所以將之者敬也敬者禮之實也昔我

太祖肇造區夏揆敘彝典於凡朝會贈謚册封宴賚賓客等儀
一惟太常是任後乃
命宗伯掌陽禮太常掌陰禮慎選其人各專乃司凡所衆決足
垂世則暨
太宗都北平更置部寺
郊廟大祀統承于北南都自
陵寢以下尚九十祀而水旱灾祥非時祭告不預焉可謂周且
悉矣然遵行既久百司視爲故事對越駿奔之誠或仮不
逮考之伯夷之命曰夙夜惟寅直哉惟清夫祀以敬足矣
而必夙夜云者言純乎敬而無間也敬純則心不撓於物

而湛然與神明俱祀也者得以致吾懷而通之升明德而薦馨香焉敬非祀而後有也否則内省多疚神將恫之顧徒以瞬息潔蠲之虔備文物盛聲容而欲以孚享豈不遠哉故敬可能也夙夜而直清非賢聖不能也九官之命於伯夷獨曰欽哉者以此寺舊無題名記嘉靖辛卯芳來備員見素碑横儀門左詗之乃前西蜀劉公所置少卿湯溪胡公因屬予記愚何人敢僣自任然徃蹟多茂良懼其久且湮也爰稽志取而記之不可知者畧焉虛下方以俟續者

嘉靖十年歲次辛卯夏六月

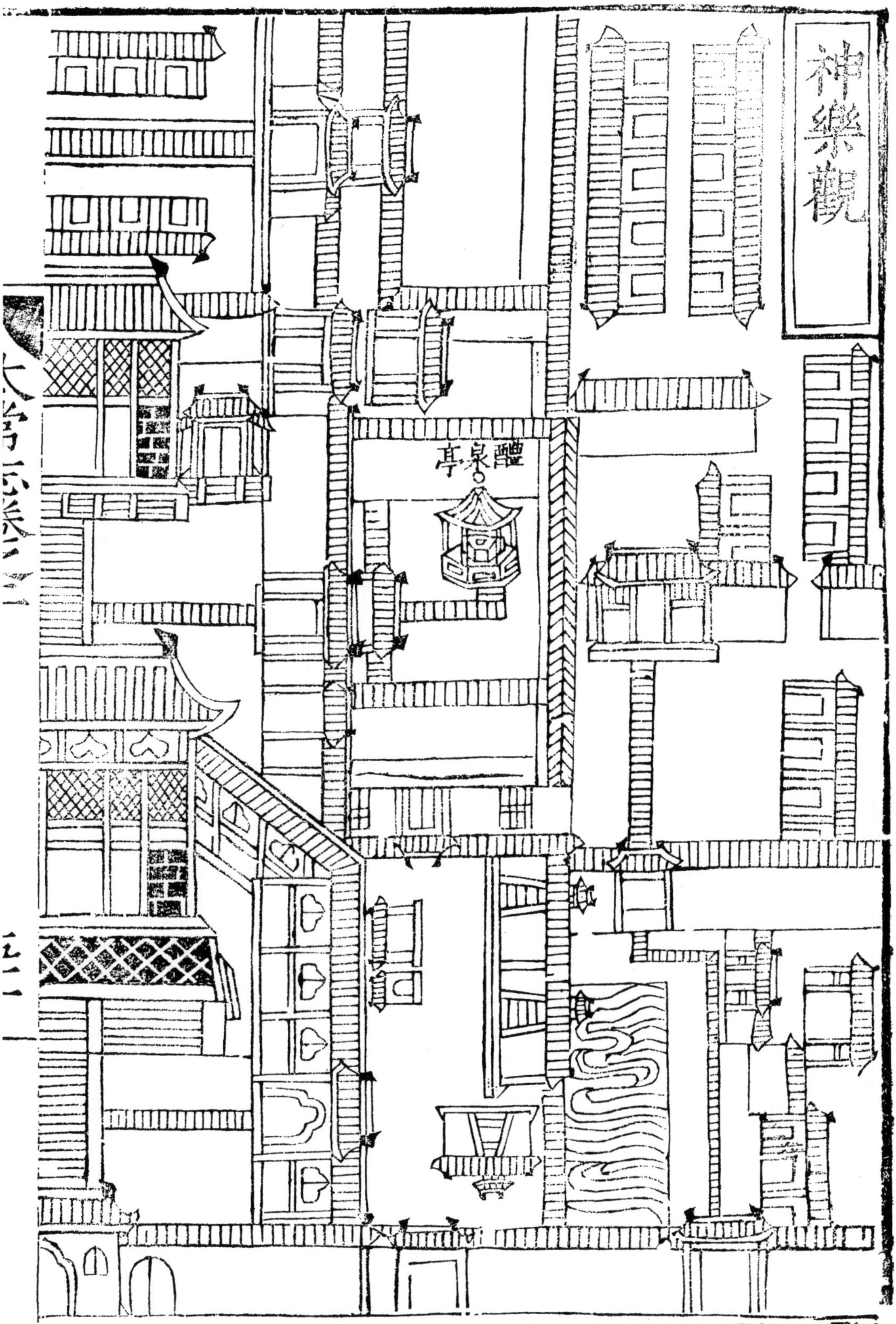
神樂觀
醴泉亭

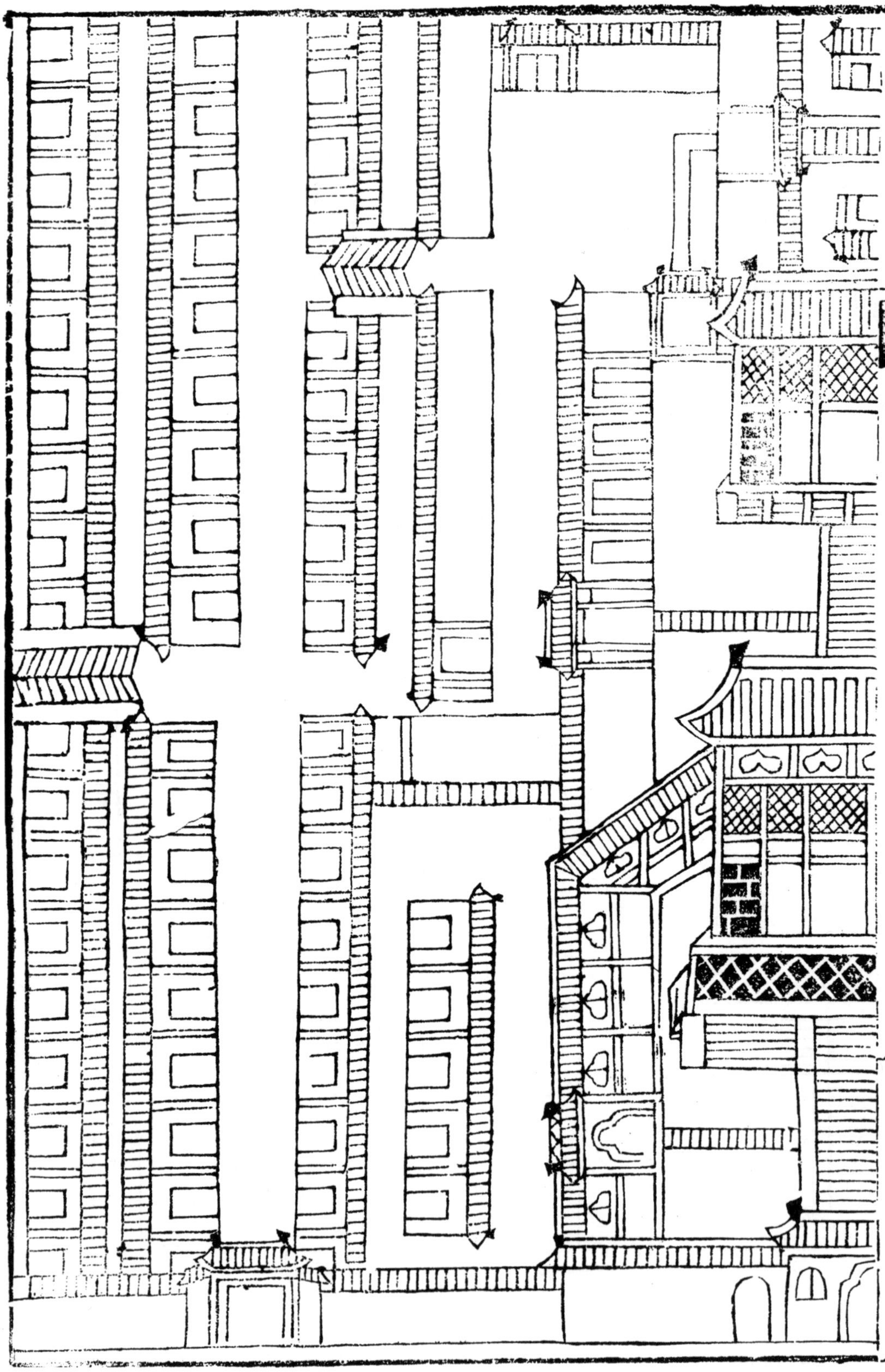

神樂觀在
天地壇西外墻内去外西天門爲近正南前門三間正廳大方
丈七間後中廂房三間左右耳房各三間東西方丈各三
間東有演禮殿五間左右廊房各一十五間轉角前接山
門三間殿後會食堂七間傍有醴泉亭一所饌堂倉庫房
共五十間餘南北環以廊房共二百五十間餘悉與樂舞
生住坐專掌教樂舞生演習一應禮樂祭祀
瑞應醴泉之碑
皇帝道隆德盛至孝格　天追慕
皇考太祖聖神文武欽明啓運俊德成功統天大孝高皇帝

皇妣孝慈昭憲至仁文德承天順聖高皇后夙夜祗敬永言不
忘乃告群臣曰予
皇考大德難名功蓋宇宙度越千古垂憲萬世
皇妣同起艱難內助開創徽音母儀光昭四海聖澤洋洋超凌
三光陟降天地表裏陰陽布流玄澤敷佑下土紹庭上下
保明予躬焄蒿悽愴無時不在予思致其精杳乎莫從晨
暮奉享春秋禴嘗登降廟庭寤寐羹墻精神感孚庶幾來
格綏賚思成歲月于邁言報罔極爰念臣庶幽沉冥昧咸
躋明爽衆萬異類均被渥惠惟玄教金籙齋科可以籲
上帝達孝思廣仁惠爾群臣其相予祀事乃永樂四年冬十一

月庚申命道録司合天下道士建壇于朝天宫神樂觀洞
神宫蕆事七日夜
皇帝居齋宫端袚一心敬戒有嚴有司百寮駿奔執事罔敢或
怠孝誠昭著感達天心明日辛酉青鸞白鶴群飛萬舞翱
翔裵徊又明日壬戌駕幸朝天宫率百寮行祭祀禮
皇帝服衮冕秉大珪對越聖靈踧踖拜伏進退旋辟事亡如存
儼乎見聞有五色寶蓋旖旎騰空踰正陽門冉冉至于
宫城光彩煜煒煇燿　金闕又明日癸亥有神人見神樂觀
呼聲者三已忽不見又明日甲子慶雲覆蔭于壇繽紛炫
爛彧彧絪緼流動斂舒久而方散乙丑甘露降朝天宫丙

寅竣事

皇帝率百寮行送神禮注目凝思彷徨踧踖慕戀依依惻愴涕

洟百辟卿士觀感肅傷復有卿雲鸞鶴滃翥蹁躚交錯悠

揚盤旋下上祥飈徐來日煜如春群情暢懌戊辰甘露降

鍾山是日醴泉出神樂觀提點臣周原真以進

皇帝若曰

皇考聖靈在天妙運神化無處不著茲顯錫于嘉祉用示永命

乃以獻

奉先殿獻于

孝陵賜群臣飲于　奉天門色潔而清味甘如醇酎香馥馞旁

達始飲沁吻洌齒少焉體温頰酡咸頓首欣悦倍萬感激
慶幸遭逢遂賜往觀將及觀門百步許芳氣馥馥隨風播
聞漸近則蓊蔚蒸浮晻薆充溢觱沸瀌涌挹而不竭道士
云夜景清澄月明星朗有二鶴旋飛泉上辛未群臣上表
賀
皇帝謙光益深益虔益戒弗有其有復申飭勵謂自古有道之
君遇祥瑞之來愈加儆畏
聖言精微昭格無間群臣請建碑泉側以彰盛美
皇帝命臣廣為文臣謹按禮運曰聖王能修禮以達義體信以
達順故天不愛其道地不愛其寶故天降膏露地出醴泉

而鷃冠子孝經援神契瑞應圖禮緯諸記載皆以爲聖人
盛德之徵臣伏覩
皇帝御宇以來盡誠以事天精意以享百神致孝于
宗廟施恵于幽明治化隆盛天下大同南極北垂日域月窟恭
修職貢輻輳來庭是以
天人協慶日月貞明五星順軌雨暘時若海宇寧謐物阜民康
鴻休嘉生雲蒸海集凡有舉動天必昭應如形聲影響不
爽毫髮若騶虞來神龜出黄河清野蠶成繭又若同穎之
禾連秀之麥四方紛進無虗歲今兹孝享靈貺葳蕤臣聞
有大德者必有大福有大福者必具衆美

皇帝至孝至仁福應繁聚斯皆上玄幽贊列聖垂靈以兆千方
載雍熙之慶巍巍赫赫卓冠古今自書契以來未有若此
之盛者也顧臣淺薄不足以發揚偉烈用紀其實勒諸琬
琰垂示萬世謹拜手稽首而獻詩曰
天佑 大明眷命 聖君至孝至仁承 天子民旰食宵衣厲
精儉勤允恭無爲重華放勲夙夜秉心永慕
考妣罔極之恩曷其有巳凡可顯揚靡不遑遑對越 上玄有
嚴祀事一念之敬洞幽徹微至誠感孚先天弗違如響應
聲由乎動幾以和致和嘉生集禨噦噦青鸞皜皜白鶴乘
飈馭仙翔于寥廓飛覽裴佪紛紜揮霍霧旓霞旂羽儀緯

約寶蓋陸離五色浮空赤光紫燄爗雹流虹旖旎飄飖貝
闕珠宮千真獻禧萬福攸崇爰有神君青童綠髮縞袂素
裾雪肌氷骨來效嵩呼歡聲騰越聞者卽之去影倏忽釆
霱卿雲燠衍輪囷非靄非烟絢郁繽紛金華玉芝璀璨璘
霦抱日縈廻錦章繡文軒轅散精天乳垂芒乃降甘露湑
湑瀼瀼溥松泫栢綴星凝霜膏液灑潤不晞太陽景既畢
臻醴泉瀌出獨湧九地滂沛渾沸芬芳醃醑旨若萍實輿
而酌之不竭不溢著象于乾毓靈于坤釃派瑶池列脉崑
崙孰剖其秘孰道其源理修德至於焉潺湲是日戊辰有
穀其期神樂淸都霈然決滋羽衣擎跽進獻　彤墀日茲

福應

皇德召之　皇帝曰吁

皇考昭㫋維此戊辰啓

聖之歲　神靈妙化運天載地顯者嘉祉蕃錫來裔乃發其㬎

陳薦

宗廟賜飲于廷百辟奔趨玉瓚璦斝三嚥以嚼稽首雷動懽欣

踴躍乃　賜往觀鬪者競趨車馬如雲填陌塞衢或挹以

斗或盛以壺枯槁榮茂沉痾以蘇漢之清室唐之九成靡

有其實虛襮其名亦有龍池頌德鑑清視今之美彼焉足

京群臣有言一詞萬口

聖孝格　天休徽輻輳玄化升聞靈源滲賫
皇帝謙光弗有其有謂　天降鑒
皇考繁祉祐我孫子百寮庶士夙夜匪懈飭謹
天意毫忽以間嘉應斯戾縱觀前古凡厥有道遇祥而懼胡敢
怠傲勉勉勉無荒以收其報海隅蒼生永永不冒群臣曰都
皇帝孝讓保合太和感召靈貺既敬既戒滿盈是防道德純被
巍巍蕩蕩超今冠古莫際端倪礪磨貞珉樹建穹碑臣廣
載筆作此頌詩永歌
聖德萬壽
八齊

永樂五年正月十五日
奉議大夫右春坊右庶子兼翰林院侍讀臣胡廣奉
勅譔
翰林院檢討徵事郎臣沈度奉
勅書

晋康樂公謝玄新廟記

正德四年十二月壬子予作晋康樂公廟成高二尋有咫衡倍之縱縮衡倍之一東西廡又第縮之門又倍縮之山藻丹雘醲醽視其處所使董事千戶季廣暨趙祥傅隆韓恩張軏金恩張承宗呂受二余均立楊福周企華張啓昇

王文器陳紹文余楚仙又分廣之事者廟舊東出極隘陋
就敝巫據之多像鬼其中民惟神鬼至忘神公也千戶張
佐以子職也五月壬辰發憤來言狀丙申往驗果然奮欲
大之而南出焉而費無從出止九月子舍来輸供迺市材
閏月庚申始工十月庚寅昧爽豎焉屬有光如虹自南郭
浮屠蜿蟺騰貫其上萬口讙然方駭諜值留鑰群公以介
來張緜匝發偉已則旦矣俄而靈鵲四翔羅集噪沸亟多
至掠人肩而飛可執也異哉予於是惕然有思乎公不當
祭法歟非予職歟異不疊警於予歎又誰警歟噫又可徒
作歟作且有記記在廟廟在城南杏華村北

南京太常寺卿南城羅玘記

所屬衙門

天地壇祠祭署

在神樂觀北門裏混堂內正廳三間外齋宿廚房各三間

在本壇齋宮左專掌本壇一應事務每月三次率衆樂舞

生登壇打掃

山川壇祠祭署

在本壇東外門三間正廳三間左右齋宿廚房各三間專掌

本壇一應事務監督壇夫收種黍稷稻粱葱菜及製辦油醬

孝陵祠祭署

犧牲所

在陵之東南碑亭門外前門三間正廳三間齋宿廚房共六間專掌本陵一應事務及供祀

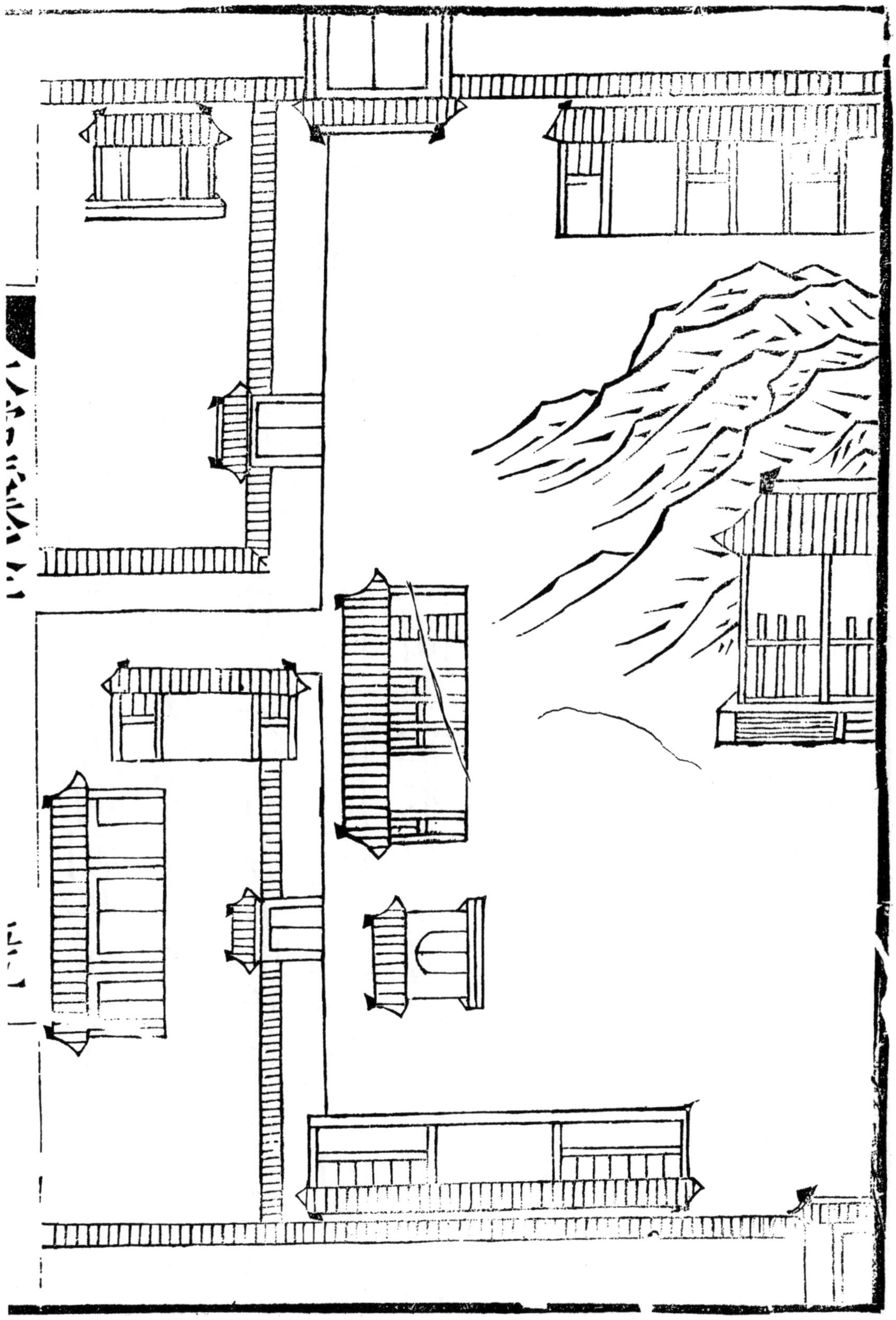

犧牲所在神樂觀南前臨秦淮河朝陽近水外門三間正
牛房十一間左羊房二聯各五間右羊房二聯各五間右
猪房一聯五間荳料倉房左右各五間兔房七間千戶
廳三間百戶廳三間後門一間周圍墻二百三十四丈墻
外東後牛房二聯各五間專掌本所一應事務監守各項草料
督養各處祭祀牲隻

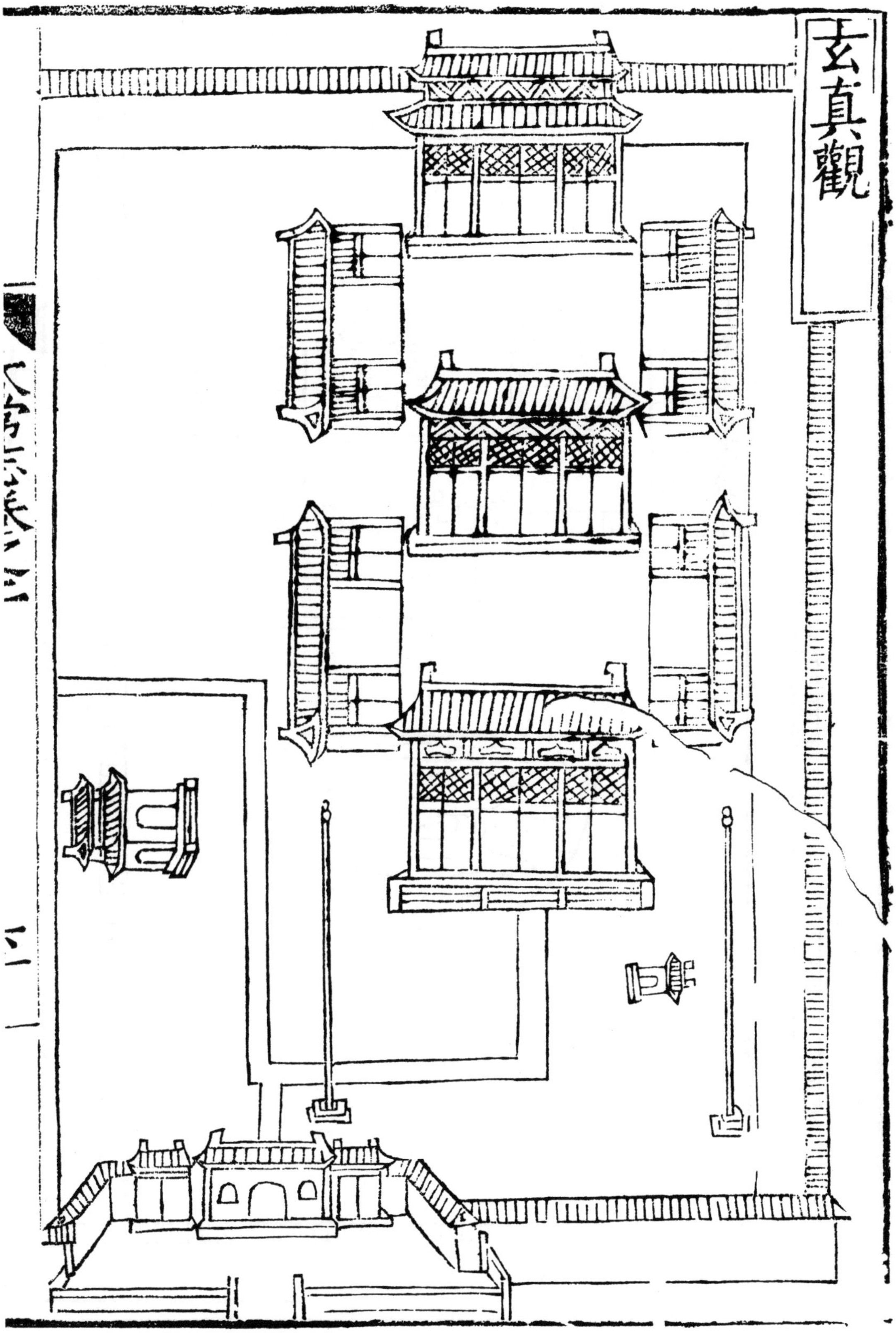
玄真觀

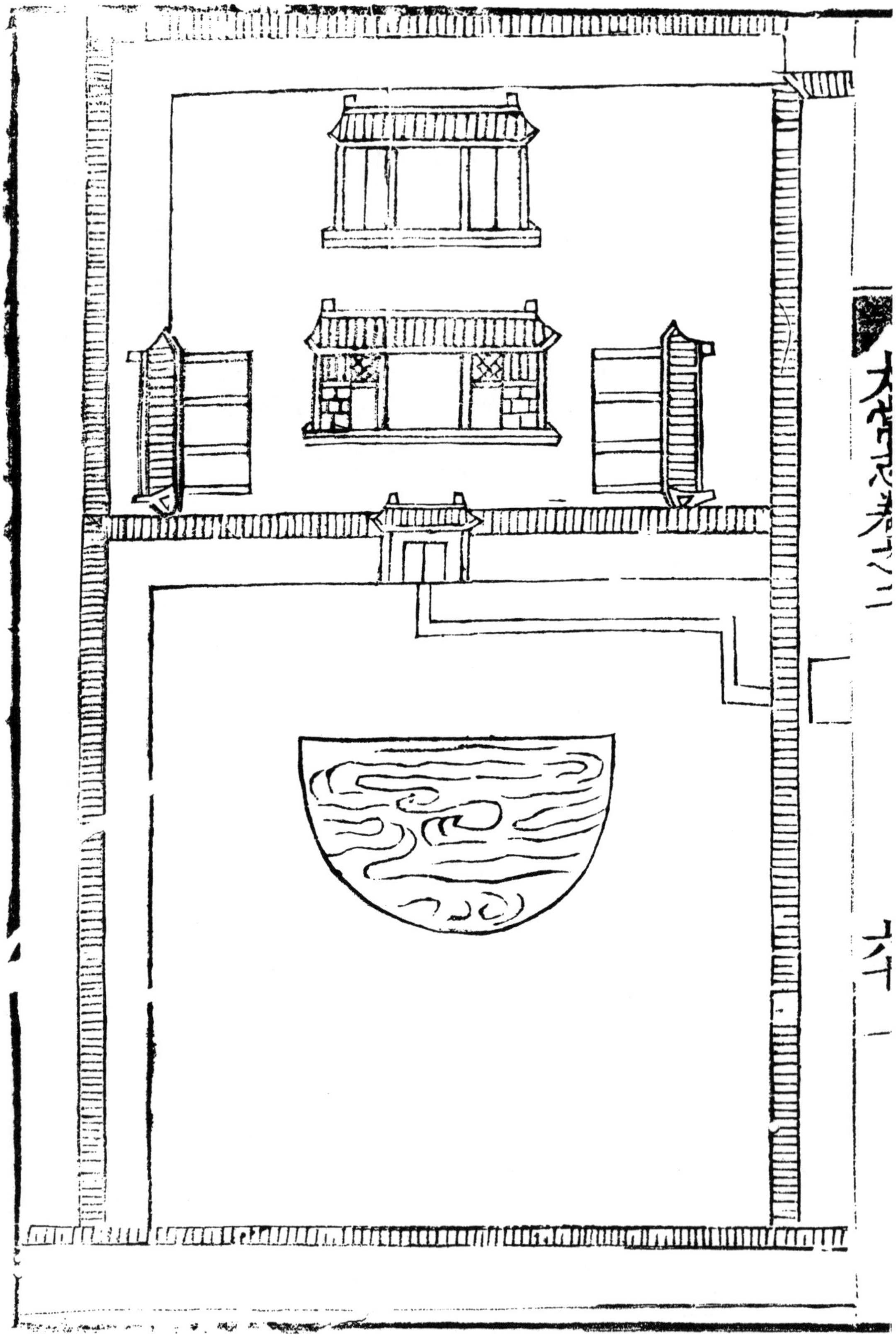
太常志卷之三

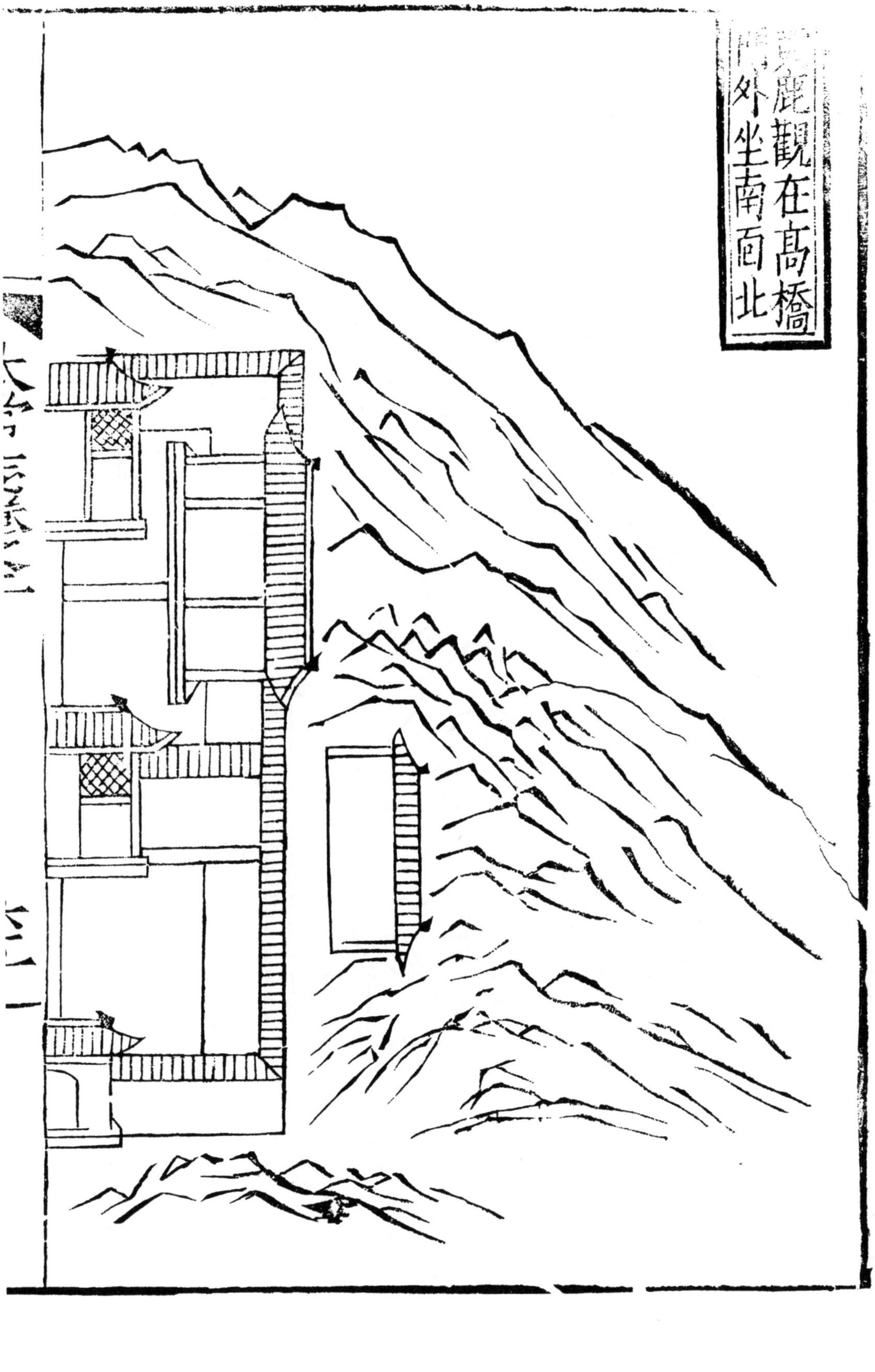
樂觀在高橋
門外坐南面北

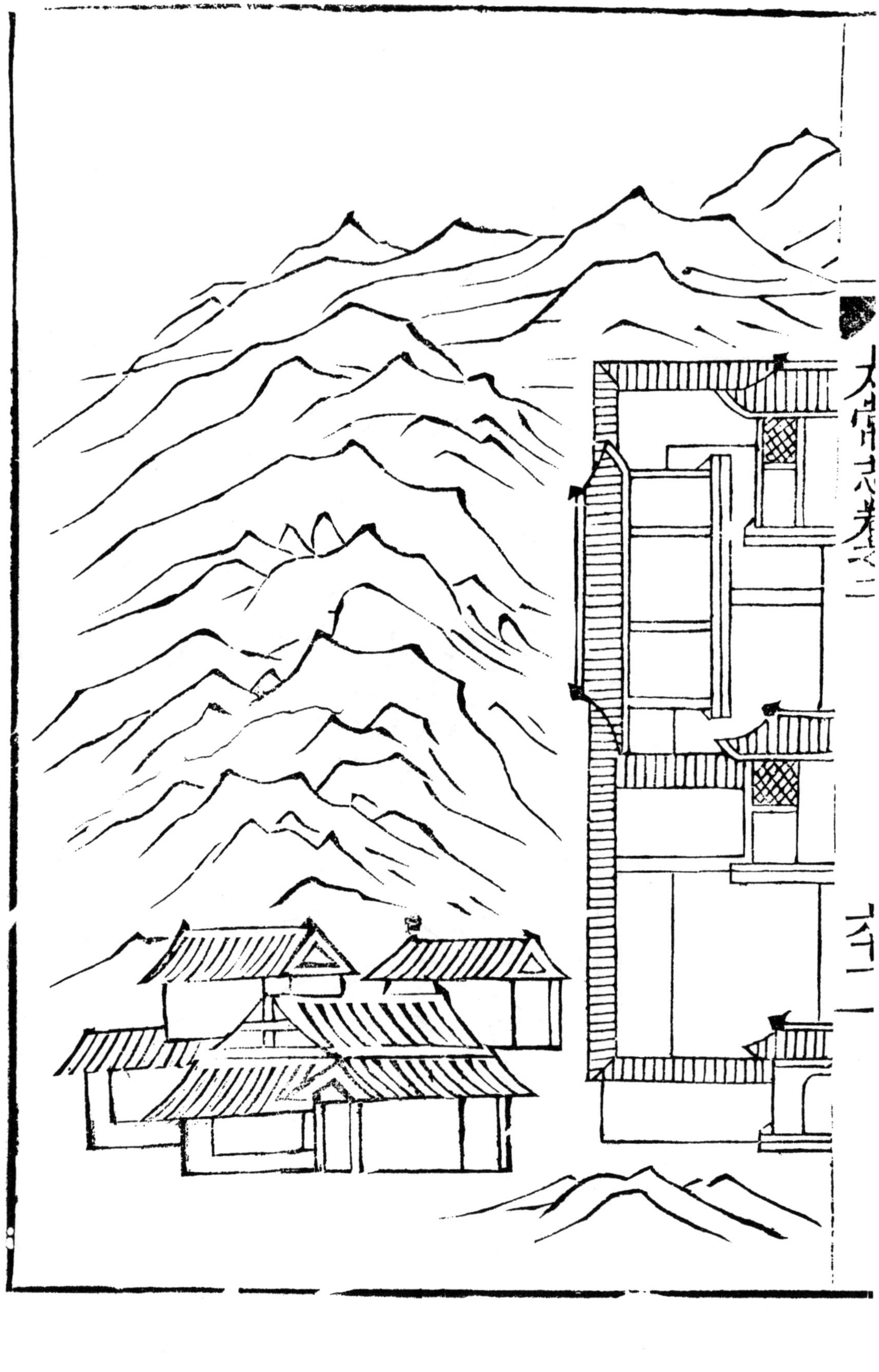

事例

成化五年五月本寺少卿李本具奏修理事內開

天地壇

大祀殿丹陛石欄干三層年久先有後面西北一處倒塌奏

准差撥官軍班匠見今修理未完其前後東西又有六處共

三十五丈有零俱各欹側內有破損呈蒙南京工部暫用

木植撐拄雨雪連綿縫道扳開誠恐倒塌況龍鳳石柱琢

磨細巧處恐倒時遞相打碎向後用工愈多乞為計量就

撥見在修理官軍班匠乘便將前項欹側去處卸下添補

修理舊料廢無損壞新工亦見得完及墁地磚并內外牆

垣多有凍碎傾頹通乞修理犧牲所牛羊猪鹿房東後牲
房涼牲涼棚料豆倉房官軍直宿沿墻等房欄牲排柵槽
架垣墻等項朽爛坍塌數多先於天順六年奏行南京工
部勘實修理間遇例暫停到今又過四年之上愈難養牲
係干供祀
孝陵等處牲房器具難比不急之務乞爲趂時修理奉
聖旨工部知道欽此該部看得少卿李本等奏未經行勘難便
定奪合咨前去煩各委堂上官員會同南京
内府内官監掌印官親詣所奏處所相看是否
奏行勘實修理間遇例停止即今如果相應修理所用工料

不多就令見在修理官軍添補修理若是工程浩大該用
物料數多計議停當備將勘過應否緣由具
奏定奪
弘治十二年正月内本寺卿呂憲具奏立誠信表英靈該
工部尚書徐瓊覆題奉
聖旨准議欽此
一立誠信卷查爲修理事據
天地壇祠祭署
山川壇祠祭署各申稱
大祀殿宇東西廊廡齋宫天門升星戻嶽瀆壇欄石圍墻及

山川壇正殿等殿井亭倉庫等項俱各坍壞合行修理備開
轉達南京内外守備等官勘奏巳奉
欽依行南京工部計料修理遣南京守備國公朱　南京工部
尚書馮　於弘治七年十二月初三日等日祭告破土興
工訖今經五年不期成國公朱　太監陳　俱故尚書馮
致仕見今一工未興一料未撥本寺雖曾查催緣經手之
人俱巳物故去任乃以工曹重大一向停延臣等按月該
日入壇提調樂舞生打掃毎見
大祀殿梁用木支撐及石欄零落在地爲之竊嘆累日假使先
年計料不敷則莫若明白奏停今巳

欽命大臣祭告祝文已寫的確興工之日乃棄置五年不舉謂

誠信何且誠信不立雖官府之尊臨乎小民之微且猶不

可況對越

神天乎此臣所以恐懼而不敢默默者況兩京亦多工作而可

獨吝於此伏望

皇上以誠信爲重以

神天可畏乞

勑南京内外守備并南京工部仍計料南京欽天監擇日先將

急當修理者興工修理中間係干費用浩大者從長設法

次第舉行如此猶可以少答

神天之意
前件查得先該南京守備太監陳祖生等奏要修理
太廟
社稷壇
孝陵
天地壇殿宇廊廡等項房屋本部題
准行移南京工部會同內官監會勘該用物料擇日祭告興
工續該南京工部具奏雖已擇日興工但工程浩大用料
數多卒難措辦除損壞去處先措物料撑駕幇托其餘陸
續舉行等因到部本部看得不曾明開合用物料細數於

何衙門會議措辦及照各處災傷應否興舉大役又經行
移查勘去後今該前因臣等看得修理壇場
陵廟固事
天敬
祖之一端但即今營繕繁多公私匱竭若因災變之餘又復舉
興大役恐非修省弭災之意合行南京工部再爲從長議
處如果急須修理者次第整飾從緩者暫緩施行
一表英靈臣伏覩
太宗皇帝御製爲善陰騭首載蔣王靈應我
太祖削平僭亂定鼎金陵神有陰助

太宗嘉神異靈特
勅封忠烈武順昭靈嘉祐王今鷄鳴山雖立有廟不過取其歲
時近便供祭其舊廟乃在南京太平門外鍾山之陰去城
六七里係神死事之處降覡之所四月二十六日乃神生
誕例該本寺備辦牲醴遣樂舞生及關應天府差官致祭
見有廟戶二名看守
太祖初年常親幸其廟及查洪武十五年該本寺官奏蔣忠烈
之神誕辰民間年例具香燭紙案鼓樂詣廟慶賽奉
聖旨從他欽此臣等竊惟蔣王既係前代忠義爲民造福見今
孝陵等陵咸近其地實爲土神賴其訶衛今本廟坍壞日甚不

宜置之不葺查得景泰二年本寺奏廟損壞工部覆奏轉
行應天府修理間遇有南京錦衣衛鎮撫尹盛發心修理
完整外後因仍復損壞又該尚書李　等設法重修訖今
經三十餘年廟門廊廡十分傾頹而正殿壞漏神位暴露
民間無可禱祈官生亦妨供祀且往年風拔陵木近曾虎
入禁山有識者以爲神有未安之故况今靈谷寺在
孝陵之左已經設法修理一新乞
勑該部查議合無只行應天府修理惟復行南京内外守備
同應天府勸募尚義之家有如尹盛者令其捨財或照修
靈谷寺相兼設法措置錢糧勾用選擇年時方向無碍照

舊修理工完許守臣斟酌覆
奏將尚義之家量加
恩典少酬其勞如此則民不動擾工可早完一慰前代忠魂一
固
孝陵王氣
前件查得蔣王係應祀神祇廟宇損壞相應有司修葺以
崇重祀典先年本廟修理該南京工部具奏應天府分修
之數今該前因欲行內外守備衙門委官踏勘明白會計
工料督令應天府或設法措置或募勸尚義之家設法修
理不必生事擾人

弘治十五年本寺卿楊一清具奏

一申明打掃壇場内開查得本寺每歲預將次年該打掃天地壇緣由備關太常寺具奏該禮部題准咨南京通行南京五府各衛差撥軍餘各委官管領依分派地方打掃雖行年久但各衛委官品職不相上下原無統率臨期未免各自分投畧帶軍餘幾人徑赴本壇虛應故事並不知會本寺中間賣放軍餘之弊難保必無竊照南京地方山石除本壇正壇外其餘嶽瀆等二十餘壇下連山脉野樹蔓草容易豐茂往往被其根荄迸裂甎石所以各壇見今損壞修理雖每歲奉例按

月樂舞生三次進壇打掃諸生皆出家之人止能扵殿廡
階陛拂拭流塵剗剔苔蘚至扵
嶽瀆等壇樹株豐草或日久不去多致迸裂甎石非得各衛
撥到軍餘将帶箕箒器具用力打掃則諸生道流豈能荷
重舉繁且南京壇廟一應事務俱隷內外守備等官節制
前項打掃係崇奉
神明重事豈宜一向不令干預令照
天地壇修理将完以後年分如各衛委官仍前漫無統率不行
督令軍餘看實打掃則年復一年積爲通弊視爲虛文誠
非敬

天之意且恐草樹滋蔓壇場易於損壞又致勞費財力乞
勑禮部備咨南京禮部通行南京內外守備南京五府并各衛
照例差撥軍餘每年打掃一次着令各委官今後務要撿
束軍餘用心打掃各衛先期備開委官職名并撥過軍餘
若干名數手本開報內外守備并該部及本寺知會守備
官處選差教場把總公正指揮一員管屬各衛差委千百
戶等官與本寺約定在于某日各率領軍餘赴壇合力各
照分派地方如法打掃各壇合有妨礙野樹豐草一一去
淨庶得壇場不致侵壞使樂舞諸生按月掃除亦爲省力
倘各衛委官再有似前虛應故事甚或賣放軍餘者許臣

等并把總官条呈守備處施行
前件看得楊一清等奏行南京禮部轉行南京内外守備
并五府及各衛等衙門今後打掃
天地壇照例差撥軍餘先期開具委官職名及各衛千百戶等
官將撥過軍餘名數開報内外守備并該部及本寺知會
守備官處選差公正指揮一員管束與本寺定約日期合
力打掃庶人心有所敬畏壇塲能致潔淨如各衛委官仍
前怠忽或有賣放等情許該寺并把總官条呈守備官處
查究施行
一修理廟宇祭器案查先據看守故功臣廟廟戶陸英等

呈稱本廟正殿門廊等屋年久滲漏損壞宰牲齋宿等房倒塌及祭祀合用牲匣蒸籠鐵鍋等項祭器俱各年久損壞不堪供祀等因已經行委本寺典簿楊時正查驗去後

臣等仰惟我

太祖高皇帝建立故功臣廟于鷄鳴山圖其戰伐之功揭諸門廊肆壁每年祭祀五次俱

遣勳戚大臣行禮蓋功臣如六王乃開國元勳其餘皆創業之時名臣宿將輔翊

聖神取天下於夷狄其功實大所以飾其廟宇崇其祀事既以報勳勞於既往又以激忠義於方来即成周聖王記功宗

作元祀之意也百餘年来廟制雖崇而屋宇漸致穎敝祀事雖嚴而祭器實多苟簡竭虔妥靈既有未宜奔走供事亦復不便臣等職掌祭祀知而不言其罪莫贖已嘗移文工部修理以未經舉

奏不肯施行近因雪雨連綿瓦木侵損剝落愈多而前中二門已有傾頹之勢及今圖之則用力少而成功多若因循不理歲復一歲至于極敝大壞然後修舉則工程浩大財力所費將數倍于今日矣或者乃曰今天下水旱相仍民窮財匱興作勞費恐非所宜臣等竊以為勢有緩急事有輕重當此多事之時不急之務固數無故舉行祀典至重

金陵全書

乙編·史料類

南京太僕寺志

（明）雷禮 撰

南京出版社
南京出版傳媒集團

提要

《南京太僕寺志》十六卷，明雷禮撰。

雷禮（一五〇五—一五八一），字必進，號古和，江西豐城人。嘉靖十一年（一五三二）進士，授福建興化司理，官至工部尚書。性嗜學，涉猎羣書，尤明習朝典，著述甚富，有《皇明大政記》《國朝列卿記》《各省世宦表》《南京太僕寺志》《閣臣行實》《銓曹表》《督學表》《江西進士表》《百官表》《豐城人物志》《豫章人物記》《唐宰相傳》《宋兩府年表》《明元魁表》《豫章科目表》《豐城科第紀》《真定府志》《鐔墟堂稿》《事紀》《古和疏稿》《古和詩稿》等。其事跡見《國朝獻徵錄》。

太僕寺亦稱『冏寺』，掌諸車輦、馬、牛、畜産之屬。明初置太僕寺于滁州，據本志載：『太祖巡狩幸滁，以其地夷曠，便于閱視，詔建太僕寺于滁城龍興寺東。』成祖即位後，改北京行太僕寺為太僕寺，南京為南都，原滁州之太僕寺加『南京』二字，太僕寺遂有南北之分。是書為雷禮任南京太僕寺少卿时所作。書前有嘉靖辛亥(一五五一)全椒南玄山人戚賢序，嘉靖壬子（一五五二）南京太僕寺少卿章焕序，《纂修寺誌公移》及凡例，卷末存後序，惜缺其名氏。初印清朗，内容完好。

關于《南京太僕寺志》的編撰緣起，時任南京太僕寺卿余胤緒之《纂修寺誌公移》有詳細叙述：『近年邊備孔嚴，馬政載修，而南京太僕况為聖祖創業之所首務者，其典章源委，文移增損，條例因革，職任精專，宦業究竟，不可不為世守之所也。且幸該寺庫櫃舊籍俱存，既由前輩諸賢相承敬事，則若輩可不克修前志，以遵聖制，以修官守，以明職業，以贊成今日之盛治哉，乃謀之同寅，咸推少卿雷于歷代文獻甚為精覈，爰以是事獨勞，庶使該寺典刑昭然，振舉今日馬政，因得稽實而確行之，則于邊防之助、民力之紓，未必無補也。』按此序言，明中期馬政制度弊端初顯，邊事战争興起，太僕寺所需調配馬匹大增，居其官者當明本署職掌典故，以便各府縣據之行事，以存往昔，以詔將來，重振馬政之業。嘉靖三十一年（一五五二）春正月章序亦稱：『于是紬繹舊藏，論列世次，而公故博極羣籍，嫻于經世之略，遂折衷己見，勒成全書。書成而予至，獲受觀之。』可知書成于嘉靖三十年，由雷禮實際編纂。《千頃堂書目》另著録余允緒

《南京太僕寺志》十一卷，余允緒當為余胤緒，字思孝，號玉厓，湖北應城人，因避清帝諱，改『胤』為『允』，嘉靖五年進士，三十年春陞南太僕卿，可見余志即雷志，所載十一卷本，蓋所見為殘本之故。

《南京太僕寺志》凡十六卷，卷一謨訓，卷二孳牧，卷三徵俵，卷四關換，卷五儲買，卷六寬恤，卷七官寺，卷八屬轄，卷九規制，卷十丁田，卷十一種馬，卷十二草場，卷十三册籍，卷十四俸徭，卷十五列傳，卷十六遺文。謨訓備載洪武初至嘉靖中關于馬政的聖諭敕文；孳牧、徵俵、關換、儲買、寬恤等，從五个方面詳考古今馬政事例；官寺，志本寺建官之緣由，并備載洪武初至嘉靖三十年本寺官員之官品、姓名及履歷；屬轄，志圖疆域并表沿革，設官分牧，各有攸司；規制，志本寺建置沿革，諸關本寺設者悉以紀之，附太僕寺卿衙圖一幅；丁田、種馬、草場三志，按應天府、鎮江府、寧國府、太平府、廣德府、鳳陽府、徐州府、揚州府、淮安府、廬州府、滁州、和州十二府州分次，述科賦、種馬、草場之數，又附種牛篇，各篇記載甚詳；册籍，志本寺并各府州縣關于馬政文册；俸徭，志本寺官吏禄制；列傳，本寺前賢事蹟，以年次先後為序，以志景仰；遺文，採古今有俾于馬政之奏議及遺文。每卷卷前有引，卷末有按語。書中援古叙今，為明代記載南京太僕寺之事務，研究明代南京地區（即南直隸所屬府州縣）馬政最為詳盡之書，有備參考之價值。此外，《南京太僕寺志》也可補《明史》、地方志等之遺，并互求證之。

嘉靖本為此書的初刻本，之後未再刊刻。是書傳本稀少，考之明清以来各家書目，明祁承㸁《澹生堂書目》、清錢謙益《絳雲樓書目》、清黄虞稷《千頃堂書目》、《明史·藝文志》俱有著錄，《四库全書總目·史部·職官類存目》載：『《南京太僕寺志》十一卷，浙江巡撫采進本。明雷禮撰……兹本衹十一卷，草場以下全佚，非完書矣。』四庫館臣的感嘆足見此全本的珍貴。丁丙跋曰：『此則至十六卷無缺，遺文中亦非如顧存仁《太僕寺志》，文錄載漢之《天馬歌》、唐杜甫之《驄馬行》，雜冗不倫也。』檢《中國古籍善本書目》，全本唯南京圖書館藏，天一閣博物館藏本為殘帙(存十一卷）。此本原為丁丙八千卷楼舊藏，書前有丁丙跋文，鈐有『八千卷樓藏書之記』『錢唐丁氏藏書』『嘉惠堂丁氏藏書之記』『八千卷樓』『嘉惠庚寅所得』『光緒庚寅嘉惠堂所得』等印。《金陵全書》收錄的《南京太僕寺志》據南京圖書館藏明嘉靖本為底本原大影印出版。

王英姿

南京太僕寺志十六卷　明嘉靖刊本

是書前有嘉靖三十年十二月日賜進士承務郎右閱本寺少卿雷及閱復本寺文，則為雷禮所撰。禮字必進，豐城人，嘉靖壬辰進士，官至工部尚書。書首有明太政記，以朝會儀為書，次則官南京太僕寺少卿時所作。其凡例稱首載洪武以後敕諭，次以事例、官司、轄屬、規制、丁田、種馬、州場、册籍、俸糧、條例，而終以列傳、選文、藝文、嘉靖年表。今檢所載只有郡章、燬書序及後序，各已闕損。四庫存目[illegible]太僕寺志[illegible]卷，州場以下全佚，非完書矣。案云十六卷全闕，疑是文中亦非如歟。存仁太僕寺志文錄載漢之天馬、致唐牧用之聰馬，可謂雜凡不倫也。

南京太僕寺新志序

寰宇無圖則經濟無據郡邑無志則舉措無稽衡鈞丞弼論道經邦亦何志乎太僕之制昉於周官翊國庇民于今爲烈

太祖高皇駐蹕滁陽山川水草獨

留淵衷故定鼎金陵止設一館
而其公署則建之滁山環水遶
司封考牧
皇猷允塞維時冏臣總理分攝適
收雲錦東征西伐靡不取給
宣廟初載滁貢騶虞輔臣獻頌識

者以爲孳息繁衍之兆也夫國之大事在戎戎之大事在馬馬之儲養在時與預海内晏安獻毛獻數一遇烽火齊足齊力張皇六師令甲昭然延至今日一百八十餘年上下因循不審事

權藿成皐職則指以爲生事安
常襲故未免廢弛頃遭虜患邊
陲孔棘申飭始切令正初古和
雷公以亞卿至適乘征調限不
踰時羽檄四布急于星火二三
寮寀晝夜兼督姑免過譴已而

嘆曰事涉倉皇弊由玩愒不急
先務能保後艱乃蒐條例請
可布告江之南北始知有恪未幾
玉崖余公以正卿至亟加稱服
因而嘆曰文獻不足法守無徵
與其丁寧目前不若昭示久遠

也

太祖高皇疇咨特設討謨爲何無何冷視詩稱衛侯秉心塞淵騋牝三千夙夜無政可有馬乎乃謀古和禮以義起政以人存況我職掌出風入雲横江跨河宏

綱大要止憑案牘終歸渙散幸
博故實剖析成志用垂鑒戒於
是古和秉筆膚思首述
聖諭勑書重馬政也次述事例表
章程也次述官司正體統也次
述轄屬示鈐制也次述規制明

官常也其諸凡例列傳遺文採摭引證有綱有目有典有則有經有權雖與周官並行可也傳曰文武之政布在方策斯之謂歟志既梓玉崖不諒乃壓司聽衡寒詰椒欲引其端夫食人之

祿必當分入之憂馬政不講國威不振良法美意頹待今日斤斤何邪卿階漸崇回翔台鉉類不暇及玉崖古和清望宿著獨置不問創始破荒運規立極是心何心他日入輔吐哺握髮亦

不是過一時同寅後先相際傾
恍樂贊不啻口出恊恭和衷又
可知矣後賢有作考志思人因
人論世宇宙事業其庶幾乎

嘉靖辛亥二之日上浣

賜同進士出身前刑科都給事中

全椒南玄山人戚賢譔于三隱

舊社

南京太僕寺志序

太僕自周官掌服位主出納爾
贊君德位近職親其後廼專領
廐監廐務煩瑣矣
國朝因之更建北寺南署頗稱燕
閒士大夫咸緩帶舒紳樂其無

事頃者虜騎猝至軍需告急有司猶怠散因循雷公始至蹶行六事冏約束肅官常吏稍稍用命余公繼至則按圖籍揆憲令修冏牧政而故牒漫滅並緣為奸廼圖不泯以告雷公公曰予

其朙徵哉夫
謨訓所載下逮沿革疆壤與百八
十餘年先臣之論議逸行遺文
咸事關牧典而放廢無傳後何
述焉於是紬繹舊藏論列世次
而公故慱極羣籍嫺於經世之

畧遂折衷已見勒成全書書成而予至獲受而觀之彬彬然備矣公移文俾序之予不敏不識天下之大計然三復其辭重有感於今昔也昔

高皇帝匹馬渡江四征不庭天下

既定歸馬滁陽何其盛也傳至後世苑寺紛列科條叢密然不加息焉肆我
成祖三犁虜庭未聞物故今法不深入士皆持重不追奔馬力裕矣然日耗馬何也物生有萠耗

有因予聞民苦於苛政畜馬之家若豢虎然噬盡而已及至徵發椎剥而就道加以數千里之費達於京一以給軍飢踣且告斃矣是以數州之民賠驅為溝中之瘠也雖有千金之良以駿

骨徃耳此方今之大蠹也故馬生於民長於兵民生遂故孳息蕃軍令戢故馬政修夫民無良牧而有横征骨肉之不庇何暇育馬乎戎行不整士馬不習日耗月蠹巨壑可塡乎陵夷至今

遂至一歲倍徵又再倍焉是未
孕而求息也噫甚矣蔓延不已
横流不止至於空群伍絶種類
以給目前皆時事之難幾者也
僕臣之計窘矣夫牧寺介在江
淮聯絡南北以控馭中原無事

散之民有事朝發而夕至耳此
貽謀之意萬世之利也三卿二丞
一簿百執事之臣所世守者也
天下有經制有權宜權宜之政
再用之則褻三用之則竭故養
民訓農厲兵秣馬以待非常内

修外攘厥有紀綱鈎稽較烙奔
奏彌縫僕臣驅馳其間可也嗚
呼斯志之所以作也
嘉靖壬子春正月
賜進士第南京太僕寺少卿吴郡
章焕謹序

纂修寺誌公移

南京太僕寺爲纂修寺誌以存
國典事准本寺卿余　闗竊惟去典籍者病由於害
已之妨足文獻者意在於徵言之益近年邊備孔嚴
馬政載修而南京太僕況爲
聖祖創業之所首務者其典章源委文移增損條例因
革職任精專宦業究竟不可不爲世守之所也且幸
該寺庫櫃舊籍俱存槩由前輩諸賢相承敬事則若
輩可不克脩前志以遵

聖制以脩官守以明職業以贊成今日之盛治哉乃謀
之同寅僉推
少卿雷　於歷代文獻甚爲精覈爰以是事獨勞庶
使該寺典刑昭然振舉
今日馬政因得稽實而確行之則於邊防之助民力
之紓未必無補也合關
本寺煩爲轉行纂修施行等因准此擬合就行爲此
合關
貴職煩爲纂修施行須至關者

右　　關

本寺少卿雷

嘉靖三十年十二月　初十　日

關　押

卿余

少卿章

寺丞熊

顧

主簿陳士貞

南京太僕寺少卿雷　爲纂修寺誌以存
國典事准本寺闗准本寺卿余　闗云云等因准此
照得我
朝馬政統於兵部而責成於太僕寺所以重事權脩
牧事也今雖兩京並建然豐芑所遺實始於滁其孳
牧之方買補之例以暨印俵之法禁約之條自我
聖祖以及于今令甲森列有非窮鄉之民所能悉知焉
者况種馬登耗與夫田畝草場租課升降之由未免
年夂卷湮不及今修載將後來亦無徵矣爲此合闗

本寺煩爲轉行所屬府州轉行各州縣掌印官督同
管馬官作速照依後開條欵逐一備查詳造書册送
寺以憑查修施行須至闗者

計開

一各府州縣凡

昭代典制有闗於馬政者備録不遺

一各府州縣凡奉兵部及本寺撫按并臣民建白馬

政有行者備録不遺

一各州縣原額養馬免徵田若干頃畝某都圖田若

干地若干或論人丁幾丁或論田地幾畝

一各州縣原額種馬若干匹騍馬若干匹兒馬若干

匹每年備用徵解本色若干匹折色若干匹其折

色係永改者何年月日奉例

一各州縣原額犍母牛若干隻犍牛若干隻母牛若

干隻於内每年科犢若干隻歲輸某處牛若干隻

一各州縣原草場荒熟田地若干頃畝山塘若干段

成熟若干荒草若干新舊租銀若干於内某場田

地山塘坐落某都圖各備載四至見係何人佃種

蓄養樹草計租若干

一各府州縣原額設某官管馬其裁省者某年奉例

一各府州縣原定馬科吏幾名其裁省者某年奉例

羣長若干名醫獸若干名於外醫獸役本寺者若

干名

一各州縣額辦本寺每年俸糧若干石折解銀若干

兩皁隸柴薪若干名

一各府州縣建設衙門屬本寺者備開若干間坐落

某街坊

右關

本寺

嘉靖三十年十二月　十二　日

關　押

纂修寺誌凡例

一首之以謨訓備書
聖諭勑詔以見
聖朝崇重馬政令甲昭然臣子所當遵守而勿墜者也

一次之爲事例俱參稽古今利病以見法出有徵變在宜民其大綱有五曰孳牧曰徵俵曰關換曰儲買曰寬恤夫馬政必始於孳牧其當議者在清賦式重責任勤調習時較烙補虧則嚴禁約有孳息則可以徵俵其當議者在定課額選備用責管解

通折價革包攬便寄養徵俵在官則關換於騎軍其當議者在驗兌納急征需專稽察酌陪罰關換不足必至於儲買其當議者在積塲租平估值開邊市裁時例然馬以資兵用其本主於衛民故繼之以寬恤焉

一官司志本寺建官之由并備載官品姓名履歷其有載于列傳者乃特書法也

一轄屬志圖疆域并表沿革以見設官分牧各有攸司庶因地以考其成至府史胥徒並附之亦周官

所不廢云

一規制志本寺建置沿革而繪之以圖蓋政令所出明官常也其諸關本寺設者悉紀之

一丁田志科賦則例俾有司得以按籍推移嫺於牧理而非以爲文具也

一種馬志土產定額庶種存則駒存或俵用或折價自可循名以責實

一草場志頃畝坐落四至以杜兼并庶地存則孳生蕃不至舍本而求末

一册籍志本寺并各府州縣季報歲造馬政文冊使采風者或有所稽云

一俸稰志本寺官吏禄制及薪役額派地則庶食其禄則思其職云

一列傳以年次先後爲序附以行實以志景仰之私其年近及生存者不書以俟論定

一遺文採古今議論有裨於馬政者志之庶可爲畜德之助

凡例終

南京太僕寺志卷之一

謨訓

昔駉之頌曰思無疆思馬斯臧蓋美古之賢君誠心以行善政故其效有若此非獨牧馬而已我
聖祖御龍媒以掃胡氛建洪業首設太僕寺于滁董牧事又
欽定榜例布之臣民所以責若草木者爲萬世無疆慮至深遠也重以
列聖相承

綸命煥發莫非以塞淵之心行之則又永繫繹思矣敦仁培本豈其微哉敬紀而頌之使臣民知所以欽若云

太祖高皇帝定太僕寺職掌

凡太僕寺所屬十四牧監九十八羣專一提調牧養孳生馬騾驢牛其養戶俱係近京民人或五戶十戶共養一匹每騍馬歲該生駒一匹若人戶不行用心孳牧致有虧欠倒死就便着令買補還官每歲將上年所生馬駒起解赴京調撥本寺每遇年終比較或羣監官員怠惰或人戶奸頑致有馬匹瘦損虧欠數多依例坐罪

蠲民户養馬榜文

洪武二十八年榜文内一款江南一十一户江北五户共養馬一匹皆係同鄉同里丁力多寡田産厚薄彼此相知富者助貧貧者安業不待官府號令自能相勸豈不人情和睦風俗淳美今有丁多之家倚恃豪强欺壓良善着令丁少人户一般輪流養馬靠損小民甚至畧無人心着令幼兒寡婦篤廢殘疾一槩出備用馬錢有傷風化榜諭之後務要照依原編人户内儘丁多之家做馬頭養馬一匹之内或兩三户人丁相等者富實之家喂養並不許着令丁少人户輪流設有倒損虧少其餘人户止是津貼錢鈔買馬其丁多大户敢有不行自養馬一匹仍前輪流靠損小民及着令幼兒寡婦篤廢殘疾一槩出錢買馬許諸人綁縛赴京全家發邊衛充軍

戒違慢官員勅

兵部欽奉

聖旨這箇衙門職專提調馬匹比較孳生但有虧欠作

弊馬匹許令本寺舉問品職雖小所掌事重加同御史出巡按治敢有非理抗拒許令本寺官聞奏拏問

飭提調官勑

兵部欽奉

聖旨做委提調的官不許推稱事故更換若是不行用心提調孳牧到那時來比較若少了駒的倒死馬的與提調官都着實罪他不饒

比較應天府屬諭

洪武二十九年太僕寺奏准應天等府州縣種兒騍馬倒死虧欠理合比較奉

聖旨都照例比較他

成祖文皇帝蠲虧欠孳生詔

三十五年詔山東北平河南府州縣人民有被兵不能種田者並免三年差稅不曾被兵者與直隸鳳陽

淮安徐州滁州揚州有洪武三十五年七月初一日以前軍民所養馬匹牛羊等項倒死并欠孳生者並免追陪

仁宗昭皇帝寬追陪馬匹詔

永樂二十三年詔各處軍民有爲事追陪孳生馬匹受官府逼迫不得已將男女妻妾典賣與人以致流離困苦莫能自存者詔書到日官司即爲贖還毋得托故延緩如子女年長已成婚者不在此例今後倒死孳生馬匹只照洪武年間例追陪

定兩年納駒詔

洪熙元年詔各處孳生馬匹舊例每年納駒一匹中間多有駒不及數者令其陪補積累年久貧無陪償者多致失所今聽兩年納駒一匹永爲定例若兩年納駒兩匹量爲賞鈔以旌其勤

宣宗章皇帝停差官督養詔

洪熙元年詔各處孳生馬騾牛羊等畜及北京所屬衛所見養永樂二十年征進所獲牛羊自洪熙元年六月十二日以前倒死者悉免追陪其征進所獲牛羊今後只令軍衛有司自行提督牧養原差去管養官員人等即便回
京毋致重擾軍民

蠲虧欠倒死孳生詔

宣德三年詔自宣德二年十一月十五日以前各處追陪孳牧虧欠倒死馬騾驢牛羊等畜官軍騎操領養馬騾驢牛羊隻倒死者盡行蠲免○五年詔宣德三年以前官員軍民有倒死官馬騾驢當追陪者及軍民有虧欠孳生馬匹者悉免追陪○八年詔各處都司衛所并各太僕寺死馬寺該追倒死虧欠孳牧馬騾牛羊驢匹但係宣德七年十二月以前者悉皆蠲免

禁騎借勑

宣德四年兵部官欽奉
聖旨舊制官馬專一喂養操練以備征戰不許閑時帶鞍騎坐往來馳逐亦不許馱載物件兩人共騎并婦人騎坐但是損傷倒死的都追罰近體知官軍人等不守法度往往將官馬馱載糧食煤炭并馱私塩等物貨賣甚至賃借與人騎坐馱脚等項并不愛惜以致傷損倒死的多那巡綽御史給事中每並不見捉拏來說論他每的罪過都饒不得恁兵部便出榜去張掛禁約今後敢有故違號令的巡綽官同錦衣衛着人拏送兵部就追罰馬一匹入官并將犯人送法司問罪其該管頭目及不用心巡綽官員一體都論罪不饒

贖拖欠種馬詔

宣德七年詔自宣德五年以前軍民有拖欠種馬當賠償而未賠償者如係秋收冬收去處許令納米賠

償每馬一匹納米十石就於所在官倉交納不係豐熟去處聽於今年秋收後納米陪償

製太僕寺箴

宣德七年諭軍國所用馬爲之最軍國之政馬政亦大肆予慎之有駜如雲既充内閑亦漁其羣疇厥庶民析之畜牧司其政令命爾太僕政令攸宜閱省以時不忽不忘乃蕃乃滋蚩蚩之甿國家之本甿旣阜豐馬息斯奮爾篤于民毋侵毋刻爾勤于職必敬乃德魯僖無邪衛文塞淵爾師古人厥功茂焉

英宗睿皇帝停差官督養詔

宣德十年詔各處孳牧馬騾驢牛羊等畜及北京河間保定等處軍民見養征進所獲牛羊詔書到日即令軍衛有司提督牧養原差去管養内外官員人等即便回京毋得托故在彼生事重擾軍民

蠲虧欠倒死孳畜詔

正統四年詔倒死馬駝驢騾牛羊及虧欠馬駒孳生等畜悉皆蠲免○六年詔自正統六年十一月以前軍民一應倒死虧欠及被盜走失孳牧寄養長生騎操等項馬駝騾驢種馬馬駒牛羊猪牛犢等畜悉皆蠲免○十四年詔正統十四年六月二十一日以前凡軍民一應倒死虧欠及被盜走失孳牧寄養長生騎操等項馬駝驢騾種馬馬駒牛羊猪牛犢等畜悉皆蠲免○天順元年詔在京各營在外各邊及各處軍衛有司原養騎操孳牧并種馬馬駒自景泰七年十二月終以前一應倒死虧欠走失被盜并查出埋没及遞年起解拖欠等項盡行蠲免○七年詔在京在外軍民騎操孳牧原養寄養馬匹種馬馬駒自天順七年三月初一日以前一應倒死虧欠走失被盜等項盡行蠲免

寬貸補孳畜詔

正統十一年詔南北直隸并各布政司去歲被害去處軍民倒死虧欠被盜走失孳生寄養長生騎操等

項馬騾牛羊等畜
俱候秋成買補

景帝禁較烙科歛詔

景泰元年詔凡官員公差出外印烙分俵點視馬匹不務馬政修舉何如惟以需索財物爲務今後馬不蕃息膘不肥壯並罪曾經印烙分俵點視之人敢有科歛財物靠損養馬人户必罪不宥

蠲虧失孳生詔

景泰元年詔順天并直隷各府及山西布政司所屬自正統十四年九月初六日止凡有一應倒死及被盜走失孳牧騎操等項馬駝騾驢種馬馬駒等畜悉與蠲免〇七年詔各營并各軍衛有司原寄養騎操孳牧長生脚力等項馬騾驢但有虧欠倒死迷失未曾買補還官者勑書到日悉皆停罷免其追陪

豁達賊搶虜孳牧詔

景泰元年詔各處騎操孳牧馬騾牛羊先被達賊搶虜已行奏告未除豁者悉與蠲免其先不曾經奏告者不在
此例

憲宗純皇帝蠲倒死虧欠馬匹詔

天順八年詔在京在外軍民騎操孳牧原養馬匹種馬馬駒自天順八年正月二十二日以前一應倒死虧欠走失被盜等項悉皆免追○成化四年詔南北直隸并山東河南被災去處軍民孳牧寄養馬騾驢并駒自成化四年九月二十六日以前倒失被盜虧欠等項不能陪償者所司查勘明白悉與宥免○六年詔在京各營在外各邊騎操馬匹并順天南北直隸河南山東被災去處軍民孳牧寄養馬騾并駒自成化六年八月初一日以前一應倒死虧欠等項并有例停倏買補及遇倒失漏報者所司查勘明白悉與蠲免○九年詔各處司府衛所被災處所一應寄養孳牧騎操馬騾驢牛自成化九年四月以前倒失

虧欠被盗等項已報在官例該追陪并先次停止折買未完者盡行蠲免如已徵價值在官不在此例其走失被盗馬匹日後得獲照舊還官○十一年詔在京各營在外各邊及各處軍衛有司原養寄養騎操孳牧走遞馬騾驢牛并種馬馬駒自成化十年十二月以前一應倒失虧欠被盗已報在官并查出埋沒等項盡行蠲免

定三年收駒詔

成化元年詔南北直隷并河南等處但係災傷地方凡倒死走失被盗等項一應該追孳牧騎操馬匹所司曾經具奏者俱停候次年收成追補還官今後各處孳生種馬三年收用一駒永爲定例

停差官印烙諭

成化元年例該印記種馬本年八月十六日兵部備由具奏奉

聖旨這養馬地方多被災傷百姓艱難且
不必差官印記馬匹待下年一發印記

選寺丞諭

成化三年禮科給事中侯祥奏為振舉馬政事兵部
題奉
聖旨是馬政務在得人今後太僕寺寺
丞有缺要選有司廉能相應的除授

禁騎借官馬敕

成化六年十二月二十五日兵部官欽奉
聖旨各營官馬專一喂養操練以備征戰近來有等管
軍官員阿附勢要將那官軍騎操馬匹撥送與人或
跟隨朝參或迎送往來或假以聽事并識字名目占
騎或終日把總等官門首俟候致令喂養不時傷損
倒死負累本軍陪補況官軍閑時不許帶鞍騎坐及
馱載物件巳有禁例恁兵部便出榜申明通行禁約
敢有違了的許巡馬給事中御史并錦衣衛官校五

城兵馬連人拏送法司問罪照例追罰馬匹入官仍將原討撥官員參奏究治○八年十二月奉
聖旨舊制官馬專一喂養操練以備征討不許閑時帶鞍往來馳逐亦不許馱載物件兩人共騎并婦人騎坐但是傷損倒死的都追罰近體知官軍人等不守法度往往將官馬馱載糧食煤炭私塩貨賣甚至賃借與人騎坐馱脚等項並不愛惜以致損傷倒死的恁兵部便出榜去禁約今後敢有故違號令的巡綽官同錦衣衛差人拏送兵部追罰馬一匹入官并將犯人送法司問罪

折買虧駒詔

成化七年詔各處官軍騎操馬匹并軍民孳牧寄養馬騾驢牛自成化七年十一月十五日以前一應倒死已報在官者悉皆蠲免虧欠馬駒每四匹折買一匹其先次查出漏報折買者不在此例

寬追陪虧失馬匹詔

成化二十一年詔在京各營在外各邊騎操馬匹并順天南北直隸河南山東被灾去處軍民孳牧寄養馬騾并成化二十年以前一應倒失虧欠等項并有例停俟買補者所司查勘明白灾傷重處悉與蠲免輕處自成化十六年十二月以前之數悉免追陪其餘停俟二十一年夏秋成熟陸續徵解如或該管上司及各府州縣管馬官吏交通作弊事發俱坐贓罪

孝宗敬皇帝蠲買補馬匹詔

成化二十三年詔在京各營在外各邊及各處軍衛有司騎操孳牧寄養走遞馬騾驢牛并種馬馬駒四户馬自成化二十一年十二月終以前一應虧欠被盜埋没等項并有例停俟買補者悉皆蠲免若有已補在官者照例起解交收該管人員敢有交通作弊事發治以重罪

解俵違限諭

成化二十三年兵部將各處本年解馬違例違限患
病托故不來等項官吏人等通查議擬奏奉
聖旨這違限違例官吏人等但馬完的饒他其餘提問
○弘治元年太子太保兵部尚書余子俊叅淮安等
府山陽等縣官吏通判成桂等解馬匹折色銀兩過
違限期行各該巡按監察御史照例查提問罪未完
馬價一體督令完報數內未解者怠事之甚比與已
解到者不同問罪畢日仍令住俸將未解價銀嚴限
解納完足方許關支奏奉
聖旨是馬價巳完違限的且饒他托故不到并改委官
吏的各罰俸兩箇月馬價未完
違限違例并未到的都提問

蠲倒失馬駒詔

弘治五年詔在京各營在外各邊并順天府南北直
隷河南山東各處軍衛有司騎操孳牧寄養馬騾驢
牛并種馬馬駒自弘治元年十二月以前一應虧欠
倒失被盜埋沒等項并有例停俟買補者悉皆蠲免

若有已補在官照例起解交收該管人員敢有通同作弊者事發治以贓罪〇十一年詔在京各營在外各邊及各處軍衛有司騎操孳牧寄養馬騾驢牛并駒自弘治五年十二月以前一應虧欠倒失被盜埋没等項并有例停候買補者悉皆蠲免中間有該納價銀已徵在官之數照例起解該管官吏敢有通同侵欺作弊者治以贓罪

查定種額勅

弘治七年勅南京兵科等衙門給事中等官倪天民等今命爾等前往江南江北直隸府州會同分管寺丞親臨養馬地方督同府州縣掌印并管馬官員查勘養馬舊例何處論糧何處論丁論糧者要見免糧地土實有若干或一百畝或五十畝養種馬一匹該馬若干論丁者要見有力人丁若干或十丁或五丁養種馬一匹共馬若干務在斟酌停當不可過多以損民亦不可過少以虧官照例孳牧搭配驃壯此數

一定永爲定額額外雖有多餘不增於内遇有倒失不在赦免其耕種免糧地主人户但係見今承種過買地土者據其實在清查明白照例派與馬匹領養雖非自來養馬人數及官員監生人等例該優免之家一體均分不許畏避勢要妨壞馬政勘定畢日先將見在兒騍馬匹盡數查出選出高大膘壯者存留作種其不堪者令其變賣銀兩湊買堪中者以補足其數大約以種騍馬十萬兒馬二萬五千爲率除北直隸山東河南外江南江北直隸府州縣數該三萬七千五百先儘免糧地畝次量人户丁產如各州縣種馬揀選足數之外尚有多餘堪中作種者派與各府州縣馬少去處領養其額外兒馬及駒堪以騎操者照數存留以作備用之數其餘有不堪者盡數變賣銀兩以需買補備用馬匹其養馬人户亦要審定上中下等第將種馬派與上户領養上户不足次及中户其餘收候領養孳生馬駒在弘治五年以前倒失虧欠例不該免者追本色每大馬一匹追銀五兩每駒一匹倒失者追銀三兩虧欠追銀二兩還官如

各處種馬不及勘定之數就將前項銀兩收買高大良馬湊補餘剩之數有餘煎銷成錠差人解部發寺收貯以備發邊買馬之用又南京太僕寺分管寺丞勘報各府州縣養馬文冊其中多有不開免糧數目者宜行查吊遠年青黃二冊嚴督官吏里書人等盡數查出勘定馬數收報在冊如各該官吏仍前怠事不行用心查勘應提問者徑自提問應參奏者參奏提問朕爲馬政因循日久利少害多今博采羣議立定種馬之額以爲經久之計首勅爾等親行查勘處置宜詳計其數量定其額必有利無害行之久遠而無弊一應合行事宜悉依勅內事理而行事完之日通將處勘過緣由造成黃冊回奏仍造青冊一本送部備照爾等尤宜盡心殫力委曲周至使國家得養馬之利而小民得免馬之害斯稱委任之意爾等其愼之

勉之

革馬販令

弘治十三年問刑條例内一欵司府州縣起解備用馬匹各要經由分管太僕寺寺丞等官驗中起解若有馬販交通官吏醫獸人等兜攬作弊者俱問罪枷號一箇月發邊遠充軍再犯累犯者枷號一箇月發極邊衛分充軍

禁盜賣騎操馬匹令

弘治十三年問刑條例内一欵養馬人户將官馬盜賣與人至三匹以上者問擬盜官畜產罪名發附近衛所充軍

停追徵馬價詔

弘治十八年詔順天南北直隸山東河南州縣并内外衛所寄養孳牧馬牛驢倒失虧欠等項該追本色價銀京營各邊官軍倒死騎操馬匹該追樁頭朋銀及各處牧馬草場地畝子粒銀兩自弘治十六年十

一月以前除已徵外
未完之數悉皆蠲免

武宗毅皇帝蠲追徵馬匹草場銀兩詔

正德五年詔各處軍衛有司虧欠倒失馬騾牛驢例
該追徵銀兩并京營各邊官軍倒死騎操馬匹例應
買補徵收租銀及備用馬匹草場租銀拖欠之數自
正德二年以前除已徵在官外未徵之數悉與蠲免

查豁坍壓養馬地土詔

正德五年詔各處免糧養馬地土內有水坍沙壓等
項負累人户包養累經具奏若令巡按御史查勘明
白具奏
除豁

停差官印烙諭

正德八年八月兵部題奉
聖旨是既地方連年多事暫免差官着各該巡撫都御

史嚴督守巡等官公同分管
寺丞責限買補務足原額

查豁搶劫征勦馬匹詔

正德九年詔各處孳牧寄養馬匹先被流賊搶劫曾
經告官勘實執有明文并提督撫按等官兑與征勦
官軍騎去不曾給還者除已買補外其未買之數巡
撫及太僕寺分管官勘實悉與蠲免不許捏故濫報
事發
重治

徵俵備用違限諭

正德十五年御史王溱查原派正德十四年分解京
備用馬匹叅應天府府尹胡宗道通判張海并淮安
府知府薛鑾等違限奉
聖旨是各該官員不以馬政爲重拖欠數多好生悮事
且不提在京的各罰俸三箇月在外的五箇
月都着嚴限徵解内有遷官去任的饒他

今上查豁衝壓養馬地土詔

正德十六年詔各處徵糧養馬地土内有水衝沙壓坍江等項負累人户包養累經具奏者巡撫巡按官查勘明白具奏除豁

暫停追補種馬勑

嘉靖四年十月内兵部奏奉聖旨順天河間保定三府密邇京師百姓寄養備用馬匹十分艱苦今後你部裏并太僕寺每年扣筭若常有二萬四之數再不必多派以累小民各處每年該起俵馬駒酌量地方豐歉加派折色價銀送太僕寺收貯以備臨時買馬支用

查議種馬詔

嘉靖六年詔順天府論地養馬近年以来地多歸於勢豪之家其馬仍令本户喂養瘦損倒失責令追陪

甚爲貧民之累應天府所屬論丁養馬近因備解駒馬每年止解備用馬價所有種馬或有倒失仍復責令買補民亦不堪着兵部通行議處以蘇民困

蠲倒死虧欠孳生詔

嘉靖十二年詔在京各營在外各邊并順天府南北直隸山東河南各處軍衛有司騎操孳牧寄養馬騾驢牛并種馬馬駒近年以來虧欠倒失被盜等項并有例停候買補者悉與蠲免以蘇久困若有已補在官者照例押發交收該管人員若有通同欺隱作弊者事發治以重罪○十五年詔在京各營在外各邊并順天府南北直隸山東河南各處軍衛有司騎操孳牧寄養馬騾驢牛近年以來虧欠倒失被盜等項并有例停候買補者悉與蠲免○二十年詔南北直隸山東河南各該軍衛有司孳牧寄養馬騾牛驢并種馬馬駒倒失虧欠等項該追本色價銀京營各邊官軍倒死騎操馬匹該納椿頭朋銀自嘉靖二十年

四月初五日以前除已徵外未完之數悉皆蠲免○二十四年詔在京各營在外各邊并順天府南北直隷山東河南各處軍衛有司騎操孳牧寄養馬騾驢牛委係倒失被盜并有例停俟買補者俱准令蠲免

其已補在官者照例發該管人員交收

若有乘機欺隱作弊者事發治以重罪

減徵草場租銀詔

嘉靖十二年詔山東河南南北直隷各該牧馬草場子粒租銀連年災傷以十分爲率自十二年以前各免五分以蘇民困○十五年詔南北直隷各該牧馬草場子粒租銀連年災傷以十分爲率自十五年以前各免

四分

蠲虧欠孳生租銀詔

嘉靖十七年詔南北直隷山東河南各處軍衛有司騎操孳牧寄養馬騾驢牛凡一應虧欠倒失被盜等

項該追價銀及買補者各處牧馬草場子粒凡被小民拖欠者自嘉靖十七年十一月以前除已徵已補在官照例起解交收其未完之數悉與蠲免

南京太僕寺誌卷之一

南京太僕寺志卷之二

孳牧

記曰問國君之富數馬以對則馬重于國其來遠矣古今馬政凡幾變成周之時國馬足以行軍公馬足以稱賦雖以民牧而未嘗不養之于官漢人牧于民而用于官唐人牧于官而給于民至于宋始牧之在官後則蓄之于民又其後則市之于戎狄我

朝統一區宇於洪武七年設羣牧監隸本寺二十四年定爲十四牧監九十八羣二十八年裁革以其馬令

有司提調孳牧以後臣工建白損益不同要之清賦式重責任勤調養時較烙補虧則嚴禁約以求不失賦民之初意而已故詳稽古今使典牧者知所以取裁云

清賦式

成周因井田制軍賦四井爲邑四邑爲丘十六井也有馬一匹四丘爲甸甸六十四井有戎馬四匹兵車一乘一同百里提封萬井定出賦六千四百井戎馬四百匹一封三百一十六里提封十萬井定出賦六萬四千井戎馬四千匹天子畿方千里提封百萬井定出賦六十四萬井戎馬四萬匹

漢初民出筭錢以備車馬文帝二年令民有車騎馬一匹者復卒三人

景帝時造苑馬以廣用太僕牧師諸苑三十六所分布北邊西邊以郎爲苑監官奴婢三萬人養馬三十萬匹○武帝於口賦錢人增三錢以補車騎馬○元鼎元年令民畜邊縣官假馬母三歲而歸及息什一明年車騎乏馬縣官錢少買馬難得廼著令令封君以下至三百石吏以上差出牡馬天下亭亭有畜字馬歲課息○宣帝五鳳二年令郡毋斂今年馬口錢

唐置監牧其官領以太僕

貞觀初用太僕少卿張萬歲領羣牧自貞觀至麟德四十年間馬七十萬六千置八坊岐豳涇寧間地廣千里一曰保樂二曰甘露三曰南普四曰北普五曰岐陽六曰太平七曰宜祿八曰安定八坊之馬爲四

十八監而馬多地狹不能容又析八監列布河西豐曠之野凡馬五千爲上監二千爲中監餘爲下監監皆有左右因地爲之名○開元初國馬益耗九年詔天下之有馬者州縣皆先以郵遞軍旅之役定戶復緣以升之百姓畏苦乃多不畜馬故騎射之士減曩時自今諸州民勿限有無蔭能家畜十馬以下免帖驛郵遞征行定戶無以馬爲貲馬稍復振○天寶十一載詔二京旁五百里勿置私牧○十三載安祿山反肅宗收兵至彭原率官吏馬抵平凉蒐監牧及私羣得馬數萬軍遂振至鳳翔又詔公卿百僚以後乘助軍其後邊無重兵吐蕃乘隙陷隴右苑牧畜馬皆沒

宋始置養馬二務又興葺舊馬務四爲牧地太平興國四年國馬增多始分置諸州牧養之

景德二年改諸州牧龍坊悉爲監在外之監十有四置羣牧制置使及羣牧使副都監判官廄牧之政皆

出於羣牧司自騏驥院而下皆聽命焉諸州有牧監知州通判兼領之○仁宗景祐二年詔民間無以馬數升户等○皇祐五年丁度上言兩河淮南籍丁壯爲兵請下令有能畜一戰馬者免二丁仍不升户等以備緩急○神宗熙寧中王安石因曾孝寛言慶曆中嘗詔河北民户以物力養馬備非時官員乞參考申行之而户馬法始此○熙寧五年詔開封府界保甲願牧馬者聽仍以陝西所市馬選給之○六年曾布等承詔上其條約凡五路義勇保甲願養馬者户一匹物力高願養二匹者聽皆以監收見馬給之或官與其直令自市毋或強與府界毋過三千匹五路毋過五千匹襲逐盜賊之外乘越三百里者有禁在府界者免體量草二百五十束加給以錢布在五路者歲免折變緣納錢三等以上十户爲一保四等以下十户爲一社以待病斃補償者保户馬斃保户獨償之社户馬斃社户半償之歲一閱其肥瘠禁苛留者凡十有四條先從府界頒焉五路委監司經畧司州縣更度之於是保甲養馬行於諸路○九年提舉

開封府界蔡確言比賦保甲以國馬免所輸草賜之
錢布民以畜馬省於輸槀雖不給錢布而願爲官養
馬者甚衆請增馬數歲止免輸槀一百五十束詔毋
過五千匹於是京畿罷給錢布增馬數而民益病○
紹聖三年因元祐初罷保馬始給地牧馬授田一頃
者爲官牧馬一匹蠲其租○渡江以來無復國馬始
命措置馬監於饒州擇官田爲牧地
川路所買馬歲付鎮江軍中牧養

國初都金陵設太僕寺董牧事以江北諸郡縣限于長
江馬至京難又滁多曠土饒薦草莽水泉利可牧洪
武六年建寺于滁領滁陽等八監驌驦等十八羣令
近京軍民户養母馬一匹歲課息蠲其科賦

洪武二十三年增十四牧監九十八羣○民牧例二
十八年革羣監官令有司提調孳牧江南十一户共

養馬一匹江北五户共養一匹内丁多之家充馬頭專一養馬餘令津貼錢鈔以備倒失買補之用不許輪流有仍前輪流及令孤寡殘疾一槩出辦者發邊衛充軍如馬頭家生畜不旺許令於貼户家看養凡兒馬一匹配騍馬四匹爲一羣立羣頭一人五羣立羣長一人每羣長下選聰明子弟二三人習學醫獸看治馬匹○永樂十三年定例每十五丁以下養馬一匹四十六丁以上養馬二匹爲事編發者七户養一匹除其罪爲良民○十五年定南方養馬例江北每五丁養馬一匹江南十丁養馬一匹凡種馬倒死孳生不及數例應陪償而遇災荒每羣聽以三分之一納鈔入官○天順三年奏准原編孳牧馬頭有消乏者改作貼户○成化四年奏准羣長每五年一替○十三年奏准養馬人户每十年一次審編先上户次中户单丁寡婦不許槩僉○弘治二年兵部主事湯冕等奏人户牧養不均准行兩京太僕寺查勘免糧地方要見免糧人户若干論丁州縣要見上户若干中户若干下户若干見養種兒騍馬各若干必須論

糧論丁方得均平每兒騍馬照依糧石丁數均派領養○五年御史潘楷奏驗地方以均徭役准行兩京太僕寺轉行各該分管寺丞從公審勘將馬多户少去處馬匹分撥與户多馬少去處仍擬見編上中下等第除有力者照舊充馬頭不動外其中有消乏不堪充當馬頭者就便改作貼户另選丁多殷實之家替養其馬頭不許恃强逼令各户輪養止許均貼草料及馬有事故管馬官員定與貼户則例出錢買補○鴻臚寺少卿李鏜奏行各處養馬州縣通查衝要繁難州縣馬匹量派僻静簡易及自來未經養者裁爲定額勿再增添○六年兵部會官差給事中御史等官查勘奏定兩京太僕寺種馬額數兒馬二萬五千匹騍馬十萬匹共十二萬五千匹每二年照例納駒其駒更不搭配於内揀選備用及補種馬之闕其餘賣銀貯庫遇備用不敷量支買補種馬每三年揀選一次老病不堪者賣銀入官撥駒補數除北直隷七府論地每五十畝領兒馬百畝領騍馬各一匹共兒馬一萬六百九十五匹騍馬四萬二千七百八十

匹山東河南論丁每五丁領兒馬十丁領騍馬各一匹共兒馬六千八百五匹騍馬二萬七千二百二十匹屬太僕寺外南直隸應天鎮江太平寧國廣德五府州每十丁領兒馬一匹十五丁領騍馬一匹共兒馬一千九百九十九匹騍馬七千九百九十六匹鳳陽揚州淮安廬州四府徐和二州滁州一衛每田二頃領兒馬一匹三頃領騍馬一匹内滁州衛遞加一頃共兒馬五千五百一匹騍馬二萬二千四匹此數一定再不增添其耕種免糧地土不分是否原養馬人數但種過買地土者及官員吏典監生之家一體派與馬匹領養○九年給事中韓祐等奏准凡牧馬處所有田去馬存丁消馬在者應牧馬匹改給得業之人及丁多之人領養逃絶免糧田地給與同羣管業不許典賣與人其一馬兩歳連生二駒者除納官外聽其自用○十二年判官王輗奏每年馬匹倒死瘦損數多蓋由馬頭乆慣光棍侵剋草料甚者私自耕雇作踐不能生駒題奉欽依行原定養馬正户逐一查審除平昔本分養馬不動外但係光棍刁潑害

人者就行革退另選殷實之人代補養馬將退下之人仍作貼户敢有生事挾讐告官者擬罪如律○十六年奏准各養馬府州縣有副馬頭去處一體革罷○正德八年都御史趙璜奏行守巡官并各府掌印官同太僕寺分管寺丞將養馬人户另冊清查消乏者開除隱漏者增入照依三等九則編僉户高者充馬頭户次者充貼丁最下者免僉先儘上户次及中户喂養中間種馬若有倒失不堪務令補足羣數○中十三年申明養馬論地者俱係免糧田地別無差稅不許典賣與人若有混買者查照分數過割養馬全買者全養論丁者俱照額數編定明立籍冊仍刊刷花欄小票各用印押鈐記每羣頭名下挨寫貼户姓名如遇坐派起俵馬匹到日開寫本色或折色項下某丁該銀若干逐一開寫在内論地者每户給與一張論丁者每丁給與一張務與籍冊相同不許額外多派人丁羣頭執票方許催徵貼户亦要查照票印出辦○太僕寺卿何孟春奏清查丁田以定養馬之數該兵部題行分管寺丞親詣該州縣出給告示但

有地賣馬存馬累丁乏者許赴寺丞處陳告查審是實斷令承種養馬地土及有力之人替養誣告者抵罪及照養馬與納糧同例不優免敢有勢豪之家不服寺丞斷理阻壞馬政者輕則送問重則參治寺丞一年滿日將查審改派過養馬人户緣由開報本寺轉呈本部查考〇十四年御史虞守隨題准時僉審以均馬户自今年爲始已後或照依黄冊事例十年一造或五年一造丁力有餘者分拆貼養丁力相應者照舊喂養丁力不足或盡絶者另行僉審仍使一力養馬别項科差並不干涉〇嘉靖三十年南京太僕寺少卿雷禮奏准大江南北坰野延袤芻牧有餘止因養馬人户以丁糧多寡輪養故彼此相推失於調喂加之騎坐負載生息日耗縱有所産卒多矮小勢必朋買北馬以充歲額今後各府州縣自嘉靖三十年爲始養馬人户不拘輪流詳審丁糧向上者專爲領養不許推避丁糧不及者令其津貼毋致違誤管馬官時常點驗省令如法喂飼趂時羣蓋定駒不拘兒駒騍駒俱要於季内報官填註循環依時調養

若孳生不蕃瘦損倒失照例問罪倍罰陪補仍嚴禁
官吏不許科擾○衛牧例凡在京在外衛所俱有孳
牧馬匹以給官軍騎操之用在京及南北直隸衛所
屬兩京太僕寺每衛委指揮一員所千百户一員專
管孳牧其搭配科駒起解比較等項悉照民間事例
○洪武二十三年令飛熊廣武英武等衛每五户養
馬一匹○成化七年奏准天下衛所孳牧馬匹有埋
没者俱照原額買補令軍餘朋合領養○弘治十七
年御史周進隆奏准各衛所官軍并見在種馬多寡
酌量增減定處多者定與二羣少者定與一羣中間
開豁盡絶者各與附近馬多去處撥補有兒馬無騍
馬者令其自相兊換搭配俱各不過一羣見在多餘
種兒騍馬并駒照倒失價例變賣自後再不增減俱
令掌印官嚴督各軍依時羣蓋用心喂養以圖孳生
不必另委管馬官員自弘治十八年爲始每種馬一
匹照舊二年科駒一匹内有上等堪以騎操兒駒係
在南北直隸衛所者解
太僕寺印烙寄養備用

重責任

栢翳爲舜主畜之多息故有土賜姓嬴

周禮庾人掌十有二閑之政教正校人員選

趣馬簡其節巫馬治其疾圉師掌教圉人掌養馬鄉師以時辨其馬牛之物均人均牛馬之力政縣師辨其六畜遂人遂師以時登其六畜遂大夫以時稽其六畜而牛馬與焉○秦之先曰非子周孝王使主馬於汧渭之間

馬大蕃息

後魏孝文勑後軍宇文福行牧地使掌之畜無耗失以爲司衛監

初世祖平統萬及秦凉以河西水草豐美用爲牧地畜甚蕃息馬至二百餘萬匹槖駞半之牛羊無數及

高祖置牧于河陽常畜戎馬十萬匹每歳自河西徙
牧并州稍復南徙欲其漸習水土不至死傷而河西
之牧愈
更蕃滋

唐貞觀中用太僕寺少卿張萬歳領羣牧天下以一縑
易一馬

萬歳掌馬久恩信行於隴右後以太僕少卿鮮于匡
俗檢校隴右監牧儀鳳中以太僕少卿李思文檢校
隴右諸牧監使監牧有使自是始後又有群牧都使
有閑廐使使皆置副有判官又立四使而馬政不廢
〇垂拱以後馬耗大半開元初始命王毛
仲爲内外閑廐使牧養有方雲錦成羣

宋淳化五年詔中使趙守倫領諸州牧龍坊蓄牝馬孳
息日蕃

守倫以牝馬萬五千四逐水草牧放不費芻牧歲約駒子等級遷擢否者罰亦如之駒生即付籍以聞故人皆盡心養飼馬政克舉○景德四年真宗命知樞密院事陳堯叟領監牧堯叟曰臣居宥密之職而與承翰聯事合避外議上曰國事戎馬之本繫于樞機要之運然當別置使名卿勿辭也○大中祥符元年立牧監賞罰之令外監息馬一歲終以十分爲率死一分以上勾當官罰一月俸餘等第决杖牧倍多而死少者給賞繒有差凡生駒一四兵校而下賞絹一疋

國朝馬政統於兵部又設太僕寺專理列在京從三品衙門凡一應廐牧之政令自司府而下皆稟行之

洪武榜例凡倒失種馬虧欠馬駒俱在年終完備如是不完府州縣正佐首領官吏决杖二十管馬官吏加等痛治凡管馬官有闒茸貪污害民者分管及所在掌印官開奏以除民害○景泰二年應天府通判

董貫奏稱上司及府縣掌印等官多有將管馬官雜委別差不得在任提督該兵部題准管馬官員專理馬政常川提督比較孳牧敢有仍前擅差致妨馬政者聽分管寺丞舉奏拏問○成化二年兵部尚書王復奏奉詔書内開三年一駒虧欠必少准令後管馬官以一縣種騍馬爲率三年考滿爲期額内不虧者稱職額外生一駒者奏請旌異又生二駒者移吏部陞用不及額數者百匹爲率遞相降級其分管寺丞所隷亦以州縣爲度如一府十縣額外半生駒者旌異全生駒者不次擢用如額數不及查送吏部降用職○四年太僕寺丞許顒題准各衛所府州縣管馬官專提調馬匹不許撫按及合干上司擅自差委其管馬官亦不許違例營求如違拏問○七年奏准府州縣掌印首領官任内馬匹虧欠孳養不增者九年不准給由措置完日與管馬官一體降用衛所掌印官馬數不完許分管寺丞與兵部委官一體比較○十四年令應天順天府尹府丞係在京堂上官年終倒死虧欠等馬不完止取招服免其决打二十照例

納米贖罪○二十一年奏准各該分管寺丞每二年一次呈部更換將經管兒騍等馬已未完數目造册繳兵部并該寺稽考若年限未滿無故在家延住一月之上及已滿更替不即起程者住俸半年待後三六九年給由本寺將已未完馬數備呈吏部以考勤怠○弘治元年奏准凡養馬府州縣正官推調不理馬政俱照錢糧軍伍不准考滿事例通行南北司府州縣掌印正官務要司督府府督州州督縣俱令管馬官着實興舉馬政如管馬官有事故俱令掌印正官帶管違者或批收不完聽兩京太僕寺叅究○御史杜忠奏行各處巡按每遇年終查考有馬州縣孳生馬駒除倒失等項不筭外止筭着實生長成效數目以十分爲率一年生駒四分以上至五分者作勤能官開報吏部俟三六年考滿量加陞擢三分以上者作稱職留管事不及三分者作罷軟就便黜退分管寺丞亦於年終將分管地方孳生成效馬駒數目造册送兵部查考照前擬分數陞留如不及三分者聽兵部叅奏降調外任○二年申明兩京太僕寺今

後軍衛有司大小官員但有作弊虧欠馬匹及非理抗拒者許本寺并分管寺丞照依舊例舉問參奏治罪○太僕寺卿王霽等奏准每二年差太僕寺少卿二員南京太僕寺少卿一員分督所管地方將種馬照舊例着實兩年筭駒一匹以十分爲率如果所生不及分數照京營事例佳俵買補於年終開具賢否呈兵部轉送吏部訪察六年之内無拖欠馬駒即係能官量加旌擢以外虧損數多照例黜罷○三年御史凃昇奏行各處撫按每年將各屬府管馬官考察開送吏部照奪如果馬政興修者三年旌異六年之上量加陞擢仍令管馬若三年之内貪污不職馬政廢弛者或降調邊任罷歸田里其各府州縣掌印正官如遇管馬官缺員就便帶管○五年御史潘楷奏准寺丞分管地方不拘地方繁簡經管三年一體更替中間有善於提督孳牧蕃息者不拘九年兩考之例就便擢用其曠職不才者歷任雖久具奏罷黜○九年奏准司府并分巡分守官並不許差委管馬官員如違聽巡按御史并分管寺丞提問參奏其巡撫

巡按亦一體遵依毋擅差委○十三年禮科給事中甯舉奏馬政拖欠數多准行兩京太僕寺查寺丞分管其處或一二年或三年之内一應馬政已未完數目以十分爲率孳牧寄養不及五分以上者及孳生馬駒不及七分兵部照例將分管寺丞并管馬通判州縣掌印及管馬官員通行住俸追及分數者方許關支未完之數責限半年不完者另行叅究追補已完者免其住俸仍照見行事例出巡督理馬政不許在京久住○正德四年兵部題准管馬官有闒茸不才妨廢職業者該管寺丞即便叅送本部轉咨吏部以憑黜退其分管寺丞若有不職者聽從本部叅究若有廉能官員奉行有效者量加旌擢○十年南京太僕寺卿楊褫題准所屬州縣管馬并帶管掌印官遇三六年考滿申呈本寺知會候到吏部之日仍送兵部查同方准復職若係九年馬無虧欠具數開呈本寺轉呈兵部查同方准給由未完者不許起送○十六年御史王溱題准今後管馬官員不職許分管寺丞徑自叅呈兵部具奏如或知府等官故違一體

叅究○嘉靖十年太僕寺卿戴金題各屬府州縣管馬官員三六九年考滿近來多不經由部寺起送以致馬政錢糧屢屢拖欠准今後各官近考滿之期備將歷任脚色并經管馬匹錢糧完欠馬户逃存數目造冊給文於俵馬之時親齎赴寺查果勤能稱職别無粘帶不了事件該寺將查過緣由轉呈兵部起送若有仍前欺玩不由本寺查理呈部輙申隔别衙門起送者聽本寺叅劾治罪仍咨吏部知會○十六年南京太僕寺卿趙廷瑞奏准寺丞有缺須才力相應發身科第者以充嚴限到任仍查照舊規每歲兩次巡歷毋得經年不出以致馬政廢弛其管馬官員不許别項差委如有未完事件自知府以下不准給由○三十年南京太僕寺少卿雷禮奏准各該撫按衙門今後凡有公務不許仍前差委管馬官員代理致妨馬政及行兩京太僕寺所屬管馬官各務專理本等職業不許營求别差如違年終從重類叅照例提解來京送問若管馬官員缺即行掌印官帶管毋得推調以致誤事各官三六年考滿及陞遷等項俱要

申呈該寺查勘無礙方許起送
赴部離任違者聽該寺參究

勤調養

周禮圉人養馬春除蓐釁廐始牧夏庌馬冬獻馬

月令季春之月乃合累牛騰馬遊牝于牧犧牲駒犢舉書其數仲夏之月游牝别羣則縶騰駒班馬政季秋之月班馬政命僕及七騶咸駕載旌旐授車以級整設于屏外司徒搢扑北面誓之

唐置八坊爲會計都領其間善水草腴田皆隸之

宋初諸坊監自畿甸及近郡遣使分行水草善地而標占之皆季春放牧至秋冬而入亦有四時逐水草以肄游牝者

淳化二年宋太宗謂侍臣曰國家蓄馬備邊最爲急務而諸州牧監歲多瘦死養飼失時枉致疾斃近令取數十槽致殿庭命圉人視其芻秣教以醫養之法庶革其弊○孝宗淳熙三年五月癸亥王淮進呈步軍司相度牧馬去處上曰前日牧馬官辭朕戒以愛護馬當如愛護已身饑飽勞佚各隨時調節若以身所不能堪者馬亦不能堪之但馬不能言告訴不得耳龔茂良等奏云陛下留神馬政曲盡物情不惟戒敕主者使之各各用心如聖言及此其仁蓋不可勝用矣

國朝洪武二十三年立草場於江北湯泉滁陽等處牧放馬匹

二十五年罷民間歲納馬草凡軍官馬令自養軍士馬令管馬官擇水草豐茂之所屯營牧放○一省令如法定駒凡兒馬春間羣牧時月要如法加料喂養臕壯照依原搭配定騍馬依時羣蓋定駒如果原關

兒馬軟弱不堪着令民人另尋好馬羣蓋但是蓋過騍馬止許原蓋兒馬羣蓋不許將其餘兒馬混雜花蓋難定胎駒不便如三歲兒駒羣蓋騍馬不得即用大馬○一省令趂時羣蓋每年正二三月趂時羣蓋定駒其騍馬生駒七日後着兒馬羣蓋夏天炎熱時月須用天氣晴明清晨晚天凉時羣蓋過三五次却停歇三五日再用兒馬羣蓋若騍馬打踢兒馬不受羣歇方是定駒仍五日一次用兒馬照試如果不受羣蓋即是定駒騍馬先須喫草後方飲水不許喂蕎麥稭黍穰雜糧及將淘水泔一應惡水飲喫落駒不便○一省令如法看養養馬之家務要置立馬房馬槽地下用磚石墊砌常川掃除潔淨不許縱放雞鵞鴨等畜在馬槽馬房内作践亦不許梳篦頭髮馬若悮食生病○一省令如法喂飼馬料豆熟務要晾凉多用料水與草拌匀方可喂馬不許熱料喂養飲水畢緩緩牽行回轉約五七里然後拴在空閑沙地上隨意睡卧不許在槽邊拴繫不便○一省令如法牧放春草發生時月或馬十四二十四三四十四隨趂

水草便利去處晝夜牧放如遇炎暑蚊蟲水發時月務趂高阜無蚊蟲水滸去處牧放辰時飲水一次午時飲水一次至晚飲水一次每月二十日或半月一次將塩喂啖亦不許與牛拴繫一處以上景泰三年申明

時較熔

周官校人辨六馬之屬凡頒良馬而養乘之

種馬一物戎馬一物齊馬一物道馬一物田馬一物駑馬一物

唐制凡馬生死歲終監牧使巡察以功過相除爲考課

自萬歲失職景隆中夏州牧馬死失者十八萬四千九百九十景雲二年詔羣牧歲出高品御史按察之

宋咸平二年羣牧司總内外馬政其後歲遣判官一人

巡行諸監取孳生駒二歲以上者點印之

自熙寧散國馬於編户坊監廐庫棚房井泉一旦廢罷於是督責之政不舉

國初凡孳生備用騎操折易并進納馬匹俱印烙以防奸弊其孳牲及陪納馬駒應交俵者印訖差官照依地方日期將空閑增出人丁俵散領養造冊具奏其各處印中備用馬匹徑解兵部發太僕寺交納以憑散俵

洪武榜例凡管馬官吏時常下鄉提督看驗馬匹要見定駒若干騍駒若干重駒若干明白附寫以俟太僕寺官出巡比較正月至六月報定駒七月至十月報騍駒十一月至十二月報重駒凡季報原領馬為

舊管買補孳生爲新收事故交俵等項爲開除季終爲實在春季三月二十四五夏季六月二十四五秋季九月二十四五冬季十二月二十四五徑送太僕寺類繳其有生質奇異與種馬不同者明白申報凡比較點馬文簿要開原領孳生兒騍馬數分豁該筭駒者若干不該筭駒者若干已生及未生者若干原馬齒色及所生駒毛色逐一開報○欽定江南馬每年三月初一日赴南京牧馬千户所印俵江北馬每年三月十五日赴南京太僕寺印俵凡孳生駒用云字小印俵散作種用大印給軍騎操者再用云字印○二十九年太僕寺奏准應天等府州縣種兒騍馬倒失虧欠照例比較○永樂三年令衛所孳牧騎操馬匹每三年一次造冊管馬官齎執赴京比較○宣德八年奏准江北陪補馬駒俱從南京太僕寺印烙○正統二年奏准添差監察御史公同給俵○四年奏准應天鳳陽等處孳生陪補馬駒南京太僕寺官同南京兵部委官及御史分投印俵○九年南京兵部主事陳緘奏照洪武永樂宣德定限印俵不許預

先吊取人馬聽候致妨生理該兵部題准該俵馬駒江南鎮江府屬三月初一日赴本府應天府屬三月初五日赴南京牧馬千户所太平府屬寧國府南陵縣廣德州建平縣三月初十日赴太平府江北鳳陽等府滁和等州所屬照舊三月十五日赴本寺各印俵○景泰二年南京御馬監奉御鄭喜奏將江北馬駒遍歷各府以近印俵兵部題准將江南原定限期改移鎮江府屬二月十五日赴本府應天府屬二月二十日赴南京牧馬千户所太平府屬寧國府南陵縣廣德州建平縣二月二十五日赴太平府廬州府屬三月初一日赴本府鳳陽府屬三月初七日赴本府淮安府屬三月十二日赴本府揚州府屬三月十七日赴本府附近江浦六合滁和二州全椒來安盱眙天長含山縣三月二十二日赴本寺各印俵各州縣兒騍馬駒除儘各府州縣空户領養補種殘疾馬駒就俵與附近衛分老幼餘丁領養外其餘無户領養及搭配餘剩馬駒發無馬空户及徐宿二州碭山等縣領養聽候取用○凡各屬養馬州縣舊例上年

孳生并陪償該次年秋記其搭配孳牧該本年春記俱兵部請旨點差公侯伯或駙馬并御用監及南京御用監內臣各一員并兩京兵部太僕寺各委官會同印記搭配景泰間南京兵科給事中謝琚等節言侯伯印記馬匹多貪賄作弊要選差監察御史同差印烙兵部會議奏准暫且免差侯伯內臣止差御史二員同兩京太僕寺丞印俵天順元年南京御馬監太監馬琳等奏復舊制印俵成化元年都御史劉孜奏各處水災人民困苦准照先年事例革去內臣侯伯止差御史太僕寺官印烙搭配○十四年奏准比較馬政兩京府尹府丞聽納米贖罪○弘治四年奏准衛所騎操馬免比較其有孳牧去處照例每三年委官赴部比較凡虧欠埋沒違限等項參奏提問○凡印烙馬匹民馬照舊印左給軍則印右如京營邊關馬無右印即係盜買民間官馬追究問罪○兵部據直隸淮安府睢寧縣知縣邢義呈兩京太僕寺事體相同督牧無異北直隸每年該寺差官依時分投各處印烙給與隣近州縣喂養甚為便益今南京太

僕寺每年三月間各該州縣俱赴該寺聽俵往來覔累題照北直隸事體依時差官印烙交俵各備造過人户姓名并俵過馬匹毛齒送寺查考○五年兵部題南直隸馬駒倒該六年春初差内外官印配令地方水旱災傷人民艱難准照上年例通免差官印配本部行令兩京太僕寺分管堂上官遍歷司府州縣自行印配給養○六年令孳生兒駒看驗不堪及騾駒多餘者俱免印烙從其變賣以充買補備用之數○兵部題准本寺每年預於十一月内將該俵馬駒數目開呈南京兵部具本差人奏請委官依期印俵不許過時致妨農業以後每年春三月印俵馬駒○太僕寺卿彭禮奏准每年差去印馬御史同分管寺丞照例三年將所屬種馬選驗一次如兒馬老病不能拿馬騍馬漂沙等項不能揣駒者責令賣銀起解照數撥與存留堪作種兒騍馬駒補數如駒不足就將變賣銀兩買補○九年令孳生駒齒少力強而不足四尺以上者亦聽印俵○正德二年御史王濟題准早正種馬通行太僕寺分管寺丞逐一點驗除堪

以作種者仍令領養內有老瘦矮小不堪者即令揀出變賣并追完各項馬價收買好馬補足原額給與原戶領養府州縣官一年四次太僕寺官一年二次嚴加點視病瘦者痛爲懲治倒失者立限陪償每馬百匹病瘦倒失十匹以上管馬官查提究問其每年備用馬匹止令羣內照依丁糧朋買大馬一匹若羣內一戶生有好駒甚以備用聽從本羣人戶幇價起俵年終備將種馬并解過備用馬匹數目造冊具奏及送兵部查考仍每三年一次奏差御史二員同寺丞將見在并買補種馬查點印烙○四年兵部題民間孳牧馬匹近年以來漸至廢弛種馬倒死不能依時買補馬駒虧欠不能依例完納准行兩京太僕寺轉行分管寺丞及府州縣管馬官員督令養戶如法喂養依時羣蓋俟本年秋深本部奏差御史二員會同兩京太僕寺寺丞將見在買完種馬通行查點印烙若有拖欠備用馬匹一體查追造冊奏繳至五年以後照例二年着實科駒一匹聽候差官印烙不許一槩捏作虧欠倒失變賣之數以作折納銀兩每年

備用數目臨時斟酌奏派○六年都御史邊憲題稱山東地方被賊殘害乞將濟兖二府應印孳生陪補種兒騍馬除免該兵部議地方灾傷盜賊殘害不獨濟兖二府爲然南北直隷并河南等處亦各傷損人民艱難准將正德五年孳生馬駒例該今秋印烙者暫免差官以甦民困待後下年成熟一併印記○十三年太僕寺卿何孟春奏要種兒騍馬州縣掌印并管馬官半月一點該府管馬官三月一比較該兵部議法立弊生州縣官下鄉點視未免帶領跟隨人役必生求索科擾之弊仍照先年御史王濟奏准事例府州縣官一年四次太僕寺官一年二次點視但係曾官驗印烙馬匹俱令照舊喂養倒失追陪者照例施行所生馬駒止聽本羣自用不許抑撥别羣○兵部題准差御史二員各請勑一道一員前去直隷真定等府并河南山東等處州縣及京外衛所一員前去應天府并直隷鳳陽等府滁和等州將種兒騍馬逐一點視未完者責令買補如法印烙不堪者即令退換管馬官員闒茸不才妨廢職業提問叅究廉勤

能幹奉職有效者具奏旌擢各年拖欠備用馬匹嚴
督完解事完之日各將點視印烙過馬匹并查追過
備用馬匹數
目造冊奏繳

補虧則

周禮凡受馬於有司者馬死則旬之內更旬之外入馬
耳以其物更其外否

漢武帝末年詔修馬復令以補闕毋乏武備

宋建隆三年監牧失守遣中使詣邊州市馬補閑廐
治平四年令監牧司廣布善種務令蕃息○熙寧六
年立保甲養馬法保户馬斃保户獨償之社户馬斃
社户半償之文彥博吳充言三代有丘乘出馬有國
馬國馬宜不可闕且令法欲令馬死補償恐非民願

王安石力請行之至
元豐時其弊乃見

國朝洪武二十八年聚民户給養馬匹若不行用心孳
牧致有虧欠倒死者着令買補還官
洪武榜例凡倒失馬匹從民議和或一縣或三五羣
長輳價買補三歲以上八歲以下高四尺以上堪中
馬匹還官聽候驗印作數違錯及遲延者一體追駒
〇景泰三年申明買補種馬除騍馬三歲以上八歲
以下照洪武事例作數外但兒馬八歲多係矮小駑
鈍之材今後兒馬定爲三歲以上五歲以下方許補
數〇成化元年令各處買補孳生馬駒有司四匹軍
衛五匹折買堪操騸馬一匹以充備用倒後倒失者
騍駒三匹兒駒二匹各折買騸馬一匹騍駒每二匹
折買兒馬一匹〇弘治三年令寄養備用馬倒失買
補不及五分者掌印管馬官俱住俸追補〇六年太
僕寺卿彭禮應詔陳言兵部會官題差給事中御史

并本部屬官勘定種馬共一十二萬五千外每騍馬一匹兩年科駒一匹其倒失種馬兒馬遇赦不蠲每兒馬一匹追銀六兩騍馬一匹追銀四兩就將印烙好駒補數以十分爲率生駒不及八分者府州縣管馬官員提問如律分管寺丞本部參究見生馬駒每年奏差御史等官驗看堪中者印烙聽候補種起俵不堪者變賣銀兩輳補買馬○九年奏准各處倒失馬駒應買補者遇孳生蕃息之時量徵價銀解京以備各邊買馬之用大馬一匹徵銀五兩駒一匹倒失者徵銀三兩虧欠者二兩○凡府州縣買補馬匹不及五分者正官住俸一月不及四分者兩月不及三分者三月京縣不拘多寡止住一月其管馬官不及五分者全住○正德二年御史王濟奏准揀選種馬如果高大膘壯十歲以下堪作種者仍令領養内有老瘦矮小漂沙不堪者即令揀出賣價買補其倒失之數查係十七八歲以上者免其陪償官爲買補不及歲數兼有別項情由者立限責令收買身高四尺五歲以上七歲以下堪中馬匹還官補足原額各令

搭配成羣○八年兵部題孳牧之法係是祖宗舊制止可隨時損益以革蠹政之害未敢盡廢以爲紛更之舉令都御史趙璜奏要將種馬罷革不行買補亦恐馬政漸廢准行各州縣掌印官員將養馬人户清查中間種馬倒失不堪務令買補足羣數若果灾傷被盗民力不堪先將官軍兑下弱馬并奪獲賊人見在喂養馬匹及遺下孳生駒給與缺馬人户補完如再不敷或候秋收之後或動支原獲賊贓并變賣死馬肉臓銀兩通融處置幇貼買補務足原定額數○十三年太僕寺寺丞牛綱奏小民倒死馬匹官旣責限買補却又追收皮張銀三錢此外又有俵京備用南京騎操或時買戰馬科派繁擾准照先年事例明示榜禁今後領養馬匹倒死即令告官相剥其皮張鬃尾肉臓許民自賣轉銀買馬陪官○嘉靖六年兵部奉詔議應天等府州縣孳生種馬逐一查勘見在者責令相應人户照舊牧養若係先年倒失未補者候秋成之日陸續買補○十年兵部奏准種馬倒失虧欠旣係馬户自行買補而又追其皮張等價不

無科徵太重今後該屬除已徵在官銀兩仍令起解以後種馬倒死悉聽相剝變賣輳銀買補不許有司照舊朦朧追擾○十一年南京太僕寺卿王崇獻奏弘治九年事例種馬年齒未老作踐倒死者仍令馬頭陪償但老馬倒死者不曾開載查得弘治六年事例凡騎操馬匹原領者以承領日爲始買補者以印烙日爲始計在十五年外許賣銀納官另給免追樁頭銀兩准令後馬頭倒死種馬年齒未老照例追陪若本馬領養十五年以外者比照弘治六年寬免騎操馬匹事例免其自陪着令本羣人户查照丁田均勻輳價
買補

嚴禁約

周禮趣馬掌贊正良馬而齊其飲食簡其六節掌駕說之頒辨四時之居治以聽馭夫

宋制監牧使歲終較馬死數及分并生駒不及四分諸

不職者罪之

乾德六年太宗謂諸將曰諸軍養馬多有死損茍主將部轄有方秣飼依時豈有斃死之理會殿直李諤坐監牧許州盜官芻馬多死并主吏斬于市○熈寧八年乘越三百里者有禁

國朝洪武榜例各衛所府州縣管馬官職專提調馬匹

不許管署衛所府州縣事務及别項差占

凡有司官吏不許拘集馬匹赴州縣點視直待農閒時月委官指定某日到某羣親詣鄉村養馬去處點看但有指以點馬拘集人户在城聽候及牽馬州縣點視妨悮農業損壞馬匹産落胎駒者重罪○凡比較點馬文簿官吏自備紙劄不許科民違者治罪○宣德四年凡盜賣官馬者追罰馬二匹知情和買牙

保鄰人各罰馬一匹宰殺及偷買官驢者亦照此例
首告者於犯人名下追鈔五千貫充賞凡巡馬官每
三月一換○天順四年兵部奏准出給榜文行所屬
養馬衛所府州縣於各處孳牧所在常川張掛令後
養馬軍民若將官馬私借與人騎坐或耕田拽碾馱
載糧草并一應物件與兩人共騎并在京騎坐者照
依在京見行事例送所在官司問罪追罰上等馬一
匹入官所追馬匹附近去處具由解部南京等處就
於所在太僕寺交割○弘治二年兵部據太僕寺卿
王霽奏准移各處巡按御史及兩京太僕寺分管官
員嚴加禁約敢有似前借用寄養孳牧馬匹迎接使
客等項聽御史等官查訪提問叅奏照軍民借馬事
例斟酌每借馬二匹罰一匹五匹者罰二匹其官員
追完日方許復職管事分管寺丞每於年終將有無
追罰馬匹數目緣由奏報○九年吏科右給事中韓
祐奏准令兩京太僕寺轉行各該分管寺丞時常親
詣所屬州縣將所養馬匹用心看驗及密切訪察中
間果有仍前借撥官馬迎送積至瘦損倒失州縣五

十四府二百匹以上者指實參奏將借馬官員各降一級其民間私自馱載或借人騎坐及官司借用二匹或四五匹者仍照例問罪罰馬○正德元年兵部題准管馬官吏務要提督養馬人户依時羣蓋如法喂秣敢有逼令小民收買不堪馬駒及受財作弊并捏報虛數者事發照依所擬問發及計數罰馬○十六年申明今後坐派折色馬價到日不許羣長人等下鄉擾民止許羣長催羣頭羣頭催貼户羣頭同羣長當官交納不許分外多收折銀錢數及指稱到京使用并秤兑加耗等項銀兩其一應帶買附餘帶徵陪補倒失及扣作下年備用等項名色一併禁革如違許被害之家指實陳告從重坐贓究治○嘉靖二年奏准各府州縣官動支在官紙劄置立循環文簿二扇按季查考不許另造點冊科害小民○太僕寺卿劉麟題稱擅調寄養孳牧馬匹比照私借官畜産律條倒失者比依毀失官物坐罪追陪○十三年御史陳洙題各該州縣止照太僕寺總數任意科派每馬一匹納價至四五十兩者仍於養馬地内每畝科

錢五文名曰白地銀兩准行養馬地方凡遇坐派馬
價掌印管馬官員公同會筭本折色價銀若干每畝
均該出銀若干照名刋刻由票散給馬頭依數辦納
不許額外科斂如違各從重究○三十年南京太僕
寺少卿雷禮奏准各府州縣管馬官員多有貪饕恣
肆科索無厭以致豪强賣馬及羣頭侵尅職此之由
今後各該撫按衙門并兩京太僕寺轉行所屬府州
縣掌印管馬等官務要奉公守法體國恤民毋得仍
前科索小民自干憲典中間如果貪婪無忌者許被
害之人赴太僕寺陳告以憑叅提究問中間果有修
舉馬政賢能昭著者聽撫按官遵例舉薦以待擢用
該寺仍於每歲終將各該官員職名開造揭帖填註
賢否考語送部轉
送吏部以憑黜陟

按古今牧馬之政在官在民二者而已莫善於周而
亦莫弊於宋成周以民牧者如丘甸歲取馬四匹之

類平時則官給芻牧有警則民供調發然觀周禮所
載十有二閑與夫六閑四閑則天子之都諸侯之國
士大夫之家曷嘗不自蓄耶漢初天子不能具騂駟
及命太僕掌輿馬又勸民養馬者復卒而官不禁至
武帝初年衆庶街巷有馬阡陌之間成羣乘牸牝者
擯而不得會聚其古意猶可想也既征伐馬耗行一
切之令自封君以下出馬甚或假馬母歸息至匿馬
者有罪卒之内郡不足籍民馬以補車騎邊郡不足
發酒泉驢駞負出玉門關追輪臺之悔始修馬令不

亦晚乎唐初得隋馬三千於赤岸澤徙之隴右領以太僕又得張萬歲王毛仲以司之故麟德開元間諸軍戰馬動以數十萬計將校亦備私馬議者謂秦漢以來唐馬最盛其後以内外閑廐都使付之禄山卒藉之以叛而苑牧皆没是有唐盛衰之機於是乎占矣宋初委羣牧司自春放秋歸馬之出入莫不有法至熈寧間曽孝寛附王安石行保甲養馬之法雖元老如文彦博言於神宗不見用至元豐時其弊乃見始發有愧文彦博之嘆是不可以永戒者耶我

朝初設監牧至洪武二十八年省革覈民户給養馬匹令有司提調以後惟遼東山西陝西甘肅等處設官分牧是雖兼用宋法而中間責任禁約以暨賦筭買補之例調習較烙之方求所以去其弊者森然備具而於擇種馬尤丁寧焉凡以藏兵於民緩急取之猶外廄也於此見規制益宏遠矣百餘年來官吏鼠穴其中不復講求孳牧之法以致民脂日竭離其牝牡飼以枯槁是馬之生性滅矣況求其良乎目其弊者僉議民牧不便如大學士丘文莊給事中殷雲霄等

前後建請監牧而本兵終不敢輕議豈無見耶夫天下之法固有偏而未盡舉者而斟酌時捄弊要之求不失其初意而已故監牧者如萬歲毛仲其人則麟德開元之盛可再見不然使領雖重而不躬親宋已明言之矣使從民畜牧而官不爲害則如烏氏橋桃居塞致馬千羣孰非牧之於民耶故馬政之廢興實在於人爲國遠慮者求去其所以害民者得矣毋輕於議變法爲也

南京太僕寺志卷之二

南京太僕寺誌卷之三

徵俵

古者大事必乘其産生其水土而知其人心凡以服習其道利戎行也自井田廢而丘乘不講所恃馬以威天下者悉出於農雖漢唐之盛苑監實繁而物數登耗往往於民情休戚基之况散馬責息以資戎而不爲之極卹將何以掖其良而用之耶我

朝兼用前制於山陝遼東甘肅則官牧以備邊凡兩淮江南與順天等府及山東河南俱牧之於民而科其

息其節年講究利病如定課額選備用責管解通折價革包攬便寄養非不粲然明備而酌變宜民夫亦反其本而已矣

定課額

成周甸出長轂一乘馬四匹

每馬一圉每乘一師三乘馬十二匹三皁爲繫三十六四六繫爲廐二百一十六匹六廐成校校有左右則十二廐合三千四百五十六匹種合一廐廐有左右則一種四百三十二匹良馬五種則合二千一百六十四又駑馬一種三良馬一種之數則爲千二百九十六匹五良一駑凡三千四百五十六匹

漢有牧師諸苑三十六所馬至三十萬匹

太僕領五監六廐至武帝時平牡馬二十萬令人競
畜之故元狩中馬至四十萬匹○大初二年因征伐
籍吏民馬補車騎馬又匿馬者有罪有以民或匿馬
馬不具而長安令幾坐死者於是內郡邊郡馬益耗

唐貞觀初有牧牝三千令太僕卿勾當羣牧歲課功進

麟德中增八使五十六監馬至七十萬六千匹○開
元初修內外閑廐始增至二十四萬匹十三年增馬
至四十
三萬匹

宋初以羣牧總天下馬政凡四萬二千餘匹

端拱元年國子博士李覺上言榷市馬半直賜畜駒
之卒大率牝馬二萬而駒收其半亦可歲獲萬匹上
嘉納之○仁宗以大臣領監牧至天聖中馬增十萬
餘匹○熙寧八年以中書樞密院言河南北三十二
監自熙寧二年至五年歲出馬千六百四十匹可給
騎兵者二百六十餘匹堪給馬舖兩監收歲費及所

占牧地約收租錢總五十三萬九千六百三十八緡計所出馬爲錢三萬六千四百九十六緡而以得不稱失故廢之户配一馬責其息自此馬始衰

國初令軍民户養母馬一歲課駒一匹

洪武二十八年欽定凡補領或孳生三歲騍駒每二年納駒一匹○永樂二十二年令民養官馬者二歲納駒一匹○正統十四年令備用馬歲取二萬匹太僕寺取七分南太僕寺取三分俱限八月以裏解部發寺驗印給俵○景泰三年奏准凡兒馬十八歲以上騍馬二十歲以上免其筭駒○成化元年令孳生馬三年取用一駒○二年兵部尚書王復奏准舊例種騍馬每一匹兩年納駒一匹其有兩年生兩駒者許賣與本羣欠駒人户作正數令三年取用一駒虧欠必少其有服勤牧養人户三年生三駒或兩駒者悉令報官將議和錢收買另給空閑人丁領養騍駒照例筭駒兒駒解部轉發寄養備用○三年太僕寺

呈孳生馬匹舊例一年一駒後因虧欠數多改爲二年一駒今改三年一駒恐日久馬耗有悞軍機該兵部奏准復二年一駒○十七年兵部尚書王恕題准江南揀退不堪馬匹既徵銀起解又將不堪之馬令民領養未免重累今後江南去處凡遇差官印記馬駒之時除騍駒印記作種外其兒駒內揀選堪中者印記聽候起解并搭配騍馬羣蓋孳生若矮小不堪起解者不必印記就令養户領回變賣輳備價銀十兩起解及有前項該追陪兒馬亦免買補照例出銀十兩准作備用馬價起解○二十一年兵部准都御史劉璋題奉欽依各處原關騍馬委官驗看二十歲以上者免科駒新關騍馬停候二年方與科駒○弘治三年吏部等衙門尚書王恕等會議兩京太僕寺孳牧馬內歲取二萬匹送順天府所屬寄養准將備用馬每歲暫取一萬匹除北直隷河南山東俱本色并內永平府本折中半外徐州所屬解本色廬鳳二府滁和二州解本色七分折色三分淮揚二府應天江浦六合二縣解本色四分折色六分應天上元等

縣鎮江太平寧國并建平俱解折色如果緊急用馬照舊取用○六年太僕寺卿彭禮陳言馬政事該兵部會議准差給事中等官勘選各處見在種兒騍馬高大膘壯者存留作種不堪之數責令賣銀輳買好馬補數大約以種騍馬十萬兒馬二萬五千爲率每騍馬二年者實得駒一匹以十分爲率生駒不及八分者就將管馬官提問及將倒死虧欠例不該免種兒騍馬并駒免追本色每大馬一匹追銀五兩每駒一匹倒失者追銀三兩虧欠者追銀二兩還官○九年令一馬兩歲連生二駒者除納官外聽其自用○十七年兵部尚書劉大夏題准各都司衛所種兒騍馬數目增減兊換撥補俱令掌印官管理嚴督各軍依時羣蓋用心喂養以圖孳生不必另委管馬官員自弘治十八年爲始每種馬一匹照舊二年科駒一匹○十八年太僕寺呈自弘治二年以後每年備用馬止取一萬匹十七年爲因南直隸災傷停免三分止派本寺所屬馬七千匹今見在寄養馬匹數少該兵部題准將十八年再加派七千匹共一萬四十匹

南京太僕寺三千五百匹本寺止取馬三千五百四
○正德二年御史王濟題下兵部奏准各處將種馬
補足羣數每年歲取備用一羣之內各照人丁地畝
議和朋納本色或折色大馬一匹共取二萬五千匹
太僕寺所屬取七分南京太僕寺所屬取三分若羣
內生有好駒堪以備用聽從本羣人户幫價起俵折
色者徵銀十三兩其本色折色分數本部仍臨時酌
量奏請設遇緊急量爲增添不拘此例○十年兵部
題地方多事派馬四萬匹太僕寺取七分俱本色南
京太僕寺取三分本折中半○十二年御史周鵷奏
每年徵價備用馬匹立爲定例悉照正德二等年數
目坐派每年積有餘馬於內量減本色扣加折色積
有餘銀存備用馬數多年分作價收買不致乏濫多
派難於徵納但恐以後官員意見不同仍復更張致
爲民害仍令每年派馬務守前例如有任意更添者
聽兵科論奏改正○嘉靖二年監察御史謝汝儀奏
准今後種馬生有好駒者聽其幫價起俵有無生駒
或矮小不堪仍照御史王濟所奏事例施行○三十

年邊警乏馬兵部題催本年分本折馬匹銀兩限二月終及預借三十一年分限七月初到部該南京太僕寺少卿雷禮奏准復舊制擇丁以養馬嚴限以課駒行追陪倍罰之法免徵銀買馬之擾俟一二年之後牧事蕃息其兒駒膘壯如式者即與起俵其矮小不堪及騾駒一聽變賣以備買馬之用

選備用

周禮校人辨六馬之屬凡軍事物馬而頒之

馬八尺以上爲龍七尺以上爲騋六尺以上爲馬

漢景帝四年御史大夫綰奏禁馬高九尺五寸以上齒未平不得出關

馬援好騎射善别名馬得駱越鑄馬式馬高三尺五寸圍四尺五寸有詔置於宣德殿以爲名馬式

唐制凡征伐而發牧馬先盡彊壯不足則取其次錄色歲膚第印記主名送軍以帳䭾之數上於省

宋馬政凡給用之等十有五

曰簡中馬曰不得支使馬曰添價馬曰國信馬曰臣寮馬曰諸軍班馬曰御龍直馬捧日龍衛馬曰拱聖馬曰驍騎馬曰雲武馬天武龍猛馬曰雜配軍馬曰雜使馬曰馬舖馬自恩賜外皇族及内臣伎術官要司職掌皆給借之

國朝洪武榜例凡管馬官吏提督看驗馬匹有生質奇異與種馬不同者明白申報

洪武定例凡兒騍馬務要三歲以上八歲以下高四尺以上方許作數○成化十二年兵部題准每年該

解備用馬匹本寺預先照數分派行令分管寺丞督
同府州縣并管馬官員於該年兒駒内揀選身量高
大齒歲相應者解京備用其矮小瘦弱不堪之數悉
留本處聽候搭配補種如揀選不敷除江南照例折
納銀兩外其江北府分不該納銀者就於倒失馬匹
應該追補人户内量追價收買堪中馬匹補數不許
仍前將不堪馬匹一槩起解○弘治九年吏科右給
事中韓祐等奏起俵備用馬匹惟當精選於起俵之
初不當濫退於到寺之日既到而退在官則缺馬在
民則傷財公私俱困該兵部題行兩京太僕寺轉行
分管寺丞每遇行取備用馬匹務預先親詣各該州
縣將孳生兒駒并買補馬内揀選堪中者照例造成
小冊備開人户姓名馬匹毛齒尺寸責付管馬官員
解部發寺驗收不許將不堪馬匹一槩濫解往復人
難若各該寺丞不行親詣揀選到寺之日每一百匹
揀退三十匹以上者本寺開報本部以憑叅問若解
馬堪俵毛齒尺寸對冊無差該寺聽信醫獸人等妄
言濫退亦許該管寺丞或承委解馬官員將揀退馬

匹送部看驗定奪○十八年邊方有警兵部照例添派歲用馬一萬匹太僕寺所屬取七分南京太僕寺所屬取三分內折色一半悉照原擬兒騸大馬毛齒尺寸務精選膘壯北直隸山東河南俱限九月中南直隸十月終并折色銀兩各差管馬官員依限解部發寺看驗如式方准俵養聽用不許違悞○正德二年兵部題孳生之駒雖稱種騍馬十萬每年科駒五萬柰近年各處養馬之家盡倒失虧欠有名無實准御史王濟所擬不必較其有無有亦不必印烙每年備用止令一羣之內各照丁田議和朋納本色或折色大馬一匹仍各將羣數隨其多寡分爲兩班編成格眼互相輪流今年解本色明年則解折色除折色徵銀十三兩外其本色務要身高四尺兒馬五歲騸馬八歲以下者方許作數俱令該管寺丞驗看各差管馬官吏依限起解○十三年太僕寺卿何孟春奏准每年備用馬匹令分管寺丞正月中出巡選取頭運馬四月中出巡選取二運馬務要遍歷將派到備用馬照依時價及解俵草料盤纏查照人丁地畝會

計其户該派銀若干預先出給告示使民遵守出辦
明合收買好馬俱要三尺八寸以上兒馬六歲以下
騸馬九歲以下蹄腿周正方准作數就差管馬官解
俵如無管馬官另差本縣相應官管解不許順差別
縣官帶解以致責任不專事有推調申批內俱開寫
寺丞某人督同府州縣某官驗過如到寺之日看驗
不堪先將解馬人員送問馬匹發回換補州縣原驗
官提問驗退五十匹以上將該府管馬官提問一百
匹以上將該府掌印官并分管寺丞俱住俸三箇月
一百五十匹之上該府掌印官并寺丞俱提問若齒
尺相應止是在途瘦損將管解之人送問以上該提
問官在內寺丞奏行三法司在外官行巡按御史提
問○十六年申明各處近年馬匹四尺以上者少難
以例責今後騸馬三歲以上八歲以下兒馬三歲以
上五歲以下雖不及四尺而齒力相應者亦許作數
但不許將矮小老弱不堪者一槩搪塞○嘉靖七年
太僕寺卿余瓚等題准行府州縣掌印管馬官員自
嘉靖八年為始每遇派取馬匹該府管馬通判親詣

各該州縣督同掌印管馬官照例驗看將堪中馬匹毛齒尺寸造册條分管寺丞巡歷覆驗堪中與册相同方差管馬官起解管馬通判造册二本送府印出給總部赴部一本留備查照一本轉發該寺查對驗收如驗看不中發回換補〇十年太僕寺卿戴金奏准管馬官員有解俵馬匹俱膘壯高大數多中選并無虧欠者聽該寺驗馬少卿公同掌印官員并分管寺丞會呈兵部查同奏請奬勵仍咨吏部量加陞擢若貪汚作弊者亦聽會同奏請罷黜〇三十年南京太僕寺少卿雷禮奏稱江南江北起解備用馬匹卒多矮小不堪及解馬文册空白不填毛齒多被積年馬頭人等每匹多科銀兩通同解官醫獸剋減肥已却減價收買不堪馬匹抵數今後各該州縣將歲派備用本色馬匹不拘孳牧收買務要身各四尺年齒相應掌印官親驗合式條分管寺丞驗中備造毛齒尺寸及馬户姓名文册用印鈐蓋倒文解送本部轉發太僕寺驗收不許仍前縱容積年馬頭馬販通同解官醫獸人等兜攬侵剋及用空白文册虛文倒解

等弊違者聽分管寺丞
查究照依律例問遣

責管解

周禮馬質凡受馬於有司者書其齒毛與其價馬及行
則以任齊其行

宋太平興國八年詔䕅馬官取良禁駑委長吏印記之
淳熙十五年趙汝愚奏黎州買馬乞照舊法不拘尺寸上曰祖宗時有西北馬可用黎馬止是羈縻今作戰馬如何不及格尺所乞難行

國朝洪武初令養馬户每歲將上年所生馬駒起解赴
京調撥

天順二年兵部題准選取預備馬每年二萬匹兩京太僕寺俱限八月以裏解部送寺給養備用如違原限照例送問○四年奏定各衛府州縣馬二十匹以上差官管押若有事故及二十匹以下方許差吏違者照例參送法司究問○成化十六年太僕寺少卿呂雯奏南直隸該俵備用馬匹俱是管馬官吏貪圖賄賂聽從馬里長大户人等通同馬販攬買瘸瞎老瘦不堪馬匹及驗退遞年拖欠不得完結要令南京太僕寺官督俵該兵部題准南京太僕寺官員有限勢難督俵今後起解本色馬匹要經分管寺丞驗中印烙公文批文文冊内務開寺丞某人驗解緣由果有中途倒死者即於所在官司告行管印官相剥許將肉臟變賣以候買馬之用皮張鬃尾就彼入官取相剥公文齎部發寺印記給養非經官印驗者不收有洗改字樣送刑部追問○二十一年都御史劉璋題准南直隸府州縣逐年買解備用兒馬止令照數選買起解免令用印倘遇揀退以便變賣○正德十三年題准每年起解備用本折色馬匹各差管馬官

員起解若差吏并土官義民人等管押以致中途抵換作弊誤事就將承批官吏人等先行參送法司究問經該并托故官員年終類參○太僕寺卿何孟春奏准該寺掌印官如遇解到備用馬匹即便查照原來文冊看驗齒尺相應方與印俵若是毛齒尺寸不同顯有抵換情弊及揀退數多具由呈部以憑參究仍照先年事例就於鬃下用退字小印以杜奸弊○十四年兵部題准起解備用馬匹南直隸頭運限四月終二運限八月終解到仍行印馬御史不妨原委通查原派本年分解京馬匹違限者將各州縣掌印管馬官住俸催解完者方許關支若違原限三箇月之外不行完解將州縣管馬掌印官提問照舊住俸催解其各府掌印管馬及分管寺丞通計所管馬匹以十分爲率拖欠五分以下不完者參奏提問○征南官軍缺馬交兊兵部題行巡撫都御史一先將頭運不完府州縣掌印管馬官住俸文書到彼一箇月以裏不完就將府州縣各掌印官并各府管馬官提問各州縣管馬官督令解馬到京之日送問敢有托故

不行赴京解馬希圖脫免行提解京問罪因而失誤
軍期本部臨時叅究依律治以重罪其二運馬匹亦
陸續徵完起解一如過違期限三箇月之外不完照依
頭運不完事例一體提問仍行太僕寺將分管寺丞
各管馬匹拖欠違限不完分數查明呈部另行叅奏
提問內有欠馬數多廢弛太甚官員提問畢日送吏
部奏請降調外任○應天府通判張海奏府屬上
元等八縣折色馬價每年通計不滿二萬本府管馬
總部通判督同各縣有管馬官者主簿一員無官者
吏一名小縣者解户二名管解赴部發寺交納往復
盤纏使用皆出於民准行令本府每年將各縣官吏
量爲輪流減差跟隨總部管解○十六年兵部題備
用馬匹派正德十一年分二萬五千匹太僕寺所屬
取七分本色南京太僕寺所屬取三分本折色中半
俱違限未到見今聲息緊急出征馬匹數多不敷兊
給行各該巡按御史查勘拖欠并倒失馬匹各府州
縣掌印官俱住俸管馬官俱取招革冠帶住俸督令
上緊買補起解限至本年九月終不行解完俱提問

内拖欠數多及訪察平昔貪懦無為官員參奏罷黜
監候奏請定奪其兩京太僕寺將各分管寺丞俱住
俸督催完解候至九月終通將催完馬匹該寺類總
具奏本部臨時查照數目多寡情罪輕重參奏○嘉
靖十年太僕寺少卿戴金奏准各州縣起解馬匹如
遇管馬官員缺即於本衙門以次官員如無以次官
員方許隣境州縣委官與同該吏代解裁革縣分承
行應差吏典不許托故改差候缺農民人等仍於公
文内備開掌印某官管馬某官或有丁憂事故陞遷
去任明白開報本寺年終查考其南直隸限期仍舊
以六月終如在途或有疾病事故非力所及以致違
限者具本處官吏人等保結明白及馬銀完足別無
改差代解等弊免其問罪如有故違限期者先將承
批人員照舊參問○十一年御史王袞條陳各該州
縣押運判官主簿似為太多要止差管馬通判總部
或輪流各州縣佐貳首領官員總部分領該兵部議
得各該州縣馬匹有完欠先後不同勢固非一時所
能類齊力又非一人所能兼管准令後各州縣起俵

馬匹有管馬官處遵照舊例不許差吏并土官人等其裁革并缺官州縣聽於所屬或附近州縣俵馬官帶解二三處○都御史劉節題每年馬價銀兩止責付本府州佐貳官一員總部量帶羣長馬頭押解赴部轉發交納該兵部議南直隸所屬各州縣原係本色者還該徵解本色馬匹若止令各府州佐貳一員總部恐各州縣買解前後不齊未免羈肘悞事今後如遇徵派折色銀兩年分照依所奏鑒字印封差本府州佐貳官一員總部各羣馬頭依限解納不許轉委首領并縣佐等官代解若係徵解本色馬匹年分仍照近日題准事例施行不許差吏并土官人等○三十年南京太僕寺少卿雷禮奏准兩京太僕寺歲派各處本折馬匹專爲供應京營宣大等鎮官軍騎征之用解俵有限違限有罪立法本嚴遵行年久人心玩愒往往故違限期有誤急用今後照先年題准五月到部定限起解各該州縣管馬官員如有違限不完者聽該寺徑行題問若掌印官坐視及過一月不解者知府以下悉聽指名參究其各府州縣管一馬

官不行親自總部者俟年終類叅行巡按衙門提解來京送問中間果能依限完解者照例奬勵

通折價

漢初令郡國歛馬口錢

昭帝元鳳二年除之

宋熙寧八年廢諸監籍常平出子錢以爲市馬直

自保馬法行斃者陪償不貲於是民有納錢之害國乏牧馬之利而保甲皆兼市馬矣

國初令各處起解折糧馬匹到部須獸醫辨驗明白具奏送御馬監交收

洪武中各處土官衙門秋糧各依原認數目折納馬匹有糧二十五石有餘折馬一匹者有五十餘石折

馬一匹者馬或不堪責令差來土官陪納○成化二年兵部尚書王復奏准南直隸地方遞年起取餘剩兒馬多矮小不堪征操今後江南該解馬匹其不堪不敷之數每匹征銀十兩類解收貯隨時官買寄養給操○十七年兵部擬直隸徐州豐縣知縣田良等奏本縣拖欠各年馬匹數多所産瘦小不堪解俵乞照例折收價銀題准通將江北府州縣自成化十二年起至十五年終止拖欠備用馬匹俱折價收納○二十二年都御史劉璋奏稱淮揚二府滁和二州雖在江北實與江南地方相去不遠所産馬匹矮小不堪騎操本年分暫照江南事例每匹折收價銀十兩解部秤收買馬○太僕寺丞劉鏞題准南北直隸府州縣拖欠備用馬匹自十六年至二十年止各以十分爲率一半照依江南事例每馬一匹折銀十兩解部發寺聽給邊方買馬支用一半照舊起解本等馬匹其二十一年以後拖欠者仍令買俵○二十三年都御史周粤王克復各奏稱廬鳳二府所屬并應天府江浦六合二縣所産馬匹矮小准照災傷將弘治

元年馬匹每匹收銀十二兩以後照舊○弘治十五年兵部派取備用馬一萬五千匹太僕寺所屬七分南京太僕寺所屬三分於内折色一半照舊徵銀十兩其本色馬匹果係孳生馬駒齒歲身量相應者方許起解不足之數不必重價買馬每匹徵銀十五兩解部發寺收貯買馬○十六年都御史彭禮禮科右給事中王績各奏應天府屬及太平鎮江等府俱在大江以南風土不產好馬難備軍前應用欲弛舊例以圖實用每年印烙馬駒務要逐一點閘查審不必拘於八分事例果有孳生好駒量與印烙聽候補種取用如遇倒失追賠本色不堪之數不必印烙每匹令其變賣銀三兩倒死徵銀亦如其數虧欠者徵銀六兩敢有遷延過年不納或虧欠捏作倒死事發各追銀十兩備開數目解部發寺買馬支用以後每年起取備用馬匹查照該派江南之數除豁不必再似往年加派○正德八年奏准每折色一匹徵銀一十五兩原係本色改徵折色每匹徵銀十八兩○十四年應天府通判張海奏准江浦六合二縣原派本色

馬四十八匹暫改折色每匹折銀一十八兩解太僕寺買馬支用○十六年南京工科給事中王紀等奏南方水鄉所産馬匹不堪邊用要免其牧養種馬定立歲辦額數量徵價值解寺收貯從便買用該兵部議寧國太平鎮江三府廣德并徐州俱派折色與奏相同惟應天淮揚廬鳳五府滁和二州雖有本色之數亦有折色中半必欲通將南直隸備用馬匹俱派折色徵解誠恐邊方卒有警報騎征官軍奏允不給縱使發銀收買一時豈能濟事仍照先年例本折中半○兵部題南直隸鳳陽等府地方解到馬匹俱各身量矮小不堪俵兌暫准嘉靖元年分備用馬匹南京太僕寺所屬取三分俱折色原係折色者每匹照舊徵銀一十八兩原係本色者每匹加銀二兩共徵銀二十兩起解收貯○嘉靖元年兵部題准地方災傷行南直隸掛欠馬匹州縣自正德十六年以前曽經起解到部送寺俵驗不堪退回馬匹聽從變賣每匹照依南京太僕寺卿潘希曽所擬徵銀一十八兩解部發寺收貯買馬支用○十五年都御史周金題

淮撫屬地方連年災傷民困至極將淮揚廬鳳四府滁和二州嘉靖十六十七年分該解備用本色馬匹暫准照例折價以後年豐照舊本折中半〇十七年兵部題本年分備用馬匹照常年該派二萬五千匹但各處有水災起解與喂養不前若派不足又恐調用不敷准量派備用馬擠乳馬共七千匹其餘照先年題則原係折色者每匹仍徵銀一十八兩原係本色今改折色者每匹仍徵銀二十兩〇三十年兵部奏准邊陲多警北方乏馬收買今後南直隸起解折色不分永改及暫改俱徵銀二十四兩解部發寺收貯買馬

革包攬

宋熙寧八年令邊人越界趨利者罷之

自罷監以後民養一馬不善調習緩急無以應用於是保甲市馬者紛然邊人多盜馬趨利以售販徒至

是令禁之○乾道以後詔淮郡市馬於是多有越淮盜馬來市者時曾昭守濠州至以其馬起綱至行在北人以爲言淮西帥臣趙善俊奏其事大臣欲下令還之孝宗以爲失體乃諭善俊執死罪囚付昭令斬之曰此盜馬者也於是一綱已至御馬院命濠州以死損報而次綱未至者皆遣還之昭坐追官放罷自是不復買

淮馬矣

國朝令司府州縣起解馬匹有馬販兜攬作弊者發邊

衛充軍

天順二年令官軍人等强奪起解馬匹者問罪罰馬一匹仍枷號一箇月○成化十年奏准各處解馬赴京有攬兜價值將老馬攙雜驗印者事發俱問罪發邊衛充軍其起解馬除例應折納外有齎價赴京通同收買者問罪○十五年奏准羽林前等衛千户姜聚等各人積年在於太僕寺門首兜攬各處馬匹誆

騙馬價却買瘦弱及賊馬朦朧印烙補官剋落銀兩肥已但遇緝捉就行逃躲通同醫獸人等虧損數多送法司究問明白枷號於本寺門首示衆滿日發遣邊衛充軍○弘治五年奏准各邊軍民將不堪馬匹設計中賣及管軍官以私馬俵與軍士多支官價者官軍調邊衛帶俸食糧民及餘丁附近充軍通同作弊者枷號一箇月發落○八年都御史侯恂奏准今後軍民舍餘人等收買年老瘦小馬匹通同權豪之家醫獸人等作弊收印比照太僕寺見行馬販包攬賣官馬事例如係官軍俱調極邊衛所差操舍餘人等俱發附近衛所充軍引領光棍作弊醫獸幷詭名伴當人等俱用一百斤大枷枷號一箇月滿日照依常例發落干碍內外勢要官員奏 聞區處○正德十年奏准敢有倚勢兜攬囑託賣馬及通同官吏醫獸人等作弊浪估價錢瞞官害民者俱用一百斤大枷枷號一箇月滿日官軍俱調極邊衛所差操舍餘人等俱發邊衛充軍官吏醫獸人等一體重治干碍內外勢要人員徑自指實奏請究治其攬哄老病原

馬驗退仍還原主所得價銀若指勒不還許被害之人陳告一體枷號治罪

便寄養

宋大中祥符四年徙京師馬付外監寄養

京師馬舊留二萬陳堯叟因芻粟增直請留七千自餘悉付外監仍欲於七千之中更以四千付淳澤監可省芻粟三百餘萬若有給賜朝取夕至矣此寄養之始猶寄外監未嘗散官馬於民而責其償息

國朝正統十四年令順天府所屬州縣寄養各處起解備用馬匹照北直隸事例論糧分俵其本府各州縣原領孳生種駒改撥永平等府空閑人户領養

成化二年奏准南直隸起解寄養備用馬有矮小不堪及不足數者每匹徵銀十兩解部發太僕寺收貯

以備收買○弘治元年太僕寺卿李溫題順天所屬寄養馬匹因人民差役浩繁照管不前以致倒失數多准將本年該派備用馬二萬匹除折色價銀照舊派解外其本色馬匹暫留本處喂養不必解京仍令分管寺丞看驗堪中備開毛齒造冊送寺備照俟順天府見在寄養馬取用交俵過若干或遇有緊急缺用移文調取依限解京不許遲悞弘治二年以後銀馬依例起解○三年兵部題征調馬匹每歲例該選取備用馬二萬匹於太僕寺所屬取七分南京太僕寺所屬取三分以備京營并各邊不時領用騎操後爲脩省事該吏部等衙門尚書王恕等會官議得順天府所屬人户寄養馬匹負累艱難每歲暫取一萬匹如果緊急用馬照舊取用○凡寄養馬倒死告官給印信文帖相視開剥如無文帖而開作倒死者以盜賣論○五年兵部會議題准兩京太僕寺孳牧馬内歲取二萬匹赴京送順天府寄養因連年倒死數多尚有三萬四千之上太僕寺官庫亦有收貯馬價銀四十二萬餘兩今後取本色折色臨期奏奪如果

緊急用馬照舊取用○十四年太僕寺少卿王質呈
南直隸解到備用馬匹多不堪給軍騎操收則累順
天等府寄養退則解馬人户盤費艱難該兵部題准
太僕寺看驗果係堪騎操者照例驗發寄養不堪者
退回變賣并將各年拖欠未解馬匹俱令每馬一匹
出備價銀一十五兩解部發寺轉發開市買馬寺丞
照例收買好馬以備征操○嘉靖十三年題准各差
管馬官員凡本色馬匹務揀選身高四尺以上兒馬
五歲騸馬八歲
以下庶便寄養

按國之大事在戎而戎之所重在馬周制六軍車乘
悉出於民而校人所掌者特給公家之用而已當時
不聞其乏馬而馬之在民者亦未聞其爲害自秦人
首開阡陌歷漢唐以下兵車不取之田賦戎馬各從

官給及宋罷監牧改保甲出馬遂爲民病豈古今土地生牧相遼絶哉李覺云養馬之卒有罪無利是以駒子生乃驅令齅灰而死蓋喂養多而草料不貲其害必至於破産彼虧欠倒失陪罰不過數緡孰肯肥公家以剥已膏若耶且户配一馬分日而飼縶之維之其可以蕃息乎此文潞公所以痛言於宋也我

國家賦牧於民蠲其科徭即復卒之遺意初行江淮數郡至永樂十九年都北京則又行於山東河南并北直隸七府

聖謨神筭榜示利病豈無懲於宋事耶第承平日久玩愒乘之加以官吏點視刑責科罰百端害之所在人所必避故百姓惟恐息駒貽害不謀爲之隱諱則謀爲之衝落所以生息日微縱有所産率多矮小卒不免宋人之弊者勢則然也而因噎止餐者遂謂江淮不宜産欲革去種馬科户出錢應買是無田而責其租爲無名之徵矣豈知

聖祖藏賦於民之深意耶况江淮自春秋以前列國不相通所用之馬皆取於本國而已觀申公巫臣使吳

教吳乘車蹙楚是吳亦自有馬也又宋南渡以後凡中國宜馬之地悉爲金有惟市於淮郡而張韓劉岳之出戰亦未聞其乏馬則知牧馬之政脩之由人不在於地余靖已言之於宋矣使必拘之地產則錢氏置監於婺女昔何號爲馬海彼衛之騋牝三千魯之駉駉牡馬至今又何其寥如也且起俵馬匹類買於販徒凡以得之民也民一也甘於售馬販而不樂於爲官養是可不深求其故耶雖前後建白如通折價便寄養要亦因時灾傷暫通其變以宜民而已於定

制不敢改也使孳牧有道則田埜盡精騎朝發而夕可至矣又何必市之馬販徒以罔民已哉是在典牧者加之意而已

南京太僕寺誌卷之三

南京太僕寺誌卷之四

關換

自井田盛於三代盈天下皆馬也其戰陣士卒必與車乘相麗平居則秉耜以耕有事則輯乘以往及兵農既判而燕趙邊胡各以勁馬奔衝取勝秦遂有騎卒歷漢唐以降相沿不改其行軍之馬一出於公或以監牧或以民牧於是古制日湮不可復振矣今江淮一帶孳牧歲供京營宣大等鎮官軍騎操及一應緊急調用其大小展諝陳慮如驗允納急需征專稽

察酌陪罰凡求馬得其養軍得其用不失所以衛民者而已故著兵農分合之由以稽世變云

驗兌納

漢制令民共出馬補車騎

居閑則免三人之筭有事則當三人之卒○中平元年詔公卿出馬弩覈馬非郊祭之用悉出給軍

唐以監牧之馬給軍

唐府兵之制當給馬者官與其直市之每匹錢二萬五千刺史折衝果毅歲周不任戰者鬻之以其錢更市不足則府供之至府兵漸壞兵貧難致乃給以監牧之馬○永泰元年代宗欲親擊虜魚朝恩乃請大搜城中百官士庶馬輸官曰團練馬下制禁馬出城者已而復罷

宋制令監馬十三歲以上者配軍

定康初陝西用兵馬騎不足詔京畿京西淮南陝西路括市戰馬自四尺六寸至四尺二寸其直自五十千至二十千凡五等敢輒隱者重寘之法○熙寧六年西北用兵頗調户馬以給戰騎借者給還死者償直七年六月遂詔河東鄜延環慶路各發户馬一千以給土兵馬户既配兵後遂不復補京東西既更爲保馬而諸路養馬指揮至八年四月乃罷

國制凡官軍關撥馬匹操練行移到司須要該衛官吏保結關馬官軍原有馬匹下落果係曾經征進慣戰人數及無馬匹方纔具奏關撥後有事故該衛拘收還官其官軍人等奉

旨關撥馬匹亦須備知數目

洪武間凡各衛原關馬騾驢轉名銷號如是典牧所太僕寺關領之數各府衛取勘明白行兵部轉行太僕寺典牧所銷號○永樂四年令管步軍官告關馬者不准有騾馬與兒馬願換者聽○宣德四年置給馬勘合每關馬一匹給勘合一道填寫齒色年月付領馬之人收執遇倒死等項陳告註寫應償者追視齒色附簿開註勘合與馬如前收領再有事故照例償給如領馬之人有故馬給勘合從所管轉付應得之人收領○正統四年奏准官軍領馬騎操必行本衛造冊送部并太僕寺外衛操備者行該府造冊關領○天順二年奏准官軍領馬太僕寺具俵過數目毛齒及官軍姓名年月行各衛造冊送部如關領數多開報數少或倒失轉交隱匿不報者許諸人首告拏問○成化二年兵部尚書王復奏准各營各邊該關馬匹務要把總管隊官員從實審勘曾無關領馬匹即今緣何缺馬備造文冊一樣二本送部并太僕

寺各邊送巡撫官并行太僕寺查考不係重冒方許
關領仍嚴令官軍用心飼養春夏改騸牧放秋深騎
操○弘治元年奏准南京官軍應關馬匹在江北者
赴南京太僕寺給領在江南者本寺委官一員赴南
京給散○二年南京太僕寺卿秦崇奏南京大小教
塲見關馬二千八百七十七匹准作備用各年拖欠
之數以後凡遇南京奏關馬匹俱照此例○三年都
御史李昂奏准直隸淮安府屬二州九縣前官拖欠
成化十一等遠年未獲批迴備用馬二千餘匹因地
方連年灾傷人民貧苦將本年近年解俵過南京騎
操馬六百九十四准折遠年拖欠備用馬匹其不彀
之數從緩追解存省民力○四年南京兵部奏准將
營內見收在官椿頭朋合銀兩盡數查盤明白每馬
一匹扣筭銀十兩每營委官一員管送太僕寺公同
本部委官秤收入庫另項作數聽候邊方買馬支用
該寺轉行所屬寄養馬內揀次選取堪中騎操赴部
逐一看過以定堪中之數送太僕寺通類造冊以憑
照名揀次給領○七年奏准官軍應關馬匹兒馬自

八歲以上騎馬十二歲以上別無傷殘者並准給領各衛及邊關亦照此例凡各邊缺馬騎操奏關銀兩收買者本部委官一員同太僕寺官於收貯馬價內照數支出差官運赴鎮巡官處交收○嘉靖八年南京兵部咨南京各營騎操馬匹遇有倒失被盜照例支取地租樁頭等銀買補行南京太僕寺選取寄養馬解部驗發該兵部參照南京各營明知馬政國家重務每有差派非奉 明旨輒敢專行今後各營倒失被盜馬匹俱照京營事例追收樁朋銀兩老弱瘸瞎者會官看驗如果騎操十年以上免追樁頭照舊送應天府變賣銀兩送該部收貯與倒失馬俱量助租銀每匹通以十二兩爲率若此外別有緊急缺馬騎操聽各官臨時奏 請定奪

急需征

漢元鼎二年渾邪王來降籍郡國畜馬以備征調

唐元和十年代蔡命中使發河曲馬出征

宋太平興國四年伐大原使吏民馬十七萬以備征討

雍熈四年北虜未平分遣使臣收京城諸道馬[illegible][illegible]戰騎〇紹興四年邊患告急支茶博司馬以補[illegible][illegible]

國朝正統十四年虜犯都城令南直隸選堪騎征者七

千解俵

正德六年都御史叢蘭奏要將所屬該解馬匹存留交與官軍騎用該兵部題先因騎征殺賊除廬鳳二府解過一千外其有未解未完之數將六年分馬匹俱准暫留在彼騎用開數兵部查考事寧之日督屬照例起解〇十四年提督軍務總兵官左都督朱泰行文要將征進瘦弱并倒失馬匹行南京太僕寺區處完換該兵部議查南京太僕寺所屬本年未解備用折色馬五千四百五十四匹准行南京太僕寺并

南直隸各該巡撫都御史各差少卿寺丞將前項本年未解備用折色馬價收買馬匹聽候征南官軍補兊如一時收買不敷將相應種馬及正德十五年徵完備用本色馬匹輳數交兊畢日南京太僕寺備細造冊奏繳及造清冊送部查考○兵部左侍郎王憲咨各起官軍並進誠恐騎征馬匹沿途倒死瘦弱乞要議處具奏行兩京太僕寺先期調取各項馬匹各在經過府州縣俟候換補該兵部議得各項征進官軍啓行之時俱已兊有正馱馬匹沿途不過恐有生病倒死數亦不多題行侍郎王憲會領軍官沿途遇有倒死馬匹就令所在官司相視收貯皮張及有生病馬匹亦就寄留所過官司喂養各於所在官司取兊不分備用種馬及里甲馬俱准兊換若所在官司馬不彀兊聽於鄰近州縣取兊畢日各聽分管寺丞查明備行兩京太僕寺造冊繳部查筭開銷仍將交兊過總數具奏務要一馬兊換一馬不許乘機混亂抵換盜賣如違聽各該巡按御史舉奏究治○南京太僕寺呈奉南京兵部劄付調取馬三千匹爲因地

方有警誡恐緩不及事已行分派起解[illegible]
京兵部既已一面行文調取亦當具由奏聞准[illegible]
南京兵部查勘原取馬三千四匹毛齒并交兑過官軍
姓名備造文冊奏繳查考事寧之日發回領養○嘉
靖三十年調兵禦虜奏准預借三十一年分
本折馬匹銀兩限七月初起解不致違悞

專稽察

宋制騎軍歲番戍並委提舉指揮使監之

淳熙十五年侍衛步軍都虞候梁師雄言三衙每年
取押綱馬草料失時多致羸瘦蓋由提調官失於檢
察今後各令所差將官往來巡視務要草料齊整所
差將官歲一更替○嘉定六年臣僚言將佐之馬往
往取之馬軍則馬軍雖合請三百止得一百食錢而
主軍者密收其二分之一又統制官占馬至四十五
匹名料馬豈特占請馬料每一匹必有一卒以頂其
名而盜取其錢以入已者今欲措置立為定額詔統

制官止許差破戰馬六匹統領官差破四匹馬步軍正副準備將各止差破兩匹其減下馬拘收從公撥付入隊官兵如法養喂約束自後不得輒於官兵名下差撥換易從之

國朝永樂十一年令御史同錦衣衛官巡視官軍放牧馬匹

宣德四年禁官軍人等不許將官馬閑時帶鞍騎坐馱載物件兩人共騎及婦人騎坐違者御史給事中同錦衣衛官拏送兵部罰馬一匹仍送法司問罪○九年命兵部官同御史給事中點視征操馬匹借點及借與者共追馬一匹馬無見在及隱瞞不報者查追仍勘其冒支草料加倍追納○成化二年兵部尚書王復奏准在京各營在外各邊騎操馬匹勑差太僕寺少卿一員無太僕寺地方從巡撫并分巡官時常往來各營并牧馬草場點閘比較倒失等項備報在官定限三箇月以稟督令陪償把總管

隊官自都指揮以下定與馬數瘦損并倒失不即報
官則例百户以瘦損二十匹倒失十匹爲則三箇月
以外者遞相住俸若有别項情弊干碍重職奏聞區
處○四年令官軍勇士私賣官給草料致馬匹瘦死
者巡綽官緝拏并買主送問○十三年奏准各營各
邊每年四月十月一次將原領事故買補馬匹數目
具奏以
憑比較

酌陪罰

宋制諸州軍官騎耗亡及等者責補之
河東兵廣鋭兵悉是土人其馬皆是本軍團申選良
馬而置謂之馬社故廣鋭之馬壯勇而少亡失馬死
則社中共市而補之其後
陜西振武亦願依此例

國制官軍人等將官馬私騎馱載者罰馬一匹送法司

問罪

天順二年奏准各營騎操馬遇有倒死者告官相剥坐營官責限該軍朋合買補走失被盜一例追陪○成化元年令下班官軍應兊馬匹而私自騎回者罰馬一匹○二年令勇士馬倒死二次者不許重關照京營例追補○六年令管軍官將官馬撥送與人跟隨迎送或識字人騎占聽候并賃借與人致令傷死者問罪照宣德四年例罰馬入官在外各邊並照此例○七年奏准各衛軍餘關領馬匹倒死以物力等第出銀每馬一匹上户出銀三兩中户二兩下户一兩餘以屯田子粒銀貼湊買補○十三年撫寧侯朱永奏准京營馬隊官軍朋合出銀遇馬匹倒失貼助買補凡馬主係都指揮者出銀三兩指揮二兩五錢千百户鎮撫二兩旗軍一兩五錢走失被盜者各加五錢謂之樁頭共朋合每歲以六箇月爲率每月都指揮指揮出銀一錢千百户鎮撫七分旗軍五分在外各邊悉照此例○凡各營下塲及各邊倒失買補

馬匹不及八分者領勑及把總管隊官住俸追買其在京不下場者以五分爲則○弘治二年奏准官司借用寄養馬二匹者罰一匹五匹者罰二匹年終分管寺丞具有無追罰數目奏報其買補騎操馬匹須四歲以上八歲以下價自十二兩至十五兩官軍自願添價收買者聽○三年凡把總等官尅減官馬草料者計贓滿貫發邊衛立功滿日就彼帶俸盜賣者發瞭哨買至料豆十石以上者充軍○四年奏准領馬官軍有不照次第混亂爭奪者參送法司問罪罰馬一匹就給本身騎操以後更不關給○六年奏准各營朋合買馬銀兩不敷每馬一匹聽支草場租銀三兩貼助○九年凡騎操每匹原領者以承領日爲始買補者以印烙日爲始計在十五年外許賣銀納官另給其未及十五年而病者亦准賣仍追本身椿頭銀貼價買補○凡各營馬買補三分不完者把總等官住俸一月四分以上兩月五分以上三月坐營官通計三分不完者住俸一月五分以上兩月○十年令管軍官撥借官馬馱載圍獵者五匹以下罰馬

一匹以上罰二匹十匹以上罰三匹傷死者五匹以下降一級六匹以上降二級馬各抵數追償○嘉靖二年兵部題准今後追罰馬匹人犯着令親管官旗人等查勘有力者儘産變賣買馬還官如果貧難是實取具各該官吏不扶結狀免其追罰軍調邊衛民發附近衛所永遠充軍遇赦不宥其各營把總各該地方分守守備等官遇有操軍盜賣和買官馬事發到官三匹以上者降一級五匹以上者罪止降二級

按馬者國之大用而兵所恃以取勝者也周制馬藏於民謂之兵乘其馬必安其處所適其水草節其饑飽冬則溫廄夏則涼廡刻剔毛鬣謹落四下戢其耳目無令驚駭習其馳逐閑其進止此吳起所謂人馬相親然後可使者也自嬴秦以降科馬於民而配之

於軍民終歲勤動破産輸官而脂膏已竭及配軍之後類侵剋芻菽食以蕪雜處以汚穢甚或雇賃輦載坐視羸瘠倒死恬不畏明是嚴責於編民而輕棄於騎卒者也兵法云芻不攻强徒不逐飛昔晉人乘異産以從戎事慶鄭知其必敗今以不閑練之卒而御羸芻之異産即馳逐數十里已呀然汗矣况用之出塞以禦奔風逐電之虜騎乎雖本兵建請節年差官稽巡責以追償然一軍之産不滿十百而一馬之直多踰數千即遷徙相望不足以償其可恃爲緩急矣

乎宋博士李覺嘗請於畜駒之將卒增爲月給先大學士丘文莊又欲嚴同伍互償之禁使知愛惜其馬皆剴切事情至於措置得宜使軍民無害而國收牧馬之利豈無建萬世之長策者哉

南京太僕寺誌卷之四

南京太僕寺誌卷之五

儲買

蓋聞丘乘廢而牧馬無善政久矣三代盛時於民常賦之外有餘畜者則立官爲質以備非時凡以驫寧奠危制勝之道得也而後世則因變立法官牧不足始賦之於編民民牧不足又通之於外市是不可以考世道升降之機耶我

朝於大江南北握襟帶之藪計丁田養馬又因牧放餘地歛租貯買其後支兌不敷出帑銀易之於民是貨

不出國而馬有滋也至於川陜遼東雖與戎夷互市蓋取諸羈縻土民以爲濟用之策若出馬榮身之令旋行報罷亦可以昭晰本末矣故敘其事併存之庶典司者知所以慎微云

積場租

周禮牧師掌牧地皆有厲禁而頒之

孟春焚牧可耕則授之於農不可耕者則留以養馬

漢武帝建元元年罷馬苑以賜貧民

唐制八坊之田千二百三十頃募民耕之以給芻秣

始置四十八監也據隴西金城平凉天水員廣千里繇京度隴置八坊爲會計都領其閒善水草腴田廐旋以給貧民及軍吏閒及賜佛寺道舘幾千頃元和十二年閑廐使張茂宗舉故事盡收岐陽坊地失業者甚衆十三年以蔡州牧地爲龍陂監十四年置臨漢監於襄州牧馬三千二百費田四百頃穆宗即位岐人叩闕訟茂宗所奪田事下御史按治悉予民

宋神宗熙寧元年以牧馬餘地募民耕出租

宋自太宗遣中使檢視牧草地圖不得侵民田晝其疆界至是樞密副使邵亢請以牧馬餘田脩稼政以資牧養之利而羣牧司言馬監草地四萬八千餘頃今以五萬爲率一馬占地五十畝大名廣平四監餘田無幾宜且仍舊而原武單鎮洛陽沙苑淇水安陽東平等監餘良田萬七千頃可賦民以收芻粟從之○二年詔括河南監牧司總牧地舊籍六萬八千頃而今籍五萬五千餘數皆隱於民自是請以牧田賦

民者紛然而
諸監尋廢

國初令管馬官擇水草處爲草場給民牧放

成化二年兵部尚書王復奏准養馬地方差給事中御史會同寺丞踏勘原設牧放官馬草場丈量各照原設界止頃畝復立堠墩照舊牧養○二十三年兵部據寺丞文林呈南直隸養馬府州縣各有牧馬草場明載圖誌多被勢豪之家侵占不得實用要行踏勘處置以備馬政題准行分管寺丞督同各府州縣掌印管馬官員查照誌書圖卷查勘原額草場頃畝數目界至丈量明白埋立堠墩分別上中下等第將高阜低窪止堪牧養地土付養馬人户輪流管顧牧放中間果有肥饒地土即令空閑堪以開墾成田撥與有力馬户耕種免其一年租稅以酬勞苦以後照依佃種官田事例徵收花利不拘銀穀依時估計量納別置倉庫收貯其有曾經開墾成田耕種年久徵納子粒者一體清查徵收中間彼人包占種作或侵

占界至等項各許户首還官免罪仍置立印信文簿一扇附寫出納數目如遇倒解馬匹地方災傷人户逃移無處湊買量爲支給補數不許別項支銷及乘機侵占事發以贓論罪每遇年終分管寺丞各將所管地方徵收支銷并見在數目造冊繳部待後養馬數多停耕種照舊牧放有恃强占恡或揑稱户內田產不即退出還官許原委官員拿送問刑衙門究問如律照例發落○弘治元年兵部題准在京在外牧馬草塲行令各該分管寺丞督同各該掌印等官逐一踏明見數於各該衙門公廳內建立石碑將草塲坐落地方頃畝四至鐫刻在石永爲証據專一蓄草牧馬○二年南京兵部尚書張鎣奏准南京各該衛所有牧馬草塲被人侵占起科納糧行本部并南京户部各差屬官一員及行南京都察院選差御史一員同原委太僕寺寺丞將各該衛所原該牧馬草塲查理還官牧放馬匹○四年御史胡海潘楷等奏准各處草塲中間多有偏在一隅不便牧馬去處及先前開墾成田不忍遺棄地利所以往往臣工建議欲

便徵收租銀以助買馬亦爲權濟之策若一槩蠲其租銀則肥饒去處獨得厚利而瘠薄之處遇有貧難逃故等項該追馬匹憑何助買亦未見其均平除豁出荒地蓄草牧馬外其原佃軍民耕熟者照舊給與承佃南京各衛所草場每畝收銀一錢其餘各處地土肥饒者每畝出銀七分中等五分瘠薄者四分照數徵完在京各衛所解部發太僕寺南京各衛所解南京兵部發應天府其餘衙門各解府州俱寄庫以備遇例免追逃故等項貼補買馬不許別項那用每年終將收過地畝銀兩數目造冊繳報查考○五年御史劉丙等奏各處草場令民佃種徵收租銀買馬支用該兵部議得此等草場別無差役驗其地土肥饒分爲上中下等三則召人耕種上地每畝出銀七分中地五分下地四分俱自弘治六年爲始照畝徵銀在官聽候買馬○七年都御史張瑋奏南直隸鳳准揚廬四府徐滁和三州各所屬牧馬草塲與養馬人戶住居窵遠俱各不來牧放置於無用要查出召民佃種准行南京兵科給事中倪天民御史李宗泗

兵部主事周夔會同分管寺丞清查丈量各於四至築立埄墩為界仍於各州縣公廳內建立石碑將草塲坐落地名并頃畝四至鐫勒為後證地土分撥近塲軍民人等佃種上等田七分中等田五分下等田四分照數徵收總解收貯幫助買馬不許別項借用分管寺丞每年終將收支過銀兩數目奏報一次以憑稽考○九年令給事中御史并户兵二部委官清查各衛草塲有草未墾去處仍舊牧馬已墾成田者照畝收銀解送兵部轉發太僕寺寄庫聽候買馬○都御史史琳奏稱租銀太重乞要量減上地每畝納銀五分中地三分下地二分該户部等衙門會官議擬自弘治十四年為始照依科道所奏頃畝減則徵銀俱解太僕寺官庫收貯以備買馬支用○十三年户部會同兵部等衙門題准各處草塲租銀自弘治十四年為始俱要徵解太僕寺庫收貯以備買馬支用分管寺丞照比較馬政事例嚴併追徵州縣管馬官員以十分為率年終三分不完者住俸寺丞與知府管馬通判照分管州縣十分為率四分不完者一

體住俸俱候完日關支○正德十年太僕寺丞陳希文奏准養馬餘地該徵銀兩久無查解誠恐官吏交通侵欺那借行分管寺丞清查解部以備買馬急用如有前弊依律提問追陪以後年分各府類收俱限次年三月以裏解部不許仍前寄庫那移侵費違限不完者聽分管寺丞查究追理干碍職官指實參奏○十一年南京太僕寺卿楊褫題准兩京太僕寺分管寺丞等官將所屬州縣草場租銀與空閑地土銀兩照例嚴督管馬等官追徵完足依限解部發寺收貯以備京邊買馬支用若年終不完照例住俸若擅自別項支用及有侵欺那移情弊即便查究追完○御史周鵷題稱南直隸八府三州民既出馬又徵其馬場之租負累窮民流移逃竄要將草場地畝租銀盡歸養馬之人該兵部查前項原議牧馬草場與養馬人户住居窵遠不來牧放者方召人佃種徵租令若一槩通免誠恐種地之人幸免起科養馬之户不沾實惠准行查勘各該州縣但係報冊佃種牧馬草場地户中間果係養馬人户自種草場地土照依御

史周鵷所奏免科若不係養馬人户佃種仍徵原擬徵租解部○十三年太僕寺卿何孟春奏准通行南北直隸并山東河南巡撫都御史選委廉幹官員將正德十年起至正德十二年止該徵草場租銀清查已解未獲批迴者就便追併批收銷照已徵未解者即督令起解未徵者逐一查審是何人户拖欠或應徵應免查照原行明文施行若有侵欺及那移等項情弊應提問者徑自提問應叅奏者叅奏究治事完之日通行造冊奏繳仍造青冊一本送部查考○嘉靖元年太僕寺卿劉麟奏行各該掌印管馬官員將額設牧馬草塲餘地并該徵子粒銀兩凡被水渰沙壓及有災傷等項須經撫按勘報是實方准蠲免○兵部題准南北直隸河南山東等府州縣各塲餘地子粒銀兩除正德十五年以前拖欠者盡行蠲免嘉靖元年者以十分爲率例該免五分外其餘已解未到及已徵在官未入庫一應應徵租銀行令各該寺丞着實舉行查追務在限内回報○八年御史秦武奏廬鳳淮揚牧馬草場係馬户自種者乞免徵租以

助備用馬價之費平民佃種者與貧民佃種屯田同罪○南京太僕寺卿王崇獻奏稱廬鳳等處草塲租銀已經具奏免解其應天太平鎮江寧國四府廣德州建平縣草塲租銀未經勘免准照廬鳳淮揚等府州縣事例一體免解貯庫○都御史唐龍題准廬鳳淮揚四府徐滁和三州草塲租銀免其起解收貯各該州縣每年例該坐派本折色馬匹幇助馬户買馬不許別項支用○十年都御史劉節題准廬鳳淮揚四府徐滁和三州一應草塲除馬户種者照前免徵其小民承佃該納租銀自嘉靖十年為始俱免解部每年徵收在官如遇派到備用并騎操馬匹或本折色查前銀先儘扣作無田養馬人并逃亡之家各所辦之數有餘方許攤助有田馬户仍逐年造冊繳部○本寺奏准今後佃種草塲租銀收貯各該州縣官庫凡遇派到備用馬匹給與馬户奏買先儘無草塲人户及包賠逃絶之家次及有草塲人户租銀數盡方查照馬户均派湊補○十二年太僕寺卿王崇獻奏要將各處草塲係馬户承領者定其額數每馬一

疋以五畝爲限不分荒熟田地山塘就近一槩照數給領不及五畝州縣儘其前數均給過五畝者照依旁人佃種事例納租該兵部議各該州縣畝數多寡不同馬數多寡亦異況有馬多地少不能均給五畝之處今欲一槩給與馬户彼將視爲已業蕩無界限之別日後萬一欲復牧馬之制將何從查考合照成化二十三年題准事例將前項草塲地土高阜低窪遞年抛荒止堪牧馬者即與除豁租銀責付養馬人户輪流管顧牧放其肥饒成熟者悉照近日踏勘過項畝不拘馬户自種并近塲軍民承佃照依原定三等則例辦納租銀每該解俵馬百疋量留銀一百兩其馬多人少者則盡數俱收貯本處官庫以備地方災傷人户逃移無從奏辦并十分艱難出辦不前者量爲支給足數其餘并無馬去處租銀悉照舊例解部轉發太僕寺收貯以備買馬支用如遇災傷年分仍照民糧事例減徵各該州縣每年終備將存留起解租銀數目并幇助買馬人户姓名造册繳部查考

○三十年南京太僕寺少卿雷禮奏稱江南江北牧

馬草場租銀各州縣每該解俵馬一百四量留銀一百匹其馬多銀少者則盡數收貯官庫以備地方灾傷買馬其餘無馬去處悉照舊例解部轉發太僕寺收貯買馬支用但各州縣官多有怠忽不行催徵其徵收在官者多有那借侵欺奸弊百出漫無稽考該兵部題准委官自嘉靖十一年起至二十九年止俱逐一清查已完在庫銀兩盡數定限解部發寺貯庫未完者嚴限追徵中間如有那借侵欺等弊就彼從重問遣其勢豪侵占不納租銀者悉聽指名參奏處治仍行各該撫按衙門今後不許將前項銀兩擅支

平估值

周禮馬質掌質馬馬量三物

一曰戎馬二曰田馬

三曰駑馬皆有物賈

漢元狩五年天下馬少貴牡馬賈

宋初建隆三年監牧失守歲遣中使詣邊州市馬

太平興國四年詔中使趙失倫優給價和市在京及諸州民間私馬於是得七十萬三千五百七十九匹○咸平元年别置估馬司辨其良駑平直以市分給諸監牧養○熙寧三年陝西宣撫司言官司比乏良馬蓋以官價賤乞應買馬州軍增價市之於是詔惟騍馬不增外其秦渭原州德順軍見買大馬增價有善馬價高商人不願中官者聽民間收買○隆興初張浚爲江淮都督即淮上市之浚言川廣市戰馬每匹不下三四百千又道遠多斃今淮馬每匹通不滿二百千且軍中即日可得上從之逮督府廢乃止

國朝成化二年令江南起解馬匹其不堪不敷之數徵銀貯寺以備緊急買馬支用

正德八年奏定折色馬每匹徵銀一十八兩遇馬缺太僕寺齎銀於出馬地方買解○十四年御史虞守

隨題太僕寺缺馬官齎銀於出馬地方買解其各府仍着養馬人户轉買不勝紛擾兵部奏准勑巡按監察御史轉行各府州縣嚴加禁約凡遇本寺支銀買馬令着上則大户輪流買解毋累養馬人役其馬匹任從四散買取不許權豪勢要并馬販等高擡低估乘時徼利如有仍前着令馬户買解者官吏即行提問權要并馬販恣情作弊者問發邊遠充軍仍行太僕寺每買馬一匹照依原解折色給銀一十八兩不使陪賠○嘉靖六年各邊不時奏缺馬發銀收買大同鎮一萬五千兩山西三關一萬兩宣府鎮一萬兩寧夏四萬兩薊州三萬兩遼東鎮三萬兩又發銀十二萬兩赴保定等處收買戰馬○二十九年北虜深入動調官軍截殺用馬數多太僕寺充給不敷題准支給官銀十萬分委寺丞等官赴各省收買戰馬

開邊市

唐天寶末年以金帛市馬於河朔

時突厥欵塞玄宗厚撫之歲許朔方軍
西受降城馬互市雜胡種牧之馬益壯

宋元豐四年詔以雅州名山茶易番馬

元符末程之邵言戎俗食肉飲酪故貴茶而病於難
得願禁沿邊鬻茶以蜀產易上乘詔可未幾易馬萬
匹○建炎四年張浚奏大名進珠玉高宗曰大
觀以來川茶不以博馬惟市珠玉故馬政廢缺

國初令凡官給價鈔於各處收買并茶易到馬匹或就
彼處給軍騎坐或起解赴京交納須知其數

洪武中立茶馬司於陝西四川等處聽西番納馬易
茶降金牌信符賜番族以防詐僞每三年一差官召
各番合符以應納差發馬交納易茶○正統十四年
停止茶馬金牌○成化十四年奏准定差御史一員
領勑專理茶馬每歲一代其易馬須四歲以上六歲
以下高大堪中者方准收買兒騍馬就彼給各邊騎

操騍馬送苑馬寺孳牧以上西番茶易例詳兵部○
永樂三年立遼東開原廣寧馬市其立市一於開原
城南以待海西女直一於開原城東一於廣寧以待
朶顏三衛各去城四十里○成化十四年奏准遼東
馬市聽海西并朶顏三衛夷人買賣開原每月初一
日至初五日一次廣寧每月初一日至初五日一次
十六日至二十日一次各夷將馬匹物貨赴官驗放
入市交易以上遼東互市例詳兵部○嘉靖三十年
咸寧侯仇鸞奏請開馬市將本色馬匹每匹照例徵
銀二十兩在南直隸河南山東令其委官往南京蘇
杭等處量為易買段疋北直隸俱解折銀兵部差官
轉發宣府大同延綏寧夏每鎮約銀十萬兩計買馬
一萬匹該兵部會官議宣大去京不遠所費草料不
多官軍轉解馬匹猶可處給若延寧二鎮道路遙遠
不惟草料難給亦恐倒死難賠又各司府馬價令其
易買段疋則盤費脚價既未免重科於民而事體不
一有司亦難於奉行准三十二年分南京太僕寺馬
暫且改徵折色其太僕寺馬匹將七分派徵本色三

分改徵折色每匹俱徵銀二十兩起解赴太僕寺交收每鎮合用銀兩各儘見在地畝椿朋馬價銀兩盡充易馬之用仍於大同發銀八萬兩宣府發銀五萬兩延綏發銀四萬兩寧夏發銀三萬兩先期解發前去總督巡撫衙門先行多方收買紬段布疋一應犒賞宴待等項之費俱於馬價銀內支用不許分毫科派貧軍重生擾害其民間有自願互市者官爲查驗聽其如遼東甘肅事體自行易買○弘治初大學士丘文莊論牧馬之政云自唐以來中國馬不足往往與戎狄互市然多費財用而實無益於用宋南渡以後失中原宜馬之地而所資以爲戰騎者求於西南夷蓋有不得已焉者今世全得中原之地凡西北高寒之所宜馬之地皆爲吾所有苟制置得宜牧養有道典掌得人又何患乎無馬乎患無其人耳

裁時例

唐開元元年國馬益耗以空名告身市馬於六胡州

太常少卿姜誨建請率三十匹讐一游
擊將軍遂爲後世以官爵易馬之始
金興定元年定以馬鬻官之格
上等馬二匹補一官雜班任
使中等三匹下等四匹如之
國朝成化二年令民納馬冠帶以榮終身
時兵部尚書王復奏准兩京內外有富實之家願納
上中馬十五匹者就與冠帶榮身在京赴通政使司
告送本部上納在外赴巡撫巡按等衙門聽從民便
處告納待地方稍寧馬政勾用停止○正德十年十
一年開吏農陰陽醫官納馬事例二年之久所得馬
止五千餘匹○十四年太僕寺卿汪玄錫題急缺馬
兊用乞令生員納馬入監該兵部議行
本寺止催各處未解馬匹不准開納
按宋人有言官之馬多則不專責於民中國之馬多

則不專倚於戎狄有味乎其言之也三代以前尚矣
方漢唐宋之盛也或布野無人牧或價值一縑或出
內廐外市及其衰也民匿馬者有罪馬出城者有禁
甚或中國不足而倚之於戎狄焉非牧政不脩其端
使然哉

國朝置牧自洪武至天順幾於百年不聞其乏馬至成
化初始以乏聞及查弘治中歲取萬匹亦不聞其乏
馬至正德以來日以乏聞而互市之令歲不少靳焉
彼所市於民者非食毛之民耶此則蠲其徭賦視養

馬如棄市彼不煩捶扑而樂市如嚮是可以觀人心矣而上下相蒙狃於晏安典牧者不以提調爲職受牧者不以孳生爲業至歲課不充惟幸有互市之令在焉萬一互市不足其將何以應之昔宋高宗有云牧馬孳生爲利甚博朕於近地覩令牧養今已見效每歲進呈馬駒皆是好馬若諸軍牧養如法數年間可免綱馬遠來且官無給賞之費夫高宗溺於偏安尚知綱馬爲非而况貴市於戎狄賤棄於中國者乎且市之於民則商賈得以高價豪猾因之專利弊固

甚矣彼戎虜以騎射爲長技率以駑駘充數又何緣而得此奇駿哉語有之孳息耗而馬政亡是故不務孳牧而恃收買非所聞矣

南京太僕寺志卷之五

南京太僕寺誌卷之六

寛恤

昔人謂農事弗擾則馬政自脩蓋民爲邦本王賦以之爲盛衰外夷視之爲向背者也故英君誼辟相與講武備數軍實以勤馬政而未始不篤厚於民是以上下之情同而冨彊之業基矣後世知隱兵於農而不求所以固其本則馬政未必脩而民日耗豈樹牧之程固如是哉故備悉坰政而採其宜民者次之使經國者知有金城焉不獨備戎事而已也

魯僖公務農種穀牧于坰野

衛文公大布之衣大帛之冠務材訓農通商惠工敬教勸學授方任能元年革車三十乘季年乃三百乘

唐明宗不忍肥騎士以瘠民

明宗問范延光内外馬數對曰三萬六千匹帝嘆曰太祖在太原騎軍不過七千先皇自始至終馬纔及萬今有鐵馬如是而不能使九州混一是吾養士練兵之不至也延光對曰國家養馬太多計一騎士之費可贍步軍五人三萬五千騎抵十五萬步軍既無所施虛耗國力帝曰誠如卿言肥騎士而瘠吾民民何負哉遂令不許增畜耗民

宋太宗淳化二年慮牧馬侵民田遣使檢視勿令爲民

害

大中祥符中真宗欲買馬至十萬且止王旦曰聽民間蓄養官中緩急以本直市之猶外廐爾且所費芻粟皆出兩稅少損馬食用資軍儲亦當世之切務馬知節曰馬多不精若十萬匹選可用者當得四五萬耳多畜駑弱大費愈甚豈不勞民也哉上深然之

國初令養馬人户不許將孤寡殘疾出辦

天順元年令各處軍衛有司原養孳牧馬騾驢牛并種馬馬駒擠乳牛隻等畜自天順元年七月十二日以前一應倒死虧欠走失被盜并查出埋没及遞年起解拖欠等項者盡行蠲免○五年令在京各營在外各邊及各處軍民騎操孳牧原養寄養馬匹種馬馬駒自天順五年七月初二日以前一應倒死虧欠走失被盜等項盡行蠲免○成化元年都御史陳泰奏稱鳳淮廬揚并徐滁和府州縣人民被水災傷准

將該追馬匹停候豐年買補○都御史劉孜奏應天并鎮江太平三府及寧國府南陵縣廣德州建平縣各處水災艱難准令將拖欠馬匹暫行停追待候豐年買補○都御史劉孜又奏應天府江浦縣路當衝要今年又被水災人民艱難查得洪武永樂年間原有三十六里原領養種馬一千三百九匹附餘馬一百八十四匹自後逃亡死絕止有二十里中間消耗亦多景泰五年加添種馬四百四十五匹即今種馬多而人丁少有一家併養馬四五匹者有一户併養八九匹者乞要查勘分減該兵部題同南京太僕寺委官查勘廬州滁州等府州縣何處馬少丁多就便從公改俵○二年兵部尚書王復奏准勇士關領馬匹除二次倒死者追陪外初關倒死免陪○十四年令孳牧寄養馬匹貧難丁少者准免二分該解備用馬匹未完之數不分本色折色俱停候以蘇民困○弘治六年都御史張瑋奏直隸揚州府所屬高郵江都儀真泰興如皋一州四縣原養附餘馬匹如遇派取騎操大馬令養户買陪堪中兒騸馬解京交納除

此附餘之名止令喂養孳牧馬牛以免重併准行分管寺丞查勘的是附餘馬不係作種科駒之數令原養人户買陪堪中馬匹作數解京備用附餘之名就與除豁○十二年南京兵部會官奏稱南北直隸等處所養孳牧馬匹弘治五年以前倒失虧欠例追價銀因各處災傷人民凋敝前項馬價虧欠數多以後倒失該追准將五年以前倒失虧欠未徵者暫且停止候豐稔之年另行奏奪其六年至九年倒失虧欠者免追本色每兒馬一匹追銀六兩騍馬一匹追銀四兩每駒一匹倒失者追銀二兩虧欠者追銀一兩五錢解發太僕寺收貯以備各邊買馬支用○十七年兵部題准應天并直隸鳳廬淮揚等府滁和等州自弘治十五年以前倒失虧欠馬價并草場子粒銀兩除已徵外未徵之數盡行蠲免○正德四年兵部題南北直隸河南山東府州縣并京外衛所成化弘治正德等年間各有棄批拖欠馬匹欲便通查追究但恐成化到今歷歲既久官吏又多死亡人民不無逃故兼且文卷未刷累在革前縱使查追恐徒勞擾

准自弘治四年以前者免追五年以後至正德四年止行御史鄺約周奎逐一查出立限追完就令給批起解以憑發寺驗收有罪之人徑自依律問擬發落○八年兵部題准地方連年多事暫免差官着各該巡撫都御史嚴督守巡等官公同分管寺丞責限買補務足原額○十一年水患異常兵部奏准兩京太僕寺各行分管寺丞查勘有災無災緣由明白出給告示曉諭正德十一年以前拖欠寄養馬匹并拖欠備用馬匹俱暫且停徵敢有故違逼徵者治以重罪中間若有已徵在官未解者照舊起解不許乘機揑作未徵侵尅其今年未解備用馬匹無災州縣仍要催督依限徵解以備緊急不許遲悞有災州縣除已徵完本色馬匹外有願納價者每匹徵銀十五兩起解○南京太僕寺寺丞牛綱奏准查勘各處節年拖欠馬價果係小民拖欠馬匹艱難不能陪補臨時奏請通行蠲免○十二年南京太僕寺卿韓荊等奏直隸廬州等府滁和等州縣解俵揀退不堪馬匹自正德十一年以前掛欠之數准行估價變賣銀兩解部

發寺收貯買馬以蘇民困○十三年給事中王紀等奏勘人户流亡及地方所産不堪者免其牧養種馬定立歲辦額數量徵價值每年類解太僕寺收貯聽其從便買用該兵部題查得南北直隸河南山東額定該養種馬數目係干舊制擅難更改但地方災傷准行分管寺丞會同印馬御史查勘淮揚二府所屬災傷處州縣原養種馬如有虧欠暫且停買待後豐年買補印烙○十四年南京太僕寺寺丞牛綱奏要將廬鳳淮三府滁和二州正德十二年以前倒死馬匹已徵皮張銀一千餘兩給民幫買十四年分備用馬匹其拖欠未徵者蠲免該兵部題行將徵完皮張銀兩盡數解部送寺交收買馬支用仍行分管寺丞親詣查勘未完皮張銀兩如果小民拖欠別無已徵捏作未徵情弊通行蠲免○十五年兵部據御史王溱奏淮揚二府拖欠種兒騍馬五千一百餘匹所欠數多本難停追但地方災傷又路當衝要差役浩繁相應寛恤准行南京太僕寺查照今拖欠種兒騍馬多寡斟酌地方豐儉定與寛限陸續買補印烙給領

以備孳生仍具數回奏其拖欠種兒騍馬內有充軍者准於該解備用馬內充補及查該追折色馬匹相應減除種馬者亦准照數減○嘉靖元年南直隸應天等府水災重大兵部題准行有馬被災州縣不分災傷輕重將嘉靖元年草場子粒銀兩該徵五分者內再免三分其本年派取本色馬每匹加銀二兩該銀二十兩減去二兩照依折色每匹一十八兩以後年分照舊徵納○二年南京戶部尚書王縝奏要將應天滁州等處災傷地方嘉靖二三年馬駒皮張寬停該兵部題孳生馬駒已行折銀係元年冬季坐派二年春夏季徵完之數俱在災傷之前難以寬停其倒死孳牧馬匹皮張准將應天滁州有災地方嘉靖二三年查免一次以後照舊施行○四年巡按御史王溱題准安海州揚州高郵等州并各縣連年遭水災各有虧欠種馬追補不前准候豐年陸續買補印烙給領以備孳牧○五年都御史高友璣題稱徐州豐縣黃河為害民居盡淤悉為湖蕩見今改遷縣治災傷重大人民困極准將嘉靖三四五年分未徵馬

價俱免徵○七年兵部准都御史唐龍查海州地方連年被灾重大馬户貧乏逃亡虧欠種馬二百二十一匹題行該州掌印管馬官將逃亡貼户召審新丁補湊其拋荒田地給與耕種量免賦役一二年以後責令見在馬頭議和照依丁田朋出銀兩陸續積價收買期於五年内買完如限内仍有不足巡撫官自應設法計處或查發該州贓罰或撥支無碍官錢通融會合帮助務取足原數其歲取備用本部下年派馬之時多議折色量減價銀以恤馬户○都御史唐龍奏泗州准汴沙陡等河節年爲患田畝淤没人民流離乞照徐州事例通改折色該兵部議泗州每年坐派本折該馬一百四十匹其地方係 祖陵重地原無開載養馬免糧丁田等項實與他處不同准將種馬照舊喂養聽候外但遇每年坐派備用馬匹原係本色者該一百一十五匹每匹照例徵銀二十兩原係折色者該二十五匹每匹徵銀一十八兩定爲則例照數徵完解部收貯以備買馬其别府州縣不許援例奏擾○兵部奏准南北直隷額養種馬每年

奏差御史二員前去各該府州縣印烙點閘比較倒失追補令地方蝗蝻水旱相仍人民疲困將前項見在種馬點視印烙於内倒失者姑免比較追陪待豐稔年歲責令朋户各量丁糧多寡陸續集價或送州縣寄庫或推殷實馬頭收掌遇有相應買補期於三五年間取足原額○都御史唐龍題徐州豐縣嘉靖六年夏秋水旱蟲蝻疊見本年分原派備用折色馬二十匹因災未解要仍照嘉靖五年事例再免追徵該兵部議馬政錢糧額有定數例無蠲免准暫停止候豐收之日每年陸續帶徵三分限三四年完足○十年都給事張潤身奏各處種馬及寄養馬有田去馬存丁消馬在者另給與丁多得業之家領養寄養中間有老病瘦損不堪者聽照嘉靖七年事例估計變賣毋得虛應故事重遺民害候年終將賣過數目造冊奏繳○十六年南京太僕寺卿趙廷瑞奏准會同御史將嘉靖十五年以前本折色馬匹價銀逐一清查除已徵解完儧有批迴外其未完之數已徵者嚴限起解若官吏人等通同解户侵欺及那移借貸

等項情弊照依律例從重問發小民拖欠之數如果地方災傷酌量挨年帶徵及倒失種馬草場租銀務要清查明白責令追補起解事完之日通行造册送部查考○二十九年淮安府知府趙大綱奏稱坐派本府所屬州縣本折馬每年一千一百九十七匹計馬徵銀折色十八兩本色二十一兩然地方濕熱原非產馬去處每遇起俵前往河南山東等處收買加以四兩草料又且水草不調疾疫易生倒死必令陪償瘦損不無驗退欲將本府所屬州縣馬匹或比照泗州事例俱解折色或照海州事例暫改折色該兵部議災傷切於民隱固宜寬恤而馬政係干武備尤慮更張惟贛榆清河桃源宿遷四縣近因災傷重大民多逃移地方疲敝查與海州事頗相同除嘉靖二十九年分派已定難以輕改外俱自嘉靖三十年爲始至三十二年止通行暫改折色三年以示寬恤

予因稽查歷年條議馬政守土者主於省種課掌兵

者主於急徵僟是何其務以職勝而不媢於大道者耶夫馬之登耗兵勢强弱係焉民之安危國脉休戚係焉使違道去種課是征伐可偃於天下也况種兒騍馬起於丁田設有定額凡倒損虧欠遇赦不蠲

令典具在孰敢違之但兵資於馬凡以衛乎民也今廬鳳滁和一帶荒榛遍埜物力大屈盡江以南極揚淮以北瀕海桃河巨浸茫然加之水旱相仍歲爲氓患其見於愬告者不下百十餘疏使灾傷重大而忍心追併是操其刀而剜之也至於死亡謂是爲得富讋

之術又孰知無民矣而用馬以誰衛哉是故衛民者亦求其所以衛之之道斯善矣

南京太僕寺誌卷之六

南京太僕寺誌卷之七

官寺

夫太僕周官也初爲下大夫掌正王之服位出入王之大命至穆王置太僕正以伯冏爲之掌輿馬秦因之漢制列九卿多進爲三公其職領五監六廏皆有令魏晉宋齊不常置梁太僕卿位視黄門侍郎陳因之後魏兼置少卿隋煬帝加署少卿一人唐初改爲司馭又改爲司僕神龍初復舊掌馭五路景雲元年於少卿加一人領乘黄典廏典牧車府四署宋初判

寺事一人以朝官以上充元豐置卿少卿丞主簿各一人元祐二年詔内外軍事專隸太僕直達樞密院不經尚書及駕部中興後廢寺併入兵部

明興洪武六年在京置太僕寺設卿少卿寺丞等官專牧馬之事三十年於北平及遼東山西陝西甘肅等處各置行太僕寺永樂元年陞北平為北京行太僕寺十九年定鼎北京改稱太僕寺於本寺加南京二字洪熙元年復舊於北京仍稱行太僕寺正統六年復永樂十九年之制故定為南京太僕寺云

卿

自漢唐宋以下並爲九卿班大理寺上今列在京從三品初授亞中大夫陞授中大夫加授大中大夫資治少尹

唐元亨[redacted]人洪武初入仕六年任

趙名重[redacted]人洪武初薦舉八年任

商暠[redacted]人故元中書省平章入仕洪武十年由御史中丞改任後改大寧都督僉事

商敬[redacted]人洪武初薦舉十九年任

朱守仁直隸徐州人故元樞密院同知入仕洪武二十三年由工部尚書降北平參政陞任

翁銘直隸壽州人洪武中薦舉二十七年任

人永樂初鄉舉二十二年任

戴希文[redacted]

趙次進　浙江天台人永樂中鄉舉洪熙元年由廣東參政陞任

楊應春　四川長壽人永樂中鄉舉宣德十年由雲南左參政陞任

仲　昌　直隸沭陽人永樂甲申進士正統五年由刑部郎中陞任

王　榮　浙江錢塘人永樂中鄉舉景泰二年由本寺少卿陞任

鄭　悠　江西南城人宣德癸丑進士成化四年由本寺少卿陞任

劉　俊　陝西寶雞人正統乙丑進士成化十一年由南京祭酒轉通政陞任遷南京工部右侍郎

方　漢　浙江淳安人正統中鄉舉成化十五年由通政司左參議陞任

張　謙　直隸清苑人成化丙戌進士十八年由尚寶司卿陞任

秦崇 山東單縣人天順庚辰進士弘治二年由南京光禄寺卿改任陞應天府尹

張貴 四川成都前衛人成化丙戌進士弘治八年由本寺少卿陞任

張撫 陝西寶雞人成化壬辰進士弘治十四年由雲南左布政陞任官至南京刑部左侍郎

陳璧 山西太原衛人成化壬辰進士弘治十五年由山東按察使陞任遷巡撫順天副都御史

王珩 直隸趙州人成化乙未進士弘治十八年由光禄寺卿改任陞南京户部右侍郎

魏玒 順天大興人成化丁未進士正德二年由通政司右通政陞任

夏昂 直隸吳縣人成化甲辰進士正德二年由陝西右布政陞任官至工部右侍郎

南鏜 陝西商州人成化甲辰進士正德四年由山西左布政陞任

郭紳 江西宜春人成化乙未進士正德五年由[redacted]左布政陞任官至南京刑部右侍郎

鄭宗仁　直隸任丘人成化丁未進士正德六年由太常寺少卿陞任官至户部尚書

余　深　浙江新昌人成化乙未進士正德六年由雲南左布政陞任官至南京工部右侍郎

于鳳喈　山東萊陽人成化辛未進士正德七年由太僕寺少卿陞任遷南京大理寺卿

羅欽忠　江西泰和人弘治己未進士正德八年由左通政陞任官至總理糧儲右副都御史

楊　褫　湖廣武陵人弘治丙辰進士正德九年由右通政陞任

韓　荆　山東陽信人弘治己未進士正德十一年由太常寺少卿陞任官至南京工部右侍郎

毛　珵　直隸吳縣人成化丁未進士正德十三年由鴻臚寺卿陞任遷撫治鄖陽右副都御史

潘希曾　浙江金華人弘治壬戌進士正德十六年由本寺少卿陞任官至兵部左侍郎贈尚書

邊　貢　山東歷城人弘治丙辰進士嘉靖二年由太常寺少卿陞任官至南京户部尚書

楊果　直隸興化人，弘治壬戌進士。嘉靖三年由右通政陞任，官至南京户部右侍郎。

杭淮　直隸宜興人，弘治己未進士。嘉靖四年由河南左布政陞任，遷總理糧儲右副都御史。

蘇民　陝西儀衛司人，弘治乙丑進士。嘉靖六年由太常寺少卿陞任，官至刑部右侍郎。

葛浩　浙江上虞人，弘治丙辰進士。嘉靖六年由山東左布政陞任，遷大理寺卿。

錢如京　直隸桐城人，弘治壬戌進士。嘉靖七年由山西左布政陞任，官至刑部尚書。

顧珀　福建晉江人，弘治己未進士。嘉靖七年由江西左布政陞任，官至南京户部右侍郎。

張羽　陝西南鄭人，弘治乙丑進士。嘉靖八年由貴州左布政陞任，官至南京工部右侍郎。

王崇獻　山東曹縣人，弘治丙辰進士。嘉靖八年由太常寺少卿陞任，改巡撫寧夏左僉都御史。

劉棟　浙江山陰人，正德辛未進士。嘉靖十二年由河南左布政陞任，官至南京兵部右侍郎。

胡鐸　浙江餘姚人弘治乙丑進士嘉靖十三年由順天府尹調任

趙廷瑞　直隸開州人正德辛巳進士嘉靖十五年由謄黃通政陞任官至兵部尚書

衛道　河南葉縣人正德甲戌進士嘉靖十七年由山西左布政陞任官至南京刑部右侍郎

屠楷　廣西桂林人嘉靖癸未進士十八年由謄黃右通政陞任今官南京吏部尚書

王禎　陝西乾州人嘉靖丙戌進士十九年由順天府丞陞任改巡撫順天右僉都御史

田濡　山東聊城人嘉靖己丑進士二十二年由本寺少卿陞任

婁志德　河南項城人正德丁丑進士嘉靖二十三年由福建左布政陞任遷巡撫山東副都御史

張忠　直隸任丘人嘉靖己丑進士二十四年由謄黃通政陞任改光禄寺卿

嚴時泰　浙江餘姚人正德辛未進士嘉靖二十六年由四川左布政陞任官至南京工部右侍郎

趙汝濂 雲南太和人嘉靖壬辰進士二十六年由南京通政陞任今官南京都察院副都御史

陳儒 錦衣衛人嘉靖癸未進士二十九年由太僕寺少卿陞任今官南京户部右侍郎

謝蘭 山西振武衛人嘉靖丙戌進士三十年由兵部右侍郎調任

余胤緒 湖廣應城人嘉靖丙戌進士三十年由太僕寺少卿陞任今陞南京大理寺卿

張舜臣 山東章丘人嘉靖乙未進士三十一年由太僕寺少卿陞任

少卿

自後魏兼置以後止一人隋唐並加二人宋卿掌車輅廄牧馬政之令少卿爲之貳各一人洪武初定二人正四品初授中順大夫陞授中憲大夫加授中議大夫贊治尹

孫英[redacted]人洪武八年任

高興[redacted]人洪武八年任

潘德直隸華亭人洪武初薦舉十年任

竹祥[redacted]人洪武十二年任

蕭韶[redacted]人洪武十二年任

陳懋[redacted]人洪武十五年任

陳龔 [redacted] 人洪武二十二年任

祝孟獻 江西德興人洪武初薦舉二十二年任

彭權 [redacted] 人洪武二十四年任

李俊 湖廣孝感人洪武初軍功二十八年由指揮使陞任

喻良 四川高縣人洪武中鄉舉二十八年任

彭中 [redacted] 人洪武二十九年任

孫廣 [redacted] 人洪武三十二年任

党理 陝西貞寧人洪武丁丑進士永樂四年任

樊彧 山西聞喜人洪武中歲貢永樂十二年由福建副使陞任

甄　實　直隸沛縣人永樂初鄉舉十三年任

王文貴　四川中江人洪武甲戌進士永樂十三年由司直郎陞任

蘇　實　[redacted]人洪熙元年任

龐　壎　四川南充人永樂甲申進士宣德元年任

鄭復言　[redacted]人宣德九年任

白　素　直隸徐州人國子生正統六年任

楊　亨　直隸山陽人[redacted]進士正統七年由刑部郎中陞任

王　榮　詳卿正統八年由吏科都給事中陞任

鄧　浩　湖廣華容人國子生正統十一年由户部郎中陞任

翟敬　順天大興人正統壬戌進士景泰三年由工科左給事中陞任官至南京大理寺右少卿

鄭悠　詳卿景泰四年由兵科左給事中陞任七年丁憂天順五年再任

國盛　山東淄川人正統戊辰進士景泰五年由左通政調任

盧祥　廣東東莞人正統壬戌進士天順二年由禮科都給事中陞任遷巡撫延綏右僉都御史

程信　直隸休寧人正統壬戌進士天順四年由僉都調任官至南京兵部尚書卒謚襄毅

魯崇志　浙江天台人景泰甲戌進士天順八年由工科給事中陞任遷應天府尹

蔣敵　應天江寧人正統戊辰進士成化十年由尚寶司卿陞任

于冕　浙江錢塘人以少保肅愍蔭成化十五年由祠祭司郎中陞任遷應天府尹

雷澤　山西定襄人天順甲申進士成化十八年由刑科都給事中陞任遷南京光禄寺卿

李温　順天漷縣人天順甲辰進士成化二十年由行太僕寺少卿陞任官至户部左侍郎

唐章　直隸獻縣人成化己丑進士二十一年由禮科左給事中陞任遷太僕寺卿

吕憲　浙江秀水人成化辛卯鄉舉二十二年由主客司郎中陞任官至太常寺卿

林鳳　浙江樂清人成化丙戌進士弘治二年由兵部郎中陞任官至工部左侍郎

張賁　詳鄉弘治四年由南京通政司叅議陞任

李應禎　直隸吳縣人成化間鄉舉弘治六年由尚寶司卿陞任

李鐩　河南湯陰人成化壬辰進士弘治七年由鴻臚少卿陞任官太子太保工部尚書謚恭敏

張泰　廣東順德人成化丙戌進士弘治十年由浙江道御史陞任官至南京户部尚書

胡諒　河南靈寶人成化戊戌進士弘治十一年由監察御史陞任官至工部侍郎

夏崇文　湖廣長沙人成化戊戌進士弘治十三年任遷南京右通政

陳大章　直隸盱眙人成化甲辰進士弘治十七年由兵部郎中陞任改太僕寺少卿

鄭宗仁　見卿弘治十七年由尚寶司卿陞任

侯觀　直隸雄縣人成化戊戌進士弘治十八年由户部郎中陞任官至户部尚書

楊廉　江西豐城人成化丁未進士正德二年由光禄少卿陞任官至南京禮部尚書謚文恪

王彦奇　四川雲陽人弘治庚戌進士正德二年由陜西叅政陞任遷巡撫遼東右僉都御史

張淳　直隸合肥人成化丁未進士正德四年由四川副使陞任官至巡撫保定右副都御史

石禄　直隸滁州人弘治庚戌進士正德四年由山東叅政陞任調順天府丞

謝綬　山東朝城人成化甲辰進士正德五年由四川副使陞任遷巡撫大同右僉都御史

蔣恭　四川巴縣人成化丁未進士正德六年由驗封司郎中陞任官至南京戶部右侍郎

何棐　直隸泰興人弘治壬戌進士正德七年由副使陞任

文森　湖廣衡山人成化丁未進士正德七年由監察御史陞任遷提督南贛右僉都御史

王守仁　浙江餘姚人弘治己未進士正德七年由考功郎中陞任官至南京兵部尚書封新建伯

吕元夫　直隸無錫人弘治丙辰進士正德九年由通政司叅議陞任

潘希曾　見卿正德十一年由工科都給事中陞任

曹倣　直隸丹徒人弘治乙丑進士正德十二年由監察御史陞任

劉瑞　四川內江人弘治丙辰進士正德十六年由浙江提學副使陞任官至南京禮部右侍郎

王爌　浙江黃巖人弘治壬戌進士正德十六年由刑科都給事中陞任官至南院右都御史

汪玄錫直隸婺源人正德辛未進士十六年由兵科都給事中陞任官至户部左侍郎贈尚書

牛鳳河南葉縣人正德辛未進士嘉靖二年由考功司郎中陞任官至南京太常寺卿

陳達福建閩縣人弘治乙丑進士嘉靖三年由武選司郎中陞任遷巡撫山西右僉都御史

楊欽直隸合肥人弘治壬戌進士嘉靖四年由光禄寺少卿陞任

鄭裕四川内江人弘治壬戌進士嘉靖四年由南京尚寶司卿陞任改南京鴻臚寺卿

劉天和湖廣麻城人正德戊辰進士嘉靖六年由陜西提學副使陞任官至太子太保兵部尚書

張英順天三河人正德戊辰進士嘉靖六年由監察御史陞任

王學夔江西安福人正德甲戌進士嘉靖六年由文選司郎中陞任官至南京兵部尚書

徐鈺湖廣興國人弘治庚戌進士嘉靖六年由陜西叅政陞任以皇親遷四川左布政使

夏尚朴 江西永豐人正德辛未進士嘉靖八年由山東提學副使陞任
劉穆 山西臨汾人正德丁丑進士嘉靖十年由太常寺少卿改任
穆孔暉 山東棠邑人弘治乙丑進士嘉靖十年由尚寶司卿陞任遷南京太常寺卿謚文簡
鄧尚義 湖廣永興人正德甲戌進士嘉靖十一年由文選司郎中陞任
張珩 山西石州人正德辛巳進士嘉靖十二年由河南道御史陞任官至户部尚書
周文興 浙江江山人正德戊辰進士嘉靖十二年由光禄寺少卿陞任改南京鴻臚寺卿
王以旂 應天江寧人正德辛未進士嘉靖十二年由提學御史陞任今官太子少保兵部尚書
姜清 江西弋陽人正德辛未進士嘉靖十三年由光禄寺少卿陞任
吳仲 直隸武進人正德丁丑進士嘉靖十四年由湖廣右參政陞任

崔　桐　直隸海門人正德丁丑進士嘉靖十四年由湖廣提學副使陞任官至禮部右侍郎

鄭本公　山西朔州人正德甲戌進士嘉靖十四年由大理寺丞陞任遷大理寺少卿

朱廷立　湖廣通山人嘉靖癸未進士十六年由提學御史陞任官至禮部右侍郎

田　濡　詳卿嘉靖十六年由刑科都給事中陞任

陳　伭　浙江鄞縣人嘉靖丙戌進士十七年由光禄寺少卿陞任

戴　金　湖廣漢陽人正德甲戌進士嘉靖十八年由僉都御史調任官至兵部尚書

傅　炯　江西進賢人嘉靖癸未進士十九年由南光禄寺少卿陞任官至南京刑部尚書

趙元夫　山東東平人嘉靖己丑進士二十二年由河南道御史陞任

胡　奎　江西峽江人正德辛巳進士嘉靖二十二年由光禄少卿陞任官至巡撫雲南副都御史

汪宗元 湖廣崇陽人嘉靖己丑進士二十四年由尚寶司卿陞任今官總理河道副都御史

高　澄 順天固安人嘉靖己丑進士二十四年由光祿寺少卿陞任今官巡撫河南右副都御史

扈永通 山東曹縣人嘉靖壬辰進士二十六年由兵科都給事中陞任今陞南京光祿寺卿

鄭　曉 浙江海鹽人嘉靖癸未進士二十八年由南京尚寶司卿陞任

余倫緒 見卿嘉靖二十九年由南京通政司右叅議陞任

雷　禮 江西豐城人嘉靖壬辰進士二十九年由浙江提學副使陞任

章　煥 直隷長洲人嘉靖戊戌進士三十年由考功司郎中陞任

寺丞

秦漢設兩人後漢一人魏晉因之或省或置梁復設陳因之後魏北齊俱一人隋三人唐因之宋一人洪武初設四人正六品初授承直郎陞授承德郎革除中陞正五品永樂初復舊弘治十八年省二人

洪武時職名存而事籍漏者凡三十人李從義直隷定遠人七年任李時八年任張元壽十二年任馬亮十二年任劉弼十三年任何廣十五年任汪源十五年任游巨禮十六年任高旺十六年任李宗十六年任薛思道十六年任馬公權十七年任趙友文河南武陽人洪武初薦舉十八年任阿剌帖木兒蒙古人洪武初入任十八年任莊大本十九年任屈仲彬十九年任栢士榮二十二年任李秉彝二十二年任何文正二十二年任吳士

達二十四年任　孫德二十七年任　喬砡二十七年任　孫岩二十七年任　蔡
貴湖廣善化人洪武初以軍功進百戶二十八年陞任　楊顯山東日照人洪武初以軍功進百戶
二十八年陞任　高士耕三十一年任　吳鑑三十四年任　馬文達三十五年任
李敬初山西文水人洪武中薦舉三十五年任　李英直隸徐州人洪武中薦舉三十五年
任　丁維南江西豐城人洪武中薦舉三十五年任

永樂時職名存而事籍漏者凡十三人　吳護四年任　張傑
四年任　談達善湖廣德安人薦舉四年任　張光大直隸建德人歲貢四年任　聶順
十二年任　高遠山西臨縣人鄉舉十二年任　郭斌山東汶上人鄉舉十三年任　吉在
中十四年任　李善十四年任　李源十四年任　趙敬十七年任　王綱山西絳州人鄉

舉十七年任 楊文達湖廣藍山人吏員十七年任

洪熙時職名存而事籍漏者凡三人徐真元年任 孫嵩元年任 宋載元年任

宣德時職名存而事籍漏者凡四人朱惠四年任 劉璧五年任 韓進山東長清人監生八年由大理寺右評事陞任 崔哻九年任

正統時職名存而事籍漏者凡八人夏清山西昌樂人進士元年任

馮珪保定安肅人監生五年任 盧文政湖廣江夏人監生五年任 吳濩江西德興人監生九年由推官陞任 嚴曾河南安陽人監生九年由推官陞任 張傑江西吉水人進士十年由中書舍人陞任 潘延應天句容人監生十三年由大理寺右評事陞任 俞倜浙江諸暨人進

士十三年由主事改任

景泰時職名存而事籍漏者凡四人賀宗湖廣湘鄉人進士元年由大理寺右評事陞任蔡吉湖廣公安人監生四年由刑部主事改任韓瑾四年任李泉五年任

天順時職名存而事跡不詳者凡五人阮璠交阯清潭人四年任劉泰交阯富良人監生五年任葉藻直隸華亭人監生五年任劉意廣西馬平人監生七年任邵敬浙江淳安人八年任

成化時職名存而事跡不詳者凡十二人劉純山東歷城人監生元年任朱凱五年任李廷芝直隸宜興人監生七年任吳虎河南永寧人監生七

年任　羅珪浙江新城人監生八年任　陳灝山東濟寧人進士八年任　馬駉廣東新會人進

士十二年任　堯卿四川安樂人進士十二年任　劉翥陝西宜川人舉人十四年任　蕭

惠江西廬陵人進士十七年任　蕭[illegible]直隸清縣人進士二十年任

文林湖廣衡山人成化壬辰進士二十一年任陞温州府知府

張寅江西安福人成化辛丑進士弘治二年任

汪瀚四川開縣人成化辛丑進士弘治七年任陞光禄寺少卿

白晟直隸武進人成化中鄉舉弘治八年任

林堪福建莆田人成化辛丑進士弘治十年任陞曲靖軍民府知府

華泉直隸無錫人弘治丙辰進士十三年由給事中降本寺主簿陞任官至福建左布政

施震　浙江平湖人弘治癸丑進士十七年任陞石阡知府

徐聰　浙江西安人弘治丙辰進士正德元年任陞南京刑部員外郎

紀世梁　陝西榆林人監生正德二年由太常寺丞改任陞南京工部員外郎

單麟　四川巴縣人弘治中鄉舉正德五年任陞曲靖軍民府知府

陳璣　山東臨清人弘治壬戌進士正德五年由太僕寺丞改任

章瑞　直隸績溪人弘治己未進士正德九年由御史謫都事陞任官至陝西副使

牛綱　直隸涿州人儒士正德八年由中書舍人陞任改太僕寺丞

何宇　浙江新昌人以太子太保兵部尚書鑑蔭正德十一年任

陸槐　直隸宣城人弘治中鄉舉正德十三年任

李彥江西豐城人正德戊辰進士十三年任陞鹽運使

潘塤直隸山陽人正德戊辰進士十五年由都給事中謫同知陞任官至巡撫河南副都御史

吳天挺廣東定安人正德中鄉舉十五年任陞雲南僉事

許濟時河南杞縣人成化甲辰進士正德十六年任

劉樽湖廣蘄州人正德甲戌進士嘉靖二年任陞曲靖軍民府知府

方昇直隸婺源人正德辛巳進士嘉靖六年任官至福建巡海副使

楊珮雲南太和人正德辛巳進士嘉靖七年任陞衡州知府

韓邦奇陝西朝邑人正德戊辰進士嘉靖七年由右春坊右庶子降任官至南京兵部尚書

王清浙江永嘉人監生嘉靖十年任

胡淪　河南洛陽人嘉靖癸未進士十一年任陞鳳翔知府

張讓　山東諸城人嘉靖癸未進士十三年任改太僕寺丞

吳世寶　廣東翁源人監生嘉靖十四年任

朱同芳　浙江餘姚人嘉靖中鄉舉十六年任陞兩淮運同

王橋　湖廣京山人嘉靖丙戌進士十八年由御史謫判官陞任今官廣西叅政

鮑龍　浙江臨安人嘉靖乙未進士十九年任今官山東僉事

王侹　浙江永嘉人以禮部侍郎瓚蔭嘉靖二十年任陞南京工部郎中

陳光明　福建莆田人鄉舉嘉靖二十四年任

石永　直隸威縣人嘉靖壬辰進士二十六年由御史謫判官陞任今官陝西叅政

王交浙江慈谿人嘉靖辛丑進士二十七年由給事中謫知縣陞任

劉洵江西鄱陽人嘉靖戊戌進士二十七年由給事中謫知縣陞任今官廣東僉事

胡賓河南光州人嘉靖壬辰進士二十七年由給事中謫州判陞任今官山西僉事

潘恩直隸上海人嘉靖癸未進士二十九年由山東副使謫推官陞任今官江西副使

涂鉉江西豐城人嘉靖甲辰進士二十九年由禮部員外郎謫州同陞任今官南京刑部郎中

熊鳳儀湖廣京山人嘉靖辛卯鄉舉二十九年任

顧應陽直隸華亭人以南京禮部尚書清蔭嘉靖三十年任

首領官主簿一員

梁置一人北齊因之隋增二人唐因之宋一人洪武初因之定從七品初授從仕郎陞授徵仕郎

洪武時胡彬六年任　陳英十一年任　盧子壽十二年任　王友直十二年任

樊實榮十四年任　張翼十八年任　甯謙二十年任　胡喜二十六年任　孫彥

文山東泰安人二十九年任　曾堅直隸吳江人三十三年任

永樂時蘇儼陝西洛南人二年任　蕭敬所十二年任　翁福十四年任

宣德時舒伯治江西南昌人二年任

正統時阮論二年任　胡昺江西泰和人十二年任

天順時石堅廣西藤縣人監生三年任

成化時宋福八年任李應奎河南寧陵人監生九年任睢讓直隷滑縣人監生十六年由知縣調任吳訥浙江青田人監生十八年任

弘治時王庭浙江台州人舉人四年任華泉見寺丞十一年由給事中調任路談[redacted]人舉人十四年任陞西安府通判

正德時呂鉉直隷晉州人監生三年任陞州同知童時江西鄱陽人以南京禮部尚書軒蔭十年任陞荊州府通判

今嘉靖王宗賢山東沂州人以太子太保左都璟蔭三年任金仲賢湖廣通山人監生七年任吳龍浙江歸安人監生十三年任鄔宗源直隷安慶衛人監生十七年任陞大名知縣甯志學山東寧陽人監生二十三年任陳士貞江西新淦人以南京刑部尚書

壽蔭二十四年任

吏典附

兩科令典吏十二名

吏雜科令史典吏各一名　工雜科令史典吏各一名

應天科令史典吏各一名　廬州科令史典吏各一名

鳳陽科令史典吏各一名　淮揚科令史典吏各一名

按坰臣自周伯冏以後世掌馬政上下千數百年執馭相禪者不知其有幾也在漢如夏侯嬰石慶以僕卿封侯入相而牧政未聞至唐馬最盛其可稱者張

萬歲王毛仲財二人爾於外求如萬歲毛仲者不一聞焉豈牧政終不可振舉耶謝枋得云秉心塞故事事朴實不尚高虛之談秉心淵故事事深長不爲淺近之計萬歲毛仲高談雖不足而猶忠實深厚是宜其馬蕃盛僅見於三代之後而後之不及王張者無他其心不誠而慮不遠也

國朝受命布牧江淮設坰寺董之及永樂十九年定鼎于北凡留都諸司官悉省其半惟坰寺仍舊至正德初年始省寺丞二員而卿亞以上全設至今皆我

列聖以誠實之心而爲深長之慮豈徒具員已耶而循常者顧視爲閑局不然則巧緣節目以徼聲稱不爲根本遠計柰之何牧政不日凌以廢也孔子曰爲政在人嗚呼豈惟馬政然哉

南京太僕寺誌卷之七

南京太僕寺誌卷之八

屬轄

馬政掌於太僕者自漢始也其屬官有大廐未央家馬三令并車府等四令丞及龍馬承華等五監長丞歷唐至宋初重監牧有牧監副監等官并乘黄等署騏驥等院其廐政皆禀太僕寺行之我

朝洪武初置羣牧監隷本寺二十八年裁革以其馬令有司提調孳牧各屬俱有專管馬政官各府設通判各州設判官各縣設縣丞或主簿俱一員各衛委指

揮各所委千户或百户俱一員及永樂十九年定鼎北京設太僕寺於是北直隸河南山東悉屬於北而大江南北仍隸本寺弘治十三年各衛止委指揮一員後又令附近州縣帶管十八年兵部建議孳牧種馬地方北直隸山東河南以四百匹爲率南直隸以五百匹爲率不及數者管馬官不必拘衝要偏僻盡行裁革今所領府衛州縣總八十二處而提調責成則見於條例云

各牧監

洪武六年設滁陽等八監驌驦等十八羣二十三年
定爲十四牧監九十八羣
監正各一員正九品　監副各一員從九品　録事各一員未入流
各羣　羣長各一員未入流
以上洪武二十八年裁省革除中又設典廄典牧二署永樂初年叐舊政
各府衛州縣
洪武二十八年命有司提調孳牧每歳寺丞分管江
南北淮東西俱三年更代督各府通判并州縣判官
縣丞主簿等官比較各羣弘治十八年令無管馬官

者俱掌印官帶管其有管馬官者仍責掌印官提調不許推托不理至嘉靖十年裁冗官查事簡州縣俱革管馬官責令額設佐貳管理

在京

應天府八縣

在外

江南直隸

鎮江府三縣　寧國府一縣

太平府三縣　廣德州一縣

以上屬一寺丞分管

江北直隸

鳳陽府五州十三縣　徐州四縣

以上屬一寺丞分管

揚州府三州六縣　淮安府二州九縣

以上屬一寺丞分管

廬州府二州五縣　滁州二縣

和州一縣

以上屬一寺丞分管

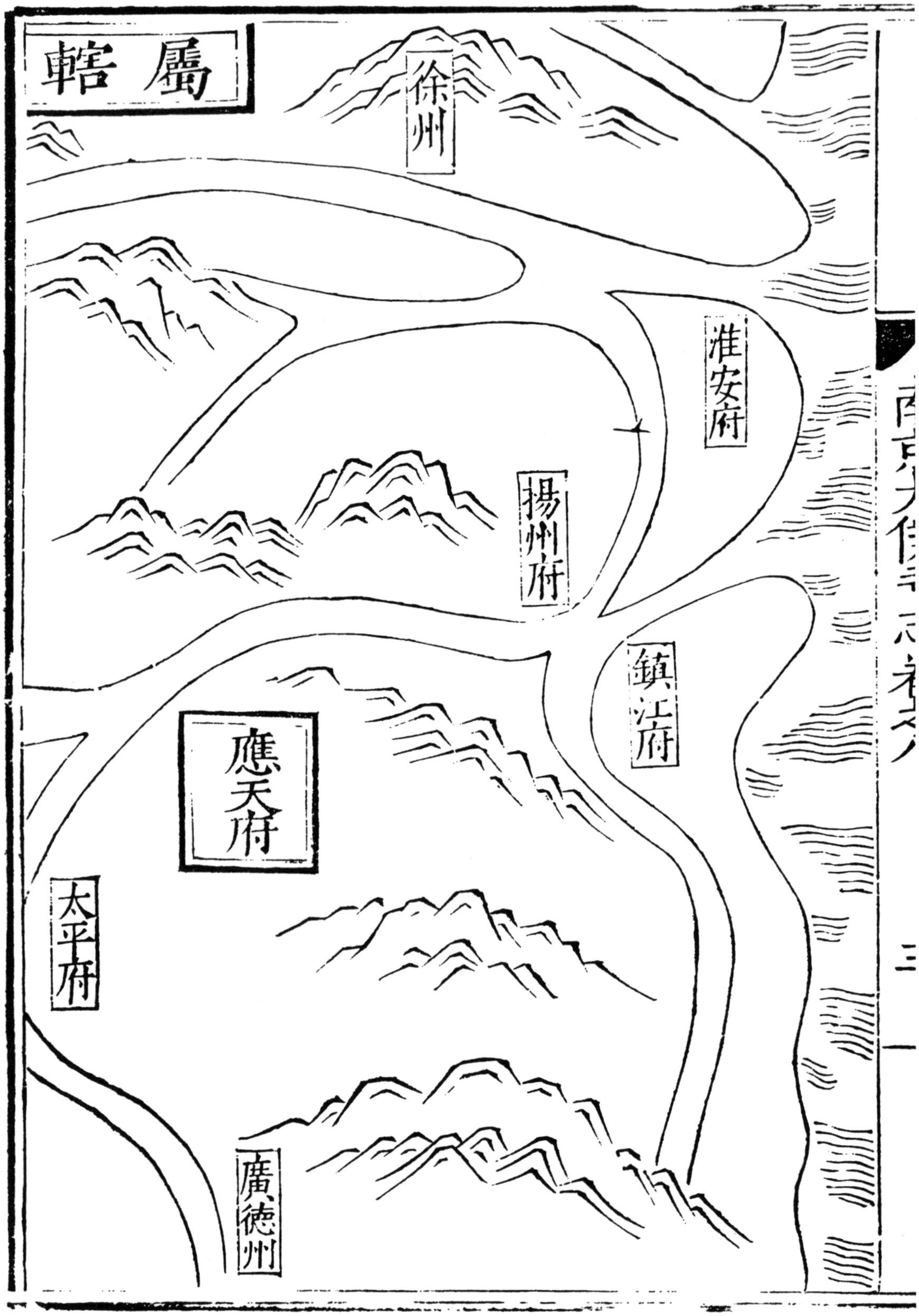
轄屬
徐州
淮安府
揚州府
鎮江府
應天府
太平府
廣德州

南京太僕寺志卷之八

四

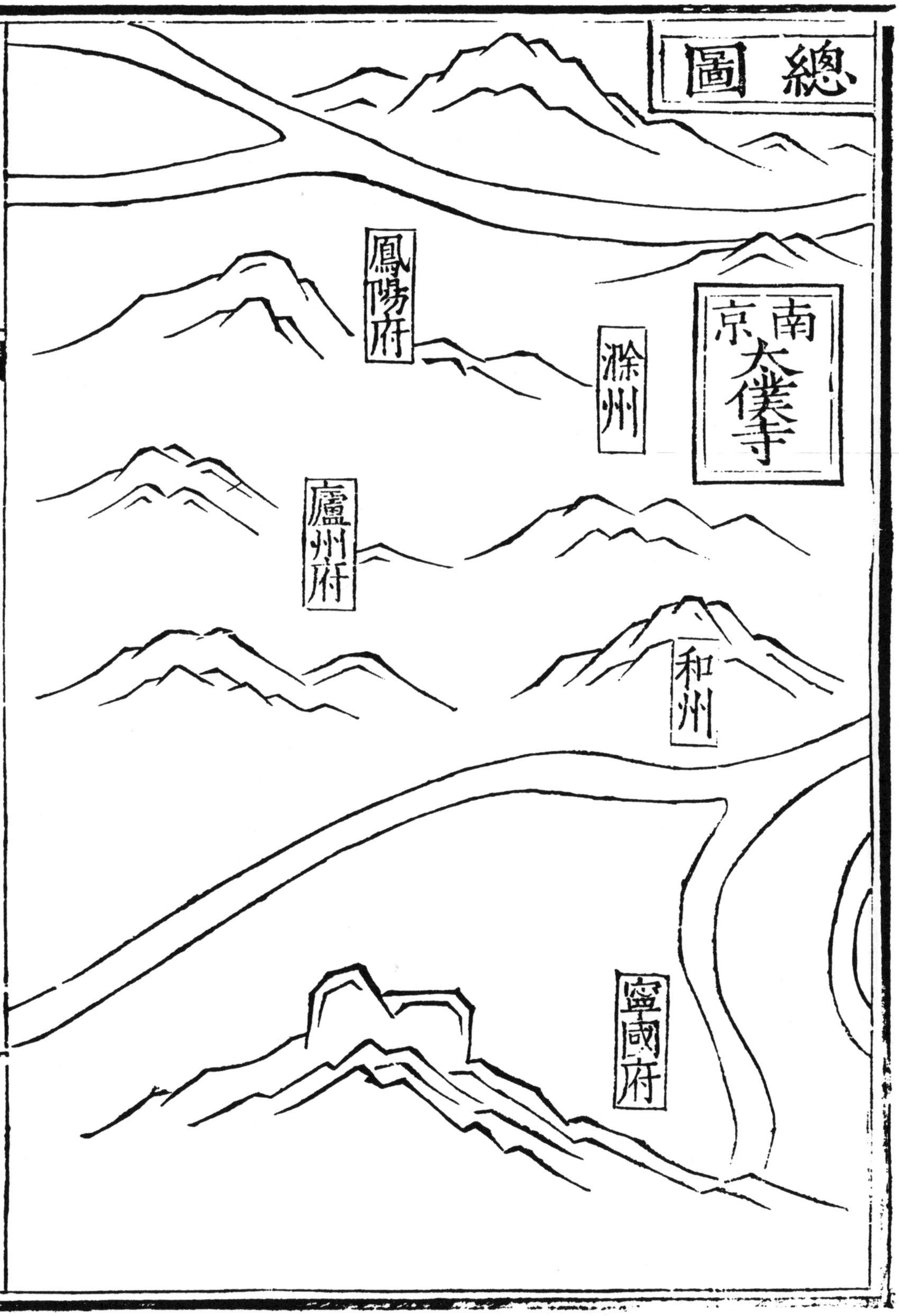
總圖
南京太僕寺
鳳陽府
滁州
廬州府
和州
寧國府

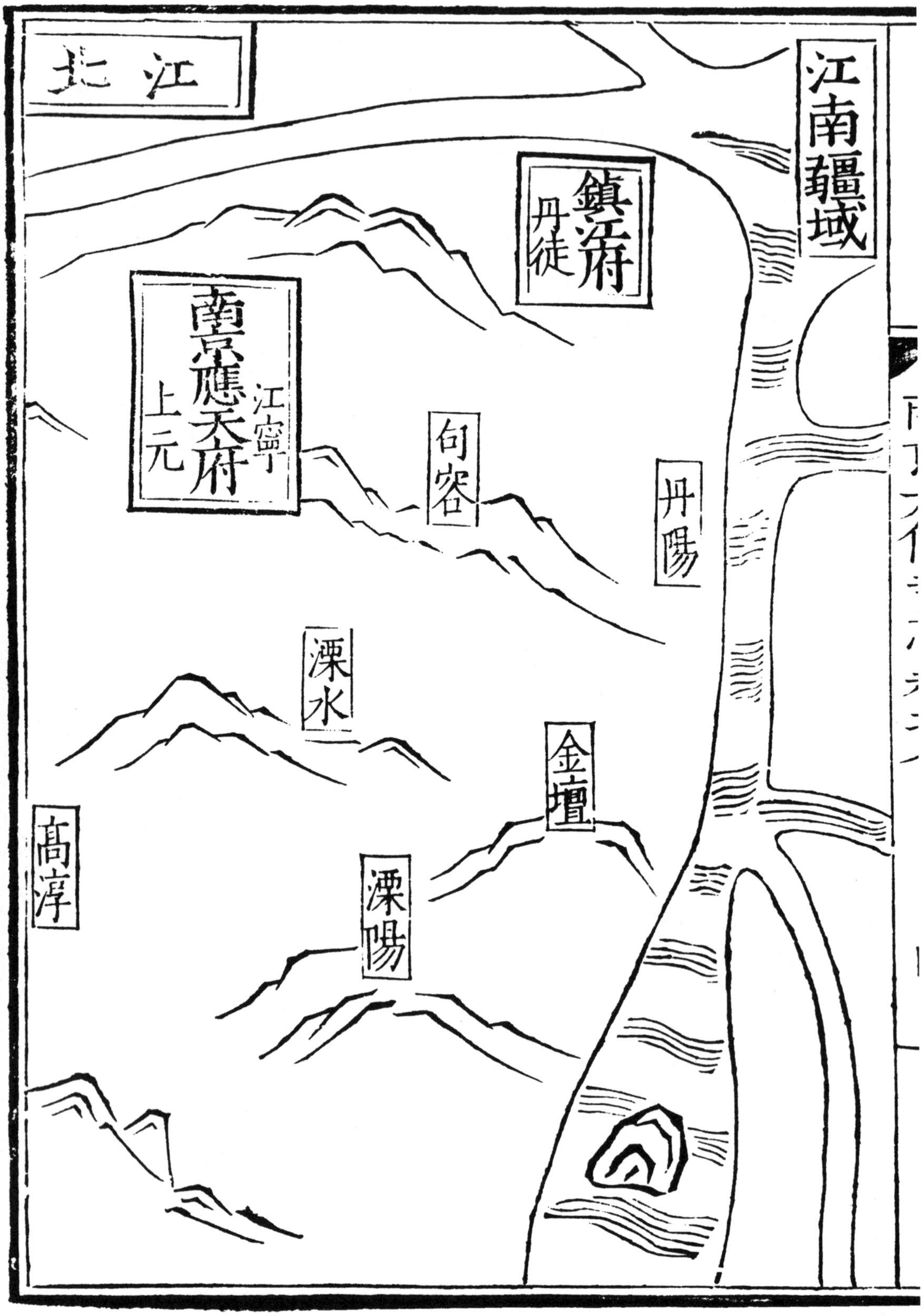
江北
江南疆域
鎮江府
丹徒
南京應天府
江寧
上元
句容
丹陽
溧水
金壇
溧陽
高淳

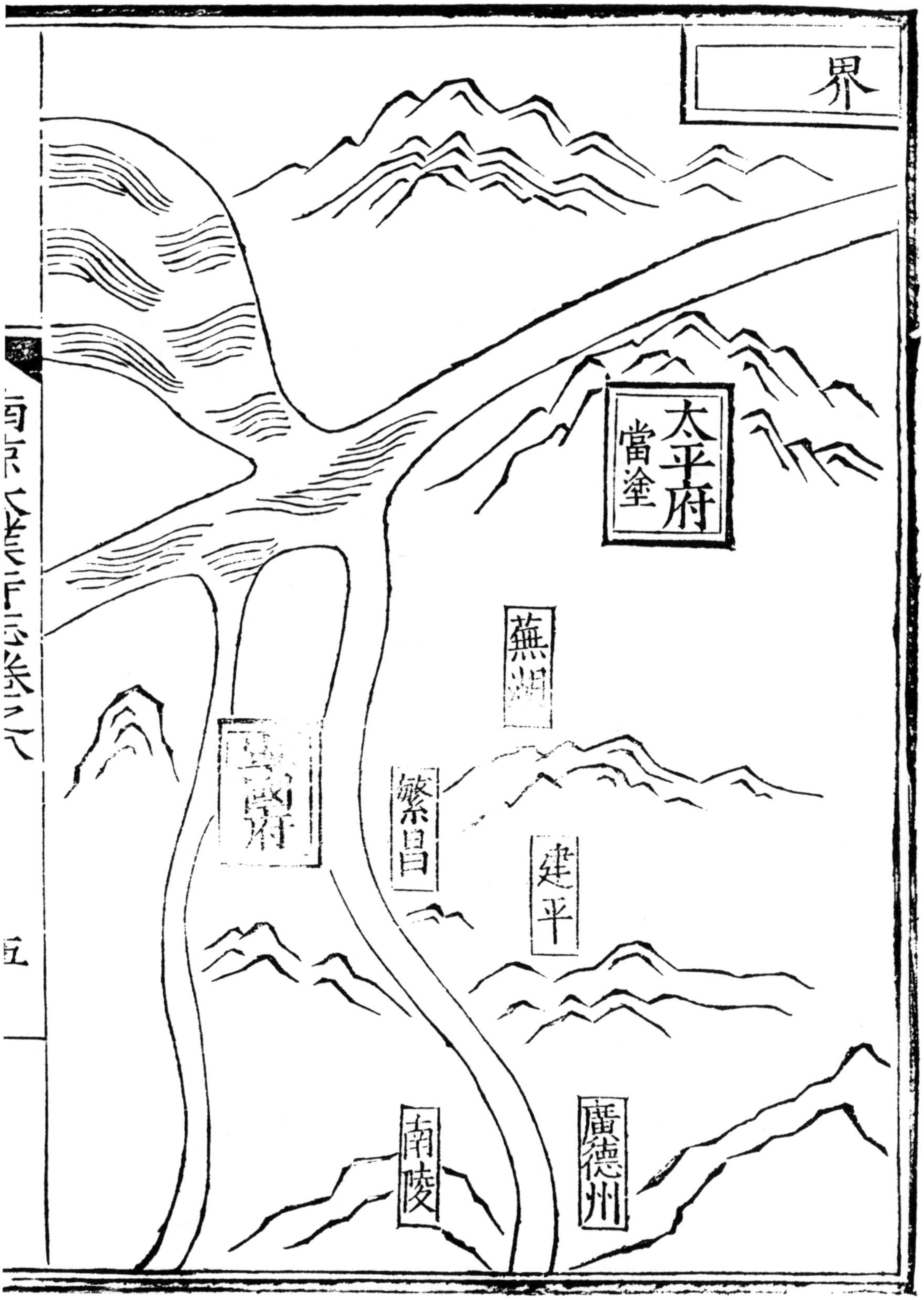
界
太平府
當塗
蕪湖
繁昌
建平
南陵
廣德州

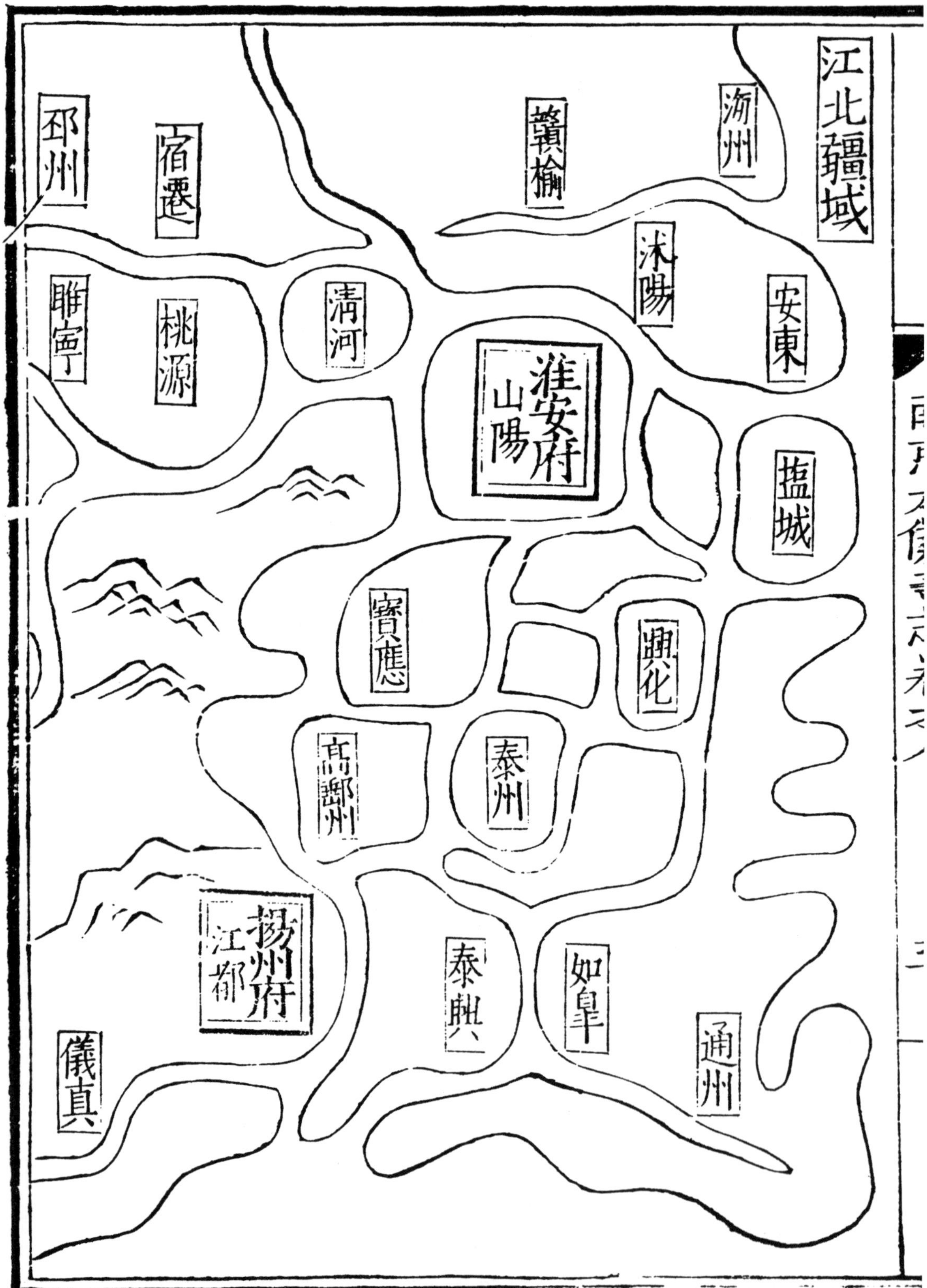
江北疆域
海州
贛榆
沭陽
安東
宿遷
邳州
睢寧
桃源
清河
淮安府
山陽
塩城
寶應
興化
高郵州
泰州
揚州府
江都
泰興
如皐
通州
儀真

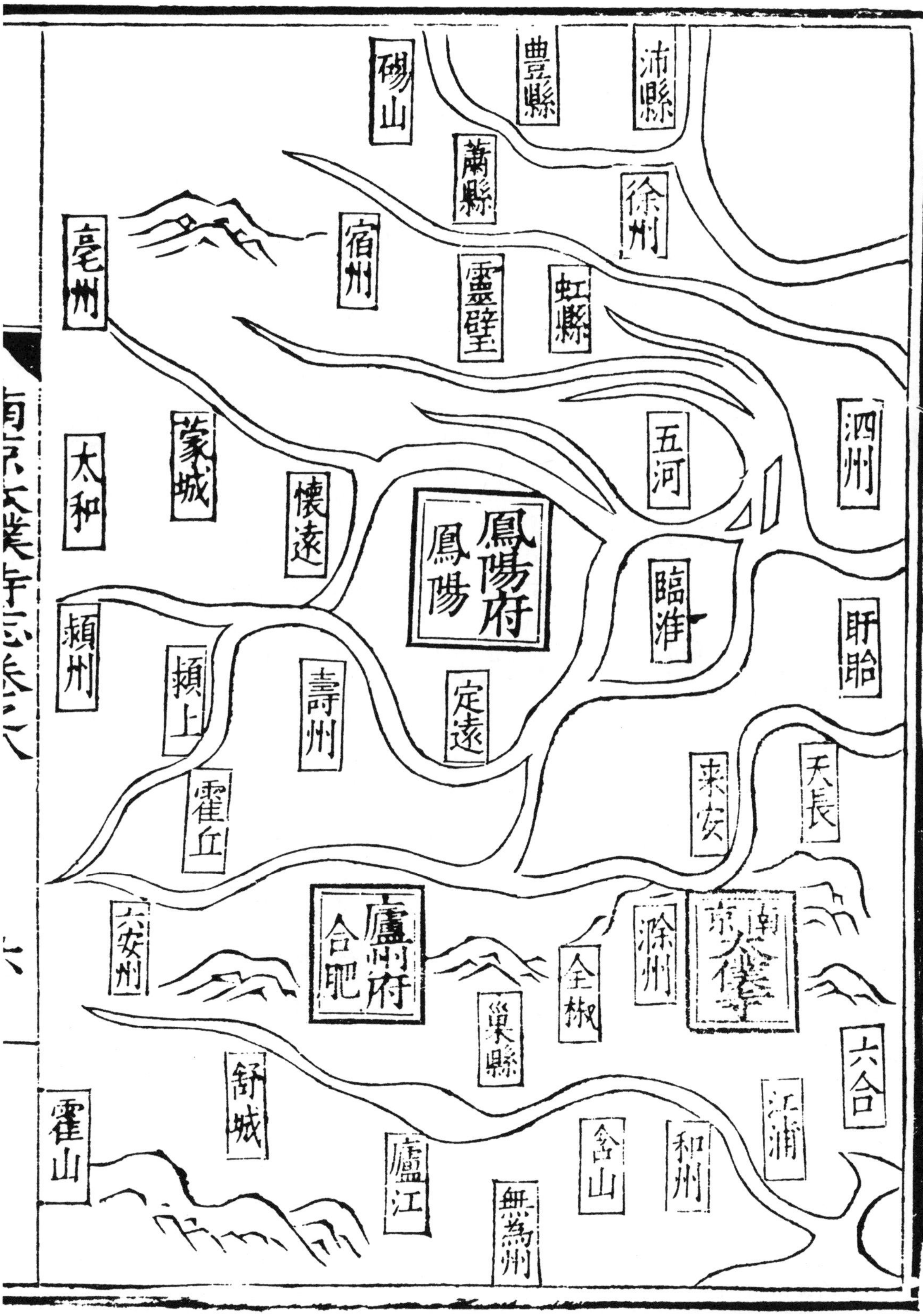
碭山
豐縣
沛縣
蕭縣
徐州
亳州
宿州
靈璧
虹縣
泗州
五河
太和
蒙城
懷遠
鳳陽府
鳳陽
臨淮
盱眙
潁州
潁上
壽州
定遠
天長
來安
霍丘
南京太僕寺
六安州
廬州府
合肥
全椒
滁州
巢縣
六合
舒城
霍山
江浦
和州
含山
廬江
無為州

	應天	鎮江	太平	寧國
禹貢	揚州之域	以下同		
周	春秋屬吳後屬越越敗屬楚内置金陵邑外置棠邑	初屬吳爲朱方邑後又名谷陽戰國屬越後屬楚	本吳姑孰地鳩兹邑後屬越戰國時屬楚	吳地後屬越楚
秦	始皇以金陵有都邑氣改曰秣陵屬鄣郡外爲棠邑屬廣陵郡又於溧水之陽置溧陽縣凡三縣	始皇以谷陽地有望氣使赭衣鑿京峴山以敗其勢因名丹徒又鑿雲陽北岡名曲阿凡二縣屬會稽郡	屬鄣郡	同上
漢	南爲秣陵溧陽又於句曲	因秦	屬丹陽於鳩兹置蕪湖縣	春穀縣地屬丹陽郡

	吳	晉	南
山西北置句容縣俱屬丹陽郡惟棠邑屬廣陵郡	自京口徙都於此改爲建業屬縣因漢	建興初改建康於秣陵析置江寧縣又置秦郡於棠邑餘因吳	宋齊梁陳因晉惟秦郡屬後周改爲六合縣
	改丹徒爲武進改曲阿爲雲陽置京口鎮	復爲丹徒置毘陵郡領曲阿	宋爲南徐州治所縣因晉
以其地卑蓄水而生蕪藻因名又置春穀縣	因漢	初析丹陽地置于湖縣東晉以江北當塗於于湖僑立當塗縣析春穀爲繁昌	因晉
	春穀縣地	孝武時改置陽穀縣後併入蕪湖	梁武帝始置南陵縣陳屬宣州

隋	唐	五代	宋
置蔣州省秣陵入江寧析溧陽置溧水句容仍舊惟六合屬江都凡一州四縣	至德初置江寧郡因年號改江寧縣爲上元領句容溧陽溧水惟六合屬揚州	南唐析上元復置江寧餘因唐	初爲昇州仁宗陞爲江寧
初改爲延陵鎮開皇中置潤州於曲阿縣之金山鄉置金山縣	天寶中改潤州爲丹陽郡改曲阿爲丹徒縣改金山爲金壇縣	因唐	初改鎮江軍政和中陞爲
徙當塗于姑熟以繁昌併入	初置南豫州於當塗尋廢州以縣屬宣州以蕪湖爲鎮	南唐析當塗置蕪湖繁昌	改平南軍爲太平州縣因
屬宣州	因隋	因唐	陞宣州爲寧國府縣仍舊

	元	國朝
府南渡後改府為建康府各縣因南唐	天曆初為集慶路縣因宋	丙申陞京府領縣八内上元句容溧陽溧水高淳種馬俱五百匹以上設管馬官江寧江浦六合種馬不及數奉例裁革於掌印官帶管
	改鎮江路	改路為府領丹徒丹陽金壇種馬俱五百匹以上設管馬官
舊	陞太平路縣仍舊	改路為府領縣三内當塗種馬五百匹以上設管馬官蕪湖繁昌不及數奉例裁革於掌印官帶管
	改寧國路縣仍舊	改路為府縣仍舊名南陵成化元年都御史劉孜奏革管馬官將見任主簿帶管

	禹貢	周	秦
鳳陽	古揚州爲塗山氏之國又封禹爲夏伯邑於虹	初封霍叔於霍春秋時爲鍾離爲六蓼楚遷都于此又爲吳善道爲胡子國爲譙邑爲宿國戰國總屬楚	內置鍾離縣外爲曲陽壽春又置九江郡於壽春
廬州	內爲廬子國外爲巢伯國又爲六國封皐陶之後	春秋屬舒與六蓼戰國屬楚	屬九江郡外置居巢縣
揚州	古淮海維揚地	初屬吳爲邗溝地後屬越戰國屬楚	屬九江郡內置廣陵縣外爲高郵亭
淮安	揚州域本夏邳國	春秋屬吳又爲郯子鍾吾子二國地後屬越戰國屬楚	屬九江郡內爲射陽縣地外置郯郡領下邳下相

漢	內置鍾離侯國外改曲陽爲東城改壽春爲淮南國又置夏丘山桑盱眙汝陰細陽譙縣⿱厶山猶八縣	立廬江國領合肥龍舒居巢又置六安國領六縣	初爲淮南國後改江都國東漢爲廣陵郡領江都縣又置高郵平安海陵三縣	屬廣陵郡又置鹽瀆厚丘東海睢陵縣東漢陞下邳爲國
三國	魏置汝陰郡并譙國又置蘄城縣餘仍舊	屬魏爲重鎮	初屬魏後屬吳縣仍舊	屬魏爲臨淮廣陵二郡地
晉	內復鍾離縣外置壽陽郡於安豐立霍丘城改⿱厶山猶爲宿預縣餘仍舊	屬淮南廬江二郡改六縣爲六安縣餘仍舊	屬廣陵郡縣仍舊又置如皐縣	於射陽地置山陽郡又置襄賁縣改下邳爲郡餘縣仍舊

齊	隋
鍾離霍丘盱眙以南屬南朝梁置定遠郡於東城又置涇州改壽陽爲豫州蘄城夏丘以北屬北朝後魏改山桑爲渦陽改汝陰爲潁州北齊置睢陽郡於古宿地後周改宿預爲泗州改譙爲亳州	置濠州於鍾離改豫州爲
宋改合肥爲汝陰改龍舒爲舒城梁改巢爲蘄縣又析龍舒置廬江縣餘仍舊	改合州爲廬州領合肥置
宋置南兗州治廣陵梁於海陵置郡餘縣仍舊後周又改吳州於廣陵	初改吳州爲揚州後改江
宋僑立青冀二州於鄒縣又立僮縣梁改鄒縣爲東海郡陳改鹽瀆爲鹽城縣東魏改東海郡爲海州改僮縣爲沭陽郡改襄賁爲海安縣	置楚州治於山陽餘仍舊

	唐	表	宋
壽州改渦陽爲肥水又置頳上縣餘仍舊	以塗山省入濠州改定遠郡爲縣改夏丘爲虹縣改肥水爲蒙城改涇州爲天長置宿州於睢陽餘仍舊	因唐	改蘄城爲懷遠軍置五河
無爲鎮於巢地析六合置霍丘縣	州仍舊於舒故城置舒城縣又置巢州霍州尋改縣	置昭順軍	割廬江屬無爲軍併霍山
都郡縣仍舊	內置揚州治所析江都置揚子縣上元中以平安獲國寶更爲寶應縣餘縣因隋	南唐析海陵爲泰州泰興興化後周析置通州海門	內置大都督府又置真州
	天寶初改淮陰郡乾元初復爲楚州析東海置贑榆縣又改下邳爲邳州改下相爲宿遷餘因隋	南唐陞順化軍	置淮安軍於山陽析泗州

	元	國朝
縣於河口置壽春府於壽州置保靜軍於宿州析虹縣零壁鎮爲靈壁縣置太和縣於細陽地餘仍舊	改臨濠府餘因宋	改中立府定爲中都洪武七年改爲鳳陽府領州五縣十三內壽州潁州泗州宿州亳州懷遠靈壁盱眙
爲六安軍餘仍舊	改廬州路餘仍舊	改路爲府領州二縣五內無爲六安合肥舒城廬江種馬俱五百匹以上設管馬官巢縣霍丘俱不及數
於揚子政和中改郡曰儀眞陞高郵寶應俱爲軍餘仍舊	改高郵路寶應縣餘因宋	初置淮海府壬寅改維揚丙午年復爲揚州領州三縣七內高郵泰州江都泰興興化種馬俱五百匹以
清河地置縣陞海安爲安東州後睢陵沒于金改爲睢寧縣餘仍舊	改淮安路析宿遷置桃源	改路爲府領州二縣九內邳州海州山陽鹽城沭陽贛榆宿遷睢寧安東種馬五百匹以上俱設管馬官

		貢	周	秦
種馬俱五百匹以上設管馬官太和臨淮鳳陽虹縣天長五河穎上蒙城定遠霍丘俱不及數裁革於掌印官帶管	滁州	揚州之域	春秋爲吳楚之交後屬楚	屬九江郡領全椒縣
裁革於掌印官帶管	和州	同上	同上	置歷陽縣屬九江郡
上設管馬官儀真寶應如臯俱不及數裁革於掌印官帶管	徐州	古徐州大彭氏國并蕭國	春秋時宋地戰國屬楚	置彭城碭豐沛四縣
清河桃源不及數俱正德四年都御史張縉奏例裁革於掌印官帶管嘉靖十年革冗員勘海邳二州山陽七縣令額設佐貳管理	廣德州	揚州之域	春秋時屬吳後屬越楚	鄣郡地

漢	初屬淮南國後屬九江郡	西漢同上東漢爲揚州刺史治所	分沛郡立楚國置徐州改碭爲碭山又置蕭縣餘同	宣城郡地
三國	屬魏	屬吳	屬魏	屬吳
晉	屬淮南郡東晉於此僑置南譙郡	東晉分置歷陽郡又置龍亢縣	分淮北曰北徐州縣仍舊	宣城地
南北朝	北齊徙南譙州於新昌又改北譙州爲臨滁郡	宋置南豫州治歷陽後入北齊改和州	宋改北徐州曰徐州後魏於徐州立彭城郡	宣州地
隋	改南譙州爲滁州因滁水而名領全椒又置清流縣	因前	因舊	宣州地

唐	表	宋	元	國朝
因隋又析清流置永陽縣	南唐改永陽爲來安	屬淮南東路	初爲滁州路後復爲州	初以清流全椒來安併入州隸鳳陽府洪武十四年復置全椒來安爲屬縣直隸京師種馬俱不及數管馬官奉例裁革於掌印官
州因隋改龍亢爲含山		屬淮南西道	陞州爲路	初省歷陽烏江二縣入州洪武二年又改爲歷陽縣隸廬州府後改和州直隸京師領含山種馬俱不及數管馬官奉例裁革於掌
初復徐州後陞武寧軍	因唐	因唐	復改徐州	初隸鳳陽後直隸京師領蕭縣碭山豐縣沛縣俱無種馬未設管馬官節年備用折價俱掌印官帶管
析宣州置廣德縣	因唐	建廣德軍析置建平縣	因宋	直隸京師領建平成化元年都御史劉孜奏革管馬官將見任主簿帶管

帶管	印官帶管

額吏附

各府州縣自設管馬官以來酌地繁簡置馬科吏承行公移文冊等項或二名或一名

應天府 本府二名上元江寧句容溧陽溧水各二名六合高淳江浦各一名

鎮江府 本府二名丹徒金壇丹陽各一名

太平府 本府二名蕪湖當塗各二名繁昌一名

寧國府 本府二名南陵一名

廬州府 本府二名無為六安合肥舒城各二名廬江巢縣霍山各一名

鳳陽府 本府二名鳳陽懷遠定遠潁州潁上太和亳州泗州盱眙壽州臨淮虹縣霍丘蒙城宿州

靈璧各二名天長五河各一名

淮安府本府二名海州邳州山陽安東淸河桃源鹽城沭陽贛榆睢寧宿遷各二名

揚州府本府二名高郵通州泰州江都儀真泰興寶應興化各二名如皐一名

滁州本州一名全椒來安各一名

和州本州二名含山一名

徐州本州二名豐縣蕭縣碭山沛縣各一名

廣德州本州一名建平一名

愚嘗讀書至武城王來自商至自豐乃歸馬于華山之陽放牛于桃林之野示天下弗服然猶脩周官牧

圉之政於岐豐鎬京等處以及井甸所至莫不有馬
其所以制治於未亂者何其深且遠也我
聖祖龍飛淮甸駐蹕滁陽及天戈所向殪漢踣吳使中
原百年腥羶之運盡復冠裳於是歸馬于滁視爲華
陽與王至自豐者益焯有光矣又括江淮爲京輦神
皐脩馬復令豈不爲萬年豐鎬圖耶然諦觀形勝北
控魯魏南盡吳越東届海壖西聯汝汴自春秋以來
世爲爭戰之地如魯以車徒克淮夷吳以偏乘滅鍾
離灌嬰以驍卒蹙項羽於東城謝玄以步騎敗符堅

於淝水是江淮之地未始不以馬取勝而或者謂非
騎兵所能展奮然則
聖謨睿筭其所以親定於滁至再至三者果無見於此
耶且設立本寺專司江淮牧政實强幹弱枝之道當
時北直隸一帶不過以行太僕寺寄之與今之遼東
山陜寺卿一也及定鼎北京守土者遂欲弛南牧以
要市於民甚或管馬官員巧避本職希營別差於牧
政漫不講求則此法可終罷哉昔王禹偁云宋自太
宗繼業天下一家議者乃合江淮諸郡撤武備三十

餘年萬一竊發何以技捂嗚呼今豈無禹偁之慮乎

南京太僕寺誌卷之八

南京太僕寺誌卷之九

規制

夫建邦啓土必列乎地利所以據形制之勢使天下知所歸也滁爲江淮都會其豐山起伏北馳有類駟宿識者已卜爲孳牧之占至我
聖祖龍潛於此因之肇創大業遂設寺董牧以據其勝非地顯其靈若有所待者耶今百有九十餘年規畫所遺而南征北伐恒必賴之誠足以繫萬年無疆之
圖矣居其地者盍思所以重之使地崇且昂哉

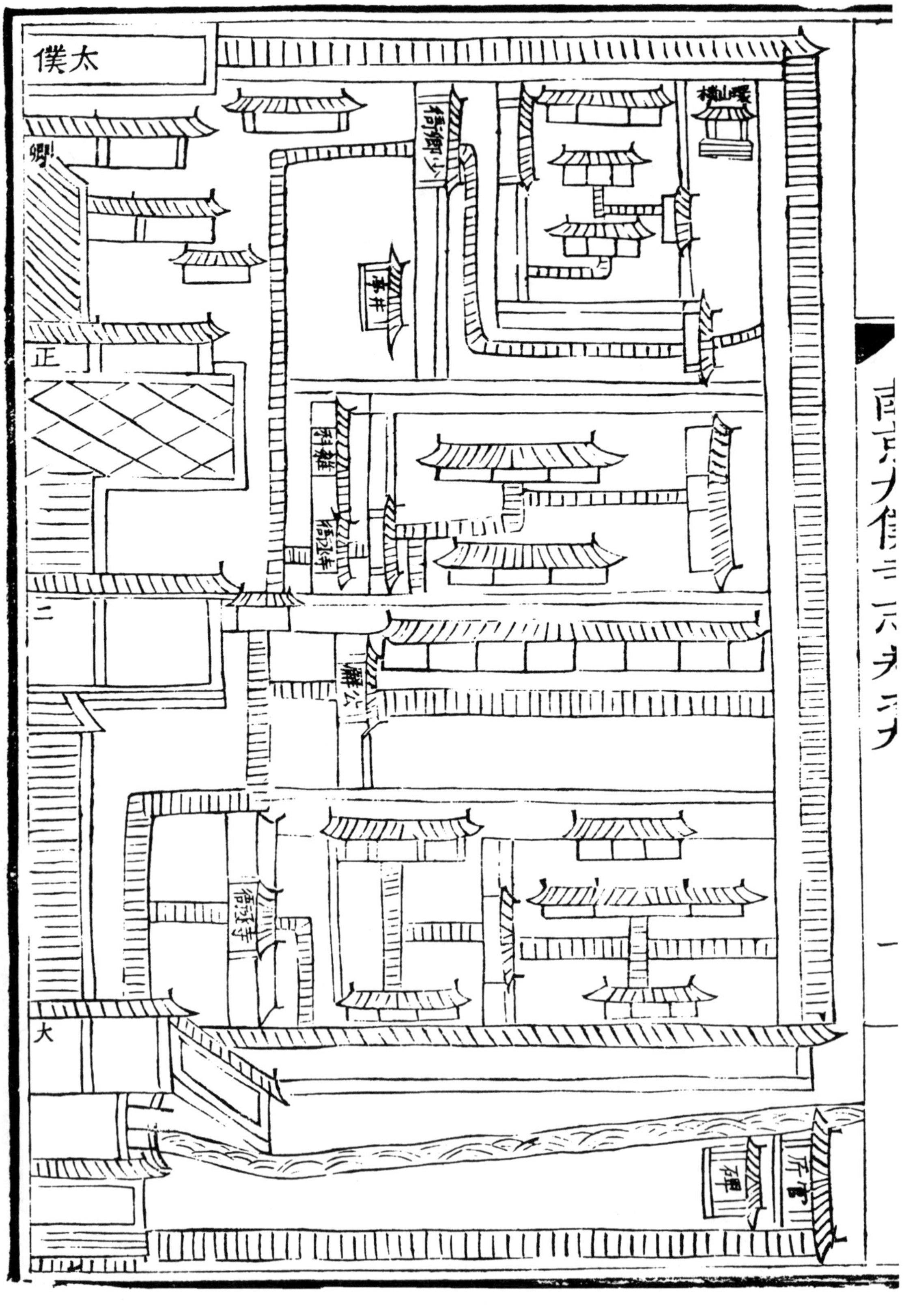

太僕
卿
正
二
大
少卿衙
井亭
暖山樓
雜科
寺丞衙
公廨
寺丞衙
石碑
官廳

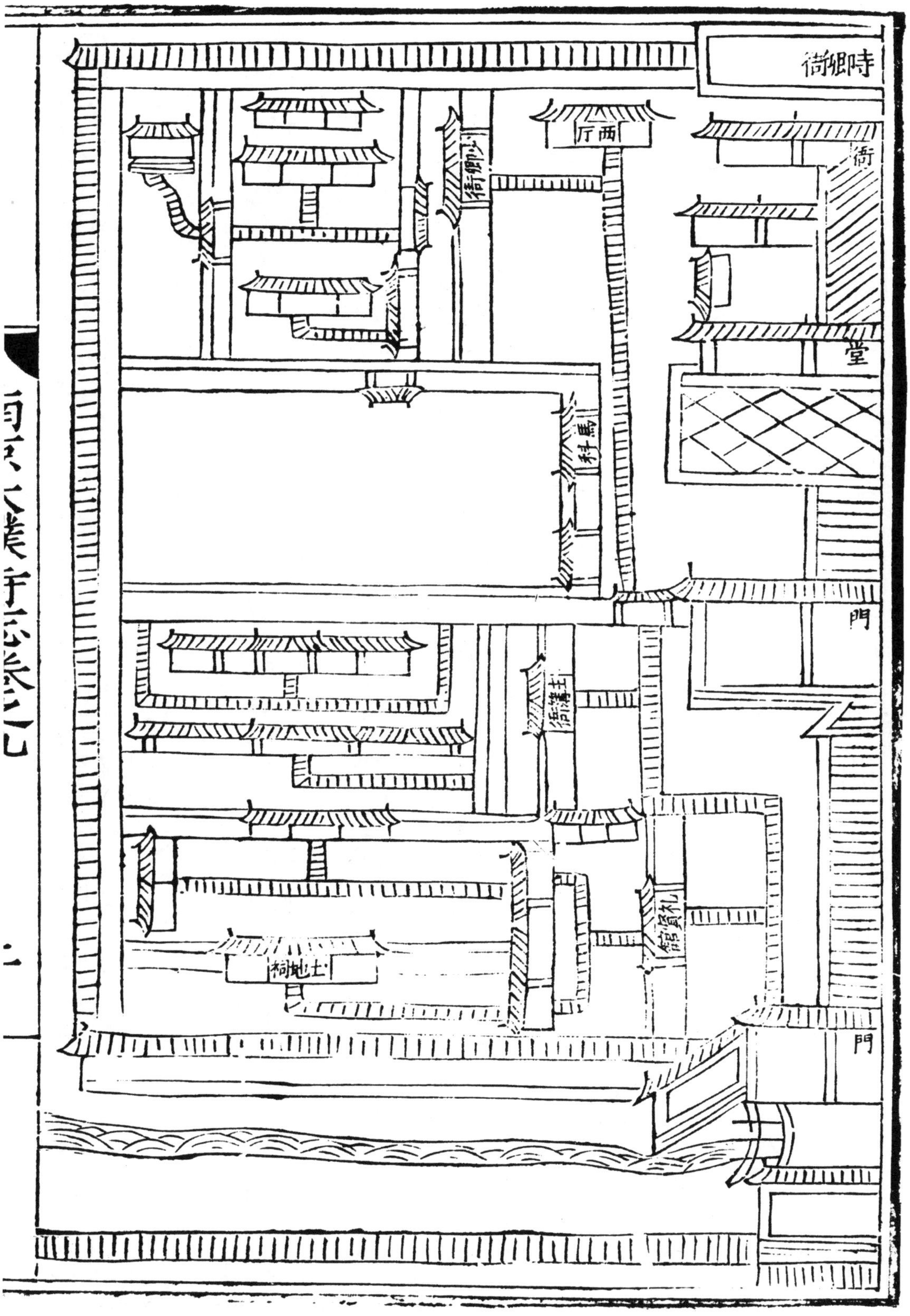
時卿衙
西厅
少卿衙
衙
堂
馬科
門
主簿衙
札員館
土地祠
門

國初定鼎金陵稽古建官設太僕寺總理牧事以江北
諸郡限于長江馬至京難洪武六年
太祖巡狩幸滁以其地夷曠便於閱視詔建太僕寺于
滁城龍興寺東擢唐元亨爲卿董牧監十一年以其
隘甚改建城外西南三里豐山之陰天順三年少
卿盧祥重修其廢墜自爲記云我 聖朝
太祖高皇帝龍飛淮甸駐蹕滁陽天下既平定首先馬
政於洪武六年夏四月十一日創建太僕寺於滁城
龍興寺之東設官司之尋以其地隘洪武十一年戊
午改建於是是寺所占四面夷曠校閱允宜是蓋
太祖聖明所親定也所建正堂五間前後廳及穿廊各
三間庫房主簿廳在正堂東西間亦如之公廨吏舍

環列左右高明宏壯深邃嚴密今蓋八十二年矣閱歲既久不能無弊棟宇摧殘榱櫨朽弊簷楹卑隘丹堊汚染廨宇之址淪入草莽不幾爲荒凉之墟乎景泰乙亥前少卿鄭悠巳嘗脩其後廳穿廊未及訖工以憂制去天順戊寅祥奉 命來官居止無所顧瞻之間良可慨惜乃於巳卯春二月謀重葺之鳩工庀材務求其良未嘗取之於民築作之役傭其貧者不欲勞夫民也凡所脩治悉循其故惟於其衺者正之弊者去之廢者舉之鈌者補之卑隘者敞之令其高明汚染者令其絜白周以墻垣防範嚴謹庶幾不失乎舊規矣或曰子之物備材贍盡新改作以加崇美歟祥曰不然觀夫是寺之制不侈不陋豐儉適宜不可得而加損也使能時加脩治亦可以庇風雨奚必崇侈靡以勞民傷財乎若馬政如 祖宗之法極其詳備無可議也使能守而勿失亦可以使民安馬蕃奚必作聰明以亂舊章乎或人曰子之是言乃爲政之道也請書于壁以告來者是爲記

成化十六年本寺卿方漢立題名

碑自爲記云居一官思以一官鳴則能了所事稱厥職矣夫官必有職職必任事事出於思而行之有道則聲響鳴於是欲事事者必先思而後行也是故思以忠　君鳴也而後能責難陳言思以愛民鳴也而後能子惠元元思以清廉鳴則潔身持已之操堅思以勤能鳴則夙夜不懈之心勵思以公道鳴則持守禮法而不容私曲思以正直鳴則崇尚節槩而不鑽求阿媚思以事功鳴則務建功業而立善政所謂思則行之不思則不得也思也者心之所志也職也者任之所事也有是心則有是志有是志則有是思有是思則有是行有是行則了是事事了則道行職稱而足以承　君之官矣太僕之官事在司馬我

太祖高皇帝龍飛淮甸資馬以成注意馬政以滁爲龍興潛邸地堪總司牧蓄首設太僕於斯重斯事也法度憲章舊典具在迨今百有十年受　命官斯者百三十七人未有裒而記之者茲特檢録名姓壽諸堅珉使觀者知某也爲斯之某官也某也致馬之蕃盛也某也致馬之虧耗也或又因其名指其生平實行

而數之曰某也公某也廉某也勤而能某也有功於某事某也貪而懦狠而無爲某也儉壬而不實怠某政廢某事壞某法善則鳴不善則不鳴庶使人知有自省而謹思之也嗚呼焉政事之一端也不可不謹如此而况於執天下大政者哉用書以告凡有官者

弘治十七年本寺卿陳璧於正堂後作棲雲樓

南京戶部尚書鄭紀記云乾以易知坤以簡能是天地之德惟簡與易而已日月風雲雷雨各以其職奉其政令則四時行百物生而天地之職亦舉矣雲之爲物雖列於衆職而實靈於衆職如龍之興得霖雨潤物也雲不從則無以神其靈而不雨歲有水旱豐荒莫能先知而禱祀之保章氏則觀其靑黄赤白黑之五色而察其祲祥以告于王河陽太行本不相接也狄仁傑登太行而望河陽忽見白雲之孤飛是雲之出入卷舒似乎無心而人世之庶事萬物莫不資之以爲助焉彼龍興而從則龍爲主而雲爲佐君臣之義勃如也親舍在白雲之下人子望之則思親父子之恩藹

如也霖雨之澤萬物仁之施也氣色之察祲祥知之別也雲之德其盛矣乎予友南京太僕卿陳公瑞卿掌寺事未三年馬政大舉既作環山樓於寺堂之東隅爲登眺遊觀之所蓋取歐陽公環滁皆山之義匏菴學士既爲之記矣又作棲雲樓於寺堂之退居爲寢興休息之所因其僚友林舜卿請記於予予以雲之盛德衆善有益於人世久矣今爲瑞卿公言之公領鄉薦對　大廷登進士其從龍而起也驄馬行春憲臺兵備洗寃澤物息盜安民其霖雨之潤也茲主馬政于環山之中山環而雲亦環又作樓以棲之時東方向明羣牧出坰公則興矣與雲偕行西方夕矣雲既翕矣公揮羣牧與雲偕息人望二樓之間英英郁郁不知孰爲雲而孰爲公也開封邦伯登夷山而望滁陽豈不曰親舍在其下乎他日公起而總制邊疆則可以知其何爲花葩何爲賊祥華夷之分已明入而執政廟堂可以因而調元贊化俾雨暘時若兵荒不作天地以位萬物以育是天地之職因雲而舉雲之職又因公而舉公豈徒棲之也哉公明日見雲

之來幸謝之曰汝非滁中物也吾將棲汝于九重天上矣抑不知公之僚友如夏如陳如林如白如施如華數君子又肯相從乎否是爲記○南京禮部右侍郎馬廷用記云予友陳公瑞卿以監察御史擢山東按察司副使尋改按察使進南京太僕寺卿既莅官羣僚協恭馬政脩舉乃闢地築二樓爲燕息之所其在署之左者扁曰環山今禮部大宗伯匏菴吳公爲之記其在署之後者扁曰棲雲則屬予俾爲記之夫滁爲山水奇勝之鄉我

太祖高皇帝駐兵于滁値歲旱禱雨栢子潭躍馬注矢于潭者三果大雨及渡江定鼎金陵遂以滁地形平曠水甘草豐即其地設太僕寺以便臨事凡官於此者治文書閑清峻之暇輒相與僚佐俯仰登眺但見瑯琊諸峯朗然盡在几案歷歷可數固有不待求於外而自適於中者矣退而緬懷 皇祖驅馳之蹟仰窺當時畜牧之盛其有悚然而恐勃然而興者耶或者以爲天地間晅而爲日散而爲風潤而爲雨奮而爲雷皆有資於物者而雲漠然若無所預瑞卿顧乃

取諸彼以名乎此不亦甚異乎予謂不然陰晴噓吸變化不常要皆有雲物乘之耳方其觸石而出膚寸而合自耕者望之則思以施霖雨行者望之則思蔽烈日其功用豈在五行四時下嗚呼雲亦靈怪矣哉且自有此雲山則自有此情况昔歐陽永叔守滁州其作醉翁亭記嘗曰雲歸而巖壑暝至於曾氏子固學歐陽者其作醒心亭記復有羣山相環雲烟相滋之説論者謂前輩寄興味於物表置榮辱於度外故其言如此瑞卿以棲雲名樓之意不昉於二公耶抑予聞之士無心於去就猶雲無心於出處所遇不同故耳當其或宿於巖或依於木則困於獨守其志之時也及乎不崇朝而雨天下則進而得行其道之時也予謂士大夫出處之義正類乎是故并言之世有歐曾爲論殆不止此此則非予所敢道也庸書此爲棲雲樓記以告夫來者

嘉靖二年本寺卿潘希曾重立續題名碑

少卿汪玄錫記云皇明洪武六年詔建太僕寺於滁州準古設官總理馬政其人惟賢是取 上之

所親拔也其地就夷曠便於閱視上之所親定也牧養之法約束之科上之所親製也猗歟休哉昔於儀門兩旁立石刻諸執事之名氏今南京禮部侍郎西蜀劉公來爲少卿閒閱故牘謂其尚有脫畧且近者未及登載今主簿童君時詳加考訂將復刻之未幾公有光禄之命而去太卿金華潘公遷奉常始謀諸黄巖王公寺丞瓊臺吳公蘄陽劉公促日即工以卒公志乃屬玄錫識其由詔諸來者予嘗登豐山之巔覽龍潭之勝讀御製碑退而嘆曰信哉我皇祖之有見於滁也夫滁負山面江左河右湖四塞之國也龍飛淮甸駐蹕伊始方其延攬豪傑跨長江下金陵收江浙殪僞漢北定中原混一區宇天廐龍媒左右神武所向無敵滁之產亦奇矣哉迨文皇徙都幽燕並建太僕寺由是總理之數視昔加少吏於兹者公退則相與尋昔人王元之歐六一寄興處於瑯琊山水間以自適好事功者至目爲閒局而不屑爲然江淮列郡凡有牧養之役於斯而得之聞見之舊者莫不竭力以供事而不敢後凛然若我

皇祖臨之在上者固千載猶一日也嗚呼盛哉方今
聖明在御寤寐 皇祖聿隆治功頃於馬政注意尤切
故本兵之所申明臺諫之所建白符牒之下不一而
足爲吾人者際世運之亨嘉飽江山之清暇盍亦職
思其憂於以仰副我 皇祖貽謀之始意使上有裨
於國下不損於民生庶幾免瘝曠之責而題名之作
匪徒爲具觀也願與圖之

五年本寺卿杭淮復撤堂庫而新之易儀門土墻以磚并立巡警舖及創公署於寺東以便官司居止自爲記太僕寺之建我

太祖高皇帝所親定於此乃洪武歲之戊午也閱八十
二年爲天順己卯少卿盧君祥一嘗葺之迄于今嘉
靖丙戌又六十七年矣正堂東西庫主簿廳及後廈
穿廊悉就傾圮榱桷朽腐脫落至不蔽風雨淮與少
卿楊君欽鄭君裕寺丞劉君樽許君濟特謀重葺之
乃於是鳩材事事凡缺者補焉敝者更焉顛者欹者

植焉斷與離者緝焉下而隘濕者起焉又大門之内至儀門東西皆土墻歲費築修乃今易之磚使可以乂永周圍寺墻之外四角舊有鋪至缺其三乃皆立之使巡警有備焉朔望州衛官來謁至就街肆以伺令爲之創公署三間於寺之南東使居止有其所焉工始于是夏之四月凡百日而訖工材用之費則皆取辦於官工作餼廪之需則皆程日以給至於經理區度之宜出入節量之則皆主簿王宗賢力也考乎盧所記曰斯寺之制不侈不陋豐儉適宜使時葺之足以蔽風雨何必改作以勞民傷財哉斯言也能守

祖宗之成者也今是舉亦惟因其舊而新之增益其所未備焉耳夫天下之事其興與廢存乎人後之來官於是者使皆若盧之庸心焉則寺其無廢墜矣

三十年本寺卿余胤緒再葺覆之重立題名記

少卿雷禮記云

國朝馬政統於兵部而復設太僕寺專理之所以重事權脩牧事也先是江北諸郡縣限於長江馬至京艱又滁介江淮多山山下故多曠土饒薦草莽水

泉利可牧故 聖祖於御極之六年建寺于滁領滁陽等八監驪驎等十八羣二十八年省牧監屬有司置管馬官於是諸郡縣馬印烙點視悉至滁及永樂以後定都於北天下大政悉從之惟留𥨊如故凡兩淮及江南北馬政則屬於南其順天等府暨山東河南馬政則屬於北並無軒輊其睿謨豈不淵深矣哉自弘治四年言者論其非便馬遂不復至滁印烙凡官寺者目爲閒局點視陪補類習文具民又惰窳不務孳息至文學議論遂諉地不宜産欲併去種課止照丁畝朋銀買之於民以充歲額非 聖祖赫然臨之不幾於棄成憲耶夫陰陽生生之道無處不然我

聖祖御龍媒起淮甸駐蹕滁州及馬首所向薙楚獮吳汛掃胡氛莫不震鑠乞命孰非滁産也哉既天下一統巡狩幸滁親定寺址擢唐元亨爲卿至製裁條約燦若琬琰豈無見於滁耶百餘年來廢弛日久不講尋其故以求孳生至欲廢牧課銀買之於民彼民間所産類非天設地造而豐於民嗇於官可不深求其故乎邇者三邊多警北虜告乏雖部檄交馳徒推肌

竭隨而不能償是可以爲明戒矣故禮等不自揣旣奏復舊制又因王厓余公屬同涂東坪熊賔陽詮次名氏爲一碑庶官寺者知其顛末脩舉牧事非徒具冗員寄與六一風度而已也則於捍外衛內之道未必無小補云 又因東隅庫濕欹闕培土植木疏改水道於是蓊鬱拱抱方位不倚而環滁之勝日增矣 今制正廳五間頭二門各三間廳後爲堂堂後爲穿廊廊後爲雲錦堂又其後爲正堂私衙爲樓雲樓五間堂東爲少卿私衙其前爲寺丞私衙堂西爲栢堂三間爲對峯亭爲活水亭各一所其前爲少卿私衙二門東爲吏舍其前爲寺丞私衙西爲主簿私衙其前爲德星堂爲土神廟

環山樓 在本寺東弘治十六年本寺卿陳璧建禮部尚書兼學士吳寛記云滁之有山不甚稱于人自歐陽文忠公爲州守作亭其間而記之山之名始著若環滁皆山之語尤爲人所傳誦固滁之幸亦

滁之山之幸也滁地既勝我
皇祖之興實駐蹕焉及天下大定乃視如華陽歸馬于此於是設官以脩馬復令又如漢故事而公署在城外據其勝處弘治十五年太原陳公瑞卿以山東按察使擢太僕卿而來公有高才其爲此終日綽然事既蓋簡若不足爲風雨之餘顧見羣木仆地憐其材之棄而無用也召工搆重屋公退輒與諸僚友登眺以樂或取歐公語名之曰環山樓晝成求予文以記夫人處乎湫隘之地卑陋之鄉其氣必欝其精神必滯必思所以游目騁懷者是以月令有可以居高明遠眺望升山陵處臺榭之說抑古今豈好爲此哉亦惟暢其氣舒其精神以爲吾身之助耳今公爲此樓居意既出此凡滁之山攢青聳翠起伏萬狀又皆在吾目中豈惟古人遺跡歷歷可數而已仰思
皇祖締造大業會師四征如周武之孟津當歲大旱龍潭禱雨又與成湯之桑林何異 神靈於昭對越在
上赫然如日月之照臨公與諸僚友惕焉一心不敢暇逸共成馬政以濟軍旅之用茲樓之助不益多乎

因書以復之○左庶子張天瑞記云今南京太僕卿松鶴陳先生夙抱文武才嘗以名進士爲御史爲兵備憲副晉憲長擬陞都憲至是有今除滁其治所也既至滁滁篆餘乃登六一之亭誦六一之作摘環滁皆山之句爲構一樓曰環山間乃過予屬爲之記予受先生知最深義固不可辭竊以古英雄豪傑之士立志不凡於是乎帥剛大之氣或發於文士之間若六一之發於亭記曰溪深魚肥泉香酒洌日開林霏雲暝巖穴其奇特之才逮今膾炙人口然而乃自號而自謂之曰醉翁之意不在酒其意其志固果安在哉而申言之曰在山水之間要彼山也者自恃水也者自流吾之志意何與焉蓋有屬目於山之峙而有不峙者在託興於水之流而有不流者存又其曰樂其樂者有弗樂其樂者寓焉今而以先生之構曰樓者果在於樓邪否邪抑在於山邪否邪將其志意有弗樓而樓弗山而山者在邪得無寓意於斯樓以勵吾之志以帥吾之氣以發吾之才假而爲風騷之壇爲旗鼓之下凡其山雲之出没或隱或現變化而無

窮者其吾之經綸受吾之操縱耶其山石之奇怪或起或伏彌望而無際者其吾之儲胥屬吾之指麾耶是則其才之發氣之帥志之勵信其有弗山而寓意於山弗樓而寄興於樓者先生之意蓋亦六一之意也吾於先生之樓之搆有以知先生之志意蓋如此或未之信將持吾之論以質之吾知先生必笑而不答○工部都水司主事錢仁夫記云余每讀醉翁滁州醉翁亭記環滁皆山也之言雖未嘗來游來歌於此而滁之山川形勝宛然在吾目中此固翁文法之妙因是亦可以想見翁之度量直可包天地於無外而一滁之小特几案間物耳其成大家而師百世有由然也今南京太僕寺卿太原陳公來滁之明年規隙地爲樓暇日登覽則四顧皆山送奇獻巧有良畫史點染不能就者因誦醉翁環滁皆山之言而有得也遂摘環山二字以名樓且以道一時所見之真且以寓景行先哲之意走值來清源屬余以記余生太晚不及爲醉翁門下士每竊喟歎今茲記公之樓得附名於私淑諸人之列豈不深自慶幸乃作而言曰

自有此天地以來滁之山水固自若也前乎醉翁而
游歌於此者不知有幾而環滁皆山之言至醉翁而
始發後乎醉翁而游歌於此者又不知有幾而環山
樓之名至陳公而始定此可見豪傑之士生於千載
之後有所作爲每上同古人於千載之前若符節契
券之相合是豈有心以求同蓋其度量同故好尚同
而所見亦畧同耳繼今而游歌來滁者登醉翁之亭
而誦環滁皆山之言則凡四山之内一州之景可以
供眺望可以助吟哦者悉萃於翁之一亭矣登陳公
之樓而覩環山之扁則凡四山之内一州之景可以
供眺望助吟哦昔萃於翁之亭者又皆萃於公之一
樓矣公真豪傑士哉然此特公之度量好尚同於醉
翁者如此公當不夕於滁起爲輔相文章政事大有
同於醉翁者又不止於如此吾知環山之樓自足與
醉翁之亭同垂名於宇宙也余言奚足以爲樓之重
輕〇今制周圍十八丈甃土爲臺高五尺亭設三間
環以水溝周圍四十八丈
長十二丈闊一丈八尺

景歐亭在豐山之麓嘉靖十六年本寺卿趙廷瑞建自爲記豐山之麓有亭翼然據幽谷之上是曰豐樂月予蚤秋獨過陟降環覽於石崖林莽中撫石坂而夷方丈許朗出高際諸峯遙抱之旁有曲磴數級宛存意亦昔人登賞之區醒心壯懷二亭子拱峙其前下則直瞰紫微泉亭竚視滁城館宇池隍空水交映遠近羣山向背各盡其狀使人有翛然象外之思予乃曰是不可以亭哉守豐樂者聞之滁州越翌日州守林子元倫貳守王子梅造予雲錦之堂曰公所選勝巳命諸匠氏矣予曰我其作之奚以煩郡中二子曰茲費弗鉅且役罔于時勞賓訪古省耕采謠有司者將胥賴焉固境以內之事也予莫能奪踰月而亭成二子復來曰公盍命亭之名而記諸近山子曰在昔歐陽公之牧茲土也日即此山而燕游時稱太平無事今去公五百餘禩滁之人油油然而思之者不衰盍公功德在滁而山高水清不與存焉方今

聖人在御四宇以寧吾人遭際奚翅慶曆顧可獨於瑘

巖釀水之間想像公之高風而揖之哉矧公道德勳業文章寔惟所謂三不朽者凡登公之亭者當自得之仰高之念恐非滁人所得而專也其命之曰景歐僭述亭所以作附南滁故事林子治滁未再期而政成滁人宜之王子才行有聞自翰林吉士爲刑部主事左官於此蓋皆有志於公者也皆浙産云

歲久而圮本寺卿趙汝濂同少卿余佩緒移舊址稍南重脩之余佩緒記景歐亭舊脩於近山趙公歲久而圮雪屏趙公慎興作而經費出今年乃謀於王厓余氏稽直堂空餘可給木植甎石之需遂重脩之經畧則以寺簿陳子士貞仍舊以爲新據實以定基脩道以視履增簷柱以夾持起工於八月初三日越十五日而工竣其基視豐樂亭少抑其醒心壯懷兩亭峙於前仰則悉諸山峯巒俯則見滁陽城郭原隰榮悴觸目警心是故豐則可樂不豐亦可樂乎樂則可醉不樂亦强醉乎善醉者心醒實樂者懷壯聖賢之學誠立明通以天地萬物爲體故先憂後樂直

與天地萬物同流否則徒在山水之間醉生玩世非所以景歐也而雪屏公重脩之意不亦貽憂矣乎夫不欲貽雪屏公之憂斯能景文忠公之樂而非徒醉焉耳矣公之素履蓋無負於歐者緒承教愛三十年兩度寅末每覬協恭因表景歐之意以記斯亭

陽明精舍

在豐樂亭後嘉靖十五年提督學校御史聞人詮同提屯御史周晃等創建幷立祠祀之刑科都給事中戚賢記瞻河洛而思禹覽稼穡而思稷欽道德而思孔孟民有秉彝本乎天性也陽明先生嘗卿太僕嘗游滁山滁水嘗憩豐亭風月歌詠良知發明聖學而吾滁俊髦翕然雲集空聞空見空空興起真如七十子之服孔子也然良知維同而四方來學思歌釆芹空聞空見空輕千里如登龍門朋來維樂而一時大儒思歌伐木空聞空見空輕千古如赴仙舟至如甘泉先生道出嶺南白巖先生風生河北賁然來思徵詰奥義而積雪坐更如出一口殆非鶩湖可語也維時門墻彬彬颷颷絃誦繹如無

異洙泗正德癸酉據今已廿五年，先生一去功定社稷德播生靈學傳海宇名溢蠻貊信猶水在地中無掘不應而真橐真籥寔維滁始滁繫道德不猶河洛之繫禹稼稷之繫稷乎賢雖未爲之徒而建祠崇祀冀升堂室每與同志慨想爲缺往歲丙申顧菴林公元倫適以先生門人遷知滁事聞人提學作而嘆曰陽明我師也林我友也祀事得矣周子提屯作而嘆曰陽明我師也林我守也祀事得矣蘇子大巡作而嘆曰陽明我宗也林我賢也祀事得矣陳子印馬作而嘆曰陽明我里也林我鄉也祀事得矣洪子巡鹽作而嘆曰陽明我尊也林我派也祀事得矣於是各撤羨餘檄令規畫時得衛知事孟元吉忻然董役爰相豐亭前籍其麗後因其高中營堂寢旁搆廊廚舊闢新恢峩峩在望先生雖往而藏精有所致知有地止善有歸吾滁俊髦從事顧菴升歌其上又復空闡空見空空興起真如七十子之慕孔子也夫功定社稷德播生靈學傳海宇名溢蠻貊固此良知也親而炙之聞而宗之仰而思之祠而祀之亦此良知也藏精有所瞻依得矣致知有地切磋得矣止善有歸緝熙得矣翌時傑出有功社稷有德生靈有學海宇有名蠻貊又非此良知乎祀事既舉宗風既同順菴先生乃遣司訓鄧氏子卓屬賢紀石以永丰格賢乃歛祗從鄧謝曰良知可狀化工可圖君獨不聞觀於海者難爲水乎同時協力同知陳勵節判永和聿來胥宇也一時謫僊兵憲裴騫司寇王梅侍御韓岳聿觀厥成也予何人斯敢辱遣哉遲不奉命者逾年頃因中離薛子石山沈子拽賢展拜歸以其故告諸龍溪王子緒山錢子同聲寄曰良知莫狀化工莫圖坐舟忘渡啜食忘耕於汝安乎桑蟲蠶蜂往來春梭牧笛橫牛上下山阿予獨無寤予獨無歌予因首肯歌耳歌耳乃浪歌曰天地貞觀日月貞明莫見莫顯無臭無聲孩提愛親及長敬兄呼蹴不昧乍見同驚乃所謂善乃若其情旦晝多梏夜氣維清堯舜允執孔顏竭精先覺後覺異世同盟吁嗟醉翁醒心來迎吁嗟豐樂壯懷莫京

司馬神廟　在本寺西隅洪武六年六月初

太祖巡狩幸滁學士宋濂扈從二十二日本寺卿唐元亨請置廟祀司馬神　制曰可　濂扈蹕志喜詩云承恩扈蹕幸中京侍從鑾輿老亦榮綵結千門迎左纛帆飛萬軸引前旌瑯琊山近浮龍氣六一泉清瀉玉聲宸翰喜觀新製作南薰調古和難成　十四年重建之祀以春秋仲月儀等社稷祀司馬神及馬祖馬社馬步先牧之神其祭儀滁州及全椒來安二縣遞年均徭出辦　弘治十八年本寺卿陳璧重脩江西副使錢山記南京太僕寺不在京而在滁者滁爲我

太祖高皇帝龍興潛邸嘗聞諸故老本寺衙治山脉行龍有類房宿蓋房爲天駟司其馬也故寺焉以司馬政寺西廼設廟焉以祀馬神廟西又設菴焉以僧供灑掃奉香火重大事也是皆我　太祖龍飛駐蹕時

所親定者所以祈雖設寺於城不數載仍遷於此乃
建廟焉是廟也天下司馬神之始廟也可不崇重而
加敬乎其廟自洪武癸丑至成化己亥已百有餘年
雖太卿淳安方公孔殷重修不過存可更否聊且修
葺功不一月而成者今又幾三十年其棟梁椽桷榱
櫨節棁俱以年遠腐朽近又大經風雨震凌欹斜漸
將頹覆一木豈能支耶太卿陳公瑞卿細慮久矣廼
謀少卿夏公廷章陳公明之鄭公體元寺丞林公舜
卿白公廷臣施公亨甫華公文光曰國之大事祀與
戎也馬豈戎之外物哉馬之蕃息與否固我輩之責
至若所以蕃息與否實有賴於神焉廟貌若此神靈
何以安乎神既不安祀事雖嚴吾恐感而不通難僥
默相之福茲欲舉而修之費無所出申奏則煩其
上設法則損於下欲行滁州查理本寺發下數年所積
公帑若干從權處置擇委一官管理支銷仍令本寺
主簿路談董督查考則上不煩而下不損不知諸公
以為何如僉廼欣然以謂本寺所積充本寺之用公
而不私以成大事即權而得中之道誠我公善處之

術也夫復何疑若拘拘於小嫌而見義不爲豈大臣處大事之道哉衆既樂從公廼慨委義官李本范山經營估計亦知悉心而凡工料匠作與夫傭力之所需深懼浪費且數有稽考工有程度凡材木皆簡選而樸斵得法磚瓦皆磨礱而砌埏有方規模雖仍其舊損益咸得其中故凡正殿兩廡儀門以及神厨宰牲齋宿等處四十四楹高卑得宜大小各稱明爽而清潔精緻而堅固加以墨青丹粉之塗飾一皆本於陳公調度又得接管主簿呂鉉精勤能幹尤稱委任遂爾煥然一新完非苟完美非苟美而廟成矣名雖重脩實則重造廟成而設主神斯安矣主設而嚴祀神斯享矣諸公之心亦於斯而盡矣嗚呼幽則神靈明則人心神靈之靈即人心之靈人心之靈之誠既有所感則神靈之靈寧有不應而默相其馬者哉默相其馬則自然孳牧日盛灾疢不生而騏騮騧驪在在滋廣南征北伐以服以驂無往而不資矣龍種神駿歲歲有增天閑　乘輿以足以充無用而不可矣豈直駢牝之多而已哉由是觀之諸公忠　君愛國

之心敬神恤民之念可謂無負於 朝廷不愧於職守將與神明脗合我即神神即我無幽明無彼此以福生靈以壯兵戎以張天威以肅邊鄙以保億萬年無疆之休厥功顧不偉與雖然公猶不自為功而不立紀也滁之知州張鐩判官董敏吏目呂寰咸仰公之盛舉始於弘治甲子之孟秋成於乙丑之季春輿工凡八月餘一毫不干於民民亦不知而不識也矧具事正吾有司所當修葺者亦不容一力以助其功是皆吾屬官與民之福也吾徒若不表章志之於石則公之盛德大業可垂永久者固不在是而其所以修廟之故後人孰得而考其詳哉迺具事由來請予紀紀非記實不足以傳信故以耳聞目覩者復之○

福建僉事劉愷記軍國之大利莫先於馬舉其政者在人而資其盛者則神前代統牧之方具載版冊我

太祖高皇帝受命之初酌古建制以是用之先且大也洪武癸丑首建太僕寺於滁城通衢之西甲子再遷豐山之東南寺之西不一里復立馬神廟以司之春秋有祀朔望有儀 列聖相承益為訓飭所以重戎

示報也初其屬有羣官尋罷監繼更牧監乙亥裁革監羣併其馬歸有司牧蓄每歲分寺蒞屬考閱條約甚周百十年餘閑廐充牣而廟經歲遠土木傾敗弘治壬戌秋風雨大作傾敗於前者旋復震凌極於大壞未幾太卿太原陳公由山東憲使簡擢適至經覽之餘慨謂棲神庇牧各失所司不假以營修亡以稱

上德意少卿星沙夏公盱眙陳公任丘鄭公寺丞莆田林公昆陵白公平湖施公錫山華公主簿懷慶路均晉州吕均聞而韙之議協先後檄支本寺發收公用價銀易材募工以法葺治門垣殿廡以序告成黝堊丹青輝聯内外一材一力不取諸民經始於甲子秋七月訖工於乙丑春三月州僚具其事狀徵予文記之惟馬牧之說古今凡幾變矣統牧之術備於周息於漢耗於唐而振於宋際我

皇明聿崇是制簡廷臣以率其屬嚴考績以别其能通廟祀以資其福矧吾羣公道合志同輸成協相足以裨軍國而樹勳庸格鬼神而慶蕃息將見瘦羸復爲壯盛駑駘化爲驊騮内廐外閑種餘六屬天監塞苑四止一練駷牝三

千思馬斯徂之頌不得專美於前矣尚何怠與耗者
之足慮哉併書以俟系之詩曰　巍巍神祠閑廐是
司建自國初聖祖雄麾先臨六師姑馳其餘驄
彼驊騮用資軍國匪地弗居淮江南北總屬畿域莫
勝於滁設寺是因命官惟寅首奉公車率茲監羣揮
驥嫗騑匆淆魯魚祠依岩谷威靈孔肅疫賴以祛流
光倏忽經年滿百不任椿樽林秋始高狂飈怒號殿
跆如苴垣廡周遭弗遺纖毫欲成荒墟陳公既惻忍
孤　上澤中心歎如乃登同德乃諗羣屬乃輯其諝
復歸帑牧畀之用俟材木是儲筮協遠謀族工增修
無煩里閭吏勤工善晨昏靡倦有衆來諝曰廷曰殿
美輪美奐從菑及畬昔何歌傾今乃崢嶸神忡勃舒
月窟降精龍媒毓形既永寧虛衆牧斯碩天閑
以溢公績可書書藏石室名流罔極非公誰歟

龍泉菴　在馬神廟右洪武六年六月二十二日本寺
卿唐元亨等奏准建馬神廟就設龍泉菴令
僧人看守二十三年九月二十四日本寺卿朱守仁
等早於　奉天殿丹陛前奏馬神廟原有兩箇僧人

看守如今要歸併寺院合無仍存留他看守奉
聖旨仍留兩箇僧人看守欽此至嘉靖二年本寺少卿王壙等因守者缺人買田給僧俾之耕守自爲記龍泉之有菴蓋我　太祖高皇帝用太僕寺請特建以守夫馬神廟者也洪武季年　詔汰天下僧而是菴仍留僧二人以廟在也但菴舊無常業僧頗不樂居故守者常缺人而菴因以壞今年滁有司白巡按劉君欒重新之功告成予適署寺事少卿汪君玄錫寺丞吳君天挺劉君樽及童主簿時咸謂予曰廟以菴守菴以僧守僧以産守失今不爲之計厥後將有如前日之復壞者予深然之遂以予分隷所積贖金在滁者給買民唐洪等水田若干畝歸之菴俾爲之僧者耕以守焉授之牒以爲信且戒勿失庶不負我
聖祖特建之至意而廟亦永有所托固吏于兹者分内事也果爲比丘圖哉〇一水田一所共三十坵種七石坐龍盤寺東南東至泉水埧南至唐滸園西至塘堰北至袁寬田一地泉一道以資灌溉一粘糧一石

栢子潭龍王廟

在豐山之東南潭在深谷底延袤畆餘色正深黑即宋郡守歐陽脩賽龍處潭左高阜舊有會應祠繪五龍像祀之五龍各封王爵我

太祖高皇帝甲午年駐蹕滁陽是年秋七月適丁旱暵嘗禱雨于神大著靈應洪武六年遣秦府右傅文原吉祭于栢子潭神龍曰昔兵駐滁陽適當秋首正禾苗暢茂時乃無雨軍民惶惶予亦甚沮詢及土人言豐山之東潭有神龍每遇旱患禱之輒應予親詣懇切於祠神不我棄後三日乃答俄風生萬壑倏黑雲遍於太虛須臾霖雨濟我軍民然雖去此而常想二十年間凡旱患猶極目于神方今羣牧在斯掬涵泉飲有告我者蛇入神祠予想非蛇必神有所為而致豈牧豎褻瀆而有所惡歟抑神心悅而至歟嗚呼倏然忽然予所不知特遣官致祭并禁掬水神其鑒焉九年勑有司建祠宇改封神曰栢子潭神龍十八年冬勑建碑亭御製效靈記十九年夏四月復遣崇山侯同工部主事劉仲廉督滁州等五衛軍匠浚

潭建樓復新祠宇丹碧焜煌照耀林壑而規模宏
遠矣永樂四年州守陳璉記其事于碑今圮廢

官廳在本寺門東嘉靖五年本寺卿
杭淮創建凡廳三間碑亭一座

來遠亭在栢子潭上正德七年秋七月本
寺少卿王守仁建今亭廢址存

官倉在滁城南門内左所右初爲宋乾明尼寺正德
九年因流賊之變本寺少卿王守仁廢寺爲太
僕寺倉建官廳一所
以備入滁憩息之地

牌坊在本寺東南正德十年本寺卿楊褫
建嘉靖十五年本寺卿趙廷瑞重修

新街自本寺牌坊起至孫家地止又通全椒路一街
俱牧監點馬舊地薦苜蓿正德七年流賊蝟起
本寺少卿王守仁因寺距滁城外二里孤懸招集軍
民二百餘家自置房屋居住立總小甲屬之照戸按
日巡警防護本
寺免其地租

監廄棚厰營房

在本寺左右前後坐落不等卷查洪武六年六月二十二日爲起蓋馬神等廟事本寺承准工部故牒准兵部關二道前事一道准太僕寺牒呈爲照本寺創蓋馬神等廟并栢子龍潭王廟二所見今興工起蓋外據馬房二十間止撥到一十間木植到彼其餘未見發來牒上關請施行一道太僕寺牒備木匠作頭任德名等呈蒙將作司差撥德名同瓦匠土工一十三名前到滁州起造爲見工程浩大人匠數少本州見發人匠三名到場止會箍桶不能造作彼處亦無堪匠誠恐失悞工程不便開坐各匠數目牒上關請施行准此行間又准太僕寺牒文二道亦爲前事照得先爲欽依起蓋馬神等廟已經定擬間架勘合龍江衛元收各衛公廨內撥付正廳泊水廊屋外據馬棚於各衛公廨廊房木料撥付一十間成造去訖續據將作司申已將各項人匠責付作頭任德名收管前去滁州蓋造又經劄下滁州更爲將本州槩管人匠差撥與同差去官匠行移原委官提督併工攢造起蓋先將工程次第

申報前去今准前因再照上項馬房擬合劄下將作司計置成造外據人匠一節仍行本司添撥爲此除一劄下將作司差撥工匠前去併工蓋造及計置馬房一十間物料成造外合行故牒可照驗催促原委官更爲添撥工匠人等蓋造施行至正德九年少卿文森查出刻石存後今馬房俱廢爲空地係看守獸醫人等種植除年久被軍民侵占不可詰究外其查見存地土凡十五段一坐落寺東墻外大小三十坵計二十七畝零一釐及菜園二片計五畝二分東至官地住民傳家園柳堤行路南至官地何千户墳所并醫獸王彦朝居民武欽等官地住屋西至官廳并冷鋪及本寺大墻北至水溝及傳家墳地一坐落寺後寬一十一畝三分八釐東至水溝南至本寺大墻西至冷鋪及民李家地北至白指揮黄義官地溝塹一坐落寺前西計一畝五分五釐八毫及田畔北菜土計三畝二分旱地計一十二畝七分二釐五毫東至官廳及行路南至官地岡子集場西至官地居民楊成屋前地埂北至本寺前街一坐落寺前右大路上

計一十六畝三分四釐東至官地住人孫鳳屋前田塍西至官地住民陳鸞地埂南至栢子林大路北至馬神廟大路又地三段計一十五畝八分八釐六毫東至寺墻南至水溝西至龍泉寺僧人種地北至岡子并李家空地一坐落寺前橋西計二坵約二畝五分六釐東至寺前石橋西至官地民劉弼種地南至大路北至水溝一坐落馬神廟前計二坵約一畝九分八釐三毫并地五段約三十九畝四分東至官地住民楊成屋前地埂南至栢子林大路西至官地軍餘陳良園塹北至大路下水溝一坐落寺前岡子下官地市民趙選等住屋後計二段約寛一十九畝八分并地畔田三坵計二畝六分二釐四毫東至官地盧家園及尼窑西至本寺田地埂南至水溝北至官地住人趙選等住屋一坐落本寺東南計三段約一十八畝五分并田三坵約二畝六釐二毫東至本寺田塍地埂南至水溝及民胡明田西至胡明胡寶田北至盧家墳官地一坐落寺西買于家地計二十三畝東至寺西至馬神廟北至行路南至翁家墳

牧馬山場

坐落不等除年久被人侵占外今見存可稽者凡十處一坐落龍潭上地名萬丈坑東至王越山地及神仙洞南至王越及醉翁亭後山脊西至豐山頂北至王越山脊一坐落瑯琊寺下隅東至山脊舊城及窩內土門南至廣武衛山脊西至瑯琊寺中窩小田塍北至回馬門并瑯琊寺山脊一坐落栢子龍潭上東至王老四田地并山南至王老四山西至豐山頂北至龍潭上直抵豐山頭窩一坐落醉翁亭上隅東至窩溝南至過嶺行路西至孫家柴山北至本寺山一坐落醉翁亭上去瑯琊路東至醉翁亭窩路南至回馬門瑯琊山脊西至過坳路北至溝一坐落醉翁亭上右邊東至醉翁亭柴山南至窩溝西至孫家柴山北至本寺山脊一坐落醉翁亭上左邊東至窩溝南至本寺山脊西至過嶺坳路北至本寺山脊一坐落醉翁亭上右邊東至醉翁亭柴山南至窩溝西至孫家柴山北至本寺山脊一坐落醉翁亭下左邊東至石家墳空地南至行路西至醉翁亭中窩北至王越并本寺山脊一坐落醉翁亭下

右邊東至軍人李家山西至醉翁亭

柴山南至本寺山北至窩路水溝

飲馬池　在豐山之陽世俗妄傳漢高祖曾飲馬於此國朝以山麓爲畜牧之場别鑿池飲馬仍揭以舊名

予因次寺誌讀歐陽文忠豐樂亭記云滁於五代之際用武之地也及宋受命而四海一百年之間民生不見外事而孰知上之功德休養生息涵煦之深也當元季繹搔羣雄蜎起宇内喘息朝不能謀夕自

太祖身櫜鞬策馬于滁爲民禱雨以矢入涸者三巳有

四海一家之心及鉏類僭亂親定牧寺于豐麓使江

淮盡隱戰馬至今百有九十餘年奸伏杜萌即山中
一泉一石亦免震蕩之患又豈特宋德已哉予輩叨
爲圉臣居且食息于斯視夫尺椽片瓦莫非我
太祖風纚露沐所經營者也苟偷窳自怠視爲傳舍
聖靈於赫威如斧鉞能不惕然矣乎

南京太僕寺誌卷之九

南京太僕寺志卷十一

南京太僕寺誌卷之十

丁田

自古帝王疆理天下内土地以稽其人民而周知其數凡賦歛之事必以肥饒多少爲差故含氣之類各得其宜至唐人定爲租庸法有田則有租有身則有庸使富不規免而貧不獨勞亦幾於因變措用者矣

我

朝馬政初令軍民計丁朋養至弘治六年勘定江南論丁江北論田雖多寡損益其額不同而酌盈濟虚要

皆不失任民之意云

則例

人十丁田二頃養兒馬一匹人十五丁田三頃養騍馬一匹丁糧相兼者編同前數

應天府所屬丁糧共編人丁六萬六千七百七十丁

養種兒騍馬四千六百六十匹

上元縣論丁計人丁一萬一千二百丁養種馬八百匹

江寧縣丁糧兼編計人丁四千二百丁養種馬三百匹

溧陽縣丁糧兼編計人丁一萬一千九百丁養種馬八百五十匹

溧水縣論丁計人丁九千八百丁養種馬七百匹

句容縣【論丁】計人丁一萬三千三百丁養種馬九百五十四

江浦縣【論丁】計人丁三千五百丁養種馬二百五十四

高淳縣【論丁】計人丁七千七百丁養種馬五百五十四

六合縣【論丁】計人丁五千一百七十丁養種馬二百六十四內帶管滁州衛馬二十四

鎮江府所屬全丁共人丁三萬二千六百一十丁養種兒騍馬二千三百四十四

丹徒縣【論丁】計人丁一萬九百一十丁養種馬七百九十四

丹陽縣【論丁】計人丁一萬五百丁養種馬七百五十四

金壇縣【論丁】計人丁一萬一千二百丁養種馬八百四

太平府所屬全丁共人丁一萬八千五百一十丁養種兒騍馬一千四百六十五匹

當塗縣論丁計人丁一萬零三百九十丁養種馬八百八十五匹

蕪湖縣論丁計人丁五千三百二十丁養種馬三百八十匹

繁昌縣論丁計人丁二千八百丁養種馬二百匹

寧國府所屬

南陵縣論丁計人丁七千八百丁養種兒騍馬七百五十匹

廣德州所屬

建平縣論丁計人丁一萬一千二百丁養種兒騍馬八百匹

廬州府所屬全糧免徵田地一萬二千二百六十一頃二十八畝四分八釐九毫八絲二忽養種兒騍馬四千三百七十四匹

廬江縣〔論糧〕田地一千四百二十八頃養馬五百一十四匹

合肥縣〔論糧〕田地二千一十一頃二十九畝九毫八絲二忽養馬七百一十七匹

舒城縣〔論糧〕田地二千三百六十六頃養馬八百四十五匹

無爲州〔論糧〕田地二千八百七十頃養馬一千二十五匹

巢縣〔論糧〕田地五百三十二頃養馬一百九十四匹

六安州〔論糧〕田地二千八十三頃養馬七百四十四匹

霍山縣論糧田地九百六十九頃九十九畝四分八釐養馬三百四十三匹

和州全糧免徵田地一千八百一十三頃養種兒騍

馬六百三十七匹

本州論糧田地一千二百一十八頃養馬四百三十五匹

含山縣論糧田地五百九十五頃養馬二百二匹

滁州全糧免徵田地三千二百頃養種兒騍馬一千

零六十四

本州論糧田地一千五百三十四頃養馬四百六十五匹內帶管滁州衛馬一百三十四

全椒縣論糧田地八百二十六頃養馬二百九十五匹內帶管滁州衛馬四十五匹

來安縣〔論糧〕田地八百四十頃養馬三百匹內帶管滁州衛馬一百匹

鳳陽府所屬丁糧人丁一萬四千三百四十丁免徵

田地一萬三千八百五十七頃三畝九分二釐三毫

養種兒騍馬九千四百七十六匹

鳳陽縣〔論糧〕田地八百一十五頃養馬二百九十一匹

定遠縣〔論糧〕田地一千三百六十三頃養馬四百九十二匹內帶管滁州衛馬六匹

懷遠縣〔論糧〕田地二千六百三十二頃養馬九百四十匹

臨淮縣〔論糧〕田地一千三百一十一頃養馬四百六十八匹

虹縣〔論丁〕人丁四千九百丁養馬三百五十四

壽州〔論糧〕田地三千四百六十六頃三十七畝二分二釐三毫養馬一千二百三十八匹

五河縣〔論丁〕人丁二千一百丁養馬一百五十匹

蒙城縣〔論糧〕地一千一百二十七頃六十六畝七分養馬四百匹

霍丘縣〔論糧〕田地九百八十八頃養馬三百五十三匹

潁州〔論丁〕人丁一萬六百三十丁養馬七百五十九匹

潁上縣〔論丁〕人丁三千六百丁養馬三百匹

太和縣〔論丁〕人丁六千三百丁養馬四百五十匹

泗州〔論丁〕人丁九千八百丁養馬七百匹

盱眙縣〔論糧〕田地一千八百二十頃養馬六百五十匹

天長縣論糧田地三萬三千四百八十畝養馬一百二十四

宿州論丁人丁一萬零一十丁養馬七百一十五匹

靈壁縣論丁人丁七千丁養馬五百匹

亳州論糧田地三千四百六十六頃三十七畝養馬六百匹

徐州所屬豐蕭碭三縣種馬係弘治十七年奏豁

淮安府所屬全丁人丁八萬二千丁養種兒騍馬六千三百一十丁

山陽縣論丁人丁九千八百丁養馬七百匹

鹽城縣論丁人丁九千一百丁養馬六百五十四

桃源縣論丁人丁五千六百丁養馬四百匹

安東縣論丁人丁八千四百丁養馬六百匹

清河縣論丁人丁四千九百丁養馬三百五十四

沭陽縣論丁人丁九千八百丁養馬七百匹

邳州論丁人丁七千七百丁養馬五百五十四

宿遷縣論丁人丁七千丁養馬五百匹

睢寧縣論丁人丁七千丁養馬五百匹

海州論丁人丁一萬一千二百丁養馬八百匹

贛榆縣論丁人丁七千八百丁養馬五百六十四

揚州府所屬丁糧相兼人丁三萬六千九百丁免徵田地九千五百四十頃九十六畝六分六釐養種兒騍馬四千七百四十三匹

江都縣論糧田地一千六百三十五頃養馬五百八十四匹

儀真縣論糧田地五百一十二頃九十六畝六分六釐養馬一百八十二匹

泰州丁糧人丁一萬一千九百丁田地一十六頃養馬八百五十六匹

如臯縣論糧田地四百八十四頃養馬一百七十三匹

高郵州論糧田地三千二百四十八頃養馬一千一百六十四匹

寶應縣論丁人丁五千六百丁養馬四百匹

興化縣〔論丁〕人丁七千五百丁養馬五百四十匹

通州〔論丁〕人丁一萬一千九百丁養馬八百五十四匹嘉靖二十四年奏豁種馬

泰興縣〔論糧〕田地三千六百四十五頃養馬八百四十八匹

予嘗讀漢史至蕭相國收秦圖書以故高祖具知天下戶口多少彊弱處及過曲逆問御史戶數對曰始秦時三萬間者兵數起多亡匿今見五十餘戶始嘆曰有以也非圖書可考御史其能言之詳乎今江淮馬政自弘治中差倪給事李御史稽括以後幾六十年矣豈無利去其籍者乎及觀滁志云彌歷歲時守

護不固人因緣爲奸籍遂逸强者陽并黠者陰售弊
百出馬政大虧嘉靖中知州王邦瑞詢得故本藏庫
中與篆牘代弊用絶則知丁田淆於圖版者豈惟滁
哉昔范雍請逐州選官專管帳以爲勞績而景德中
又令三司歲較登耗以聞是皆取法於相國揆方以
利用其固遠哉使典司者不遠則焉異日豈無能對
之詳如御史者乎

南京太僕寺誌卷之十

南京太僕寺志卷之一

十

南京太僕寺誌卷之十一

種馬

昔石慶爲太僕御出上問馬數以筴數之則古之重典守者曷嘗不周知其數哉緊宋陳堯叟以樞臣總牧事猶作羣牧議凡孳生市馬之處并給用等則悉勒石大名監而趙宋巨防賴以不湮於是見老成施爲益宏且遠矣我

朝賦種馬於民初定歲課息一又因虧欠數多改二歲課息一及息日增搭配無限制不便於民至弘治六

年差給事中御史等官勘定種兒騍馬定數以後三年差御史同寺丞較烙老瘠者責換虧欠者追補蓋講悉利害而酌爲經制非臣民所當世守者耶故詳紀其額以志職守云

總額

兩京太僕寺所屬種兒騍馬一十二萬五千匹兒馬二萬五千匹騍馬一十萬匹除太僕寺所屬共八萬七千五百匹外本寺所屬種兒騍馬共三萬七千五百匹兒馬七千五百匹騍馬三萬匹

應天府所屬八縣并帶管滁州衛原額種兒騍馬共四千六百六十匹兒馬九百三十二匹騍馬三千七

百二十八匹每年備用馬九百三十二匹本色馬四十八匹折色馬八百八十四匹

上元縣種馬八百六十匹兒馬一百九十匹騍馬六百七十匹每年備用折色馬一百六十匹

江寧縣種馬三百四匹兒馬六十匹騍馬二百四十四匹每年備用折色馬六十匹

溧水縣種馬七百四匹兒馬一百四十匹騍馬五百六十四匹每年備用折色馬一百四十匹

句容縣種馬九百五十四匹兒馬一百九十匹騍馬七百六十四匹每年備用折色馬一百九十匹

溧陽縣種馬八百五十四匹兒馬一百七十匹騍馬六百八十四匹每年備用折色馬一百七十匹

高淳縣種馬五百五十四匹兒馬一百一十匹騍馬四百四十四匹每年備用折色馬一百一十四匹

江浦縣種馬二百五十四匹兒馬六十匹騍馬一百九十四匹每年備用本色馬二十四匹折色馬二

十六匹

六合縣原額并帶管滁州衛種馬共二百六十匹兒馬六十二匹騍馬一百九十八匹每年備用本色馬二十四匹折色馬二十八匹

鎮江府所屬三縣原額種兒騍馬二千三百四十匹兒馬四百六十八匹騍馬一千八百七十二匹每年備用折色馬四百六十八匹

丹徒縣種馬七百九十匹兒馬一百五十八匹騍馬六百三十二匹每年備用折色馬一百五十八匹

丹陽縣種馬七百五十匹兒馬一百五十匹騍馬六百匹每年備用折色馬一百五十匹

金壇縣種馬八百匹兒馬一百六十匹騍馬六百四十匹每年備用折色馬一百六十匹

太平府所屬三縣原額種兒騍馬一千四百六十五匹兒馬二百九十三匹騍馬一千一百七十二匹每年備用折色馬二百九十三匹

當塗縣種馬八百八十五匹兒馬一百七十七匹騍馬七百八匹每年備用折色馬一百七十七匹

蕪湖縣種馬三百八十匹兒馬七十六匹騍馬三百四匹每年備用折色馬七十六匹

繁昌縣種馬二百匹兒馬四十匹騍馬一百六十匹每年備用折色馬四十匹

寧國府所屬

南陵縣原額種馬七百五十四匹兒馬一百五十四匹騍馬六百匹每年備用折色馬一百五十匹

廣德州所屬

建平縣原額種馬八百四匹兒馬一百六十四匹騍馬六百四十匹每年備用折色馬一百六十匹

廬州府所屬州縣原額種兒騍馬共四千三百七十四匹兒馬八百七十五匹騍馬三千四百九十九匹每年備用本色馬七百一十九匹折色馬一百五十七匹

六安州種馬七百四十四匹兒馬一百五十四匹騍馬五百九十四匹每年備用本色馬一百二十四匹折色馬二十六匹

無爲州種馬一千二十五匹兒馬二百五匹騾馬八百二十四匹每年備用本色馬一百六十八匹折色馬三十七匹

合肥縣種馬七百一十七匹兒馬一百四十四匹騾馬五百七十三匹每年備用本色馬一百一十七匹折色馬二十六匹

廬江縣種馬五百一十匹兒馬一百二匹騾馬四百八匹每年備用本色馬八十四匹折色馬一十八匹

舒城縣種馬八百四十五匹兒馬一百六十九匹騾馬六百七十六匹每年備用本色馬一百三十九匹折色馬三十匹

巢縣種馬一百九十匹兒馬三十八匹騾馬一百五十二匹每年備用本色馬三十一匹折色馬七

匹

霍山縣種馬三百四十三匹兒馬六十九匹騍馬二百七十四匹每年備用本色馬五十六匹折色馬十三匹

滁州所屬二縣原額種兒騍馬共一千七十五匹兒馬二百一十五匹騍馬八百六十匹每年備用本色馬二百七十五匹折色馬四十匹

本州種馬四百六十五匹兒馬九十三匹騍馬三百七十二匹每年備用本色馬七十八匹折色馬一十七匹

全椒縣種馬二百九十五匹兒馬五十九匹騍馬二百三十六匹每年備用本色馬四十八匹折

色馬一
十一匹
來安縣原額并帶管滁州衛種馬三百匹兒馬六十
四匹騍馬二百四十匹每年備用本色馬四十
九匹折色馬
一十二匹
和州所屬一縣原額種兒騍馬六百三十七匹兒馬
一百二十七匹騍馬五百一十匹每年備用本色馬
一百四匹折色馬二十四匹
本州種馬四百二十五匹兒馬八十七匹騍馬三百
四十五匹每年備用本色馬七十一匹折色馬
一十
六匹
含山縣種馬二百二十四匹兒馬三十三匹騍馬一百五
十九匹每年備用本色馬三十三匹折色馬

八匹

鳳陽府所屬州縣原額種兒騍馬并額外寄養兒馬共九千四百七十六匹兒馬一千八百九十八匹騍馬七千五百七十八匹每年備用本色馬一千五百五十五匹折色馬三百三十一匹

鳳陽縣種馬二百九十一匹兒馬五十八匹騍馬二百三十三匹每年備用本色馬四十匹折色馬八匹

臨淮縣種馬四百六十八匹兒馬九十三匹騍馬三百七十五匹每年備用本色馬七十七匹折色馬一十七匹

懷遠縣種馬九百四十匹兒馬一百八十八匹騍馬七百五十二匹每年備用本色馬一百五十五匹折色馬三十三匹

定遠縣種馬四百九十匹兒馬一百三匹騍馬三百八十九匹每年備用本色馬八十一匹折色馬一十七匹

五河縣種馬一百五十匹兒馬三十匹騍馬一百二十四匹每年備用本色馬二十五匹折色馬五匹

虹縣種馬三百五十匹兒馬七十匹騍馬二百八十匹每年備用本色馬五十八匹折色馬十二匹

壽州種馬一千二百三十八匹兒馬二百四十八匹騍馬九百九十匹每年備用本色馬二百五匹折色馬四十三匹

霍丘縣種馬三百五十三匹兒馬七十一匹騍馬二百八十二匹每年備用本色馬五十八匹折色馬一十三匹

蒙城縣種馬四百匹兒馬八十匹騍馬三百二十匹每年備用本色馬六十六匹折色馬十四匹

泗州種馬七百匹兒馬一百四十匹騍馬五百六十匹每年備用本色馬一百一十五匹嘉靖七年奉例永改折色外原額折色馬二十五匹

盱眙縣種馬六百五十匹兒馬一百三十匹騍馬五百二十匹每年備用本色馬一百八匹折色馬二十二匹

天長縣種馬一百二十匹兒馬二十四匹騍馬九十六匹每年備用本色馬十九匹折色馬五匹

宿州種馬七百一十五匹兒馬一百四十三匹騍馬五百七十二匹每年備用本色馬一百一十八

四折色馬二十五匹

靈璧縣種馬五百匹兒馬一百匹騍馬四百匹每年備用本色馬八十二匹折色馬一十八匹

潁州種馬七百五十九匹兒馬一百五十九匹騍馬六百匹每年備用本色馬一百二十六匹折色馬二十六匹

太和縣種馬四百五十匹兒馬九十匹騍馬三百六十匹每年備用本色馬七十四匹折色馬一十六匹

潁上縣種馬三百匹兒馬六十匹騍馬二百四十匹每年備用本色馬四十九匹折色馬十一匹

亳州種馬六百匹兒馬一百二十匹騍馬四百八十匹每年備用本色馬九十九匹折色馬二十一匹

徐州所屬三縣額無種馬景泰二年寄養江南搭配
餘剩馬駒歷弘治三年以前議解本色六年勘定無
種馬仍領寄養十七年都御史張縉奏豁寄養至正
德十二年印馬御史周鵷奏准比丁田出辦折色除
沛縣免派外本州及蕭豐碭山每年備用折色馬共
一百五十四

本州折色馬六十匹

蕭縣折色馬三十匹

碭山縣折色馬四十匹

豐縣折色馬二十四

揚州府所屬州縣原額種兒騍馬五千五百九十三匹嘉靖二十年御史錢嶪奏減通州種馬八百五十匹實在種馬四千七百四十三匹兒馬九百四十六匹騍馬三千七百九十四匹每年備用本色馬五百四十一匹折色馬五百四匹

江都縣種馬五百八十八匹兒馬一百一十七匹騍馬四百七十一匹每年備用本色馬五十六匹折色馬五十一匹

儀真縣種馬一百八十二匹兒馬三十六匹騍馬一百四十六匹每年備用本色馬一十九匹折

色馬一十八匹

泰興縣種馬八百四十八匹兒馬一百六十九匹騍馬六百七十九匹每年備用本色馬八十二匹折色馬八十八匹

高郵州種馬一千一百六十四匹兒馬二百三十二匹騍馬九百二十八匹每年備用本色馬一百一十二匹折色馬一百四

寶應縣種馬四百匹兒馬八十匹騍馬三百二十匹每年備用本色馬三十九匹折色馬十六匹

興化縣種馬五百四十四匹兒馬一百八匹騍馬四百三十二匹每年備用本色馬五十二匹折色馬三十六匹

泰州種馬八百五十六匹兒馬一百七十二匹騍馬六百八十四匹每年備用本色馬八十二匹折

色馬八十九匹

如皋縣種馬一百七十三匹兒馬三十五匹騍馬一百三十八匹每年備用本色馬一十七匹折色馬一十八匹

通州原額種兒騍馬八百五十匹兒馬一百七十匹騍馬六百八十四匹嘉靖二十年奏准將種馬變賣每匹銀二十兩共銀一萬七千兩解京除豁其每年於槩州里徵備用本色馬八十四匹折色馬八十八匹

淮安府所屬州縣原額種兒騍馬六千三百一十匹兒馬一千二百六十二匹騍馬五千四十八匹每年備用本色馬六百八十八匹折色馬五百八十九匹

山陽縣種馬七百匹兒馬一百四十匹騍馬五百六十匹每年備用本色馬六十七匹折色馬六十三匹

鹽城縣種馬六百五十匹兒馬一百三十匹騍馬五百二十匹每年備用本色馬六十三匹折色馬六十七匹

清河縣種馬三百五十匹兒馬七十匹騍馬二百八十匹每年備用本色馬三十四匹折色馬一十一匹

安東縣種馬六百匹兒馬一百二十匹騍馬四百八十匹每年備用本色馬五十八匹折色馬六十二匹

桃源縣種馬四百匹兒馬八十匹騍馬三百二十匹每年備用本色馬三十九匹折色馬三十一

匹

沭陽縣種馬七百匹兒馬一百四十匹騍馬五百六十匹每年備用本色馬六十七匹折色馬七十三匹

海州種馬八百匹兒馬一百六十匹騍馬六百四十匹每年備用本色馬七十七匹折色馬八十三匹

贛榆縣種馬五百六十匹兒馬一百一十二匹騍馬四百四十八匹每年備用本色馬五十四匹折色馬五十八匹

邳州種馬五百五十匹兒馬一百一十匹騍馬四百四十匹每年備用本色馬五十三匹折色馬四十七匹

宿遷縣種馬五百匹兒馬一百匹騍馬四百匹每年
備用本色馬四十八匹折色馬四十二匹
睢寧縣種馬五百匹兒馬一百匹騍馬四百匹每年
備用本色馬四十八匹折色馬五十二匹

種牛附

洪武六年令軍民户養犍母牛每犍牛一隻羣母牛四隻或三隻其母牛一隻初歲課犢一後歲三年科犢一聽南京兵部坐派光祿寺各署及内府各監局等衙門拽碾磨擠乳等項取用本色永樂以來奏本部派取各衙門止用犍牛數目不等每隻折解價銀六兩○成化二十二年都御史李敏奏稱鳳陽府所屬孳牧官牛并犢三萬四千七百餘隻止是南京光祿寺等衙門行取擠乳拽磨每年不過三百餘隻委的餘剩數多别無取用虚費芻牧倒死等項累民陪補該兵部題准行本寺委官揀選齒少膘壯犍母牛通計一府共留一千隻以備擠乳拽磨之用再留母牛二千隻仍給民領養以圖孳息其餘牛隻不拘少

壯病瘦不堪盡行查出估價變賣銀兩糴糧上倉以
備賑濟○弘治二年奏定鳳陽廬揚三府滁和等州
孳牧牛共五千隻母牛三千七百隻犍牛一千三百
隻每三年一次差官印烙○正德四年兵部題准南
直隸孳生牛犢就令印馬御史寺丞照例於南京御
馬監領牛字火印二把督同各府官員將該印牛隻
并犢扣筭各衙門該用之數照例印烙聽用
多餘牛犢依例變賣今存額種牛二千隻

應天府所屬

六合縣原額犍母牛二十二隻

廬州府所屬州縣原額犍母牛二百八十三隻

合肥縣六十六隻廬江縣二十三隻舒城縣四十七
隻無為州五十隻巢縣一十四隻六安州六十一隻
霍山縣二十二隻

滁州所屬二縣原額犍母牛三十二隻

本州一十隻全椒縣一十四隻來安縣八隻

和州所屬一縣原額犍母牛四十六隻

本州三十七隻含山縣十九隻

鳳陽府所屬州縣原額犍母牛一千一百九十六隻

壽州九十八隻潁州一百五十一隻泗州一百三隻宿州一百四十六隻亳州八十五隻定遠縣四十一隻懷遠縣六十六隻霍丘縣七十三隻太和縣六十九隻臨淮縣三十二隻虹縣三十八隻鳳陽縣三十二隻靈璧縣六十三隻天長縣二十六隻五河縣一十六隻潁上縣三十八隻盱眙縣七十一隻蒙城縣四十八隻

揚州府所屬州縣原額犍母牛四百二十一隻

江都縣九十五隻儀真縣一十一隻泰興縣一百二十六隻高郵州六十四隻寶應縣二十六隻泰州五十六隻如皋縣四十三隻

予因稽

昭代牧制及臣工建白俱重種馬之選有以仰窺我

太祖貽謀之遠矣自洪武肇牧於山陜遼東甘肅等處俱官牧備邊至畿輔内地改官牧而散之於民又定兩歲一駒豈非欲阡陌成羣江淮盡立乘耶及成化以後生息日繁搭配失職遂爲民病

孝宗茹納王端毅馬端肅諸老前後會議定種馬一十
二萬五千匹其備用或選駒或朋買不拘惟擇種必
高大如式可以征戰每歲責寺丞三歲差御史比較
其瘦損者罪之務換買足額此其故何也蓋承平無
事則孳息可以應俵萬一中原多警之馬其十二萬
五千種馬皆戰騎也蓋善通其變而不失我
太祖之初意者矣第歲久俗玩種馬濅亡其半甚或存
十之一二率羸瘠尫隤不堪牧每遇點烙陰質陽眩
以售其徼欵弊百出未逾季而復稽察之則又籍所

載托之倒失者又十去六七矣即責令買補至發屋
質子不能償而況責之選調以杜奸萌者乎蓋天下
之弊所爲積漸流澌已非一日反之力也識不早不
易也願與經國者圖之

南京太僕寺誌卷之十一

南京太僕寺誌卷之十二

草場

稽古成周之盛畫井分民而又頒敘地使之養馬所以蕃孳息備武事也唐肇監牧凡善水草膏腴之田皆爲牧所而又得人司之故秦漢以來唐馬最盛我
朝於畿甸之間民耕之外擇有水草處以爲草場即成周之遺意至成化二十三年因爲豪強所侵議收地租以杜兼并至弘治六年又差給事中御史等官清查四至築立埄墩鐫石碑爲證至嘉靖十年又差御

史張心勘定荒熟頃畝三等則例科收其節年損益不無從宜而於前制亦爲少變故即冊籍所載頃畝存之庶來者或有稽焉耳

租式

草場地畝自弘治六年勘定南京各衛所草場每畝徵銀一錢其餘各處肥饒者每畝徵銀七分中等五分瘠薄者四分其原額應天等府滁和等州共五千四百三十三頃七十五畝五分三毫九絲四忽一微及御史張心勘定草場冊除原額外踏出新增田地四百九十八頃三畝一分一毫六絲五忽二微共該五千九百三十一頃七十八畝六分五毫五絲九忽三微及查得鳳陽府泗州草場一十六頃八十三畝七分八釐揚州衛草場四十三頃一畝九分八釐二毫連前項冊内畝數通共該草場五千九百九十一

頃六十四畝三分六釐七毫五絲九忽三微以後各
州縣逐年開墾加租及吐退抛荒不等今據張心勘
定頃畝開
列于後

應天府屬

原額草場地共一千四百四十五頃五十畝八釐七
絲一忽二微成熟田地山塘四百八十五頃二十畝
三分三釐六毫八絲九忽内除報納民糧田九十頃
四十畝四分五釐一毫五絲九忽共該納租銀一千
七百一十四兩二錢一分九釐八絲二忽八微荒草
地九百五十九頃八十四畝七分四釐三毫八絲二
忽二
微

上元縣草場二十一處原額九十頃八十二畝八毫
三絲七忽内成熟五十四頃五十三畝五分
九釐一毫共該納租銀二百二十七兩三錢九分三
釐七毫二絲四忽荒草地三十六頃二十八畝四分

一釐六毫六絲

毛田場凡五頃三十七畝六分九釐四毫六絲　殷家場凡一頃二十七畝五分八釐三毫七絲　方山場凡一頃一畝四分六釐二毫三絲　平塏場凡二頃六十五畝六釐九毫四絲　楊柳場凡三頃五十六畝八分八釐一毫七絲　崇勝場凡一十頃七十四畝七分七毫二絲　白土大場凡一十六頃九十七畝三分一釐四毫四絲　白土小場凡一頃二十三畝八分四釐四毫五絲　湖熟場凡三頃四十五畝六分六釐五毫五絲　焦田上場凡一頃四十二畝八分二釐二毫九絲　焦田下場凡一十四頃四十六畝一分五釐一毫八絲　淡蕩場凡五頃五十六畝五分二釐三毫九絲　杜子場凡一頃五十三畝四分二釐五毫一絲　黃家場凡四頃四畝四

分四釐二毫六絲　歡培大場凡四頃一十二畝九分七釐七毫二絲　歡培小場凡九十畝五分六釐七毫五絲　寨山場凡一頃九十一畝五分九釐一毫三絲　雙廟場凡一頃三畝二分七釐八毫二絲六忽　湖熟場凡一頃五十二畝九分四釐　湖熟東場凡六頃一十畝八分三釐二毫八絲一忽　湖熟西場凡一頃三十一畝四分三釐一毫七絲

江寧縣草場四十處原額一百九十九頃七十七畝八分九釐七毫［成熟］四十頃五十九畝八分一釐九毫二絲二忽共該納租銀一百七十五兩三錢九分七釐一毫二絲八微［荒草地］一百五十九頃一十八畝七釐七毫

何家埕場凡二頃五畝六釐二毫　黃泥大場凡九頃一十二畝　黃泥

小場凡一頃二十二畝五分二釐　麻田場凡二頃四十三畝二分五釐　社公中場凡二頃三十畝四分五釐　社公東場凡一十頃九十四畝一分　社公西場凡七頃九十六畝五分　薛家堽場凡一頃三十二畝五分　馬頭山場凡六頃六畝一分五釐　華堽大場凡一十頃八十四畝五分　華堽小場凡三頃三十八畝　紅花大場凡五頃一十一畝五分　紅花小場凡一頃一十二畝八分　鍾家堽場凡八頃二十畝七釐五毫　楊家堽場凡九頃二十畝　貧子堽場凡一頃七十八畝四分　南堽場凡一頃四十畝三分六釐　鼓樓堽場凡三頃三分七釐　下坊場凡八頃三十二畝　龍山大場凡七頃三十一畝六釐　大應薛家山場凡七頃六十畝　千栢塘小場凡四十六畝七

分龍山小場凡三頃六十八畝山羊場凡五頃七十一畝五分龍窟場凡一十一頃五十九畝四分團林場凡三頃四十八畝二分走馬場凡三頃六十九畝五分陶村場凡一頃五十一畝四分潘家場凡八頃八十畝七分李家堽場凡二頃三十二畝五分上坊場凡一十頃四畝焦村場凡一頃三十六畝焦家場凡一頃四十九畝千栢塘大場凡一頃五十畝三分顏嘘場凡一頃四十二畝三分廣塘大場凡七頃四十八畝廣塘小場凡四頃九十畝六分箬蒲場凡九頃五畝二分五釐俠山場凡五頃八十三畝大應山場凡四頃九十六畝九分五釐

高淳縣草場三十五處原額地二百頃六畝八分六釐四毫五絲九忽成熟一百二十九頃二十

八畆八分六釐四毫三絲共該租銀一百九十八兩四錢一分七釐四毫二絲內報納民糧九十頃四十畆四分五釐一毫五絲九忽荒

草地七十頃七十八畆二絲

毛家嘴塲凡五頃二十五畆五分　桃花澗塲凡三頃五十二畆五分　桃花澗分塲凡一頃二十三畆　嚴家岡塲凡二頃八畆　任墓岡塲凡六十八畆八分　武家嘴塲凡二頃一十五畆　東龍塲凡三頃二十一畆七分五釐　朴樹岡塲凡二頃七十畆三分　大草鞋塲凡一十四頃一十一畆九分　小草鞋塲凡一十畆五分　孫家岡塲凡四頃五十畆　孫家岡分塲凡一頃五十畆八分　走馬岡塲凡四頃八十三畆九分七釐　竹墩岡塲凡三頃七十六畆九分　尖墩岡塲凡一頃六十八畆　尖墩岡分塲凡一

十八畝　小母場凡一頃一十畝　萬善寺場凡二頃四十一畝九分　禪林分場凡二頃二十畝　禪林場凡二頃四十六畝　鄭錢岡場凡五十七畝八分六釐　鱤魚嘴場凡四十二頃五十三畝六分一釐四毫　費家嘴場凡六十五頃五十六畝九分五釐　牛庄岡場凡五頃五十一畝五分　馬家山場凡二頃四十六畝六分　大母場凡二頃八十七畝　錢塘岡場凡七頃八十九畝九分七釐　七園場凡五十畝七分五釐　囉囉場凡一頃八十四畝　橫路場凡二頃五畝五分　彭池場凡四十六畝六分　野毛場凡五十畝　遊山場凡二頃三十九畝　楊家場凡二頃五十七畝　楊家嘚場凡二頃五十七畝

句容縣草場一百七十處原額地三百七十頃一十畝八分九釐成熟一百四十三頃二十八畝七分五釐該納租銀五百七十三兩一錢五分荒草山二百二十六頃八十二畝一分四釐

百培場凡二頃一十六畝七分　盤龍場凡二頃五十畝六分　石頭岡場凡九頃一十九畝四分　五培場凡二頃八十二畝九分　青竹培場凡五頃一十六畝　急流東場凡二頃五十九畝六分　急流庵南場凡八十二畝三分　石門小場凡二十五畝　萬家場凡三十畝　任墳場凡六十七畝　雙橋場凡三頃二十三畝　謝培小場凡六十七畝四分　磨盤山場凡二十二畝二分　梁山場凡一頃二十一畝　鹽場凡六十九畝二分　南岡場凡二頃六十六畝八分　石龕場凡八十二畝一分　唐家岡場凡三十二畝二

分胄寨場凡一頃四畝九分石橋場凡二十六畝四分五里岡場
凡一頃五十六畝四分龍岡場凡二頃五十八畝五分周家場凡二頃十十畝
老鴉岡場凡七十八畝四分火焼干場凡二十七畝七分大王山
場凡二頃九十畝九分趙干場凡三十八畝六分大湖場凡一頃六十六畝五
分白土東岡場凡一頃一十七畝三分觀山場凡二十二畝五分雙
培場凡一頃五分石卯岡場凡五頃六十七畝張家場凡五頃石
山場凡一頃九十四畝二分亭山場凡八畝二分坎潭橋場凡三十一
畝二分白水場凡二頃一畝二分塔山場凡三頃五十畝張家邊場
凡三頃七十五畝二分淩家庄場凡一頃三十三畝惡山場凡七頃一十五

畝靈山場凡五頃五十六畝九分百沛北場凡三頃二十二畝九分水
安場凡六頃二畝八分金墩即青墩場凡三頃三十三畝六分東蕎
麥場凡二頃六十二畝九分苦鶴場凡五頃一十三畝一分華母場凡三
頃八十六畝二分馬岡場凡一頃二十五畝二分亭子東場凡四頃一十二
畝三分軍山場凡四頃紀巷大場凡二十一畝二分紀巷小場
凡一十三畝八分窑山嘴場凡二頃三十一畝九分烏龍場凡四頃一十九
畝九分九釐時塘岡場凡七十六畝三分孔王家邊場凡一頃八十九
畝下應西場凡一頃二十八畝急流廟東場凡二頃三十畝五分姚
家邊場凡二頃五十九畝九分大湖小場凡一頃二十五畝一分楊塘

岡西場凡一頃五畝六分　楊塘岡西南場凡三十八畝七分　秋千五里岡小場凡八畝一分　鎖山前郭巷場凡五十九畝二分　老鴉場凡六十六畝五分　西大場凡二頃五十三畝四分　俞塘場凡三頃七十七畝八分　黃梅場凡六頃四畝　蕎麥場凡一頃九十三畝二分　蕎麥西場凡二頃九十一畝九分　粟山雙墩場凡六頃六十畝七分　孫岡場凡二頃七十二畝　崇禧觀場凡一頃一十三畝八分　莊家邊場凡三十九畝五分　石子岡場凡七十八畝二分　黃宗墓場凡頃九畝　王漳家場凡一頃三畝七分　大鴨山場凡二頃八十畝　唐庵西場凡一頃五畝　岡西場凡三頃二十六畝四分　莊湖場凡五十九畝九分　山南場

凡二頃四十二畝五分王莊場凡四頃八十七畝七分秋千五里岡場
凡二十七畝二分神扶場凡二頃三十七畝一分八公岡場凡三頃七十七
畝二分百沛南場凡四頃一十畝五分百岡場凡一頃七十四畝五分沙
岡場凡五頃三十九畝六分白沙場凡五十畝茅塘淨白場凡四十畝
二分杜家場凡一頃三畝三分後王庄場凡四頃九十六畝八分彭庄
場凡三十六畝六分侯庄場凡一頃二畝五分土墻場凡二十三畝二分
斜岡場凡五十七畝五分鷄子岡場凡二頃九十七畝孟墓場凡四
頃八十九畝一分澗西場凡一頃二十八畝三分朱墓場凡六十一畝七分
楊塘岡東場凡二頃三十五畝四分江墳中肺場凡一頃九十三畝

禪心寺北塲凡二頃二十六畝八分　上蘭塲凡三頃二十畝六分　梁山岡塲凡九十三畝一分　西小塲凡三十二畝二分　王埠塲凡二頃八十二畝二分　郭庄塲凡一頃六十六畝八分　鮑亭羅岡塲凡二十八畝二分　黄岡塲凡一頃六十一畝四分　亭子西塲凡二頃二十一畝三分　許村塲凡三十一畝四分　西岡塲凡二十六畝七分　西廟後塲凡一頃二十畝五分　范家堰塲凡二十七畝　牧馬口塲凡二十八畝六分　王岡塲凡七十八畝四分　狗子塲凡五頃六十畝三分　柘溪塲凡一頃五畝九分　東巫野塲凡二十二畝二分　祝里廟塲凡一頃五十四畝　陳塘塲凡九頃八十四畝　石門大塲凡三頃一十畝二分　謝培大塲凡一頃一十六畝四

分西神扶塲凡五頃九十二畝小金山塲凡七十二畝九分八公岡小塲凡六十二畝五分西山塲凡八十畝六分泉岡塲凡一頃二十六畝九分畢家岡塲凡一頃九畝一分金干村塲凡五十畝顔墓岡塲凡七十畝三分後林村塲凡七十三畝三分桃樹山塲凡七頃二十畝火煉培塲凡一頃二十一畝七分小門口塲凡三頃一畝一分玉晨觀塲凡一十八頃二十畝神農岡塲凡三頃八十六畝七分老鴉岡塲凡三十二畝彭山庵塲凡二十畝七分東陽鋪塲凡七畝八分許家岡塲凡九十六畝三分江墳南塲凡一頃六十五畝泉水塲凡六十一畝六分楊塘岡塲凡一頃八十四畝寶山寺塲凡六頃三十四畝八分

山成場凡六十八畝五分　郭墓場凡二頃五十畝　許家岡東北場凡七十三畝八分　小橋場凡二頃八十二畝　縣北場凡二十三畝五分　白馬山場凡五頃四十二畝五分　笪店岡場凡二十三畝一分　逋遜場凡五十四畝七分　張家庵場凡一頃七十八畝　茅家邊場凡三頃八畝六分　歐巷場凡一頃二十八畝四分　桃原岡場凡三十七畝一分　崇元觀場凡一頃五畝八分　南石岡場凡一頃九十一畝　劉亭岡場凡五十六畝六分　江墳北場凡九十五畝　韓家邊場凡四十一畝　西平地場凡二頃九十五畝七分　東平地場凡五頃三十三畝二分　南平地場凡三頃一十九畝二分　祁山場凡五十二畝五分

溧陽縣草場八十五處原額草場地三百一十七頃四十畝七分三釐成熟七十四頃二畝三分七釐二毫四絲該納租銀三百一十三兩九錢八分三釐八毫五絲三忽五微逐年開墾計租不等荒草地三百四十三頃四十二畝三分五釐七毫六絲

橫山場凡九頃九十八畝　白馬干場凡三十頃二十五畝　沙漲正場凡一頃五十畝七分五釐　沙漲東場凡三頃三十六畝一分　廟西正場凡一十畝二分五釐　廟西水草場凡二十五頃一十一畝一分　龍興小草場凡三頃二十一畝五分八釐　餘富場凡八十五畝七分五釐　平安場凡一頃六十二畝五分　龍興正場凡一十四畝　黃家場凡四頃四畝四分　下方東草場凡一頃一十八畝　馬家小草場凡四十畝　宋家場凡一頃一

十八畝六分五釐二毫居安場凡三頃八畝三分古縣場凡二頃六十八畝
孫塘場凡二頃一十六畝下方西草場凡一頃一十一畝五分余家
場凡二頃九十一畝下方北草場凡二頃三十六畝六分劉家場凡八
頃三十三畝長巷場凡三頃六十七畝五分烏山場凡二頃一十二畝八分
黃山場凡四頃八十一畝栢枝場凡二頃七十八畝二分冶山場凡二
頃六十八畝五分新婦嶺場凡三頃九十畝八分中山場凡二頃九十三畝
姥山場凡五頃九十五畝六分毛家場凡一頃八十一畝五分窑山場
凡二頃九十三畝五分秀山場凡一頃六十四畝一分庄東場凡一頃九十一畝
五分白塔場凡七十五畝朱村場凡八十七畝四分於姥場凡二頃九

十八畝二分馬岡場凡一頃七十九畝羊山場凡二頃七十八畝曇圓場凡三頃一十四畝梅園場凡一頃一十七畝八分洪山場凡二頃一十畝松頂場凡一頃六十二畝一分吳家場凡四頃八十四畝八分大石場凡四頃四十二畝青龍草場凡一頃五十九畝六分石盤場凡一頃九十六畝草干東場凡九十七畝二分草干西場凡一頃八十三畝五分龍墩場凡一頃二十畝荊山南場凡二頃一十畝南富場凡一頃五十七畝四分仙橋場凡一頃四十畝湖山場凡四頃七十五畝丑山場凡二頃七十畝岳山場凡四頃二十六畝蔣塘場凡一頃一十一畝烏龜場凡一頃五十畝城墩場凡一頃五十畝青峯場凡一頃畝荊山場凡二頃一

十畝廟山場凡二頃二十畝當山場凡四頃九十畝苦竹場凡二頃九十五
畝四分浪呂場凡二頃三十五畝丁家場凡二頃二十二畝石家場
凡二頃二十畝社渚場凡二頃九十三畝五分白塘場凡一頃八十畝胡林
場凡一十一頃畝南岡竹萊場凡三頃七十畝雙牌場凡一頃四十畝興
塘場凡九頃一十六畝馬鹿公場凡九頃三十三畝白茅塘場凡一
十一頃二十四畝五分百濟正場凡六頃一十五畝百濟二場凡五頃三
十畝百濟三場凡四頃五十畝蕭家場凡一頃八十五畝黃塘場凡六
頃五十一畝五分白石正場凡五頃四十畝周龍場凡二頃一十五畝潘
塔場凡一頃九十六畝一分七釐土山場凡一頃一十畝萬家場凡五頃七

十畝**湯山場**凡四頃四十六畝

溧水縣草場五十一處原額地一百五十四頃二十二畝八分五釐二毫成熟三頃一畝七分一釐六毫一絲一忽該納租銀一十四兩八錢五分七釐八毫二絲七忽七微荒草地一百五十一頃二十一畝一分三釐五毫八絲九忽

火燒岡場凡二頃八十五畝　**天生橋場**凡二頃九十一畝三分九釐　**石牛場**凡一頃三十四畝　**洪槽中場**凡一頃八十三畝八分　**歡墩大場**凡三頃七十七畝六分二釐　**歡墩二場**凡二頃六十畝　**歡墩三場**凡一頃四畝五分　**歡墩四場**凡一頃一十四畝三分　**繫牛場**凡二頃一十五畝　**海沙岡場**凡一頃二十二畝　**白茅場**凡六十九畝四分　**接待院場**凡一

十八畝四分神仙塲凡六頃八十二畝六分劉玘岡塲凡三頃[illegible]大田分塲凡一頃二畝劉墟塲凡二頃二十畝八分赤土岡塲凡八十一畝大田塲凡七十四畝九分三釐長岡塲凡一頃三十七畝六分栢庄岡塲凡一頃一十九畝八分蓮步岡塲凡三頃七十五畝六分徐家山塲凡一頃七十五畝三分白土塲凡二頃五十畝九分二釐花山塲凡三頃五十七畝二分五釐白土分塲凡二頃三十一畝五分曹塘岡塲凡一十三頃八十二畝八分七釐二毫白土分西塲凡二頃一十五畝二分黃塘岡塲凡一頃三十七畝六分長岡塲凡五頃六十六畝三分鞍籠岡塲凡五頃八十二畝三分黃郎岡塲凡四頃生池塲凡四頃二十八畝八分猫單

營場凡一頃五十一畝　松塘岡場凡一頃六十九畝三分　陶野場凡二頃四十六畝八分　遊心場凡一頃二十一畝九分七釐　道人場凡二頃五十八畝九分　徐家山分場凡一頃二畝　花山分場凡一頃一十二畝二分
磘岡小場凡五十一畝　傅兒場凡二頃三十八畝九分　倪塘岡場凡三頃七十七畝一分　蘆蓆場凡六頃三畝四分七釐　洪槽上場凡五頃三十八畝八分五釐　洪槽下場凡二頃七十二畝一分七釐　藕塘場凡三頃九十三畝九分　庵登基場凡六頃一十一畝　華烏岡場凡五頃二十二畝六分一釐　戴獅岡場凡一十頃一十二畝三分　長岡場凡五頃八十一畝二分

江浦縣草場一十一處，原額地三十四頃六十六畝
一分五釐七絲五忽三微，成熟四頃五十六

畝四分七毫該納租銀一十六兩九錢九分七氂七毫八絲[荒草地]三十頃九畝七分四釐三毫七絲五忽

野鷄場凡七頃三十三畝六分八釐七毫　號岡場凡七頃七十五畝七釐五毫

龍洞場凡一頃三十畝九分二釐二毫　高塘場凡九十七畝四分二毫　茅塘場凡六頃八十九畝七分八釐八毫　苜蓿地場凡一十畝　馬厰場凡四畝

白蘇場凡六頃八十七畝一釐六毫　湯溝場凡四十二畝七分五釐六毫二絲五忽　石村場凡六十八畝六分八釐七毫五絲　王村場凡二頃六畝八分一釐六毫

六合縣草場一十九處原額地七十七頃九十三畝六分八釐八毫[成熟]三十五頃八十八畝八

分一釐六毫該納租銀一百六十四兩二分一釐四毫荒草地四十二頃四畝八分七釐二毫

板橋上場凡八十七畝三分　黃荊場凡三十四畝八分　高橋場凡三十九畝　柴溝場凡八十七畝二釐　草塘場凡一十七畝五分　靈岩場凡一頃四畝　方山場凡七頃四十七畝五分二釐六毫　板橋下場凡八十一畝四釐六毫　練山場凡一十七頃三十三畝三分　沈家湖場凡三十七畝九分　鹽城場凡九頃四十一畝八分　長蘆場凡九十四畝三分二釐六毫　九里平場凡八十一畝　葫蘆套場凡四頃八十五畝六分　西洋場凡一十五頃四十畝三分　大德場凡九十畝　廣洋場凡一十五頃九畝　拆塘場凡一頃三畝七分　尾梁場凡六畝七釐

鎮江府屬

原額并量出草場荒熟田地共一百五十一頃八十一畝六分八釐九毫成熟田地除丹陽縣原報民墾外該八十七頃四十五畝八分五釐二毫該銀三百八十一兩七錢三分七釐六毫四絲荒草地四十二頃五畝四分三釐五毫

丹徒縣

丹徒縣草場二十三處原額地九頃四十九畝一分二釐三毫成熟七頃一十二畝六分五釐九毫該納租銀三十七兩四錢七分六釐四毫逐年開墾加增不等荒草地二頃三十六畝四分六釐四毫

小教場凡九十畝三分六釐八毫　車門場凡一十六畝三分四釐四毫　港西場凡八畝六分七釐二毫　黄甸場凡一十九畝二分八釐六毫　三里岡場凡六十二畝四分　樂亭場凡三十四畝三分六釐三毫　高賀場凡三十八畝八

分二釐二毫**羊棚場**凡二十一畝六分七釐**圓盖場**凡四十一畝七分二釐一毫**金山場**凡一十八畝二分**陸城場**凡一十九畝三分二釐**馬踏場**凡四十畝一分五釐七毫**張庄場**凡一十四畝九分六釐**銀杏場**凡七十八畝四毫**東霞場**凡三十三畝五分三釐五毫**平昌場**凡八十畝一分**吴家沙場**凡三十一畝九分三釐七毫**豐城場**凡一頃二十三畝四分五釐四毫**萬頃場**凡一十三畝七分六釐**永安場**凡四十畝二分**洞仙場**凡七十六畝一分四釐三毫**萬頃場**凡三十六畝五分**洞仙場**凡九畝二分五釐九毫

丹陽縣草場三十處原額地一百二十六頃五十二畝七分六釐六毫内除報納民糧二十二頃三十畝四分二毫成熟地六十七頃二十一畝七分六釐五毫該納租銀二百八十三兩四錢一分六毫

逐年開墾加增不等荒草地

二十七頃五分九釐九毫

河洋場凡二頃六十四畝五分三釐　三仙場凡三十畝二分六釐二毫　馬大場凡四十三畝九分八釐　鴻鶴場凡一頃六十五畝三分一釐　新塘場凡一頃五十七畝五分八釐三毫　趙家場凡一十二頃五十四畝七釐九毫　黄港場凡八頃一畝五分六釐　太平場凡五頃七十七畝五分九釐五毫　洪林場凡一十一頃三十三畝三分三釐三毫　馬鞍場凡九十八畝九分八釐八毫　茅庄場凡一十五頃七十二畝六分八釐四毫　新庄場凡六頃二畝二分二釐　桂仙場凡二頃二十五畝四分七釐　塘頭場凡四十三畝七分八釐　青龍場凡一十七畝三分七釐三毫　乳泉場凡一十四畝八分一釐四毫　大同場凡二十三畝八

釐五毫**西㬌場**凡一頃畝九分八釐八毫**九里場**凡一頃八十畝二分四毫**鄧店場**凡三頃八十六畝七釐二毫**新塘場**凡一頃七十八畝七分四釐九毫**黃師岸場**凡四頃七十九畝八分六釐八毫**新堰場**凡三頃六十三畝五分九釐**蔡家場**凡四十畝七分**潘堰場**凡一十頃六十六畝**大司徒場**凡七頃四十八畝**小司徒場**凡三頃二十四畝八釐四毫**黃蓮場**凡九頃六十一畝六分七釐一毫**西湖場**凡三頃三十一畝八分二釐三毫**畦岸場**凡三頃六十四畝三分七釐四毫

金壇縣草場一十二處原額地一十五頃七十九畝八分成熟田地一十三頃一十一畝四分二釐八毫該納租銀六十兩八錢五分六毫五絲逐年開墾加增不等荒草地二頃六十二畝二分七釐八

毫

官塘場凡二頃一十一畝四分八釐八毫　白馬場凡二頃一十一畝六分九釐一毫　唐安場凡六頃三十八畝五分二釐　平安場凡七十六畝三分八釐　太安場凡八畝七分二釐九毫　高安場凡九十二畝八分九釐七毫　永平場凡五十六畝八分六釐二毫　永福場凡一頃三畝　新安場凡二十七畝　靈安場凡七十一畝四分一釐　馬鞍場凡二十六畝六分二釐五毫　永寧場凡五十五畝四分五釐八毫

太平府屬

原額草場地六百二十二頃六十畝九分八釐七毫四絲成熟田地二百七十畝九毫六絲共該納租銀

一千七十三兩一錢七分二釐五毫二絲四忽逐年開墾加增不等荒草地三百五十一頃九十畝九分七釐七毫八絲

當塗縣草場四十五處原額地三百八十六頃九十五畝四分七釐六毫四絲成熟田地九十頃六十六畝九分九釐一毫六絲該納租銀四百一十七兩二錢九釐五毫七絲四忽逐年開墾加增不等荒草地三百九十六頃二十八畝四分八釐四毫八絲

孟村一場凡六頃六十六畝一分七釐　孟村二場凡六頃九畝八分五釐

黃山三場凡一十頃五十五畝二分三釐　三江口場凡二頃一十一畝　保興一場凡八頃一十三畝四分　保興二場凡七頃六畝五分六釐　煉埂塲凡一頃七十六畝六分　塌橋蒲村湖一場凡八頃八十五畝六分三釐

塌橋蒲村湖二場凡一十四頃二十一畝三分六毫　張村場凡一十六頃三十五畝六分　團基場凡一十五頃九十二畝六分　楊湖一場凡三頃九十五畝六分三釐　楊湖二場凡七頃八十一畝二分五釐　乳山一場凡七頃九十九畝五分五釐　乳山二場凡五頃一十六畝四分三釐　包山一場凡五頃五十一畝四分三釐　包山二場凡三頃一十二畝　俞家埠一場凡三頃五十一畝四分　俞家埠二場凡八頃二十三畝七分　花馬二場凡一十一頃八畝三分　長林場凡九頃四十二畝一分八釐　義城圩場凡五頃五十二畝　郜家村場凡一十二頃四畝七分　沈家庄場凡一頃二十三畝六分　三家村場凡八頃八十七畝二分四釐　黃池鎮場凡二頃三十五

畝長生場凡二十六頃九十三畝六分五釐團林場凡五頃九十一畝三分

東黃連墓場凡九頃一十二畝五分淨居寺場凡二十頃二十二畝五分

王塘湖場凡一十四頃四十畝八分牛頭山場凡九頃九十一畝九分李

安場凡一十二頃三十三畝三分三釐土山場凡三頃一十畝五分塘西場

凡一頃六畝二分七釐計塘場凡二頃七十畝六釐古主岡場凡一十二頃五

分三釐銅山塘場凡九頃四十六畝八分龍泉場凡一十四頃五十八畝三

分三釐黃連岡場凡三頃八十一畝二分五釐黃連基場凡八頃一十六

畝九分一釐夏居場凡一頃一十三畝五分長順岡場凡一頃七畝五分

戚家橋場凡二頃二十三畝油坊場凡一十五頃一十五畝九分三釐

蕪湖縣草場一十五處原額地一百六十四頃二十三畝一分八釐一毫成熟地一百三十頃二十七畝三分一釐八毫該納租銀四百三十二兩二分三釐四毫三絲逐年開墾加增不等荒草地三十三頃九十五畝八分六釐三毫

生息場凡九頃三十七畝四分七釐一毫　孳牧場凡一十七頃一十一畝八分一毫　德政場凡三頃七十四畝二釐九毫　雙港場凡三頃八十一畝四分五釐七毫　白露場凡九十頃九畝一釐二毫　楊村場凡五頃七十二畝四分二毫　龍山場凡四頃四十畝四分七釐六毫　園畝場凡四頃四十畝一分五釐二毫　張家場凡五頃九十九畝四分三釐三毫　丁家場凡二頃三十一畝五分六釐三毫　紀家場凡二頃六十二畝二分二釐九毫　荻家場凡二十四頃三畝二分六釐六毫

孫村場凡四十五頃八十九畝五分　蜈蚣場凡五頃二十畝

繁昌縣草場九處原額地七十一頃四十二畝三分三釐成熟田地四十九頃七十五畝七分該租銀二百二十兩九錢三分九釐五毫二絲逐年開墾加增不等荒草地二十一頃六十六畝六分三釐

高安場凡一十三頃九十八畝　中寧場凡八頃三十六畝　城龍場凡三頃一十畝　新林場凡九頃三畝　茅城場凡四頃六十三畝　西鳴場凡七頃五十八畝　嶽山場凡六頃七十三畝　河塘場凡六頃二十七畝三分三釐

團場凡一十一頃七十四畝

鳳陽府屬

原額草場地四百八十頃七十七畝六釐四毫八絲

成熟田地二百七頃六十六畝二分七釐九毫八絲

該納租銀六百[illegible]一兩七錢六分三釐二毫三絲八忽逐年開墾加增不等荒草地二百七十三頃一十畝七分八釐五毫

壽州草場一十處原額地五十六頃一十一畝四分六釐成熟田地五十一頃三十五畝四分六釐該納租銀一百八十五兩七錢九分三釐逐年開墾加增不等荒草地四頃七十六畝

在城場凡五十五畝　下蔡大場凡十頃　下蔡北小場凡一頃二畝七分　長龍大場凡三頃三十七畝　長龍中場凡一頃三十畝　長龍南小場凡一頃二十畝　石塘大場凡六頃五十畝　石塘北小場凡一頃五十畝　尾埠場凡一頃二十畝　石塘南小場凡四頃五十畝

亳州草場四處原額地二頃九十八畝成熟地二頃八十畝該納租銀一十一兩六錢荒草地一十

八畝

大吉場凡一頃三十畝　義門場凡一頃二十畝　長安場凡三十畝　坊廓場凡一十八畝今設造官廳三間點馬

潁州草場八處原額地二十八頃四十畝三分成熟地四頃六十六畝該納租銀一十六兩三錢八分荒草地三十三頃七十四畝三分

烏窪澗場凡三頃二十畝三分　釜陽場凡三頃六十畝　陳村場凡三頃六十畝　蔡村場凡三頃六十畝　龍華場凡三頃六十畝　中村岡場凡三頃六十畝　功立橋場凡三頃六十畝　王市場凡三頃六十畝

宿州草場一十八處原額地二十一頃六十二畝成熟田地一十二頃九十四畝該納租銀三十四

兩八錢四分荒草地八頃六十八畝

在城場凡二頃四十畝馬疃場凡一頃二十畝平安場凡一頃九十六畝

脫落蔣山場凡四十畝桃花場凡二頃四十一畝臨渙場凡一頃九十五畝

到住場凡一頃五十畝高齋場凡一頃五畝蘄縣鄉場凡一頃六十畝

槁清場凡一頃五十畝黃疃場凡五十五畝南平場凡一頃二十畝

石板場凡八十五畝尹疃場凡三十畝馬撞清場凡八十畝黃

琢場凡一頃二十畝蒿溝場凡六十畝符離場凡六十畝

泗州草場原額地一十六頃八十三畝七分八釐俱拋荒

鳳陽縣草場七處原額地四十二頃六十九畝六分七釐七毫成熟地一頃一十三畝該納租銀

二兩八錢二分五釐荒草地四十
一頃五十六畝六分七釐七毫
青龍場凡五十五畝四分　戴家湖場凡一十四頃
六釐八毫七絲　三十五畝八
分　龍顏場凡一頃一十畝　楊家林場凡五頃九十
一分七釐五毫　六畝八分一
釐二毫　河塘場凡六頃一十七畝　崔家壩場凡一
五絲　五分六釐二毫　頃三
十九畝六分　虎山場凡一十三頃一十四畝二
三釐九毫　分一釐八毫七絲五忽
臨淮縣草場一十二處原額地一十七頃四十二畝
七分三釐成熟田地四頃六十五畝三分該
納祖銀一十三兩九錢五分九釐逐年開墾加
增不等荒草地一十一頃五十九畝七分三釐
岡頭村場凡一頃三十七　賈家堡場凡一頃九雙
畝七分六釐　畝一釐
棗樹場凡一頃一十四　梅城村場凡一頃三十　楊
畝八分四釐　六畝四釐

家庄場凡一頃三十七畝七分六釐　石門山場凡一頃三十七畝七分六釐

峯山場凡一頃五十九畝　化龍岡場凡一頃六十二畝七分六釐　湖廣營場凡一頃六十二畝七分六釐　大帝廟場凡一頃五十畝　香化橋場凡二頃一十九畝　峯山二場凡一頃一十六畝四分

定遠縣草場四處原額地四十五頃四十一畝五分成熟田地二頃四十一畝二分二釐三毫七絲逐年開墾加增不等荒草地四十三頃二分七釐六毫三絲

金鷄場凡一十三頃九畝　尚觀場凡一十五頃三十畝一分五釐　白塔場凡七頃一十四畝一分五釐　長岡場凡九頃八十八畝二分

五河縣草場四處原額地六頃八畝八分成熟地四頃八十九畝四分該納租銀一十四兩六錢

八分二釐荒草地一頃一十九畝四分

安定場凡一十畝　孝感場凡一頃八十九畝三分　車網湖場凡四頃

永豐場凡九畝五分今改遷縣治

虹縣草場三處原額地三頃三十九畝六分成熟田地一頃五十九畝六分該納租銀四兩七錢八分八釐荒草地一頃八十畝

梛溝場凡七十一畝一分　陡門場凡二頃四十五畝五分　魏家鋪場凡二十三畝

蒙城縣草場三處原額地三十一頃九十九畝一分成熟地一十八頃五十八畝該納租銀四十七兩九錢四分五釐荒草地一十三頃四十一畝一分

東場凡六頃　西場凡一十五頃五十五畝一分　北場凡一十頃四十四畝

盱眙縣草場二十五處原額地八十六頃六十八畝四分三釐一絲成熟田地三十二頃一十二畝二分二釐二毫四絲該納租銀九十五兩二錢五分八釐三毫七絲四忽五微逐年開墾加增不等荒草地五十四頃五十六畝一分九釐七毫七絲

岡村場凡六頃九十一畝八分二釐八毫　馬家壩場凡一頃一十六畝四分五釐八毫　龜山場凡一十三畝八分九釐五毫　劉家庄場凡九十九畝六分二釐六毫　應家庄場凡八頃二十五畝五分三毫　小龜山場凡七十畝六釐四毫五絲　懷德場凡八十畝　苜蓿園場凡一十六畝六分五毫　五墩場凡二頃二十八畝一分五釐　上店村場凡二十五畝一分六釐　太平場凡三

頃二十二畝一分五釐六毫

破山口塲凡一十四畆六釐七毫九絲

花園塲凡一頃六十七畆九分

清風庵塲凡二頃五十七畝二分一釐

阮家庄塲凡五十五畆三分一釐六毫

秋林庄塲凡一十三畆四分七釐八毫

第一塲凡八十畆八分八釐四毫

長嶺岡塲凡一十七畆五分

招信塲凡一頃三十三畆五釐六毫

招信小馬塲凡六頃七十五畆二分八毫

蘆塘塲凡二頃四十一畆七分二釐五毫

查家埠塲凡三畆一分七釐七毫

土沛塲凡一十頃五十二畆四分四釐

紫陽塲凡九十三畆一分六釐二毫

申村塲凡一頃四十五畆九分五釐

天長縣草塲七處原額地三十四頃三十七畆一分八釐六毫二絲成熟田地二十五頃三十七

畝九分八釐六毫二絲該納租銀八十九兩八錢五分四釐三毫逐年開墾加增不等荒草地八頃九十九畝二分

德勝場凡二十五頃二十六畝三分二釐八毫七絲 在城場凡九十一畝八分三釐 萬安場凡三頃七十一畝六分 楊村場凡一十二畝五分 小河場凡一十八畝一分九釐 羔羊場凡三頃一十畝三釐七毫五絲 昌平場凡一頃六畝七分

靈壁縣草場四處原額荒地一十四頃八十八畝五分六釐七毫五絲嘉靖二十四年奉例招民開墾四處三年至二十八年成熟地一十四頃四十二畝五分一釐七毫五絲荒草地四十六畝五釐

新馬場凡四頃四十畝一分五釐 土山場凡三頃八十畝五分二釐 陵子場

凡二頃二十三畝九分六釐漁溝場凡三頃九十七畝八分八釐七毫五絲

潁上縣草場二處原額地五頃八十六畝成熟地九十八畝該納租銀二兩九錢四分荒草地四頃八十八畝

在城場凡七十五畝陽臺場凡二十三畝

太和縣草場三處原額地一十三頃一十四畝八釐四毫成熟地九十六畝五分八釐七毫該納租銀一十二兩四錢一分四釐荒草地八頃一十七畝四分九釐七毫

北原和場凡四頃九十六畝五分八釐南原和場凡三頃九十七畝五分七釐五毫歪家林場凡四頃一十九畝九分二釐二毫

懷遠縣草場七處原額地三十八頃三十九畝三分五釐成熟田地一十頃三十畝四分七釐三

臺該納租銀二十九兩九錢五分一釐六毫九絲逐年開墾加增不等荒草地二十八頃八畝八分七釐七毫

荆山塲凡一十八畝五分　土山塲凡一頃五十八畝五分　尾子岡塲凡四頃四十一畝九分七釐三毫　青溝塲凡二頃五十八畝　南山塲凡三十一畝　龍泉塲凡一頃二十二畝五分　洛河塲凡三頃六十五畝

霍丘縣草塲九處原額成熟田地一十四頃四十六畝五分該納租銀四十四兩二錢三分五釐

南馬塲凡二頃三畝　西馬塲凡一頃六十三畝　高塘塲凡六十九畝　丁塔塲凡三十五畝　開順東馬塲凡四頃一十三畝　開順西馬塲凡二頃五十三畝　安業村塲凡九十九畝　袁家林塲凡一頃二十畝

善香場凡九十一畝

廬州府屬

原額草場田地共六百七十頃五十八畝六分九毫四絲三忽六微成熟田地塘二百四頃八十一畝四分七釐八毫五絲五忽四微共該納租銀八百六十二兩二錢一分四釐六毫四絲九忽九微六纖逐年開墾加增不等荒草地四百六十五頃七十七畝一分三釐八絲八忽六微

合肥縣草場一十九處原額八十一頃四十九畝六分七釐四毫一絲三忽六微內成熟田地五十一頃四十六畝九分一釐一絲九微該納租銀二百一十三兩八錢三分四釐四毫四絲八忽三微六纖逐年開墾加增不等荒草地三十頃二畝七分六釐四毫二忽七微

羽林場凡三頃五十九畝三分八釐八毫五絲　火焰場凡二頃二十三畝二分六

絲

馬安場凡一頃三十四畝六分

龍安場凡四頃二十九畝八分二釐六毫三絲五忽

延陂場凡五頃五十九畝四分三釐九毫九絲

萬神場凡三頃八十四畝八分六釐六毫六絲

青龍場凡三頃五畝八分六釐一毫四絲

葛城場凡二頃三十六畝五分六釐九毫二絲

龍勝場凡三十三畝五釐二毫五絲二忽

迎山場凡六頃五十三畝一分九釐三毫三絲

七里岡場凡二頃五十八畝四分五釐六毫八絲

白龍場凡六頃七分五釐一毫二絲四忽

梁店場凡一頃五十七畝六分二毫一絲六微

安勝場凡三頃七十四畝二分八釐八毫

羽林場凡九十一畝八分一釐二毫三絲八忽五微

九龍場凡一十畝

永安場凡二頃二十六畝

金斗牧馬場凡二十八畝

龍岡場凡七十畝

舒城縣草場二十五處原額一百七十一頃六十二畝四分五釐五毫成熟田地二十一頃九十四畝六釐該納租銀九十四兩二錢一分七釐四毫逐年開墾加增不等荒草地一百四十九頃六十八畝三分九釐五毫

白花一場凡三頃四十畝 白花二場凡六十五畝 白花三場凡一頃五十畝 白花四場凡五十五畝 白花五場凡五畝五分 大勝一場凡四十畝五分 大勝二場凡一十三畝 南奨一場凡一頃九十一畝

南奨二場凡七十畝 南奨三場凡六十八畝 陳山場凡七十八畝

青驄一場凡五十五畝 青驄二場凡五畝 大麥一場凡二十二畝 大麥二場凡一十二畝 龍河一場凡五畝 龍河二場凡五

畝七里河一場凡二十二畝七里河二場凡七十七畝馬鞍一場凡八十六畝馬鞍二場凡一十五畝烏紗場凡二十畝驌騮場凡七頃七十九畝德勝場凡一十畝青驄三場凡五畝

盧江縣草場八處原額九十一頃六十九畝九分五絲成熟田地塘六頃六十一畝該納租銀三十二兩四錢八分逐年開墾加增不等荒草地八十五頃八畝九分五絲

齊安場凡一頃一十五畝鳳臺場凡二頃六十二畝暖池場凡三十八畝龍興場凡二十五畝鐵脚山場拋荒塞山場凡八十五畝會龍場凡一頃一十五畝揪住山場凡二十一畝

無爲州草場三十七處原額地一百三十七頃八十七畝四分成熟田地六十七頃九十五畝五

分五毫一絲四忽逐年開墾加增不等荒草地六十九頃九十一畝八分九釐四毫八絲六忽

永興塲凡一頃九十四畝八分　李師橋塲凡四頃一十七畝五分六釐　榻橋塲凡八頃三十三畝三分三毫　官塘塲凡一頃七十三畝九分六釐　一字城塲凡八畝　西峯塲凡一頃六十八畝三分五釐　永寧塲凡三十七畝五分　東塲凡一十四頃二十六畝七分　中塲凡一十八頃九十畝　南塲凡一十八頃九十畝　仙峯上塲凡三頃四十畝　仙峯下塲凡一頃七十二畝　永安厰塲凡三頃一十三畝一分九釐八毫　永安塲凡八頃四十四畝二分五釐　褒安厰塲凡六十二畝七分　三十里墩塲凡一頃五十九畝九分　石安厰塲凡一頃六十二畝　獨山塲凡九畝三分七釐　石安塲凡七頃七十畝

飲水池場凡七十畝八分七釐三毫　新興廠場凡七頃六十畝一分八釐　馬苑子場凡六頃三十二畝三分六釐　南場凡六頃五十畝　銅城廠場凡二頃五十畝　長安廠場凡一頃七十八畝　西水門場凡三頃二十畝六分六釐六毫　西水門廠場凡二十七畝七分三釐三毫　棗林場凡五頃五十五畝三分七釐三毫　東湖廠場凡一十四畝八分七釐二毫　黃安廠場凡四十三畝七分五釐　新安廠場凡三頃九十六畝四分五釐九毫　大興廠場凡一十三畝五分三釐七毫

巢縣草場一十六處原額八十頃七十八畝七分成熟田地一十六頃六十一畝八分八釐七毫該納租銀七十兩九錢二分六釐五毫逐年開墾加增不等荒草地六十四頃一十六畝八分一釐三毫

下閣場凡七頃六十七畝九分一釐　包家壇場凡四頃三畝　柘皐場凡二頃九十畝七分　嵩山場凡四頃三十畝五分　銅陽場凡二頃一十畝　龍勝場凡五頃八十三畝　高林場凡五頃四十四畝五分　九龍場凡四頃三十五畝　古廠場凡九十一畝七分四釐　興安場凡一十二畝七分四釐　古草場凡三十一畝五分六釐　新安場凡一十頃六十五畝七分五釐　長龍場凡九頃三十七畝五分　銅陽古場凡七頃畝　小河灘場凡一十五頃七十一畝

窰兒埠場凡三畝八分

六安州草場二十四處原額九十一頃四十七畝一分九釐[illegible]成熟田地二十五頃六分五釐該納租銀一百一十一兩四錢二分六釐逐年開墾加增不等荒草地六十五頃五十一畝五分四釐

萬龍東場凡四頃二十八畝　萬龍西場凡一頃二十五畝三分　萬龍中場凡四頃一十二畝　萬龍北場凡五頃一十二畝　雲龍場凡四頃四十四畝　興龍場凡九頃三十三畝　聚龍場凡五頃三十畝　蘇家埠場凡四頃五十九畝六分五釐　七里岡場凡六頃二十五畝　硯瓦池場凡四頃五十八畝一分　會龍場凡二頃三十五畝　會龍中場凡一十三頃九畝　會龍西場凡二頃三十四畝　烏龍場凡三頃一十二畝　茅坦場凡九頃一十畝　興城寺場凡八十畝　白家石場凡八十二畝五分　青龍場凡一頃三畝五分　回龍場凡一頃一十五畝　旺龍場凡二頃五十畝　蜀山南場凡三頃三十畝六分　蜀山北場凡一頃一十八畝五分　施家場凡九

十畝

峇寺場凡五十畝

霍山縣草場五處原額一十五頃六十三畝二分八釐九毫八絲成熟田地一十四頃二十六畝四分六釐六毫三絲該納租銀六十二兩六錢三分一釐九毫五絲二忽逐年開墾加增不等荒草地一頃三十六畝八分二釐三毫五絲

青龍場凡二頃七十二畝八分三釐　騋龍西場凡二頃八十八畝二分六釐

高龍一場凡三頃二畝四分八釐　高龍二場凡八十畝　騋龍東場凡六頃三十九畝六分七釐

淮安府屬

原額草場地七百九十二頃八十四畝四分三毫三絲成熟田地六十四頃五十九畝七分五釐四毫該

納租銀一百八兩九分二毫五絲逐年開墾加增不
等荒草地七百二十八頃二十四畝六分四釐九毫
三
絲
海州草塲九處原額地四十九頃一十四畝六分六
釐七毫成熟地一十三畝四分五釐該納租銀
八錢一分二釐五毫逐年開墾加增不等
荒草地四十九頃一畝二分一釐七毫

新興塲凡一十六頃八十六畝三分
房山塲凡四頃七畝六分一釐五毫
富
安塲凡四十三畝三分九釐二毫
長嶺埠塲凡三頃四十九畝七分三釐
咸
陽塲凡一頃六十五畝一分五釐二毫
白駒塲凡一十頃七十六畝二分五釐
青
墩塲凡九頃四十畝六分六釐二毫
清浪塲凡一頃七十三畝五分七釐五毫
惠
安塲凡七十一畝九分九釐

邳州草塲一十五處原額地一十五頃二十一畝七分成熟地三頃八十畝一分二釐五毫該納租銀一十八兩一錢二分四釐七毫五絲逐年開墾加增不等荒草地一十一頃四十一畝五分七釐五毫

在城馬塲凡二十七畝四分　北馬庄塲凡三十八畝八分　馬庄集塲凡六十四畝一分　余行馬塲凡一十二畝　余行牧馬塲凡三十一畝五分　鮑家庄塲凡八十五畝六分外二段凡四十九畝八分　鮑家庄社塲凡一頃一十六畝二分　岠山馬塲凡一十一畝四分　岠山牧馬塲凡四十一畝一分　南馬庄塲凡二十一畝九分　南馬庄牧馬塲凡一頃二十畝四分　大宿塲凡二十九畝八分　大宿牧馬塲凡三頃九十九畝八分　王史馬塲凡一頃七畝九分　艾山社馬塲凡八十五畝

山陽縣草場九處原額地一百五十田頃二十三畝一分二釐六毫五絲成熟地七頃四十七畝一分該納租銀二十九兩八錢八分四釐逐年開墾加增不等荒草地一百四十六頃七十六畝二釐六毫三絲

在城場凡一十六頃八十九畝二釐二毫六絲　新城場凡一十一頃三十九畝二釐二毫　滿浦場凡一十一頃八十六畝七分三釐五毫　淮北場凡一十二頃四十一畝　安樂場凡一十八頃三十五畝一分六釐六毫　太義場五釐六毫

凡八頃八十七畝二分六釐八毫五絲　辛店場凡一十七頃八十九畝二釐五毫六絲

馬邏場凡四十一頃六十二畝九分八釐　添差場凡十四頃九十二畝八分五釐

安東縣草場六處原額地六十一頃二十五畝三分六釐內成熟地三頃十三畝二分五釐該租

銀十五兩六錢五分二釐五毫民劉廣等承佃遞年
水旱逃亡正德十四年奉例免科俱拋荒無人承佃

淮寧場凡四頃九十五畝三釐　廣盈場凡四頃四十二畝四分　太平場凡二十三頃九十九畝八分五釐　長樂南場凡八頃九十八畝一分四釐　長樂北場凡一十二頃九十五畝四分　興安場凡五頃八十七畝八分一釐

桃源縣草場五處原額地四十一頃六畝四分該納租銀九兩三分七釐拋荒無人承佃逐年責令看場門子曹宣等砍伐草束變價以充額租

馬勝場　永安場　福興場

吉慶場　得生場

清河縣草場四處原額成熟地二頃八十三畝六分三釐該納租銀七兩七分七毫五絲

廣牧場凡一頃三十三畝三分三釐五毫　青龍場凡三十二畝一釐二毫　常

安場凡六十一畝八分三釐六毫　辛興場凡六十一畝八分三釐六毫

鹽城縣草場九處原額地三百一十六頃五十四畝四分八釐成熟田地八頃二畝六分九釐該納租銀三十六兩八錢九分四釐五毫逐年開墾加增不等荒草地三百八頃五十一畝七分九釐

永興場凡五十六頃八十二畝六分八釐　安寧場凡一百七頃二十五畝　永

安場凡八頃三十二畝五分　永福場凡八頃一十五畝　廣牧場凡二十九

頃六十八畝　長興場凡二十六頃九畝　新安場凡一十七頃三十五畝　新

安二場凡一十一頃八十三畝六分五釐　安牧場凡五十一頃一十二畝

宿遷縣草場一十一處原額地二十九頃四十六畝九分九釐成熟地二十四畝三分該納租銀

一兩二釐荒草地二十九頃二十二畝六分九釐

刁家林場凡一頃六十畝　河西點馬場凡二十一畝三分　宮家庄場凡二頃六十五畝　錢家庄場凡二頃七十三畝二分　錢家庄點馬場凡一十九畝四分　東庄驛場凡二十七畝七分　林家村場凡一頃二十五畝六分　張山場凡三頃五十一畝　龍泉溝場凡三頃七十八畝七分　堠頭場凡二頃五十六畝七分　小河口場凡六十四畝七分九釐

贛榆縣草場八處原額地六十六頃三十四畝成熟地二頃三十畝五分該納租銀一十二兩五錢六分二釐三毫逐年開墾加增不等荒草地六十三頃七十九畝一分一釐

龍興場凡二十四畝八分　城子場凡二頃九十六畝　土山場凡一十頃

二十六畝九分瓦窑場凡九頃四十一畝五分新興場凡六頃四十七畝崇寧場凡二十三頃三十九畝八分高山場凡九頃八畝黄草溝場凡四頃五十畝

睢寧縣草場四處原額地一十三頃二十六畝三分六釐該納租銀一十二兩三分五釐正德十四年奉例免科

高家村廣育場凡一頃九十二畝七分五釐袁家村廣孳場凡五頃九畝八分一釐劉家村廣牧場凡三頃五十三畝湖墩村廣畜場凡二頃七十畝八分

沭陽縣草場一十二處原額地四十三頃四十七畝六分九釐成熟地九十四畝九分六釐九毫

該租銀四兩七錢四分八釐四毫五絲逐年開墾加增不等荒草地四十二頃五十二畝七分二釐一毫

興馬塲凡一頃六十四畝八分 萬山塲凡六頃七十畝六分 廣集塲凡四頃二十四畝五分 新安塲凡二頃九十四畝八分 華牧塲凡十二畝九分二釐

興養塲凡五頃六十六畝 抄迷塲凡二頃七十七畝三分 龍泉塲凡四頃一十三畝五分 劉家塲凡二頃八十畝 五湖塲凡四頃六十七畝三分 高塘塲凡三頃四十七畝五分 孟家塲凡四頃二十八畝

揚州府屬

原額草塲地共一千三百六十七頃七十六畝二分七釐五毫五絲一忽五微成熟田地一千一百八十四頃五十六畝五分六釐一毫五絲一忽五微該納租銀二千七百五十九兩五錢九分八釐七毫二絲

六忽五微逐年開墾加增不等荒草地一百八十三頃一十九畝七分一[illegible]釐四毫

高郵州草場一十八處原額地一百二十六頃三十六畝七分二釐成熟田地四十六頃六十六畝四分八釐二毫該納租銀一百三十三兩五錢五分六釐九毫八絲五忽逐年開墾加增不等荒草地七十九頃七十畝二分三釐八毫

武安群場凡一頃三十九畝六分　武安小移群場凡一十一頃九畝五分　武安三角群場凡六頃六十畝三分四釐　天長群場凡九頃八十四畝三分七釐　武安中群場凡一十一頃一十九畝七分　武安總群場凡一十九頃三十七畝一分八釐　武安舊群場凡三頃九十四畝四分　德勝中群場凡九頃二十四畝三分七釐　焦里德勝群場凡七十六畝三分八

鬣七毫　三垜德勝群場凡七十畝二分五釐五絲　德勝第一群場凡一十頃四畝八分　德勝第二群場凡七頃六十九畝二分五釐　德勝第三群場凡七頃一十四畝　德勝第四群場凡五頃八畝三分　德勝東群場凡七頃八十一畝五分三釐　德勝西群場凡五頃五畝二分九釐　武安大師群場凡三頃六十八畝二分　武安車邏群場凡六十九畝二分二釐二毫

通州草場四處原額地六頃三十六畝三分【成熟地】五頃六十三畝該納租銀一十一兩一錢三分七釐五毫九絲【荒草】地七十三畝三分

馬塘場凡二頃三十二畝　蕃牧場凡二頃三十二畝　清廣場凡九十九

畞餘慶塲凡七十三畞三分

泰州草塲七處原額地七十八頃八十一畞二分五釐成熟田地四十八頃二十一畞三分五釐内除報納民糧一十頃五十六畞八分五釐該納租銀九十四兩一錢一分二釐五毫逐年開墾加增不等荒草地三十頃五十九畞九分

顏塔庄塲凡三十七頃八十八畞單塘河塲凡一十五頃三十六畞甯家庄塲凡六頃六十三畞五分劉家庄塲凡六頃二十四畞馬家庄塲凡二頃八十八畞曲塘庄塲凡六頃六十三畞七分中村鎮塲凡三頃一十八畞五釐

江都縣草塲七十處原額地四百三十八頃二十四畞二分八釐三絲成熟田地三百五十七頃

九十二畝六分四釐八毫一絲二忽五微該納租銀
一千一十六兩九錢五分一釐五毫九絲三忽五微
逐年開墾加增不等荒草地八十頃三
十一畝六分三釐二毫一絲七忽五微
青龍港場凡四頃六十二畝九分一釐陳家灣場凡一頃一十二畝七分四
釐一毫花椰群場凡八頃九十二畝七分五釐五毫楊子橋場凡四頃五
十畝二分七里河場凡一頃九十七畝六分六里庄一場凡二頃三十二
畝六里庄二場凡二頃二十五畝小笋庄場凡二頃三十一畝九分五
釐小青軍營場凡五頃四十二畝三分四釐六毫大儀鎮場凡二頃五
十九畝九分九釐八毫黃家橋場凡一頃三十一畝八分五釐二毫雷塘場
凡三十畝六分二釐東西灣場凡五頃九十畝四釐七里河大場凡九頃五

十畝六分七釐四毫五絲　袁港場凡四頃八十九畝四釐　水西廟場凡二頃二十三畝七分　小殷庄場凡四頃九十七畝二分　大青軍營場凡一十八頃三十八畝九分三毫　黃家橋小場凡二頃五十一畝　仙女鄉場凡五頃七十九畝九分七釐九毫　黃家橋大場凡九頃八十畝六分四釐八毫　僧道橋場凡二頃八畝　小貢庄場凡一十頃二分　小萬壽場凡二頃五十一畝三分　河東鄉場凡七頃一十畝五分九釐二毫　段家港場凡一十三頃一十六畝七分五釐二毫　大貢庄場凡一十七頃四十畝二分三釐八毫　韓家曲場凡九頃六十一畝　大笋庄場凡一十頃四十二畝二分四釐七毫　大萬壽場凡一十二頃四十畝六分　大橋鎮場凡九頃五十九畝四分三釐八毫　善應

鄉場凡二頃三畝四分五釐八毫 黃塘廟一場凡六十七畝五分 黃塘廟二場凡五十四畝七分 黃塘廟三場凡二十二頃三十四畝七分六釐 大殷庄場凡一十二頃八十二畝七分三毫 孫家庄場凡二頃八十九畝八分 三墩一場凡二頃五十五畝九分七釐二毫 三墩二場凡四畝 三墩三場凡三頃七畝二分二釐 西麻金生溝場凡七十五畝 西麻東場凡一頃九十六畝二分三釐一毫 楊醫獸壩場凡七頃九十八畝六釐八毫 郭庄橋場凡八頃四十八畝一分三釐 韓家曲庄場凡二頃六十七畝八分 郭庄橋西場凡一十頃三十五畝九分五釐四毫 陸家庄場凡一十五頃二十四畝三分三釐八毫 楊家橋場凡四頃五十八畝五分四釐二毫 張

汪溝塲凡八頃二十二畝七分九釐　波斯庄塲凡八頃二十八畝二分八釐八毫　鮑家庄塲凡一十一頃三十四畝三毫　楊家庄西明寺塲凡四頃一十五畝二分六釐七毫　張汪溝庄塲凡五頃五十七畝一分三釐二毫　杜家庄塲凡一頃五十四畝　邵伯鎮河西塲凡九畝三分　司徒廟塲凡一十四畝二分七釐　桑棗園塲凡七畝二分　善應群塲凡五十三畝一分五釐三毫　楊子橋塲凡二十一畝八分五毫　黄塘廟塲凡九十畝六分　萬驥群塲凡三十畝五分四釐七毫　張汪溝草塲凡二十畝九分四釐　李樹河塲凡五畝一分八釐二毫　楊家庄烏稍營塲凡三十畝　章墅庄塲凡七頃六十九畝七分七釐二毫　黄家橋庄塲凡三頃四十六畝七

分七釐五毫萬壽巡檢司場凡四頃五十九畝一分六釐温家庄場凡九頃三十八畝三分黄塘廟草場凡三十一畝七分楊子橋庄場凡一頃四十七畝三分三釐六毫

儀真縣草場二十七處原額地四十六頃七十一畝八分九釐四毫二絲一忽五微成熟田地三十四頃九十五畝三分二釐八毫六絲一忽五微該納租銀一百二兩四錢一分八釐六毫五絲八忽四微逐年開墾加增不等荒草地一十一頃七十六畝五分六釐五毫六絲

單府庄場凡一十二畝三分大鉞斧腦庄場凡一頃八十畝六分四釐五毫張家庄場凡三頃四十六畝五分一釐五毫大銅山場凡一頃四十八畝八分大鉞斧庄場凡二頃九十七畝二毫小鉞斧庄場凡八十畝

六分鴉鶻庄場凡八十五畝三分張家庄場凡三頃一十畝一分小圩庄場凡七頃一十一畝七分七毫二絲劉家洪庄場凡二十八畝五分破橋東庄場凡一十五畝四分陳公塘庄場凡四頃九十九畝八分陳公塘西庄場凡九十五畝七分運河北道士庄場凡一頃六十一畝九分五釐大營田庄場凡二頃八十畝四分小營田庄場凡三十九畝四分劉馬庄場凡三十八畝八分劉家庄場凡一頃六十七畝五分八社庄場凡二十八畝八分壽寧群庄場凡三十一畝九分華陽庄場凡四十四畝五分盖群場凡五畝丫山草庄場凡九頃一十八畝七分破山口庄場凡一頃一十三畝二分傘兒墳庄場凡八

畝五分

在城馬場凡一十九畝八分七釐五毫 草場官屋一間

如皋縣草場三十一處原額地一百七十二頃八十七畝七分六釐四毫成熟地一百六十六頃一十八畝四分六釐該納租銀一百二十四兩六錢三分八釐四毫五絲逐年開墾加增不等荒草地六頃六十九畝四分四毫

汊陵橋場凡七頃六畝九分三釐 柴灣場凡九頃八十一畝 五里場凡五頃 東陳場凡八頃七十畝 潘家場凡六頃一十三畝 邵家場凡一頃二十一畝 大林梓場凡九頃二十畝 中林梓場凡二頃四十畝 小林梓場凡一頃九十二畝 安定邵家場凡九頃 孫家堡場凡四頃一十六畝四分 馬家岱場凡四頃九十六畝七分 安定曹家堡場凡六

頃七十六畝　鄒家園場凡八頃五十畝　錢家園場凡一頃九十五畝六分

曹橋場凡二頃八十六畝　馬塘大場凡一十三頃三十畝　子馬塘場凡一頃八十九畝　安定奚家場凡九頃六十二畝　徐溝場凡一十頃三十畝六分　子赤岸場凡四十二畝八分三釐　西場草場凡二頃　豐利一場凡一十一畝九分　豐利二場凡一十一頃二十八畝　安定場凡四頃二十一畝　王家岱場凡一十三頃五畝五分　孫家庄場凡三頃三十三畝五分　芹湖小子場凡一十八畝六分　安定小子場凡一十一畝七釐　安定孫漢家場凡一十四畝八分　南安定場凡十一頃九畝二分

寶應縣草場一十一處原額地五十五頃六十九畝六分四釐成熟田地五頃一十六畝七分該

納租銀一十二兩九錢一分七釐五毫逐年開墾加增不等荒草地五十頃五十二畝九分四釐

永寧場凡九頃五十三畝三分四釐　白馬群盖場凡五頃七十六畝七分

南順義場凡二頃四十六畝七分五釐　孝義永寧場凡二頃二十六畝一分

侯村小馬場凡二十畝三分六釐　北順義場凡一頃六十畝二分　遇便場凡九十九畝七分五釐　長興場凡二頃二十九畝二分　曹村場凡九頃六十畝　射洋北場凡九頃二十九畝三分七釐　射洋南場凡一十一頃六十七畝八分六釐五毫

泰興縣草場八十二處原額地四百五十九頃九十七畝七分二釐七毫內成熟田地四百三十二頃二十一畝該納租銀一千一百二十一兩六錢六分八釐五毫逐年開墾加增不等荒草地二十七

頃七十六畝七
分二釐七毫

南京太僕寺志卷三　三六

興化縣草場九處原額地一十一頃九十六畝二分
成熟田地五頃三十六畝二分該納租銀一
十五兩八錢七分三釐五毫逐年開
墾加增不等荒草地六頃六十畝

永興一場凡六十三畝七分　永興二場凡六十畝　永興三場凡七十五畝　永興四場凡五十七畝五分　長興一場凡五十畝　長興二場凡一頃三十畝　廣興一場凡二頃畝　廣興二場凡六十畝　廣興三場凡二頃畝

揚州衛草場六十分坐落清軍營原額成熟地四十三頃一畝九分八釐二毫該納租銀一百七兩五錢四分九釐五毫五絲

佃戶陳奉等六十二名承佃

廣德州屬

建平縣草場三處原額地二十六頃九十二畝九分三釐七絲成熟田地四百二十一畝五分六釐四毫六絲該租銀一十九兩三分二釐九毫八絲三忽荒草地二十頃三十九畝五分四釐一毫七絲

永安場凡五百二十五畝四分四釐　永寧場凡一十頃五十六畝一分九釐六毫二絲　永遠場凡一十一頃一十一畝二分九釐四毫五絲

滁州并屬

原額草場田地共一百三頃四十畝九分七釐二毫一絲三忽成熟田地六十四頃三十九畝八分四釐七毫九絲三忽內除原報納屯糧民糧田地二頃三十一畝二分共該納租銀一百六十三兩五錢八分六釐三絲七忽五微七纖逐年開墾加增不等荒草地三十九頃一畝一分二釐四毫二絲

本州草場一十六處原額地三十五頃五十五畝九分五毫一絲三忽成熟田地二十五頃八十八畝三分九釐五毫九絲三忽共該納租銀七十七兩九分二釐三毫九絲七忽五微七纖逐年開墾加增不等荒草地九頃六十七畝五分九毫二絲

西葛城場凡二十八畝二分　煙墩場凡三十畝六分七釐　仁義場凡八十四畝四分三釐　旦子岡場凡三十三畝三分　周公沛場凡七頃三十五畝一分五釐　官塘場凡二十六畝九分九釐二毫　豐城鄉場凡二十七畝

官塘總場凡六十九畝三分三釐三毫　七里灣場凡八頃九畝七分八毫九絲九忽八微　濟川場凡五頃六十一畝六分九釐八毫八絲　清流場凡二頃六十六畝七分　紅沙澗場凡七十八畝六分　官庄場凡八十畝二分一釐　平湖場凡二頃九十六畝九分七釐五毫　柏子場凡三頃七十五畝九分三釐七毫三絲三忽二微　雙澗場凡五十三畝

全椒縣草場一十九處原額地四十三頃二十四畝九釐成熟田地三十一頃一畝七分二釐除

報民糧屯糧二頃三十一畝二分實有納租二十八頃七十畝五分二釐共該納租銀七十二兩一錢五分八釐逐年開墾加增不等荒草地一十二頃二十二畝三分七釐

臼汪塘場凡六頃八十七畝二分五釐　淑泊湖場凡五頃七十五畝九分五釐　破山口場凡九頃七十三畝七分五釐　雙林寺場凡三頃三十五畝三分八釐　青茂市場凡三頃四十一畝一分一釐　許家庄場凡八十六畝六分二釐　六丈街場凡三十四畝一分七釐　馬鄉場凡一頃九十七畝四釐　甘家庄場凡四頃七十四畝　黄思明家邊場凡二頃四十三畝六分　窰家庄場凡五十六畝九分三釐　土橋場凡五十二畝四分四釐　封家嶺場凡一十七畝六分一釐　陀思明家邊場凡二畝二分五釐　姚府

場凡三十六畝一分　破山口場凡五十七畝　淑泊湖南岡場凡三十畝四釐　馬家庄場凡六十五畝八分一釐　盛家庄場凡五十七畝四釐

來安縣草場七處原額二十四頃六十畝九分七釐七毫成熟田地八頃八十一畝五分三釐二毫每畝租銀二分共該納租銀一十七兩六錢三分六毫四絲逐年開墾加增不等荒草地一十五頃七十九畝四分四釐五毫

一都場凡四頃三十八畝五分一釐九毫　二都場凡一頃四十畝六釐五毫　三都場凡一十三畝四分六釐六毫　四都場凡九頃六十八畝三分七釐五毫　五都場凡二頃四十四畝六分七釐五毫　六都場凡一頃八十二畝二釐七毫　七都場凡四頃三十九畝三分四釐

和州并屬

原額草塲田地并額外告報餘田通共三百九十五頃五十八畝七分四釐六毫成熟田地二百九十五頃六十六畝三分五釐三毫内除原報納民糧屯糧田地八頃一十五畝五分五釐六毫實有納租二百八十七頃五十畝七分九釐七毫共納租銀一千二百四十九兩五錢八分六釐九毫八絲逐年開墾加增不等荒草地九十九頃九十二畝三分九釐三毫

本州草塲六十一處原額地三百四十四頃三十三畝八分六毫成熟田地二百九十頃二十畝八分三釐五毫除原報納屯糧民糧田地八頃一十五畝五分五釐六毫實有納租田地二百八十二頃五畝二分七釐九毫共該納租銀一千二百二十六兩四錢八分二釐八毫八絲逐年開墾加增不等荒草地五十四頃一十二畝九分七釐一毫

石堰孳牧場凡一十六頃三十三畝四分　黃暮橋歸照場凡五頃三十二畝四分八釐　楓香壯盛場凡五頃八十四畝二分五釐　程家庄富有場凡二頃一十八畝七分　花園簇巽場凡三頃六十五畝九釐　薛家村會群場凡一十頃九十四畝六分三釐　峯山資用場凡五頃九十七畝一分九釐　花山出驥場凡一十四頃一畝四分二釐　蔡家庄崇志場凡一頃五畝　飲馬長養場凡一頃九十三畝三分　永豐臕肥場凡八頃二十八畝九分　李家庄育駿場凡七頃二十五畝　甘露產瑞場凡七十二畝四釐　清陽街善走場凡一頃七十三畝三分　清陽街篤厚場凡四頃六十七畝六分　清陽街牧放場凡四頃八十八畝二分　曹

家岡雙駒場凡三頃七十八畝四分　烏塘歷陽場凡六頃五畝六分
倪家庄永豐場凡一十頃二十八畝六分　綽門廟太寧場凡七頃七
分五釐四毫　龍馬孳牧大場凡一十二頃三十三畝　塔兒岡高望
場凡九頃九畝五分八釐　長岡塘飲水場凡九頃三十九畝五分八釐　烏
江餘慶場凡一十一頃四十六畝三分二釐五毫　八角山積善場凡六
頃六十六畝六分七釐　范家庄遂性場凡二頃六十三畝九分三釐　姜家
庄漸義場凡一頃六十八畝三分三釐　嚴家庄政理場凡七頃三畝一
分三釐　清水孳牧場凡八頃七十八畝七分五釐　千秋壩北急用
場凡一頃五十七畝　千秋壩南槩要場凡一頃一十八畝九分五釐　萬

壽嶺肥澤場凡二頃五十二畝八分　萬歲嶺嚴督場凡二頃二十六畝六分四釐

方家庄英標場凡四頃四十八畝三分三釐　范家村利益場凡三頃八十五畝二分一釐

大全拔萃場凡一十六頃四十五畝五分八釐

陽順孳牧大場凡一十九頃九十四畝二分八釐　嚴慶寺顯達場凡五頃八十七畝五釐

棗林護騰場凡一頃八十畝七分六釐　南義附城場凡八十七畝七分五釐

南義咸寧場凡九十八畝一分八釐　馬安調良場凡九頃五十六畝六分六釐

高廟阜蕃場凡四頃三十四畝三分六釐

保道通暢場凡一頃五十四畝四分五釐　房簇保廣增場凡九頃五十一畝六分四釐

南河橋滋潤場凡一十頃一十三畝一分二釐　安福

發旺場凡一頃一十一畝八分三釐　温台易生場凡一頃二畝一分二釐

徐家庄能行場凡三十一畝五釐　黃山蕃息場凡四頃九十七畝七分三釐七毫　雙城孳牧大場凡六頃八畝三分五釐　銅城自在場凡一十二畝八分七釐　白望存仁場凡五畝　雙城超群場凡七頃三十三畝六分六釐　雙城大興場凡八頃三十二畝　鳳城大有場凡一頃二畝八分六釐　黃蒲充足場凡三頃七十七畝五分　黃蒲有餘場凡一十頃七十五畝　保大圩豐盈場凡五十八畝八分　長岡孳牧大場凡九頃四十四畝六分八釐　朱家庄孳牧大場凡四十一畝六分六釐

含山縣草場二十二處原額地五十一頃二十四畝九分四釐成熟田地五頃四十五畝五分一

釐八毫租銀二十三兩一錢四釐一毫逐年開墾加增不等荒草地四十五頃七十九畝四分二釐二毫

牧馬場凡五十七畝五分　青衣場凡一十三畝七分八釐　梅山場凡三十五畝四分　明山場凡一十一畝一分六釐　白龍場凡九頃七十二畝二釐　瓜岡場凡四畝二分一釐五毫　黃墩場凡九畝二分九釐　桃花場凡二頃二十三畝八分八毫　拖石場凡一十五頃四十九畝七分　仙蹤場凡八畝四分七釐二毫　蒼山場凡八頃三十九畝五分四釐　灰堆場凡六十三畝七分三釐　土山場凡一十二頃四十四畝八分　溪陽場凡四十畝一分四毫　樊家岡場凡三畝八分　青龍場凡五畝一分六釐　王家團場凡四畝五釐　丁家岡場凡六畝七分　彭仙場凡七畝九分一釐　桃花山場凡三

畝四分　鍋山場凡七畝六分三釐　夏家岡場凡一十三畝

徐州并屬

原額草場地共一十二頃八十畝七分成熟田地九頃九十八畝六分該納租銀共五十兩八錢三分二釐逐年開墾加增不等荒草地二頃八十二畝一分

本州草場七處原額地三頃一十三畝成熟田地二頃一十八畝該納租銀一十兩九錢逐年開墾加增不等荒草地一頃三十九畝

城南吕梁洪雙井村場凡三十八畝　城東三义村場凡五十畝　北弓箭山場凡二十五畝　城西胡佃溝場凡六十畝　城北固村場凡四十四畝　城南三山李家村場凡四十畝　城西南

賈家山場凡五十六畝

蕭縣草場八處原額地一頃九十九畝五分成熟地一頃七十九畝五分該納租銀八兩九錢七分五釐荒草地二十畝

岱山村場凡一十畝　黃阜村場凡一十六畝五分　朱冊村場凡二十二畝

桃種村場凡二十畝　馬園村場凡一十五畝　羊波村場凡六畝

食庄村場凡三十畝　劉團村場凡六十畝

沛縣草場五處原額地二頃七十七畝二分成熟地一頃一十畝一分該納租銀七兩七錢七釐荒草地一頃六十七畝一分

碭山縣草場七處原額成熟地三頃六十八畒該納租銀一十七兩一錢

城南壇週圍場凡三十二畒　城西百馬村場凡四十八畒　城南新安村場凡三十畒　城北斗子村場凡一頃二十八畒　城東北十里庄場凡二十五畒　城西白川店場凡七十畒　城西北黄神村場凡三十五畒

豐縣草場[redacted]處原額成熟地一頃二十三畒該納租銀六兩一錢五分

按牧地厲禁載於周禮則蓄草養馬自三代而已然

矣及觀漢唐之盛於水草善地必摽占之而春放秋入莫不有法豈捐稼穡而肆牝牡已哉盖牧塲爲孳息之本非此無以蕃國馬而正天下矣故余靖歐陽脩於宋室拳拳請專官擇水草牧放寧無感於宋事耶今江淮坰野延袤水草豐茂自

聖祖須定於此所期牧于四遠南北盡馬海也百餘年來上下恬逸於游牝別群騰駒去特等法蔑不加省甚或分日而飼坐耗其種求四時逐水草以順物性者盡群塲果有一跡乎及近塲居民秉之種爲已業

乃議科租銀儲庫以備急需豈須埸之初意固然哉
先大學士丘文莊請一切復之立爲厲禁庶異日行
周人牧師之法舉而措之今天下馬政弊極矣不復
舊制以爲宿謀其將何時而爲之支計乎

南京太僕寺誌卷之十二

南京太僕寺誌卷之十三

冊籍

典籍之有益於人國也尚矣周官小宰聽閭里以版圖又設司民掌登萬民之數及三歲大比獻其成王拜受之登于天府所以重之如是其隆也況兵以馬用實軍國要機其丁田地畝與夫孳生觧俵等則非冊以紀之則登耗升除貿亂相承而奸僞日滋不可詰措矣故即額造者特書之庶執此而有得焉則於孳牧之道自不待於外求云

大造丁田冊

自洪武令有司督牧以來凡各府州縣原額種兒騍馬或論人丁或田糧或丁糧相兼編僉內丁糧向上者爲馬頭次下爲貼戶至成化十三年奏准十年一次攢造戶口黃冊後即行審編養馬文冊內消乏者除豁丁糧向上者編換事完備造舊管新收開除實在文冊齎報本寺查對無差准行造報至正德十六年叅政趙維藩因見七年審造馬冊本府委官憚於更張便於因襲止照舊冊謄造以塞故事田糧無所開收馬頭無所令換用致買田富戶收租賣田貧民養馬四時向買田之家取要買補倒折及解俵備用馬價喂馬草料或公差跟馬人盤纏計筭分毫交爭互訟彼此騷然深爲未便奏准行牧養官馬地方目今大造黃冊之後即將馬冊照例審編田糧務須推收明白馬頭務須僉點富戶仍嚴行禁約官不得推差民不許擅用至嘉靖十年太僕寺卿洗光查得所屬馬冊有三年五年一編造者又有十數餘年二十

年一編造者又遠近不同消長不明加以官吏怠玩里書飛詭其弊豈可勝言題准行各該掌印管同官員將黄冊開收一定就令原經里書照依實在數目明白編造以後仍俱以十年爲期隨同黄冊舉行今所屬各府州縣定造四本一本本寺一本兵部一本南兵部一本存各州縣備照

季報循環冊

自洪武初降定季報實領馬爲舊管買補孳生爲新收事故交俵等項爲開除季終爲實在每春季三月夏季六月秋季九月冬季十二月各二十四五徑送本寺類數騍馬下仍開定駒顯駒重駒數目至正德元年太僕寺卿儲巏奏准減造孳生備用文冊及省編點馬簿冊手本并將季報文冊併造每半年止造二次每次止許二本送寺并留本處以備遺忘後巡按御史謝　題通行各府州縣置立格眼循環文簿送寺印發仰各掌印官嚴督管馬官吏不時下鄉點視於格眼内填註馬數膘壯瘦損倒死被盜買補生

駒數目按季差人齎報倒換種牛亦如之造冊同循
環齎報至嘉靖六年御史張袞題准立爲格眼文冊
每一板一面豎爲五行橫爲六行第一行以兒馬提
頭而隨之以騍馬四匹是爲一群某甲某民領養某
馬各於格眼內開註備細其後地去丁乏種馬猶存
令將買地人戶有力人丁即與更替第二第三行分
爲春秋月令繫以考驗之法馬之臕損駒之有無寺
丞得以註於是府通判得以註於是下而縣丞主簿
得以註於是而賞罰行焉第四行復以見馬提頭而
餘法並如之春秋爲循夏冬爲環一留本寺一留該
縣循環吊查互相覺察今各
州縣遵立二簿按季倒換

印烙種馬冊

凡印馬舊例兵部請 旨點差公侯伯或駙馬一員
并兩京御用監太監會同寺丞印烙至正統二年奏
准添差御史烙俵景泰間革去公侯伯等官天順初
復差成化元年仍革公侯伯等官止差御史同寺丞

将各府州縣原額種兒騍馬并犍牛隻烙俵弘治二年奏准每三年一次差御史一員會同本寺分管寺丞親詣各該州縣印烙點視有不堪不足者退換買補及查追三年備用本折馬匹數目事完各另造冊奏繳嘉靖二十三年起至二十五年止該都察院題南北直隸地方連年災傷民困未蘇查照照刷文卷事例准暫免差官劄行各該巡按御史帶管覺察通行南京太僕寺将所屬地方印烙買補起俵馬匹等項逐一舉行續又題奉欽依看得印烙馬匹既有兩京太僕寺專管各該巡按御史事務重多若又逐一印烙不惟有妨專政恐致煩擾又題行該寺徑自印烙各該御史如遇出巡不時查驗訪究姦弊二十六年至二十八年又差御史同寺丞烙俵今額造奏咨本冊并兵部太僕寺各一本南兵部一本本寺一本

備照

歲造備用冊

本寺所領江淮馬匹專爲供應京營宣大等鎮官軍騎征之用舊例每年兵部劄本寺轉行分管寺丞親詣所屬府州縣督同各該掌印管馬官將坐派該年備用馬匹依期徵買觧部轉發該寺馬匹驗俵寄養銀兩收貯備用限本年十月以裏完報仍將已未完觧數目差人齎繳本部類開揭帖進呈
御覽至正德二年題准每年奏派備用馬二萬五千匹內取一本色馬二萬匹緩急備用折色馬五千匹每匹徵銀一十八兩若各年寄養馬匹除充過京邊之外積有多餘量再減派務令馬少而驃壯得用毋致馬多而羸瘠累民至嘉靖四年題奉
聖旨順天保定河間三府密邇京師百姓寄養馬匹十分艱苦今後你部裏并太僕寺每年扣筭若常有二萬之數再不必多派以累小民至二十八年題准將二十九年分額該本色者俱照馬政條例原係本色今改折色者每匹徵銀二十兩原係折色者每匹徵銀一十八兩其本色馬匹務要揀選身高四尺兒馬五歲騍馬八歲以下方許起俵南直隷所屬俱限五月終作一運務要依

限解俵俱責差管馬官員解部發寺寄養折色銀兩貯庫以備買馬之用若有違限敗差托故等項除年終照例類參外先將承批人員送問管馬官一面提解來京掣批問罪該府州縣掌印官并分管寺丞查照驗退匹數住俸提問其總部官年終不行親自赴部掣總者俱照例提解來京送法司問罪各寺仍將派過府州縣本色馬匹折色銀兩數目先行開呈查考今每年遵依各該府州縣將徵完馬匹銀兩具由給批差官赴寺掛號定與期限責令解部仍將督解過馬匹銀兩數目日期并部解人員職名逐一備造文冊差人齎繳兵部一類開揭帖進呈 御覽兵部太僕寺各一本南兵部一本起關齎冊本寺一本備照

歲報塲租冊

夫草塲本為牧放馬匹而設至成化二十三年本寺寺丞文林因見塲地被勢豪侵占奏准除荒窪照舊牧放外其開墾成田者量收花利以備災傷逃移量給補奏每遇年終分管寺丞將收支并見在數目造

冊繳部待養馬數多照舊牧放至弘治四年御史潘
楷等七年都御史張璝各因草塲有偏在一隅不便
牧放奏准差給事中御史等官勘定等則召軍民佃
種上等七分中等五分下等四分每年終照例奏報
一次以憑稽考至十三年戶部等衙門會同兵部議
擬題奉欽依徵解太僕寺收貯以備買馬支用分
管寺丞照比較馬政事例嚴督各該州縣掌印管馬
等官以十分爲率年終三分不完者住俸寺丞與知
府管馬通判照分管州縣以十分爲率四分不完者
一體住俸完日關支至嘉靖八年本寺卿王崇獻奏
要將南直隷草塲租銀照依弘治六年事例收貯州
縣官庫幇助馬戶買馬免其解部該兵部題准廬鳳
淮揚四府滁徐和三州自嘉靖十年爲始應天鎮江
太平寧國四府廣德州建平縣自嘉靖十一年爲始
免其解部至九年巡視草塲御史張心勘定荒熟頃
畝三等則例科收并各該被災州縣地方災傷分數
不等照依民擅事例減免至十二年兵部因王崇獻
具奏題照成化二十三年事例將前項草塲地土高

皁低窪遞年拋荒止堪牧馬者租銀即與除豁責令
養馬人户輪流管顧牧放其肥饒成熟者悉照近日
勘過頃畝不拘馬户自種并近埸軍民承佃照依原
定三等則例辦納租銀每該解俵馬一百匹留銀一
百兩其馬多銀少者則盡數收貯官庫以備地方災
傷人户逃移無從奏辦并十分艱難出辦不前者量
爲支給足數其餘并無馬去處租銀悉照舊例解部
轉發太僕寺收貯以備買馬支用如遇災傷年分仍
照民糧事例減徵今本寺每年終遵行各府州縣將
應徵數目造冊差人齎繳兵部類開揭帖進呈
御覽并兵部太僕寺各一本南
京兵部一本本寺一本備照

照刷文卷例

本寺備用馬匹文卷先年遵奉
成祖文皇帝聖旨馬的數目不要與人知欽此至弘治
八年兵部議得前項文卷一向不曾照刷以致各該
府衛所州縣馬匹自成化三年起至弘治六年止拖

欠數多近方查出因在華前撥廠所由皆因文卷不行送刷之故合無本部行移各該養馬衙門將一應馬政文卷俱自弘治五年爲始盡數整點送刷卷御史照刷題奉

孝宗皇帝聖旨是欽此

至今遵依送刷弗違

按典籍自丘索以來世有更變至於清戶口稽額數用杜姦僞歷代未之有改也今馬政之設有十年大造并三年例造與夫歲報季報所以酌貧富稽登耗燦然明備第奉行匪人久或弛廢即耳目所睹記有不勝其可慨嘆也十年非不清戶丁矣而巧避者飛洒百出詭淆其籍加以貪猾利其囊而售之强取孱

瘠足其額是大造者爲侵牟之囮而欲貧富之盡均不可得已及領馬之後已無固志非竄易四方則彼此顧望夫孰肯於愛卹其種以求孳生者耶雖三年差官印烙并按季比較其所載買補換易生息等項十無七八亦具條目以苟塞責而已求其賴印烙而存種不鈌因循環而報駒以實果有一於是乎至於每年備用非有司所得加損於丁田荒移者無如之何勢必責見在包賠及差官解俵率空文倒換輾轉歲月常逋負甚或重科於民柰之何不日阽於貧困

也若租銀之徵尤爲舛戾先年建議草場不便牧放召佃納租以備緊急及幇助荒歉買馬今則官吏鼠穴年復一年每遇清查紛牘謾讕不可詰按即有存者又托公以濟其私是奪之於坻而又無裨乎軍機所謂歲報者果盡得其實用耶昔盧多遜使江南因得其籍而知其蒻狀今無彊之業實賴於此而四牡龐龐駕言徂東固今日事也可爲多遜所窺耶

南京太僕寺誌卷之十三

南京太僕寺誌卷之十四

俸徭

先王制禄以養官而又給之胥隸供使令焉凡以正位署辨等威教之使爲忠也況坰臣自漢以來世列九卿匪重禄食而周其任使以優之是夷上下之分不幾於蔑王章矣乎今

國朝禄秩不同於前而坰寺俸徭額派大江南北治其地而食其所入其綏和休養不於是乎攸賴耶廼即歲輸者書之庶知敬事後食不愧人臣之義云

俸鈔

官員俸糧洪武間本色折色兼支分數從前損益不常永樂十九年始令南京文武官一品至九品二分米八分鈔正統二年令添給南京六品以下本色三分折色七分又令南京文武官五品以上原二八分支者每月添本色米一石六品以下各增一石弘治十四年定每月米一石折銀七錢至今爲例本寺每年本色俸米五百四十石坐派寧國府宣城等縣徵解折色米九百九十六石折鈔一萬九千九百二十貫文滁州稅課局輸納

卿從三品 一員每年本折色俸米三百一十二石內本色俸米七十四石四斗每月六石二斗折銀四兩三錢四分其折色俸米二百三十七石六斗共折鈔四千七百五十二貫文

少卿正四品 二員每員每年本折色俸米二百八十八石內本色俸米六十九石六斗每月

五石八斗折銀四兩零六分其折色俸米二百一十八石四斗共折鈔四千三百六十八貫文

寺丞正六品二員每員每年本折色俸米一百二十石內本色俸米三十六石每月三石折銀二兩一錢其折色俸米八十四石共折鈔一千六百八十貫文

主簿從七品一員每年本折色俸米八十四石內本色俸米三十一石二斗每月二石六斗折銀一兩八錢零二分其折色俸米五十二石八斗共折鈔一千五十二貫文

令典令史六名每年本折色俸米一百四十四石內本色俸米五十七石六斗每名每月俸米八斗折銀五錢六分其折色俸米八十六石四斗共折鈔一千七百二十八貫文典吏六名每年本折色俸米七十二石內本色俸米五十七石六斗每名每月俸米八斗折銀五錢六分其折色俸米一十四石四斗共折鈔二百八十八貫文

食鹽

本寺關支戶口食鹽例奉南京戶部劄付取勘官吏及隨住男婦大小丁口應納該年食鹽鈔貫照依題准事例每鈔一貫折銀一釐一毫四絲三忽通行徵完差人觧送本部交納通將納過鈔貫折銀數目并男婦大小丁口該關鹽斤備造文冊一樣三本仍送本部查對無差類行運司收候差委官吏到司查對相同行所關支如有不敷仍行該塲關支囬還給散完日将運司照鹽批文依限送繳類發查銷

官六員男婦九十口該納鈔一千八十貫共折銀一兩二錢三分四釐四毫四絲該支鹽一千零八十斤每官員下男婦十五口該納鈔一百八十貫折銀二錢五釐七毫四絲該支鹽一百八十斤

令典一十二名男婦八十四口該納鈔一千九百二十四貫共折銀一兩五分六釐一毫三絲二忽該支鹽一千九百二十四斤每吏男婦七口該納鈔八十四貫折銀九分六釐一絲二忽該支

鹽八十四斤

柴薪

國初諸司皂隸主騶從而已永樂以來始有放皂隸歸耕使給薪芻者至宣德四年右都御史顧佐被吏訐大學士楊士奇言京官禄薄遂不之禁名曰柴薪銀天順以來始以官品隆卑定立名數本寺額設柴薪自義華寺丞二員外實歲額三十二名坐派六安州七名無爲州四名和州二名泰州六名通州三名全椒縣五名來安縣三名合肥縣一名與化縣一名俱於均徭内編僉

卿一員每年一十名

少卿二員每員每年六名共一十二名

寺丞二員每員每年四名共八名

主簿一員每年二名

雜役

直堂每年共十名內和州三名泰州二名通州一名六安州一名全椒縣二名如皋縣一名俱於均徭內編派

門庫斗級鋪兵每年共十名內滁州三名全椒縣五名來安縣二名俱於均徭內編派

輿隸弘治中本寺爲脩舉馬政以裨　聖治事卷查先該總督漕運兼巡撫鳳陽等處地方右副都御史張縉劄付准南京兵部咨前事備劄本寺照依後開府州皂隸如遇解到即便收役至今通行每年於八月更替內鳳陽府三名淮安府三名揚州府三名廬州府二名徐州二名滁州一名和州一名均於均徭內編僉

醫獸

洪武二十八年令每群選聰明子弟二三人習學醫獸看治馬匹成化八年順天府府尹李裕題准各府屬州縣人戶內選僉通曉醫獸之人每州定與二名每縣一名一年一替其餘盡數退回至弘治三年兵部題准羣長須僉相應之人一年一替如役至三二年不替或復營充者聽點馬少卿提審果有埋沒馬匹作弊送問監追至嘉靖六年御史張衮奏羣長立爲定制三年一換醫獸非有衰病不許擅替該兵部題羣長羣蓋牧放聽點解俵無不責備若使三年一換非爲民力不堪抑恐久生他弊相應仍照舊例一年一替其醫獸非多歷年所鮮知醫病准行羣內精通醫業者常川看治用藥不許擅替仍免本身傜役

額充四十三名 本寺洪武二年額充看馬軍七名內山西太原府陽曲縣一名淮安府桃源縣二名宿遷縣一名揚州府泰州二名太平府當塗縣一名又額編各府屬三十六名內六合縣十二

名江浦縣三名全椒縣二名來安縣三名和州五名
含山縣二名無爲州一名盧江縣一名巢縣一名繁
昌縣一名鳳陽縣一名臨淮縣一名懷
遠縣一名盱眙縣一名高郵州一名

歲派十名 本寺坐派八府四州内應天寧國太平鎮
江廬鳳淮揚每年各一名徐滁廣德和州
每年輪派二名俱
於均徭内編派

南京太僕寺誌卷之十五

列傳

傳稱太上立德其次立功立言均謂之不朽豈才難自古爲然茍可以托於世不必責備如春秋者非耶留垌自設官以來列在京崇樞類不輕授由之柄臺省入贊邦經者豈少也雖氣化移易各以其質所就不可科彙若政事法理文學議論槩之不詭於大道而流風餘韻灼然在人亦可以列於不朽之林矣乎是以著論云

朱守仁字元夫直隸徐州人幼有大志好讀書落落自豪視輩行岸然罕所推接元末兵起江淮鼎沸應州辟累獻奇謀破羣盜歷官至樞密同知守舒城甲辰年王師攻廬州守仁知天命有在舉城附

大將徐達陛見

太祖嘉其朴茂無華授中書斷事乙巳以袁州初附命知郡事值郡治新設瘡痍未瘳守仁禔身廉潔撫字有方始終恢廓無畦畛民多德之洪武二年徵拜工部侍郎越二年代安然爲本部尚書尋改北平行省叅政又以餽餉不繼謫蒼梧知縣九年進知容州尋改知高唐州俱有善政十年以幹治聞起四川布政使時全蜀甫定奸伏徼劫易熾守仁威令簡嚴錮酷吏懲無良郡邑化之爭以惠利顯未及一考以疾致仕十五年雲南平改威楚開南等路宣撫司爲楚雄府

上念漢僰雜處非得老成持重者不足以鎮之

特起知府事至則招集流移授以田土量民貧富均賦徭使無偏累又肇建學校隨才曲成有强梗不馴者懲以漢法歷九載境內大治及計績來朝闔郡保

留不獲垂涕而送之二十三年廷見會監牧日番
太祖留心馬政以守仁舊臣練達特拜太僕寺卿首奏
准都督府等衙門各立草場俱於江北湯泉滁州等
處牧放馬匹所轄十四監九十八羣克舉職孳息日
盛屢荷　賞賚有所獻納無不俞受　上詔省天下
寺觀惟龍泉寺以守仁奏　准留二僧看守馬神廟
遵守至今二十七年聽致仕
永樂二年因朝于京遇疾卒

程信字彥實徽之休寧人以祖社壽洪武中謫居河
間遂中正統辛酉順天府鄉試明年第進士授
吏科給事中有沈畧已巳
英廟北征偕廷臣上疏諫止不報及師潰土木虜遂南
犯京師承命守西城上五事曰新號令以振軍威募
勇敢以備警急召勤王以遏南侵設武備以防內變
養銳氣以備戰守皆見采納虜酋也先自山西一帶
進薄都城都督孫鏜禦之失利乞領衆入城信堅不
可躬督諸軍自城上以火鎗砲石鼓譟爲鏜援虜引
去景泰紀元陞左給事中辛未九月　車駕還自迤

北居南宮復上中興固本十事曰敬天求賢納諫謹
灾節用詳刑選將練兵尚儉隆師而敬天一事則言
天象屢變請
景帝隆孝友以答天心之仁愛聞者壯之壬申陞山東
右叅政總理遼東餉巡撫都御史奏倉官吏卒盜糧
石以上者死乃造新斛視舊加二寸付信信立碎而
火之曰使彼真盜死不足卹令故為此斛置人於死
地豈情也哉遼卒至今能道其事會以憂去轉四川
分巡所至問民疾苦松潘夷人作亂偕侍郎羅綺進
攻破其黑虎諸寨天順丁丑
英廟復辟奉表入賀時方録景泰間上言之人遂留為
太僕卿會遼東巡撫員缺改僉都御史以行守將海
寧伯董興姻聯曹欽一切裁之以正又造戰車創義
倉行贖罪法設月輪簿凡百號令一新建州夷酋董
山潛結朝鮮乃使土官佟成授以成筭往廉之得朝
鮮授董山中樞院使制書以還上疏曰乘其未發急
遣二使問之可伐其謀朝廷乃命一給事往朝鮮
一錦衣譯者往建州兩酋初不肯承出制書示之咸

相顧愕然各貢馬謝罪虜酋孛來聚衆欲入寇自率
師巡邊營於境外者凡三月始都指揮夏霖事多不
法與董興相結納僉事胡冑按其罪四十以聞詔中
官及錦衣郭指揮逮霖而籍之不意中途受賂乃奏
虛實相半都御史寇深因劾信聽胡僉事言調南京
太僕寺少卿時正卿裁省兵部方下私借騎坐官馬
之禁信寬嚴得體民皆畏信不敢犯雖務閒塵息於
馬政利害講諦不至弛廢踰年進刑部右侍郎尋以
憂還河間
憲宗即位起復兵部尋轉左成化丁亥四川貴州山都
掌蠻據大壩山箐之險破合江以上九縣勢甚猖獗
陞尚書提督軍務與襄城伯李瑾統沓漢兵討之比
至永寧自督大軍入金鵞池又分四路兵期會大壩
將士依其方畧用神銃勁弩攻賊賊不能支連破二
千餘寨獲銅鼓數十斬首五千級生擒二千餘賊復
走入深洞又命軍士以土石窒其門月餘賊死洞中
臭聞十餘里又陰察九姓土獠之附于賊者還師撲
之未及載都掌悉平又布置衙門邊事以定凱還進

兼大理卿辛卯春　上以兩雪不降求言上疏兵事可更張者四兵弊可伸理者五詔下所司執政難之未幾三邊有事悉如所料南京欽叅贊軍務大臣廷臣交章薦之及至南京彗出軒轅與六卿會議復上言興利除害三十餘事多見諸行他若汰貪縱脩舊典可書者尚多叅贊已四載復疏乞休　上賜勑還鄉有疾若去體其勿久安于家之語明年還休寧里第又四年卒贈太子少保謚襄毅

張撫字世安陝西鳳翔府寶雞縣人幼敏慧讀書邑里塾中正統初吏部侍郎魏驥使蜀道寶雞里塾師率諸生出謁侍郎試諸生文得之大駭乃命爲邑學生曰張童子奇可大用初治尚書一不舉景泰庚午春治禮記其年秋乃舉後又改治周易舉成化壬辰進士乙未授刑部湖廣司主事歷山西司員外郎山東司郎中喜截決不畏彊禦在刑部如都督同知王義劉寧廣寧侯劉銓及山西鎮守少監石岩各有罪衆莫敢決決之是時浙江按察司副使張蕙罪惡彰聞矣使者畏其口莫敢決又往決之進四川按

察副使弘治戊申蜀大饑出俸金易米三百斛賑之民賴不莩踰四年陞湖廣按察使湖廣盜劇病民下令城中曰獲盜者予俸金于是有獲盜者予俸金盜由是息久之進雲南右布政使轉貴州左俱以績著十四年進南京太僕寺卿資簡潔攻苦茹淡雖留務多暇惟執羣經終日靜中多所自得不入義外一錢無何進左副都御史督儲南京鈌儲三年居逾年督完每詣闕奏議

孝宗多俞行之乞致仕不可尋進南京刑部左侍郎明年復乞老命乘傳歸其鄉撫精於吏事所在以廉稱方應舉時縣令餽諸生諸生受獨却不受其妹夫餽其馬又却不受其質厚少緣飾盖出於天性云

陳璧字瑞卿山西太原左衛軍籍直隷揚州府高郵州人舉成化壬辰進士授嘉興縣知縣性抗直不折節貴人納欵澤凡上司以事臨者與辨析民情利病侃侃不輒撓終能以氣服人後因薦擢江西道監察御史益勵風裁不爲委瑣齷齪中尤坦直披肺腑論天下事常持大體而臺紀克振久之進山東

兵備副使扼臨淸漕河所經實要衝之地夫役百需蠹弊甚一切裁省冗濫有貴璫怙勢搖吻于民難屢壁折以法璫恚怒擊其首竟莫能奪其他均徭役剔奸宄拔祥善淸武備大者數事淸淵一帶德如父母尋以民望所屬進本司憲使時郡縣吏日惟繁訟取藏民率破產輸納甚或瘐死于岸首下令禁之繩貪墨其倚法爲奸有所侵牟者黜弗貸故境內諸猾悉斂戢無敢弄手十五年陞南京太僕寺卿董牧事馬政自兩京並設以來留坰益安常襲故堂宇廟廡日就朽蠹甚或傾圮不稱觀視至則節縮帑餘重修飭之又建棲雲環山二樓分毫不累於民而所履皦然會邊鄙不聳兩京歲取備用馬萬匹南直隸止三分多准折價以便寄養壁從容處分州縣安輯無擾尤與人信不侵爲然諾寮屬有過率指摘之亦莫不委情輸素若投醪然踰三載陞右副都御史整飭薊州等處邊備兼撫順永二府即奉身勇退以養痾歸家性孝友重行誼待兄千户某如父嘗以御史居家久微譴受朴無難色官山東僉事其爲御史時有隙及

卒傾貲斂之故
人皆高其義云
文林字宗儒湖廣衡山人直隸長洲縣籍成化壬辰
進士授永嘉知縣法度顯明强右拘攣值市舶
大監兄弟鴟張爲民患以計擒禁之卒瘦死而風岸
峻峭不與世波趨人多忌之後改博平益挺直自將
灑脫塵網其縣齋題詠有官貧自覺身無累謀拙從
教俗取憎之句蓋自道其實云政成擢南京太僕寺
丞滁地佳山水歐陽文忠遺蹟所在多題詠與李東
陽吳寬莊昶諸公寄贈倡和幾百餘律東陽有夢中
顏色見猶真并儘有餘才供世劇等句所以期待者
不小時草場多被豪强侵占具呈兵部清查畝數給
耕種課租以助買馬支用又因寺政廢弛南京大小
教場把總劉鐸黑亮等將印烙馬匹虧欠累催不行
送印并鳳陽等府同知等官翟聰等抗拒不服故違
事例俱奏送法司并巡按提問於是各府州縣咸奉
約束會服憂致疾棄官歸田　特詔督辟陞温州府
知府至則平市價程徭賦使貪漁斷割羣息咸植又

明敏風生照徹幽暗元旦有人被殺死者其家赴愬乃禱之于神夢鷹三雛被風翻巢隕地心計郡有潘英者殺之訊執遂服衆稱爲神明未幾卒于溫篋中不有溫物士民多哀誄之林學術優明精皇極數多所自得詩學陶韋不雕刻鍛煉有文溫州集

呂㦂字秉之浙江嘉興府嘉興縣人父原爲內閣翰林學士贈禮部右侍郎謚文懿㦂有異質書過目成誦未成童精故訓尤善度時事多曲中文懿奇之既文懿卒

英廟念輔導功推蔭補國子生成化丁亥授中書舍人猶刻志文學居常手不釋卷謂詩必經指授乃中矩則時黄巖謝方石詩有盛名遂就學謝稱其所就非時輩所及爲文章務學左傳史記唐宋諸大家弗屑也或時獨坐朗誦史漢中警語首肯沉思客至若弗聞之或戲其志太高曰取法乎上斯得其中顧不以階身科目爲恨曰先公所期待我者詎止是哉乃疏乞應試報可言者劾其非例

憲宗特允之有朕念呂𢡟儒臣子孫有志科目之諭遂中順天辛卯鄉試時中書員多雜進獨與石淙楊公一清相友善兵部事有與中書當會行者恃柄臣勢不復關白同楊論之得旨悉仍其舊秩滿遷主客員外郎石淙曰子攻文墨吏事非所習盍慎諸𢡟曰歐陽子文章不少夷陵之閱牘曹司故有部案皆吾師也已而能聲勃勃起公卿間進本司郎中琉球國乞歲一入貢謂子之事父定省不可間其意實利于貿市以自便耳 廷議難之而患無辭𢡟請折之云若知父子之禮當從父命衆服其言西夷回回奏乞取廣東道歸國 朝廷將從之𢡟執不可曰西域貢有常道更之恐有他釁且經涉江海萬餘里勞費將不貲遂寢其奏丙午以薦擢南京太僕寺少卿建白處置操備馬匹免徵首蓿種子諸四事以公務之京師又上言立誠信習禮樂尊前王表英靈凡十有二事多見采行故事太僕馬數不得爲人所窺文卷例不刊浸以磨滅登耗無所於考𢡟曰他官不相涉是也太僕所掌何事而可不與知乎乃建白凡馬政卷許

太僕官三年一照刷以爲例弘治中攺南通政進太常寺卿祀事多更張卷牘浩穰至或相牴牾又采輯累朝沿革爲條例若干卷事至按而行之至今賴以無誤正德丁卯致仕大學士楊一淸稱其志存澤物而乂官閒散不克自展布其政事終爲文學所掩云

李應禎字貞伯直隸蘇州府吳縣人性剛介骯髒不以辭色假人成化中由鄉舉授中書舍人以精楷書供事館閣侃侃自樹視一切脂軟婣阿者深恥之會　昭德貴妃寵冠後宮喜佛經有　旨屬謄録郎上言聞爲天下國家有九經不聞有佛經忤旨廷笞衆壯其敢言歷官尚寶司卿弘治六年陞南京太僕寺少卿明朗峭直示人肺誠有過面折之不輒隱禮所當重雖布衣延之上席几椅稍傾倚毅然止之至於生員以靑衣見者即斥其違制無恕色故人皆服其方正至於勇流急退尤足以勵貪婪者云

楊廉字方震江西南昌府豐城縣人父崇受業於胡九韶韶爲吳與弼高弟故廉漸濡與弼之學以

六經爲正宗四書爲嫡傳周程張朱爲真派而飭躬砥行不落塵紛成化丁酉舉鄉試第一丁未試禮部第三　廷對賜同進士出身選庶吉士爲苑學諸老所推重弘治四年補南京户科給事中益留心世務經史之外凡民生休戚財計盈歉邊務利害悉研究顛末思以自効及管湖冊值灤州知州潘齡建言欲抄後湖黄冊軍籍以便清軍兵部行南京户部與廉計議旣南京户部便之廉執奏此説若行不惟無益於事而且有意外之患大畧言

祖
宗舊制法禁嚴重不許諸人窺伺其深謀遠慮固非一端至於今日各處遠年之冊多無而軍民户籍大勢不敢紊亂者誠懼冊籍獨全於後湖也今若令其抄謄使人測知後湖之虛實則户籍之紊亂將有不可勝言者矣見今如永樂年間之冊已不全十之一二如洪武年間之冊已不全十之四五如此而暴之天下使人知某鄉某里之無冊則向之所懼者至是不足懼而脫軍作民者紛然告訟而不定矣若止據軍户執以清軍則凡人之改換名字飛出都圖者無

以辨之衆服其識體尋以憂去服闋補刑科給事中議論必馴於道德不自衒露與人交恂恂儒者也未幾求便養改南京兵科給事中久之陞南京光禄寺少卿淹閑局幾三考惟潛心著述取濂洛遺言與境多所闡發正德二年陞南京太僕寺少卿時坰務多暇貪清勝者類皆流連光景攄幽發粹云爾廉獨敦朋聚之樂環滁諸生多執經其門徧舉先儒異論分剖是非娓娓無倦容尤謹榘度崇廉恥有滁人費氏子諱愚者其弟隱墮溺愚見馳援不遑褫衣弟因援出愚濕衣重死淵中其聘濮氏女聞之夜經死乃爲之紀曰夫愚爲弟死者仁也女貞爲夫死者義也號曰仁義塚以風之莫不靡然發動未幾復以憂訴滁士懷之不忍釋服闋補南京右通政益理舊業雖祁寒盛暑不以僃憊輟會順天府缺尹奏補之輦轂之地百司責成至於錢穀賦役訟獄工作之類紛沓不可櫛耨而城狐社鼠又憑藉其間狎視官府緩則廢法急則賈怨廉以文學飾吏事不茹柔吐剛以省煩屏苛爲務市征雜賦皆酌其平豪猾不得爲輕重實與

之歲厚其禮而峻其防且撙節其費以待會試舊號
舍用葦則易以木爲經久計其宿弊有常例錢數千
緡以給宴勞餽送悉罷歸之雖帝城多私人能禍福
人多所誅求不遂皆知其悃素猶稱爲有道十年進
南京禮部右侍郎自大宗伯吳文肅公儼卒于位節
起邵文莊公寶章文懿公懋俱老成名德懇辭未任
命掌部事懸缺五年不補遭逢
今上中興特拜尚書以鎮壓人望廉熟於典章凡臨大
事決大疑援經執史必引之於道又遜敏好學至老
不倦晚益多所自得於六經沛如也未踰年乞老歸
月湖書院正已範俗爲後學依歸平生著述滿架所
編皇明名臣及理學名臣言行録尤可以知其志之
所存卒贈太子
少保謚文恪

王守仁字伯安浙江紹興府餘姚縣人父華以狀元
及第仕至南京吏部尚書少穎異絶倫有逸
氣十七至江西成婚于外舅諸養和官舍及謁婁一
齋期以聖人可學而至由此教然有學聖志弘治壬

子中浙江鄉試己未登進士　欽差督造威寧伯王越墳役夫以什伍之法馭之暇即演八陣圖識者知其有遠畧嘗夢威寧授以寶劍及竣事其家出軍中佩劍贈之適符其夢時有彗星及韃虜猖獗上疏論時政極剴切明年授刑部主事差往准甸審囚多所平反復命回部日事案牘夜必誦五經及先秦兩漢書文益工尋移病歸越即陽明洞闢書屋究仙經祕旨甲子聘考山東鄉試因出復授武庫司主事正德改元逆瑾竊柄差官校至南京拏給事中戴銑等下獄上疏乞宥之瑾怒矯詔廷杖五十斃而復甦謫貴州龍場驛丞行至錢塘度或不免乃托爲投江潛入武夷山中決意遠遯學道遇異人戒之深然其言遂赴龍場始至茇叢棘間夷俗崇蠱毒及欲蠱守仁卜不協於是親狎以所居陰濕不可久相與伐木爲驛樓及屋乃扁爲何陋軒君子亭賓陽堂玩易窩以居之時瑾毒未已守仁於生死一念尚不能遣乃爲石槨自誓曰吾今惟俟命有死而已他復何計日夜默坐求諸靜一一夕忽大悟終夜不寐嗣後以所記憶

五經之言證之一一相契因著五經臆説時席書官貴陽稱聖學復睹從游者衆庚午陞知廬陵乃稽制選里正三老委以詞訟坐視其成囹圄清靜是冬入覲陞南京刑部主事與湛若水等訂共學之盟後冢宰楊一清改吏部驗封主事歷文選員外郎進考功郎中而學益不懈癸酉陞南京太僕寺少卿值留坰多暇專以良知之旨訓後學隨方而答必暢本原恒語諸生曰不患外面言謗惟患諸生以身謗拳拳以孝弟禮讓爲貴即閭閻小豎咸歆豔嚮慕思有所表則欲殊於俗滁水之上洋洋如也又因寺址距滁城二里葺葦蔽埜令軍民於馬場隙地自置房居住設總小甲聯之論丁巡警及流賊蝟起復即滁城尼寺改爲寺倉建官廳一所而擘畫所遺莫非遠慮甲戌改南鴻臚聞迎佛骨欲納約自牖勸爲聖學不果上丙子南贛多事以薦陞左僉都撫鎮適龍南賊斜龍川浰頭諸賊酋分隊以進勢甚熾乃檄乘險設伏厚集以待各鄉村徑路多張疑兵使進無所獲退無所據又知在官諸役人與賊通每令陰陽擇日或卜巳

吉而不用或令厲兵蓐食待發兵竟不出賊各依險自固乃潛帥官兵從徑道擣之斬俘無筭餘黨奔象湖山拒守即佯言犒軍候秋再舉使賊弛備乘廣東左轄邵蕡之任例發兵護送選精兵當先潛以重兵繼後期還日度夜半三路直奪隘口所發奇兵復從間道突登斬俘又無筭尋分兵攻破可塘洞長富村等巢穴三十餘處並直擣古林柘林白土村赤石岩大重坑苦宅溪洋竹洞三角湖等巢俱平嘗疏申明賞罰因請便宜行事不報會廣東浰頭等處劇賊池大鬢等與桂陽昌樂等賊相聯剽敓三省該兵備等官請調狼兵夾勦守仁上疏論狼兵不減於盜轉輸重困於民請給旗牌期於成功又請設清平縣治及疏通鹽法以足兵食仍密授方畧擒賊陳日能等擣其巢穴斬俘又無筭後疏三省交勦方畧兵書王瓊奏改提督南贛汀漳等處軍務及前請旗牌便宜行事俱報可值汀州左溪賊藍天鳳與贛南上新穩下等硐賊酋雷鳴聰等相結盤據千里難拔乃議橫水左溪諸巢爲賊腹心桶岡諸巢爲之羽翼令不先去

横水左溪腹心之患而欲與湖廣夾攻桶岡腹背受敵勢必不利乃帥兵由各道出其不意直擣横水未至賊巢三十里止舍使人伐木立栅開塹立堠示以久屯之形復分帥鄉兵及樵豎善登山者四百人各與一旗齎銃砲鈎鐮由間道攀崖而上分列遠近極高山頂以覘賊張立旗幟蘩茅爲數千竈度我兵至險則舉砲燃火相應比黎明兵進至十八面隘賊驟聞棄險四奔又預帥壯士數千緣崖上奪賊險盡發其衮木礧石我兵乘勝悉焚賊巢遂進攻左溪擒斬又無筭尋乘勝進攻桶岡乃先使人諭以禍福并縱所獲賊鍾景縋入賊營期翌日早於鎖匙龍受降陰使知府伍文定等乘夜各至分地據險四攻賊敗走桶岡諸巢悉平既乃以其地請建縣治控制三省諸猺兩月之間驅卒不過萬餘用費不滿三萬俘斬六千有奇破巢八十有四池大鬓等聞之懼遣弟仲安等投降意在緩兵爲戰守計乃陽許之使人至賊所勞各酋以察其變而陰圖之及還贛張樂享將士下令散兵歸農示不復用大鬓乃率麾下四十人詣贛

守仁使人探大髡已就道密檄屬縣勤兵分哨候發又令屬官設羊酒日犒大髡等以緩其歸會正旦拜節復設犒於庭先伏甲士引大髡入并其黨悉擒之出盧珂等告狀訊鞫皆伏罪夜督發屬縣兵期初七日同時入巢諸哨兵皆從徑道入守仁自率兵直擣下浰大巢與各哨兵會於三浰賊驚懼敗潰遂克三浰大巢進攻九連山於是選精銳七百餘人皆衣所得賊衣佯若奔潰者乘暮衝賊所據崖下澗道而過賊以爲各巢敗黨從崖下招呼我兵亦佯應賊疑不敢擊已度險遂扼斷其後路從上下擊賊不能支守仁度其必潰預令各哨四路設伏以待賊果潛遯皆邀擊之前後擒俘又無筭餘黨從惡未久勢窮投招乃遣官驗實量加責治籍其名數悉安插於白沙遂相視險易立縣設隘留兵防守而歸贛人家肖像歲時祭禱始上疏乞休不允又以龍川諸處接連閩廣據而守之足控諸賊遂請建和平縣治以扼其要害又以賊酋龔福全等攻掠郡縣命三省將官剿平捷報陞右副都御史蔭子一人錦衣衛世襲百戶隨因

奏平廣賊加陞本衛世襲副千户守仁在贛雖軍旅擾擾而講學不廢贛人初與賊通乃立保甲十家牌法及行鄉約教之禮讓又親書教誡四章使之家諭户曉而贛俗丕變之時宸濠謀不軌令舉人劉養正說從學守仁笑曰殿下能舍去王爵否既而使門人冀元亨與濠講學以察其微元亨至語矛盾濠怒遣還密使人殺之不果於是守仁以六月九日往福建勘事至豐城界知縣顧佖具言濠反狀時正夏南風方盛欲南至吉安則風逆聞濠亦發千餘人來迎乃密禱舟中誓死圖報國無何北風大作舟人不肯行乃馘其耳遂發舟薄暮覔小漁舫微服作繂夫下船急去留麾下一人服冠服在舟中既濠兵犯舟追不及及行至中途恐其速出乃爲間諜假奉 朝廷密旨先知寧府將反行令兩廣湖襄都御史楊旦秦金及兩京兵部各奉密旨命將出師暗伏要害地方以俟寧府兵至襲殺復取優人數輩各與數百金以全其家令其至伏兵之所飛報竊發日期將公文縫置袷衣絮中將發間又捕僞大師李士實家屬至舟尾令

其覘知即佯怒令牽之上岸處斬已故縱之令其奔
報濠邏獲優人於袷衣絮中搜得公文遂疑不敢即
發及至吉安撫慰軍民兩上疏飛報宸濠謀反殺都
御史孫燧副使許逵等狀請 命將征討以解東南
倒懸仍督知府伍文定等調集義勇會計軍需造作
器械戰船又密使劉養正家屬及平日與濠往來鄉
宦陰致附意以緩其出調度已定乃檄遠近暴濠罪
惡於是濠覺爲守仁所欺引兵而出聲言取南京留
萬餘屬腹心宗室守江西省城守仁探知其出促各
府兵分進克復省城以奪其巢穴仍撫定居民釋散
其脅從遂分兵四路躡濠後時濠攻安慶未下聞克
江西遂解圍回援先是兵至豐城衆議安慶被圍宜
引兵趨安慶守仁以九江南康皆爲賊據而省城精
悍亦且萬餘食貨充積我兵若抵安慶賊必回軍死
鬪南昌之兵絶我糧道九江南康之賊合勢撓躡而
四方之援又不可望事難圖矣今我師驟集并力破
南昌失其本根勢必歸救則安慶之圍可解宸濠可
以坐擒既而果如其揣及議所以禦之之策衆謂宜

斂兵入城以待援至守仁獨謂宜先出銳卒乘其惰歸要迎掩擊衆將不戰自潰所謂攻瑕則堅者瑕矣未幾濠先使精悍從間道欲攻取省城與我兵遇戰失利守仁怒甚取伍文定等首以軍法從事衆懇免俟圖後效明日力戰破之又四面張疑設伏并往來湖上以誘賊兵及賊舟至黄家渡使伍文定等以正兵當其前尋佯北以致之賊爭趨利前後不相及邢珣等以奇兵從後横擊貫其中遂乘勢大破之奔走十餘里翌日賊并力挑戰我兵少却守仁急令斬取先却者頭督各兵殊死並進砲及濠舟賊退保樵舍聯舟爲方陣盡出金銀募死士乃以火攻之火及濠副舟遂執濠并逆黨後分路剿餘賊毋令逸入他境爲患凡俘逆黨止及本身族屬多原之衆服其仁至義盡得聖賢之道云初濠以賄結 朝廷左右自輔臣以下皆有交賄實跡記于籍守仁得於其宫中悉焚之其掩惡安人如此及孫燧許逵被濠殺棄其屍首乃具衣襚棺槨斂之又奏保其忠節皆獲䘏典既擒濠等欲令人獻俘慮餘黨竊發欲親解赴 闕因

廷差安邊伯許泰平虜伯江彬左都督劉暈太監張
忠張永魏彬體勘濠等反逆事情往江西征討至中
途聞濠已擒計欲奪功咨請
武宗親征在廷大臣皆不諫臣僚皆力諫不聽有被杖
而死者既江彬等先領兵入城中誣守仁始同濠反
因見天兵猝臨始擒濠脫罪欲并擒守仁各爲已功
守仁托疾不出爲餉以銀犒各京邊官軍以慰勞之
有病者爲之醫藥死者爲之棺斂又親自行撫衆心
皆恍及度其無可爲出見彬輩彼各諭以
武宗親征之意欲將濠置城中待　駕至列陣重擒之
以爲功守仁語之曰逆黨潛伏尚多萬一蹤虞事勢
不可救矣即將濠交付彬輩辭不受欲見
武宗又行牌止之遂托疾不出張永暮夜來訪語衆人
欲功之意守仁備告之永始私與衆語其忠以陰懈
其謀彬等訪原宥如婁氏家屬殺之以爲功又逮捕
冀元亨誣以同反各引兵至南京候　駕守仁具蹤
止親征將濠等督解赴　闕至浙江知彬輩又至武
林即請浙江三司面交付彼轉解彬等欲誣守仁并

爲已功賴張永備言其忠於 上詆不行仍命督兵
討賊兼巡撫江西地方值兵殘之餘人民凋敝官府
衙門居民房屋燒毀殆盡爲之賑恤撫定又奏免百
姓租稅及將城中沒官房屋皆改爲公廨又以濠占
奪民間田地山塘房屋遵奉 詔書給還原主管業
其餘估賣價銀入官先儘撥補南新二縣充軍淮安
京庫折銀糧米及 王府祿米餘羨收貯司庫用備
緩急遭逢

今上登極召陞南京兵部尚書叅贊機務尋封新建伯
兼前職累疏乞 普恩報效諸臣嘉靖改元丁父憂服
闋例起復當路忌之六載不召六年廣西思恩田州
二府土官岑猛搆亂不得已起總制軍務同都御史
姚鏌勘處彼中事情上疏舉尚書胡世寧李承勛自
代不允又令鏌致仕督趨任沿途訪士民皆云岑猛
父子固可誅然由諸人不能推誠撫安以致之建議
進兵行剿之患十罷兵行撫之善十與夫二幸四毀
之弊至南寧下令撤調戍兵湖兵數千道阻且遠不
易即歸仍分留南寧賓州解甲待發思恩府土目盧

蘇王受等聞防兵盡撤遣頭目黃富等投生即諭以
朝廷威信及開示生路蘇受等因首自縛詣軍門守
仁下蘇受各令杖一百衆合詞請命乃解其縛諭以
今日宥爾一死者是　朝廷好生之仁杖爾一百者
乃我等人臣執法之義於是衆皆扣首隨撫定餘衆
莫不死誓乞殺賊立功贖罪守仁復諭以　朝廷惟
願生全爾等既來投生豈忍又驅之兵刃之下宜速
歸修復生理待爾等家事稍定徐當調發衆又感泣
歡呼遂委布政林富等分投安揷督令各歸服業既
而上疏處置平復地方以圖久安仍立土官以順其
情分土目以散其黨設流官以制其勢猶以窮山僻
壤或有隱情備歷田州思恩之境按行其村落因以
所處之道詢諸其長目并父老子弟皆以爲善然後
請田州仍立岑氏後爲土官知州以順夷情特設流
官知府以制夷勢分設土官巡檢以散夷黨又以田
州既設流官宜更其府名爲田寧盖取田石傾田州
兵田石平田州寧之謠至於思恩則岑濬之後已絕
不必復設土官又按視斷藤峽諸處猺賊盤亘三百

餘里流劫郡縣鄉村累奏屢征不服乃檄官兵掩其不備四面攻圍大破賊寨乘勝復攻破油碎石壁大陡等巢復移兵進剿仙臺諸巢及進剿八寨前後斬俘殆盡守仁隨以八寨之城據其要害欲移設衛所以控制諸蠻復以三里設縣迭相引帶親臨相視思恩府基景定衛縣規則盖南丹衛舊僻在廣西極邊之地於是移築於周安堡以阻扼其衝則柳慶之賊不必征剿皆得服化思恩舊治在寨城山内乃移出荒田四野寬衍之處開圖立里用漢法以治之復移鳳化縣治於虞鄉爲立廨宇屬之思恩又於宣化思龍地方添設流官縣治并增築守鎮城堡於五屯以壯威設險仍選取協守諸兵及附近土寨目兵擇委智勇官一員重任專責之使之訓練撫摩又令參將兵備等官不時親至其地經理振作則賊勢自摧又將思田分設九土巡檢司各立土目衆所信服者管之節請定奪降　勅差行人馮恩襃賚之先是十五歲時夢中嘗得句云卷甲歸來馬伏波早年兵法鬢毛皤莫知其情至是舟至烏蠻灘舟人指曰此伏波

廟前灘也乃呀然登廟禮拜如夢中所見因讀夢中
詩且嘆人生行止不偶具疏乞骸骨至南康縣屬纊
而逝所過江西地方無不撫棺慟哭而去忌者媒詆
遂削世襲伯爵并常行䘏典贈謚皆不霑至今人以
爲恨守仁天資絶倫讀書過目成誦少喜俠長好詞
章壯好仙釋既而好學以斯道爲己任以聖人爲必
可學而至實心改過以去己之疵奮不顧身以當天
下之難上欲以其學輔吾君下欲以其學淑吾民拳
拳欲人同歸于善雖處富貴常有煙霞物表之思視
棄千金猶如土芥藜羹玠鼎錦衣緼袍大厦窮廬視
之如一其真振
世之豪傑云

劉瑞字　四川成都府内江縣人弘治丙辰進士
少敏甚日記千言爲文有奇氣選庶吉士讀書
翰林於墳籍子史旁搜廣摭無微不録討疑伐舛不
苟爲同而所學益邃衆多下之授翰林院檢討日稽
古自鑒至於應酬敘述脫腐遠俗悉根理道正德二
年逆瑾竊柄尋乞致仕五年起用以丁憂不果十年

再起浙江按察司副使提督學校約章程茂德教所至發蔀擊蒙不躡於雜施又藻鑑公明甄拔皆知名士十四年陞南京太僕寺少卿職日作興學校隨所詣爲之是正出其悟表會滁守陳璧建科第題名碑爲之紀其事備云

高皇龍飛草昧一時羆虎之士奮智勇冒矢石贊成大業大率多滁人况百五十年來濡煦王化本之經史督之師儒表之宅里榮之爵祿感風雲而起者又何讓於羆虎之盛故滁士聞之莫不興起踰二年陞南京光祿寺卿尋進南京太常歷南京禮部右侍郎雖留務清勝不究厥用而行誼蔪然爲縉紳所共稱至没之日無以爲殮尤可以卜其素履云卒贈南京禮部尚

書

楊果字實夫直隸揚州府與化人弘治戊午舉鄉試已未不第歸聞蔡虚齋精於易問易其門盡得肯綮壬戌遂以易魁禮闈登進士第即告歸省父會父以疾卒號泣三年不輟服闋授戸部廣東司主事

掌本科凡經國大章奏多出其手時逆瑾用事屢疏得歸復起爲南戸部主事陞南刑部員外郎比情執法不避權貴政暇閉戸讀書并稽古行實以自考鏡後以人望入爲吏部文選員外郎進郎中覈取實才請託不行又培植善類崇奬恬退楊尚書廉謂其門可羅雀大耐官職踰年陞南通政司左通政攝刑部事三大讞誅死罪人無宂者未幾改提督謄黄閲寧藩變建言九事以養母請歸嘉靖改元以論薦起爲南京太僕寺卿陳馬政便宜數事從之果志趣朗爽又介特不與塵俗浮湛每慕歐文忠爲人多所表揚值滁守陳則清請重葺豐樂醒心壯懷諸亭爲之援材續費左右其成因紀之取易日中則昃月盈則食之意名堂曰保豐堂使知豐不可恃樂不可縱必本之先民之憂以爲憂識者皆稱誦其言踰年進太常寺卿又以母老歸養七年復起南工部右侍郎尋改南戸部署篆校勘總核部政秩如中貴家人有冐攬

内府紙價者必寘之法并叅估計官時服其剛正未幾卒于官衆多惜之果天性孝友歷官兩京以母老在

堂不挈妻孥業師家有四喪不能舉者皆爲瘞之而卹其孤嘗曰予自視實多曠瘝惟不識埕寧彬三凶差可免愧耳斯亦足覘所養云

南京太僕寺誌卷之十五

南京太僕寺志卷之五　十六

南京太僕寺誌卷之十六

遺文

昔孔子述典禮以詔世猶考信於先民於郭公夏五諸不可科訓者悉蒐摭靡佚是何其篤於信古而不一用其聖耶況天生五材誰能去兵而馬政之議與時迭禪雖道亡習竄其言人人殊而考衷揆則亦可以廣鏡將來矣故過不自量妄加彙擇用求逭於不知而作者之戒云

歷代

晉慶鄭止乘小駟對 晉惠公與秦師戰于韓乘小駟鄭入也慶鄭曰古者大事必乘其產生其水土而知其人心安其教訓而服習其道惟所納之無不如志今乘異產以從戎事及懼而變將與人易亂氣狡憤陰血周作張脈僨興外彊中乾進退不可周旋不能君必悔之弗聽及戰晉戎馬還濘而止

魏吳起畜戰馬對 魏武侯問吳起曰凡畜率騎豈有方乎起對曰夫馬必安其處所適其水草節其饑飽冬則溫廐夏則涼廡刻剔毛鬣謹落四下戢其耳目無令驚駭習其馳逐閑其進止人馬相親然後可使車騎之具鞍勒銜轡必令完堅凡馬不傷於末必傷於始不傷於饑必傷於飽日暮道遠必數上下寧勞於人慎無勞馬常令有餘備敵覆我能明此者橫行天下

漢汲黯論民匿馬對 武帝大初二年匈奴渾邪王帥衆來降漢發車二萬乘縣官無錢從民貰馬民或匿馬馬不具上怒欲斬長安令汲黯曰令亡罪獨斬臣黯民乃肯出馬且匈奴畔其主而降漢徐以縣

次傳之何至令天下騷動罷中國甘心夷狄之人乎上默然

貢禹請省廐馬疏 貢禹

奏言高祖孝文孝景皇帝循古節儉廐馬百餘匹方今廐馬食粟將萬匹令民大饑而廐馬食粟苦其太肥氣盛怒至乃日步作之願減損乘輿服御廐馬亡過數十匹天子納善其忠乃下詔太僕減穀食馬

馬援進銅馬表

夫行天莫如龍行地莫如馬馬者甲兵之本國之大用安寧則以別尊卑之序有變則以濟遠近之難昔有騏驥一日千里伯樂見之昭然不惑近世有西河子輿亦明相法子輿傳西河儀長孺長孺傳茂陵丁君都君都傳成紀楊子阿臣援嘗師事子阿受相馬骨法者之於行事輒有驗效臣愚以爲傳聞不如親見視景不如察形今欲形之於生馬則骨法難備具又不可傳之於後孝武皇帝時善相馬者東門京鑄作銅馬獻之有詔立馬於魯班門外則更名魯班門曰金馬門臣謹依儀氏鞹中帛氏口齒謝氏脣鬐丁氏身中備此數家骨相口爲法〇相法曰水火欲分明上唇欲急而方口

中欲紅而有光此馬千里頷下欲深下唇欲緩牙欲前向牙欲去齒一寸則四百里牙劍鋒則千里目欲滿而澤腸欲充膁欲小季肋欲長懸薄欲厚腹下欲平滿汗溝欲深長而膝本欲起肘腋欲開膝欲方蹄欲厚三寸堅如石

虞翊市馬議

任尚代班雄屯三輔臨行虞翊說尚曰今討逐寇賊三州屯兵二十萬棄農桑疲征役而未有功兵法弱不攻强徒不逐飛自然勢也今虜皆騎馬日行數百里來如風雨去如絕絃以步追之勢不相及今莫如市馬尚即上言用其計以輕騎鈔擊斬首四百級獲牛馬甚衆

唐樞密使范延光內外馬數對

唐明宗問見管馬數樞密使范延光奏天下常支草粟者近五萬匹見今西北諸蕃賣馬者往來如市其郵傳之費中估之直日四十五貫以臣計之國力十耗其七馬無所使財賦漸銷朝廷甚非所利上善之

宋國子博士李覺諫市戎馬疏

太宗時市戎馬覺上言曰夫冀北燕代馬之所生胡戎之所恃也故制敵之用

實兵騎爲急議者以爲欲國之多馬在乎畜戎以貉使重譯而至焉然市馬之費歲益而廐牧之數不加者蓋失其生息之理也且戎人畜牧轉徙逐水草騰駒游牝順其物性由是浸以蕃滋也暨乎市易之馬至于中國則縶之維之飼以枯槀離析牝牡制其生性玄黄虺隤因而減耗宜然矣又有不同中國之馬服習成性食枯芻處華廐率以爲常故多生息而無耗失古者田賦之法六十四井出戎馬四匹兵車一乘牛十二頭天子畿方千里提封百萬井除山川城池邑居苑囿凡三十六萬井不輸賦外六十四萬井出戎馬四萬匹兵車萬乘此賦馬之數也諸侯大者四千匹兵車千乘故稱千乘之國卿大夫者馬四百匹兵車百乘故稱百乘之家則天下之廣諸侯之衆戎馬之賦多矣是以唐之暨晉皆處河北而北虜不能爲患由良馬之多也此並取於田賦不聞市馬於戎也洎秦壞井田漢興阡陌兵車不取田賦戎馬悉從官給是以匈奴歷年爲患由馬之少也故晁錯説文帝勸農功令民有車騎馬一匹者復卒三人謂

免三人甲卒之賦也至武帝七十年間衆庶街巷有馬阡陌之間成羣乘牸牝者擯而不得會聚此則馬皆生於中國不聞市於戎也今軍伍中牝馬甚多而孳息之數尤鮮者何也皆云官給秣飼之費不充又馬多產則羸弱駒能食則侵其芻粟馬母愈瘠養馬之卒有罪無利是以駒子生乃驅令鶪灰而死其後官司知有此蠹於是議及養駒之卒量給賞緡其如所賜無幾而尚習前弊今竊揣量國家所市戎馬直之少者匹不下二十千往來資給賜與復在數外是貴市於外夷而賤棄於中國非理之得也國家縱未暇別擇之牝馬以分畜牧宜且減市馬之半直賜畜駒之將卒增爲月給俟其納馬則止焉則是貨不出國而馬有滋也大率牝馬二萬而駒牧其半亦可歲獲萬匹況復牝以生牝駒以生駒十數年間馬必倍矣昔猗頓窮士也陶朱公教以畜五牸乃適西河大畜牛羊于猗頓之南十年之間其息無筭況以天下之馬而生息乎　仁宗

上覽奏嘉之

知諫院余靖請差官勘牧地疏

慶曆

中靖言謹按詩書以來中國養馬蕃息故事不獨出於戎狄也秦之先曰非子居犬丘好馬及畜養息之周孝召使主馬於汧渭之閒馬大蕃息犬丘今之興平汧渭今之秦隴州界也衛文公居河之湄以建國而詩人歌之曰騋牝三千不言牡而言牝則牝爲蕃息之本也衛則今之衛州也詩人又頌魯僖公能遵伯禽之業亦云駉駉牡馬魯今屬兖州左氏云冀之北土馬之所生今鎮定并代其地也漢之太原有家馬廐一廐萬匹又樓煩胡北皆出名馬即今之并嵐石隰界也唐以沙苑最爲宜馬即今之同州也開元中置七坊四十八監半在秦隴綏銀則知古來牧馬之政脩之由人不在於地臣切見今之同州及太原以東衛邢洺皆有馬監其餘州軍牧地七百餘所乞於羣牧使都監判官等内差一員往監牧舊地相度水草豐茂去處選擇孳生堪牧養馬專差人員牧于四遠牧放亦依周官月令之法務令蕃息別立賞罰以明勸沮庶幾數年之後馬畜蕃盛

羣牧使歐陽脩請興置監牧疏 至和

二年脩言今之馬政皆因唐制而今馬多少與唐不
同者其利病甚多不可槩舉至於唐氏牧地皆與馬
性相宜西起隴右金城平涼天水外洎河曲之野内
則岐豳涇寧東接銀夏又東至於樓煩此唐養馬之
地也以今考之或陷没夷狄或已爲民田皆不可復
得惟聞今河東路嵐石之間山荒甚多及汾河之側
草地亦廣其間草軟水甘最宜牧馬此乃唐樓煩監
地也可以興置一監臣以謂推迹而求之則樓煩元
池天池三監之地尚冀可得又臣往年奉使河東嘗
行威勝以東及遼州平定庫見其不耕之地甚多而
河東一路山川深峽水草甚佳其地高寒必宜馬性
及京西路唐汝之間久荒之地其數甚廣請下河東
京西轉運司遣官訪草地有可以興置監牧則河北
諸監有地不宜馬可行廢罷至於估馬一司利害易
見若國家廣損金帛則養馬利厚來者必多若有司
惜費則蕃部利薄馬來寖少然而招誘之方事非一
體請遣羣牧使或禮賓院官一人至邊訪蕃部養馬
利害以此三者參酌商議庶不倉卒輕爲改更天子

下其奏相度牧馬所奎等請如脩奏

羣牧制置使文彥博諫戶馬疏神宗

熈寧時諸監牧田大抵皆寬衍爲人所冒占故議者爭請收其餘資以佐芻粟言利者乘之始以增廣賦入爲務初議時彥博言漢唐之盛苑監實繁祖宗以來脩舉甚至七八十年蒐補取用源源不絕近時議者多不深究本末熟詳利害乃欲賦牧地與農民斂其租課散國馬於編戶責其孳息即不知所賦之地肥瘠皆可耕乎所斂租賦豐凶皆可得乎復不知戶配一馬縶之維之皆可蕃息乎既不蕃息則後將可繼乎

右司諫王巖叟請收還戶馬復置監牧疏哲宗嗣位議者

爭言保馬之不便乃詔以兩路保馬分配諸軍餘數發赴太僕寺不堪支配者斥還民戶元祐初議興復廢監於是詔陝西河東相視所當置監又下河北陝西按行河渭并晉之間牧田以聞時已罷保甲教騎兵還戶馬於民巖叟言兵所恃在馬而能蕃息馬者牧監也昔廢監之初識者皆知十年之後天下當乏

馬已不待十年其弊已見此甚非國之利也乞收還户馬三萬復置監如故監牧事委之轉運官而不專置使令鄆州之東平北京之大名元城衛州之淇水相州之安陽洺州之廣平監已及於瀛定之間柵基草地疆畫具存使臣牧卒太半猶在稍加招集則指顧之間措置可定而人免納錢之害國收牧馬之利豈非計之得哉又廢監以來牧地之在民者處處爲害愚民利於一時請地之易不虞後日輸送之難投牒之初爭立高課有司復重估其價計租爲錢力皆不勝歲益增欠轉運司迫於羣牧督責之嚴雖水旱不在蠲放禁錮鞭撻無日無之設欲還官豈復聽許今若因復置監收牧地入官則百姓戴恩如釋重負矣

殿中侍御史陳次升止募人給牧田養馬疏 紹聖三年

給地牧馬次升言近者募人給牧田養馬若牧田鄰於居民地復膏腴宜有願者相去稍遠難就耕牧則必非所願且一頃之地所直不多馬或亡失乃償錢四五十千恐人之非願言竟不行

新興國

軍朱晞顏許民間私市疏淳熙八年晞顏具奏四川茶馬司歲於岩昌黎文階

敘南州珍州等處買馬一萬七千餘匹並四尺二寸以上十歲以下方許起綱不合格者雖骨相驍駿馳驟超逸者亦不收買又不許民間私買臣愚以爲棄之於化外不若養之民間緩急收之實朝廷之外廐況沿邊之地去西北不遠風土水草相類食之易以蕃息而有願中賣於官者依所值之數與之孰不樂歸於官者是則民間之馬皆吾廐中物乞於茶馬司所買馬外不堪撥發起綱之馬令官用退印不拘軍民並聽從便收買則不惟得夷人懽心且俾沿邊牧馬日以蕃息可爲緩急之備是一舉而數利也從之

林駉馬政總論

馬政之說古今凡幾變以官民通牧者周也成周以民牧者如丘甸歲取馬四匹之類平時則官給芻牧有警則民供調發然而在天子之都諸侯之國士大夫之家未嘗不自蓄馬此蓋在官養之耳何以知之如周禮以天子十有二閑先儒論數謂不過三千餘匹衛文公承夷狄所

滅新造之後末年一至騋牝三千若以制度論之衛以諸侯之國又當殘亂之餘其他固不及論安得遽如成周全盛乘馬之數蓋所謂天子十有二閑是養之於官者衛之騋牝三千舉官民通數而言之此成周官民通牧之制也阡陌開井田廢兵車不取之田賦戎馬各從官給於是馬政日廢而外患生矣漢初稍復古制勸民養馬有一匹者復卒三人蓋居閑則免三人之筭有事則當三人之卒此內郡之制也至於邊塞則縱民畜牧而官不禁烏氏居塞則致馬數千羣橋桃居塞則致馬千匹于是內郡之盛則衆庶有馬阡陌成羣邊郡之盛則三十六苑分置西北武帝初年單于入塞見馬布野而無人牧者征伐四夷而馬往來食長安者數萬匹既數出師馬大耗乏則行一切之令自封君以下至三百石吏以次出馬則內郡庶民之有馬者欲望復卒難矣又令民得畜邊者從官假馬母而歸其息什一則邊郡之欲蓄牧者難矣又匿馬者有罪有以列侯匿馬而腰斬者有以民或匿馬馬不具而長安令幾坐死者故內郡不足

則藉民馬以補車騎邊郡不足則發酒泉驢駝負出王門關輪臺之悔始脩馬令此漢牧於民而用於官之制也唐府兵之制當給馬者官與其直市之每匹錢二萬五千刺史折衝果毅歲周不任戰者鬻之以其錢更市不足則府供之此給錢以市也至府兵漸壞兵貧難致乃給以監牧之馬此給馬以用也大抵唐之馬政皆給於官民無與焉始唐接周隋亂離之後承天下征伐之餘鳩括殘騎僅得牝牡二千匹於赤岸澤徙之隴右始命大僕張萬歲葺其政肇自貞觀訖于麟德四十年間至七十萬餘匹于時天下以一縑易一馬秦漢之盛未始聞也垂拱以後馬耗大半開元始命王毛仲爲內外閑廄使牧養有法雲錦成羣此唐牧馬於官而給於民之制也宋內有天駟監外有十八監此官馬也民間蓄養指爲外廄此民馬也沿邊箄郡估買蕃馬此戎馬也然就是三者論之而監牧爲尤重蓋官之馬多不專責於民中國之馬多則不專倚於戎狄專責於民則民受其害專於戎狄則戎狄享其利此累朝於監牧之制所以必加

之意也部轄有方秣飼以時而騰駒游牝順其物性矣既置群牧司又置羣牧使以大臣領焉何其重也乾德六年八月幸飛龍院九月又幸十月又幸一歲之間凡三幸焉何其重也夫惟待之也重故其視之也亦不輕蓄牧孳息自足國用民間與蕃落爲市猶禁之而黎馬不及格尺亦收之不問何者其所資者輕也天禧中嘗廢東平監矣未幾而復置天聖中嘗廢八監矣未幾而復議蓋所重在此則所輕在彼此君臣上下所以必於是拳拳歟熙寧大臣爲謀不審聽曾孝寬之說而壞祖宗之制賦牧地與農民散國馬於編户坊監廐庫棚庠井泉七八十年經畫一旦廢罷民受其病官乏其利中國不足求之夷狄於是茶馬之職置矣元豐以後其弊歷見天子慨然追念舊臣聖言及此誰執其咎吁市馬於戎猶可言也責馬於民不可爲也不然則户馬之法已盡罷而茶馬之職至于今不易者亦必有說矣

承事郎

馬端臨户馬保馬論　按熙寧所行者户馬也元豐七年所行者保馬也皆是以官馬

責之於民令其字養户馬則是蠲其科賦保馬則是蠲其征役吏志言户馬之將行也王介甫以爲京畿百姓投牒願應募者巳千五百户保馬之將行也霍翔以爲禹城一縣願應募者爲馬巳四百四十八盖法行之初民皆樂從初非官府抑逼夫樂從之説出於建議者之口未必有是事實然所謂投牒應募之數未必全虛盖民本非樂爲官養馬也當時科賦征役必是繁重故苟有一役於官而得以自免則亦不暇詳慮却顧而靡然從之正栁子厚所謂吾蛇尚存則弛然而卧時而獻之退而甘食其土之所有以盡吾齒是也及其久也馬之斃者陪償不貲且奉行之吏務爲苛峻於是數之少者增之期之寛者促之始重爲民病矣 明興

兵部尚書孫原貞論馬政疏 景泰元年原貞奏軍民利病一論馬政治兵以備戎狄畜馬爲先如漢太僕牧師諸苑三十六所分置西北二邊奴婢三萬人養馬三十萬匹唐於西北置八坊四十八監以牧馬田一千二百三十頃募民耕之以給芻秣自貞觀至麟德

年間馬七十餘萬匹宋在京有兩院四監六房在外有十四監牧地四萬九千四百餘頃兵校一萬六千餘人飼馬二十餘萬匹然牧馬之地無考較其養馬十四只用一人唐之牧馬數蕃而芻秣之田數不登餵養之人數無考宋牧馬之地差廣較其養馬一人不啻十四又有馬户則蠲其科賦保馬則蠲其征役此前代馬政牧於官者多牧於民者少我

太祖高皇帝定鼎金陵歸馬淮甸惟太僕領養於民西北二邊置行太僕寺五苑馬寺四監十九苑七十四則官署有加於昔其養之人與牧地馬數莫知幾何若北京行太僕寺馬匹先係順天等八府民間牧養後民丁不敷復係山東河南是盖牧於官者其法漸廢牧於民者其數日蕃又不蠲其科賦復其征役及種馬倒死生駒有虧未免督責追陪其續追馬數又合添俵民甚苦之今古制固不必復舊制亦當參考宜令各太僕苑馬寺查勘設置監苑之初養馬之人放馬之地牧馬之數幾何使法制仍舊如使孳牧將後該俵馬匹與寺苑領養又歲選其堪騎操者給與

馬隊官軍領操調習庶幾緩急可用若官爲多牧民免再增幸甚

大學士丘濬牧政

議

按古今馬政漢人牧於民而用於官唐人牧於官而給於民至於宋朝始則牧之於官後則畜之於民又其後則市之於戎狄惟我 朝則兼用前代之制在内地則散之於民即宋人户馬之令也在邊地則牧之於官即唐人監牧之制也而於川陝又有茶馬之設豈非宋人之市於夷者乎請以今日國馬之政言之在内有御馬監掌 天子十二閑之政以供乘輿之用凡立仗而駕輅者皆於是而畜之其牧放之地則有鄭村等草場其飼秣之卒則有騰驤等四衛 國初都金陵設太僕寺于滁州其後定都于北又設太僕寺于 京師凡兩淮及江南馬政則屬于南其順天等府暨山東河南馬政則屬于北其後又用言者每府州若縣添設佐貳官一員專管馬政在外設行太僕寺於山西陝西遼東凡三處苑馬寺亦三處陝西甘肅各轄六監二十四苑遼東僅一監二苑焉内地則民牧以給 京師之用外地則官牧以

給邊方之用又於四川陝西立茶馬司五以茶易蕃戎之馬亦用以爲邊也　本朝國馬之制大畧如此承平百年無大征伐遇有征行隨用隨足雖不至於大乏絶然求其如前代之雲錦成羣則未焉所謂官牧者是盖唐人之四十八監宋人之十八監之遺制也然唐宋行之於内地而今日則用之於邊方焉其蕃育生息雖不能盡如　國初之盛然惟馬之用不足而已而害未及於民一旦按其已然之迹而振舉其廢弛之政則　祖宗之良法善政固在也乞命本兵柄大臣講求　本朝故事及參究唐宋之典以濟今日之所不及遣知馬政者勘實牧地其有舊有而今爲人所侵欺埋没者咸復其舊或有山林原隰可以開墾以爲牧地者開墾之或附近州縣有空閑地可以增置監苑者增置之士卒有逃亡者則爲之勾補廐庰有未備者則爲之修葺所畜之馬若牡多而牝少則爲之添牝孳生之牝其種有不良則爲之求良游牝去特必順其時騰放調養各有其法俵散關換咸定其規皆一一講求其所以然之故與其所當

然之則立爲一定之法使之永遠遵守歲時遣官巡視有不如法者坐以牧放不如法之律必慎擇其官而優寬士卒必務臻實效而不爲虛文如此則邊圉得馬之用矣若夫所謂民牧者是盖宋王安石新法之遺緒也方宋神宗初行此法文彦博極言其不可而不見聽其後大爲民害神宗有見愧彦博之言而深知安石之誤而亟罷之是以在當時雖爲民害猶未至於甚也今日之弊臣已詳之於前矣而所以爲之處置者亦以具於制軍伍之條之下焉然所處置者特議以行於畿甸五郡耳萬一可以通行請下兵部及兩太僕寺查筭天下馬數某布政司若干某府若干某州若干某縣若干及查各府州縣原先有無草場及没官空閑田地并可以爲草場馬廐者假如某縣舊額民若干里户若干丁若干某縣原額馬若干四羣長若干人既具其數遣官親臨州縣勘實以聞然後因其已然之法而立爲救弊之政必不失其原額必不拂乎民情務使官得其用而民無其害然後行之請即一縣言之其縣舊有里五十羣長十人

馬千四令即就五十里之中擇其鄉村相依附處或十村五村爲一大廐村落相去遠者或五六十家七八十家爲一小廐每廐就其村居以有物力者一人爲廐長年老者一人爲廐老無力不能養馬者數人爲廐卒每廐各設馬房倉囷及長槽大鑊每歲春耕之候廐長徧諭馬户每領馬一匹者種稈禾若干畝料豆若干畝履畝驗之有不種者聞官責罰毋使失時無田者許其分耕於多田之家或出錢以租耕收穫之際廐長及老計畝而收之倉囷之中稈草料豆以飼馬而豆之箕即以爲煮豆之用按日而出之歲終具數以聞于官若其馬種即以在官之數充之若其種非良許其售而換之必求其良前此倒失未償之馬五分蠲其三徵其二以市馬種凡馬始生則書其月日別其毛色使有所稽考又令通曉馬事者定爲養馬之式鏤板以示之凡一歲游牝騰駒去特皆有其時越其時者有罪凡一日齕草飼料飲水皆有其節違其節者有罰其房庌必冬煖而夏凉其牧養必早放而晡收凡可以爲馬之利者無不爲凡可以

爲馬之害者無不去如此則牧養有其道其視各家人自爲養者大不同矣舊例凡羣頭管領騍馬一百匹爲一羣每年孳生駒一百匹不及數者坐以罪請酌爲中制每騍馬十匹止取孳生七匹其年踰數者除以補他年欠缺之數今年不足明年補之其有種馬倒死者即以駒足其數本廐生牝多許他廐聞官以牡來易每廐兼畜驢騾以馬爲準牝馬二十畜牡驢一牝驢四所生或驢或騾具數報官官爲造車遇有搬運官物許於各廐起倩無事之日本廐馬户借用者聽按日計傭收以爲秣飼之用每季本縣管馬官一行巡視府官則歲一行太僕寺官因事而行無定時凡其馬之壯老肥瘠逐月開具點視之凡房宇有不如度水草有不如法芻豆有不及數驅走有不如式皆爲修葺處置違者治以罪是就民養之中而微寓以官牧之意上不失　祖宗之成法下有以寬民庶之困苦中有以致馬政之不失大略如此雖然其間之委曲纖息又在臨時之因事制宜補偏救弊也若夫俵散關換之法具有成規官軍領馬騎操遇

有倒死責以追償是固足以爲不行用心保惜者之戒但馬之給於官軍者多係餓損并老弱羸疾者及至官給草料多不以時或馬有不時之疾猝然莫救者亦往往有之律文死損數目並不准除然一軍之産不滿十百而一馬之直多踰數千傾家之所有不足以償甚至責三子不足以償一馬與言及此可傷也請自今以後給馬與軍必具其年齒毛色體質或肥或瘠或有疾或無疾明具于帳如齒踰十二或原瘦弱并有疾者不償惟以皮尾入官若雖少壯而忽然有奇疾先期告官及衆所共知者亦在不償之數申明舊制凡馬軍皆要攢槽共喂如居隔遠秋冬之月皆俾就近攢喂半夜以後本管頭目親行點視草料有不如法及不及數者罪之其關領草料則嚴爲立法不許變賣及將換易他物買者換者罪同凡馬倒死必責同伍互償若同伍之人知其馬之老瘠疾病及其人棄縱不理雇借與人削減草料者預先告官料理者免其共償如此則人人愛惜其馬有不惜者人共責之而預得以調治之則馬無横死而人免

陪償矣是非獨以足乎馬而亦有以寬乎軍也雖然此內地官軍騎操之馬爾至於邊方之馬所係尤大與其得駑馬而乘之以禦虜又不若不乘之之爲愈也盖騎戰非中國所長而中國之馬比胡馬爲劣以非長之技而騎下劣之馬以角虜人之所長非計之得也請自今給馬於軍士非良不與而所與者必良與之騎操而不倚之飼秣宜於邊城中擇空閑地爲廐置長槽或十或五隨其廣狹不爲定數不分衛所隊伍因其近便而爲飼養之所選其老弱之卒不堪戰陣者專一喂養置大囤以貯草支大鑊以煮料每日遣官點視晡時則檢其所儲夜半則視其所飼操練之日軍士持鞍就彼鞁騎無事之時則輪番牧放逐名調習或有瘦損疾病告官調治如此則馬得所養而無損失之患軍得其用而免陪償之苦矣或曰今邊城非一處處處皆屯重兵所騎之馬安能皆得其良竊考五代時唐明宗與范延光所言者李克用以馬上立國制勝所畜不過七千今東起自遼東西盡岷洮其間歷宣府大同延綏興慶甘肅之境邊城萬

里其馬不翅數十倍矣然牧馬之數雖多未嘗以之臨敵出陣往往老死皁櫪之間而責吾士卒之陪償人不幸而生於邊界天苦寒而地磽燥物不生殖而人無蓄積天下之人莫苦焉旣資其出力以爲 國防寇又責其出財以爲官償馬以每歲所賜予之衣糧猶不足以償其遞年倒死之馬匹况望飽煖其妻子哉則是無事之時無故以是不戰之馬而坐困吾得用之士卒而使之失所離心蓋亦不思之甚也昔人有言帝王之師以萬全爲勝中國之所以取勝於夷狄者以人不以馬以智不以力以守不以戰臣愚以爲自今以後邊境一以高城深池爲固扼其要害塞其蹊徑來則拒之去則不追凡其制兵率以步兵爲正以騎兵爲奇大率步十而騎二步軍一萬騎兵二千馬非壯健不以給軍軍非驍勇不以爲騎扼之使不得入而已而不遮其出拒之使不敢來而已而不追其往如此則騎兵無非良而馬亦易於辦矣或者若謂馬若兵之大用兵非馬决不能以制勝吁此論戰兵非所以論兵之守也所謂守者我靜而彼動

我逸而彼勞我大而彼小我衆而彼寡彼用其所長
我捨我之短而用我之長以制之焉則彼進不得戰
而退可以回自然屈服於我矣臣愚無知識輒敢肆
其胷臆而妄爲異議伏望　天地大量憫其區區一
念憂邊愛
民之誠

兵部尚書余子俊駁鎮江府奏豁種馬議

成化二十三年該知府熊佑奏將種馬除豁下部看
議照得養馬科駒寔　祖宗百年之成法解徵價銀
乃官府一時之權宜今該府奏要將原派馬匹變賣
每歲出銀三千兩解作馬價然必有種馬始可科駒
設若盡賣種馬却令相應人户派價起解是猶無田
而收其租此策一行上有無藝之征下出無名之賦
馬政益廢民情不堪作法於貪弊將安救若使府縣
提調官并管馬官悉遵　欽定條例嚴加提督用心
孳牧則千百匹之中每歲豈無蕃息縱使南方生駒
矮小不堪起解照依見行事例聽令變賣輳備馬價
雖有陪補亦不曾多比之盡賣種馬令民無故出錢
其害非小所據原奏既出馬價解京又養不堪馬匹

半年兩次追徵等情看得節奉欽依事例明開印馬之時除騍駒印記作種兒駒揀選堪中者印記聽候起解并搭配騍馬羣盖孳生外其矮小不堪起解者不必印記就令養户領回變賣輳備價銀有該追兒馬者照例收價免其買補季報冊内開除項下作數若照此例則矮小不堪者已准變賣見在喂養者皆印記堪中之馬該府要將不堪馬匹與民分豁免其喂養未審又是何等馬匹事屬未明 兵部

尚書馬文升覆定種額議 臣等切惟國家戎務莫先於馬政國家大本莫重於生民馬政固所當急而生民尤所當恤若不恤生民而惟急於馬政則邦本不固尚可以天下爲哉仰惟我朝洪武初年天下衛所皆養戰馬而有司所養馬匹不多止在江南并江北數府後至永樂年間遷都北京馬匹轉多延今七十餘年馬至數十餘萬虧欠倒死及起取備用等項所司追補緊急動輒賣男女鬻田産民之所最困苦者動以馬政爲言且國家税糧軍需俱有定數惟馬政日見加增俱要紛表

於民里無空户家無空丁丁至十五者俱要養馬而本等税糧雜差又在於外李鐩所言誠爲有見於此蓋亦爲生民之慮必須定爲總數照依免糧免丁等項均匀分俵以若干種騍馬爲率照例科駒種馬不致於多增人丁不致於多派立爲經久之法以蘇生民之困

御史王濟早正種馬疏

臣於正德元年正月二十一日欽蒙差往直隸河南山東印記弘治十七年分孳牧竊念

祖宗立法種馬養在民間正欲孳生起俵以備邊用今雖有種馬之額而無種馬之實徒有孳生之名而無孳生之用臣愚所以甚爲之痛心也既問之於有司又訪之於鄉老又察之於百姓多方考究不約而同皆曰即今百姓賦重差繁財窮力竭救死度日惟恐不贍幾甸之民困苦尤甚且如養種騍馬一匹孳生一駒是爲二匹兩年印記充領補種搭配起俵不出養在名下四年二駒是爲三匹甚至積有四匹五匹者喂養既多費用草料不貲雖有養馬地畝所得幾何加以官府點視刑責科罰百端害之所在人所必

避且至親骨肉莫如父子有怕嫁聘粧奩費用養女
忍爲之渰死況孳生屬官有害無利百姓肯爲之養
乎不惟直隸山東河南爲然至於南直隸鳳陽等府
臣亦久知其皆然也所以百姓惟恐有孳生百害叢
至故將種騾馬饑餓瘦病倒死卽令各處額數虧損
太多其見在者間有定駒則又謀買羣醫人等爲之
隱諱有顯駒則飲以凉水酸泔爲之衝落求爲虧欠
虧欠照例不過納銀二兩虧欠不得孳生旣出難報
在官饑餓作踐求爲倒死不過納銀三兩倒死不得
種騾馬旣瘦雖有孳生終皆矮小又有管馬官畏怕
分數不及紙上裁桑逼要陪買一畨名曰撓頭駒送
官搪塞求爲變賣照例不過納銀二兩或三兩
間有印記或堪補種亦難起俵太僕寺歲取備用大
馬未免科民重買重買備用百姓甘心受累因虧欠
倒失變賣之利行故將種馬作踐若不早爲從長區
處因時制宜圖爲官民兩便之計臣愚以爲馬政
不惟孳生瘦小徒費喂養終無實用下累百姓上無
補於　朝廷不十餘年必將倂種騾馬亦廢盡而後

巳先時議者有欲併去種馬止照地畝人丁出銀買馬此固可革時弊但　祖宗養馬之法不可廢壞爲今之計種馬地畝人丁歲取巳有定額但要種兒騍馬揀選四尺以上十歲以下高大者存留矮小老弱者賣價區處買補湊完原數照額養在民間府州縣官一年四次太僕寺官一年二次止是點視務令臕壯病瘦者依律問罪倒失者就令陪補永爲定例設有警急亦可調用遞年有無孳生不必追究太僕寺歲取備用大馬止照種馬定額派行各府州縣買解假如有十萬種騍馬歲取備用二萬只該五匹買一匹歲取備用一萬只該十匹買一匹以地論之則出於十頃五頃以丁論之則出於二十五丁五十丁衆輕易舉就取三萬或銀馬中半百姓亦皆情願百姓止養種馬旣不爲孳生受害設使生有好駒起俵變賣悉聽自便利之所在又人所必興豈有不用心看養種馬依時羣盖而取孳生自然之利乎夫官馬民馬同一陰陽生生之道今各處遞年起俵大馬俱係民間所産類非天設地造議者以爲地産有宜否則

古人冀北多良馬之說何每見諸載籍豐於民而嗇於官者蓋由利害之分遂至懸絕喂養科罰之害在民孳生之利在官雖日撻而求有好孳生決不可得種馬之額在孳生之利聽民雖日撻而求無好孳生亦不可得此皆情也亦勢之所必至也臣廣詢博訪虧民損官其弊如此如蒙 皇上俯察臣言 勑行兵部從長議處施行則三五年間孳生既屬民不求其蕃息而自蕃息種馬雖屬官不求其壯盛而亦壯盛免官府查筭印記之煩絕管馬官吏書手人等之科罰侵漁之弊公私皆得其便 祖宗立法養馬之意可保經久不廢矣

兵部尚書何鑑駁馬價賑濟議

正德七年該都御史張縉題取馬價賑濟下部送司查得太僕寺常盈庫收貯遞年馬匹馬價原有一百萬餘兩近自正德五年四月至今共用過銀七十八萬八千餘兩見在庫銀兩不多即今地方多事設法措置差官買馬尚且不敷無從處置難以准留別用案呈到部看得戶部咨稱巡撫鳳陽等處地方都御史張 要將所屬府

州在庫馬價銀兩存留賑濟一節爲照即今各處地方盜賊猖獗合用征進馬匹數多及各處該解俵馬匹又皆存留免解全靠太僕寺官庫收貯價銀支給收買應用見今本部及本寺奏差員外寺丞等官十餘員分投在外設法買補尚不勾用又況本寺原收馬價動支數多在庫數少所據前項馬價相應督併起解以備買馬

何鑑駁革種馬疏正德八年二月爲乞給歎准存留陳言治道事照得

軍政莫急於馬馬政必歸於農古人養馬處處皆有牧田可耕則授之於農不可耕則留以養馬養馬所以備武事防邊疆而禦寇盜非細故也其管馬官員之科剋羣頭羣長之作弊其審户也則以貧而作富起俵也則以瘸而作好禁約馬販醫獸之蠹民權豪光棍之害政與夫災傷該減免之輕重俱有前項節次奏准事例別難再議究其要則在得人蓋府州縣官得其人則處置有方馬政自脩而弊可革若非其人則羣小横行弊政日滋而民愈受害傳曰其人存則其政舉又曰爲政在人故秉心塞淵騋牝三千

周人牧馬之善也牧養有法雲錦成羣唐人牧馬之善也豈其地之牧蓄宜於古而不宜於今哉近年以來各府州縣掌印官員置馬政於度外若不相干聽憑管馬官吏及羣長羣頭等項人員任意縱橫罔無忌憚以此逼勒馬户科害百端或指以點視或指以解俵或指以印烙或指以變賣或指毛片或指齒數或指審丁或指告剥千般百計剥削小民脂膏殆盡其掌印等官佯爲不知管馬官員恃爲得志甚至巡守等官到彼亦不相見况望其能查究考察而禁革奸弊乎馬政何由得脩民困何由得解究厥所由皆因任用非人以致掌印官則曰有管馬官在置之而不理守巡官則曰有分管寺丞在棄之而不問上下相蒙因循度日前弊愈滋起了遂至不可救今巡撫山東都御史趙璜歷言馬政深切時弊盖本官親臨到彼耳濡目見深知弊端而欲立法以痛革也但法立而百弊隨之若欲革弊而又再更一法又安知法久而不又生弊也哉况孳牧之法係是

祖宗舊制止可隨宜損益以革蠧政之害未敢盡廢以

爲紛更之舉是以本部先因給事中韓祐之言而清查免糧田土免差人丁十年一造冊籍以均養馬之苦後從御史王濟之請而論羣議和朋買輪流解俵以免追駒印烙之累數年之間追駒印烙之害雖可少除而官不得人則科斂橫索之弊仍復如舊故都御史趙璜又有此奏要將種兒騍馬罷革不必買補及今後兵部坐派備用馬駒或本色或折色俱要移咨巡撫衙門分委守巡等官督屬買俵及將養馬人户亦令守巡等官清查審編固爲有見但分管太僕寺寺丞不令干預恐亦不宜及倒失種兒騍馬不行買補亦恐馬政漸廢相應議處合無本部查照先年馬政舊規量加斟酌損益通行巡撫山東都御史趙璜河南都御史鄧庠南直隸都御史張縉王縝北直隸都御史林廷王李貢各行所屬有三司去處着落各道守巡官無三司去處着落各府掌印官公同太僕寺分管寺丞嚴督各州縣掌印官員將養馬人户逐一吊冊清查消乏者開除隱漏者增入照依三等九則編僉户高者充馬頭户次者充貼丁最下起者

免僉先儘上户次及中户喂養中間種馬若有倒失不堪務令補足羣數若果災傷被盜民力不堪查照近日本部處置幇買種馬以蘇民困事議行事理先將官軍充下弱馬并奪獲賊人見在喂養馬匹及遺下孳生馬給與欽馬人户補還如再不勾或候秋收之後或動支原獲賊贓并變賣死馬肉臟銀兩通融處置幇貼買補務足原定額數其正德七年以前派徵起俵已未完備用本色折色馬匹俱照先次户部右侍郎王瓊奏行巡撫衙門公同查勘該徵該免分數陸續徵解完納固不許追併一時以重貽民困亦不許因循怠忽以廢馬政其正德八年以後本部凡遇坐派起俵備用馬駒不分本色折色馬俱移咨各該巡撫官員有三司去處分委該道守巡官無三司去處分委各府掌印官公同該寺分管寺丞仍查照御史王濟先年奏議事例不必一較其生駒有無每羣之內照依丁田議和朋買大馬一匹若羣內一户生有好駒堪以備用聽從本羣人户自相幇價若無好馬及不堪用者聽從先計每馬該價銀若干每馬該

丁若干先出告示曉諭馬戸通徵在官買補其分巡分守并分管寺丞仍要遍歷各州縣着實從公看驗齒尺相應好馬方令起俵毋事虛文中間管馬官吏并羣頭羣長人等敢有仍前巧立名色科擾及馬販醫獸串同權豪勢要家人名目情囑買馬浪估價銀者悉聽巡撫衙門并守巡等官比照前項大同見行事例一體究治禁革若守巡并分管寺丞不行用心查革致有前弊亦聽撫按官員叅究如此則

舊制不廢而馬政漸脩奸弊少革而民困亦蘇矣

少師兼太子太師兵部尚書王瓊覆徵解違限疏

照得本部遵依舊例三年一次奏差御史二員分投南北點視印烙種兒騍馬并將各年拖欠備用馬匹嚴督完解各請 勑前去欽遵行事畢日造冊奏繳係是脩舉馬政重務今御史王溱叅奏應天府并南直隷違限官要將府尹胡宗道與其餘官員一例行巡按御史提問都察院依擬覆題致蒙 聖斷將胡宗道等通免提問各罰俸三箇月五箇月御史虞守隨叅奏北

直隸河南山東遞限官員本部查照議擬將在外衙
政徐蕃等行巡按御史提問京官寺丞吳九功等都
察院提問奉　欽依提問訖以馬數多寡難易論之
北直隸河南山東馬多又俱本色難納俱各提問應
天府南直隸馬少又俱折色易納俱各免提爲因兩
不相照以致罪同罰異况御史王溱所奏各官拖欠
馬匹見該本部題奉　欽依存留在彼買馬聽候征
南官軍補兊今都察院不知題奉　欽依都着嚴限
觧京若不查明具奏歸一施行誠恐南京太僕寺并
各府州縣官觀望追欵難於遵守因而稽誤馬政重
務深爲未便合無本部馬上差人齎文交與巡撫南
直隸都御史應天府并南京太僕寺及洛都察院行
印馬御史王溱各行查勘應天府并南直隸府州縣
該觧馬正德十四年分備用馬匹除存留兊軍外其餘
方許定限差官上緊觧京以備緊等京營兊軍支用
若存留馬匹兊有餘剩務要截數觧京不許指以截
留爲由任意遲延及因而那移别用致誤兊軍重務
至今十月終不完起觧聽御史王溱將六品以下官

就便提問五品以上奏繳提問干碍應天府并南京太僕寺官各開拖欠馬數明白參奏從本部查照欠馬多寡事情輕重斟酌議擬輕則量加罰治重則行南京刑部提問俱臨時奏請定奪

兵部尚書王時中應詔陳言疏

看得武備之設有資於馬而蕃牧之事仰藉於民舊例寄養馬在順天所屬論地派養以備京邊取用此外再無別科種馬在應天所屬論丁派養以圖孳生俵用此外並無別役若有倒失遇赦不蠲免　祖宗立法之意至矣柰何近年以來偶爾災傷沓至兼以怠玩相承或有地歸勢豪而馬匹貽累有司不爲之查理處分因循歲月坐視成弊亦有丁多迯移而種馬漸耗有司不爲設法僉貼積習苟簡輒欲銷除以致貧單羸困馬政廢弛今既奉　明詔通行議處臣等以爲　祖宗之法不敢變也而寬恤之詔不敢違也在乎推而行之耳夫寄養之源在地俱係勘定載在冊籍不在貧戶則在豪戶地存則馬存或　調取或追補自可因體以求用孳生之源在種馬累　朝以

來著爲定額既飼養於衆户又幇助於草場種存則駒存或倣用或折價自可循名以責實稽唐制有田則有租有丁則有役之意苟舍田而求租舍丁而求役未有能濟者也由是觀之豈可舍其本源而求支流耶合無候

命下之日一面行移太僕寺轉行提督少卿督同分管寺丞親詣各該府州縣將寄養馬匹逐一查勘地賣馬存者斷令得地人户領養若係先年倒失人户果係消乏從輕陸續追價解寺一面移咨巡撫應天都御史轉行州縣正官將孳生種馬逐一查勘見在者責令相應人户照舊牧養倒失未補者姑候秋成之日陸續買補俱不許豪强勢要之家占種地土隱瞞丁口專一負累小民如有前項情弊許各該官員體訪或被害之人陳告通行查照

欽定馬匹條例及各奏准事例應參究提問者徑自參究提問施行中間果有該載不盡事情許各該巡撫并每年烙馬御史查議具奏以憑上

請定奪不得偏徇人情有悞邊計如此則民隱以恤馬政不廢而豪强兼并之徒亦可以自戢矣

兵部尚書

王憲覆補種馬疏臣等切惟民爲邦本必民安則邦斯寧馬爲兵政必馬盛則兵斯强二者不可偏廢憂民者在於馬省掌兵者急於馬蕃今巡按御史葉照等會本題稱鳳廬淮揚四府滁和等州自嘉靖二等年大旱之後人民流離死亡加以水澇蟲蝗迭見乞要將原額種兒騍馬止儘見在印烙其餘倒失虧欠之數姑待年豐小民稍蘇令其陸續買補及都給事中張潤身又奏稱要通行撫按及各管馬官員查照地方成災分數早爲議處如虧損馬匹拖欠馬價并一應子粒租銀等項暫且停徵養馬之户田丁消亡别令喂養起俵之數量徵全折或甚者全免寄養之馬老病不堪者聽行估價倒失者儘其價銀等因各一節大意皆在於省馬安民意實甚善然種馬孳生所賴原額誠不可缺先因各處災傷本部議照倒失之數期在三五年内補足經今四年原數未完倒失繼以加倍災傷愈難追補不無馬政益致廢弛至於備用馬匹各有定額自來分派本折相兼遵行若通行折色即今京營巡捕及大同等

邊奏討馬匹動以千計或一時邊報警急缺馬調用臨期誤事罪將誰歸先年於近京府分各該人户丁田相應佃田五十畝養馬一匹其間有不堪充軍者許令變賣或丁户消亡别委殷實他户領養所追倒失馬匹買補不前亦暫准追價其地方成災發去馬匹量減分數寄養人户原不令再養種馬若如文安縣所奏盡行免廢不無偏重且起俵之馬將復置之何處前項各該馬匹臣等深知人民困苦養馬之累委難盡述倘前項馬匹盡數蠲免緣係干軍機重務原奏 欽依遇 赦不免雖節經言者論列止於隨時捄補而已實難輕擅擬議欲有更張所據葉照等三臣具奏前情固亦憫念民窮欲爲一時權宜之計相應酌處合候 命下本部移咨南北直隸河南山東巡撫都御史轉行巡按并印馬御史會同查勘各該州縣如果連年災傷曾經覈實去後查照都御史唐龍等會奏本部議准事例先將見在種馬印烙其倒失之數姑候豐年陸續追補期於三五年内取足原額如無災去處嚴限追徵買補各種馬及寄養馬

有田去馬存丁消馬在者另給與丁多得業之家方可領養寄養中間有老弱病損不堪者聽會同查勘是實照依嘉靖七年事例估計變賣毋得虛應故事重遺民害條年終將變賣過數目造冊奏繳變賣及追過倒失價銀一併解部轉發該寺收貯其每年派取本色馬匹大約數目亦條各撫按覈實分數至日本部臨時酌量減免其餘各項子粒等項銀兩仍聽撫按斟酌具奏定奪所謂寬一分則民受一分是已再照勢豪謀吞馬地及强梁作梗該州縣官科索侵欺太僕寺管馬官督牧比較等項節年累有禁約查照舉行

王憲覆均草場疏

臣等查得前項草場地土原係成化二十三年二月内爲申明馬政事該南京太僕寺寺丞文林呈稱南直隸養馬府州縣各有牧馬草場明載圖誌多被勢豪之家侵占不得實用要行踏勘處置以備馬政該部議覆題奉　欽依行移南京太僕寺坐委分管寺丞督同各府州縣掌印管馬官員查照誌書圖卷查勘原額草場頃畝數目界至丈量明白埋立堎堆分明上

中下等第將高阜低窪止堪牧馬地土責付養馬人戶輪流管顧牧放中間果有肥饒地土即今空閑堪以開墾成田撥與有力馬戶耕種照依佃種官田事例徵收花利不拘銀穀依時計估量納別置倉庫收貯如遇倸解馬匹地方災傷人戶逃移無處湊買并十分貧難出辦不前斟酌停當量爲支給以備足數止許用助馬政緊急不許別項支銷待後養馬數多停免耕種照舊牧放此實因民力以興地利既不妨牧馬之政復有以助買馬之費一舉兼得不易之定制也是後各官建議或因前項牧馬之外剩有餘地而量與軍民佃種收銀或因馬戶窵遠不來牧放而給與近場軍民佃種徵租此皆損益從宜以補不及於前制未有改也行之既久法玩弊生人亡政息草場日就荒蕪而有司徵租如故以致巡按直隸監察御史周鶴於正德十一年五月內奏乞將南直隸八府三州草場復 國初舊制俱免徵租該本部議覆題奉 欽依通行各該巡撫衙門查勘明白將養馬人戶自種草場俱免起科其餘平民佃種者照舊徵

租解部轉發太僕寺交收以備買馬支用此盖因通
年墾田漸廣租銀所入益多故於馬戶自種者免徵
以紓民困平民佃種者徵解以濟 國用爲一時不
得已權宜之計而遽變數十年經常之規雖於當時
不無少裨而紛更之端實基於此矣甚至嘉靖八年
巡按直隸監察御史秦武所奏將廬鳳淮揚牧馬草
場係馬戶自種者乞免徵租以助備用馬價之費平
民佃種者與平民佃種屯田同罪一切禁絶是後遂
使奸豪馬戶指以養馬爲名肆爲兼併一槩混占甚
至轉佃與人厚取租利誠有如太僕寺卿王崇獻所
奏者向使 舊制常存馬戶佃種者不與免科則田
有定稅而奸豪無從幸免以取厚利平民佃種者不
行禁絶則民有定業而馬戶無由假名以肆兼併此
皆作聰明以亂 舊制盖要一時之譽而不顧後日
之害者也此弊一開民遂趨利無厭以致各該州縣
并馬戶申告領場并免科等項情節紛紜不一難以
枚舉經該巡撫太僕寺等官亦爲之搖撼而奏請
不已今太僕寺卿王崇獻奏要將前項草場係馬戶

承領者定有額數每馬一匹俱以五畝爲限不分荒熟田地山塘就近一槩照數給領不及五畝州縣儘其前數均給過五畝者照依旁人佃種事例納租此蓋欲杜奸豪混占之弊息多寡不均之訟深爲有見但各該州縣畝數多寡不同馬數多寡亦異就使每馬均沾五畝之惠亦地利有肥磽住居有遠近近而肥者固所甘心遠而磽者孰願承領況有馬多地少不能均給五畝之處如所稱鎮江府丹徒金壇等縣每馬止該一畝以上鳳陽府虹縣每馬止該九分有零其亳州又止得四分九釐而已此多寡不均之弊所不能免一也及馬戶離場窵遠不願承領者仍舊聽近場軍民佃種納租則窵遠者不蒙實惠此多寡不均之弊所不能免二也又況有馬而無草場如南陵等縣有草場而無馬如揚州一衛者南陵之民何獨不蒙五畝之惠而揚州衛之地又將給之何人此多寡不均之弊所不能免三也有此三弊民將執以爲詞未審何以處之竊恐將來州縣馬戶申告者不但如今之紛紜也況南北養馬事例大畧相同而北

直隸河南山東解馬本色獨多於南若彼處馬戶亦皆援例陳乞未審又將何以應之若禁而不與則虧一視同仁之體一槩給與則恐三者之弊尤甚於南且京營馬後來將何從牧放此蓋本欲均利而不均之弊益多將以息爭而告爭之端愈甚非計之善者也古人立法必爲可久之道興利必思後日之害據先年奏行事例止因牧放餘地量收花利以濟民困故其所奏稱待後養馬數多停免耕種照舊牧放未嘗無見也今欲一槩給與馬戶彼將視爲已業蕩無界限之別日後萬一欲復牧馬之制則將何從查考欲興解馬之利而反遺牧馬之害此非細故也又先年所奏止因地方灾傷人戶逃移無處湊辦并十分艱難出辦不前者亦量爲支給足數非全與也蓋以養馬人戶自有養馬額定丁田其草場係分外牧放馬匹地土不係養馬正數故收其花利以量助緊急馬政豈至遂如近日各官所見不論灾傷年分逃移艱難人戶每遇派到備用馬匹價即將前銀幫助盡數給與之制乎若果如此則如和州每年該徵租銀

一千一百八十餘兩其備用本折色馬價止該銀一千七百零八兩今將前銀盡數幇助馬戶則馬戶自行出辦反爲不多是以官銀買馬解用而非民間孳生解俵之舊制也且南北馬戶均爲子民其養馬事例既皆無別而優恤之制妄有異同可乎今在南者既皆有租銀以助其費而在北者安得缺而不講猶欲徵租如故此皆不可不豫爲之慮也其揚州衛每年該徵租銀一百七兩五錢有零本衛既無該解備用馬價前項租銀若令收貯彼處官庫置於無用將來侵漁之患亦所未免凡此俱屬未當相應議處合候命下本部移咨各該巡撫衙門并南京太僕寺轉行所屬州縣照依成化二十三年題准事例將前項草場地土高阜低窪遞年拋荒止堪牧馬者即與除豁租銀責付養馬人戶輪流管顧牧放其肥饒成熟者悉照近日踏勘過頃畝不拘馬戶自種并近場軍民承佃照依原定三等則例辦納租銀每該解俵馬百匹量留銀一百兩其馬多銀少者則盡數俱收貯本處官庫以備地方災傷人戶逃移無從湊

辦并十分艱難出辦不前若量爲支給足數其餘并無馬去處租銀悉照舊例解部轉發太僕寺收貯以備買馬支用如遇灾傷年分仍照民糧事例減徵各該州縣每至年終備將存留起解租銀數目并幇助買馬人户姓名造册繳部查考庶小民息占爭之端而租銀得實用矣

南京太僕寺誌卷之十六終

南京太僕寺志後序

南京太僕寺置裓

皇祖貽燕之意閎遠矣

列聖嗣大歷服尊承無改慎簡厥官所

任卿丞而下大都名公碩士非是弗

與百八十季來故章舊典公弗伻聞

已事成牘或至毀熄㫖比嵗澂拜丞

數未皇屡省迺郡縣百執事小大之
吏寔未知牧政之重大崇劇盖若此
自頃北虜勃逆天道掩戕弗虞至窺
圻服
聖天子赫然震怒將命大將軍沍而撻
之大司馬徵馬倍常額尅期取盈亟
甚峻會諸公遷去貳卿雷公自淛聞

命亟抵任百方督責稍稍集然到海贛
榆諸處至窘急不能供勞為處已乃
稽往撥今列上六事明法守
天子報可鄉應城余公來祗承
德意弗懈益虔蚤夜孳孳圖惟畫一迺謂
雷公曰前乎典章豈不司存斐矣諸
公非無疏請然久則玩玩則忘忘則

至不可理吾子既作者又幸比多暇且熊顧兩君子在可時討論盍志而輯之示永永公慨然弗辭移牒徵事其發凡析類余鄉以南玄臧子敘述倫矣至緣托經世則卓乎古作者之志焉夫國之大事戎爲重戎之至要馬爲急余他日承乏龔寧盍親覩焉

顧其利害本末雖數更僕不能竟夫
两京太僕寺與遼陝諸行太僕
寺若苑馬寺此産馬之處也原也九
邊列鎮與紫荊居庸山海鴈門偏頭
寧武諸關若两京營場此用馬之處
也流也原深流遠去所覽鏡矣故法
數馬科駒之外則有若朋椿之協相

有若㕛椿之罰𨗳有若巡青嵗季之
督課至私雇賃載覓必重之法所以
節其流而濬其原也而今則陵遲矣
加復緣邊牧地乾沒于風沙占據于
豪右虜又入無時卽盛夏且嚴烽燧
法四月下場十月給芻皆不行無
騎卒貧率縮芻菽之直自奉養其甚

避調戍往往利馬之死否亦終歲道
路踣斃至相望矧乎西北東南之殊
風水土藁秸之異致皆弗暇論且本
兵用及固亦分邊腹近遠曾否習貫
至馬可漫然哉嗟乎今士大夫爭言
括財不暇言理財言理財不暇言生
財至如馬云馬云固財之大且亟者

也又非旬冈晦朔之所能攻鬪壯長
原之弗濬而流之無節斯何異竭清
涂川澮之瀝以供尾閭之泄耶剏民
避冨名處官府抑配與其俵輸率無
敢私牧原之旁齒者又且曰湮籌國
者不可不預爲之所矣夫雲錦之盛
匪降自天淵塞之心奚獨在古故夫

重冏寺之罹慎牧卿之選复川陝馬
政都憲之舊久其任而綜覈其成殿
最之要在所急𠁅盖昔孟氏有言今
之爲政者猶七年之病而求三年之
艾苟爲不畜終身不得杞𠬤之憂討
亦諸公之所冏也嗟乎諸公獨馬也
歟𠁅若夫歸而　𠬤之于牧于野務穡

勸農緩征赦罰生民而變士習乎
以共享泰和昌盛之福則野及之至
顧爲巳矣志草既竣華而章公至玉
崖公陟南大理卿兩公樂斯編之有
成也益相與論質其正趣就梓迺程
梓續食則主簿閻子之勞著矣故並
識見云